Introdução às
Teologias das Religiões

Paul F. Knitter

Introdução às Teologias das Religiões

Dados Internacionais de Catalogação na Publicação (CIP)
(Câmara Brasileira do Livro, SP, Brasil)

Knitter, Paul F.
 Introdução às Teologias das Religiões / Paul F. Knitter ; [tradução Luiz Fernando Gonçalves Pereira]. – 1. ed. – São Paulo : Paulinas, 2008. – (Coleção kairós)

 Título original: Introducing theologies of religions.
 Bibliografia.
 ISBN 978-85-356-2309-3
 ISBN 1-057075-419-5 (ed. original)

 1. Teologia das religiões (Teologia cristã). I. Título. II. Série.

08-07438   CDD-261.2

Índice para catálogo sistemático:
1. Teologia das religiões   261.2

Título original da obra: *Introducing theologies of religions*
© 2002 by Paul F. Knitter

Citações bíblicas: *A Bíblia de Jerusalém;* nova edição, revista.
São Paulo: Paulus, 1985.

Direção-geral: *Flávia Reginatto*
Editores responsáveis: *Vera Ivanise Bombonatto e Afonso Maria Ligorio Soares*
Tradução: *Luiz Fernando Gonçalves Pereira*
Copidesque: *Anoar Jarbas Provenzi*
Revisão: *Ruth Mitzuie Kluska*
Direção de arte: *Irma Cipriani*
Gerente de produção: *Felício Calegaro Neto*
Projeto gráfico e capa: *Telma Custódio*

1ª edição – 2008 / 1ª reimpressão – 2017

Nenhuma parte desta obra pode ser reproduzida ou transmitida por qualquer forma e/ou quaisquer meios (eletrônico ou mecânico, incluindo fotocópia e gravação) ou arquivada em qualquer sistema ou banco de dados sem permissão escrita da Editora. Direitos reservados.

Paulinas
Rua Dona Inácia Uchoa, 62
04110-020 – São Paulo – SP (Brasil)
Tel.: (11) 2125-3500
http://www.paulinas.org.br – editora@paulinas.com.br
Telemarketing e SAC: 0800-7010081
© Pia Sociedade Filhas de São Paulo – São Paulo, 2017

*Para Rose e Paul,
meus pais,
em carinhosa memória
e gratidão.*

Prefácio

Espero que este livro evoque à lembrança dois repiques de sinos: o repique dos sinos de alarme e o dos sinos da convocação. Como alarme, ele busca alertar os cristãos (embora não apenas os cristãos) para a necessidade pressurosa de levar mais a sério as demais religiões, de começar a conhecê-las, com elas conviver e dialogar, com elas trabalhar. Como convocação, pretende o livro mostrar os proveitos — estimulantes, pródigos de vida, vantajosos para o mundo, fortalecedores da fé — que resultam da prática de comprometer-se com pessoas que seguem outros caminhos religiosos e de sobre elas aprender. A necessidade urgente também é uma promissora oportunidade. Diz-se que, em nossa época atual, as pessoas religiosas têm de serem religiosas inter-religiosamente. Para percorrer a própria vereda de fé, é preciso percorrê-la com outros provindos de diferentes veredas. Este livro irá expor como os cristãos procuram fazê-lo e os tipos de problemas e oportunidades com que se deparam.

Tentei fazê-lo antes — em 1985, com *No other name? A critical survey of Christian attitudes toward world religions* [Nenhum outro nome? Um exame crítico das atitudes cristãs para com as religiões mundiais]. O presente livro teve seu início como uma revisão crítica desse estudo anterior. Porém, à medida que comecei a coletar todos os dados sobre o que os cristãos têm vivenciado em seu encontro com outras religiões ao longo das últimas duas décadas, e o que os teólogos têm dito sobre isso, dei-me conta de que não podia apenas revisar criticamente meu levantamento de 1985. Teria de escrever um novo livro. Havia tantas novas opiniões e pontos de vista. Muito havia mudado.

Dei-me conta, porém, de que também eu mudara. Graças especialmente ao meigo incentivo de minha esposa, Cathy, passei a entender que não queria escrever outro livro voltado primordialmente para meus colegas teólogos no mundo acadêmico. A partir de minhas próprias experiências pastorais com alunos e companheiros de fé em comunidades e paróquias, eu passara a ver com maior clareza quão premente, muitas vezes quão aflitiva, se tornara a questão das "outras religiões" para os cristãos. Quis falar a esses companheiros de viagem que constituem aquele "público mais amplo" de gente comum que é bem informada, intelectualmente viva e interessada em religião e fé religiosa, ou que se acha em conflito com esses temas. Para falar-lhes, teria de entrar em sintonia com suas reais indagações, dialogar com elas de modo claro, atrativo, mas ao mesmo tempo lhes oferecer uma teologia consistente, bem conceituada em que pensar.

Quando eu ponderava se o faria e como, a editora Orbis Books por acaso lançou sua nova série de "Introduções", com o fito de informar um público mais amplo de leitores interessados no que está ocorrendo na teologia contemporânea. De repente me deu um estalo! A revisão crítica que originalmente pretendera fazer poderia ser mais um item nessa coleção de Introduções. William Burrows, gerente editorial da Orbis, amigo e colega no labor editorial da coleção *Faith meets faith* [A fé vai ao encontro da fé] ao longo dos últimos dez anos, achou que era uma boa idéia. Porém, havia um grande empecilho. Em tal coleção, minha tarefa seria expor e analisar, sem tomar partido, sem fazer defesa de nenhuma causa. Em *No other name?* [Nenhum outro nome?] fiz minha revisão crítica das diversas teologias das religiões basicamente como uma moldura, ou uma plataforma de arremesso, para propor meu próprio modelo (na época, chamei-o "teocêntrico"). Neste livro, apenas poderia haver um novo exame dos diversos modelos referentes a uma teologia cristã das religiões — crítico, sim, porém imparcial.

O empecilho acabou por ser uma bênção. É claro, a meta de objetividade, imparcialidade e de não-defesa de nenhuma causa é impossível. Mas ela também vale a pena. Neste livro, acho que o esforço feito — de resto nunca plenamente coroado de êxito — para apresentar as diferentes teologias cristãs das religiões da maneira mais exata e atraente possível foi recompensado. Segundo os que leram os originais à medida que iam tomando forma, minha resolução de ficar calado os capacitou mais tanto para compreender com maior clareza as diferentes teologias quanto para avaliá-las com maior independência. E tenho de reconhecer que para mim, pessoalmente, o esforço foi da mesma forma recompensado. Sim, tenho ainda minha maneira própria de abordar as demais crenças religiosas. Porém, ao procurar retratar todas as perspectivas de maneira tão convincente quanto possível, não só em seus pontos fortes mas também em suas fragilidades, tomei mais consciência das limitações de meu próprio modelo e da necessidade de contínuo diálogo com os outros modelos do que jamais tomara nesses quarenta anos, ou quase isso, em que venho lutando para que os cristãos possam compreender outras religiões e escrevendo sobre como fazê-lo.

Porém, pelo fato de essa dupla tarefa de escrever com clareza para pessoas que não falam "teologuês" e de escrever com precisão sem tomar nenhum partido ser tão assustadora, eu sabia que precisaria de ajuda. E consegui-a. E agradeço-a. A maior ajuda veio de um grupo de doze colegas, membros da paróquia Robert Bellarmine. À medida que cada capítulo tomava forma na tela de meu computador, eu o enviava por correio eletrônico ou por fax a cada um deles. Depois de o lerem, nos reuníamos na casa de um de nós e eles me diziam, com delicadeza mas francamente, até que ponto eu tivera bom êxito em atingir o "leitor leigo informado e interessado". Durante vários meses, formamos uma espécie de "comunidade teológica básica" — uma comunidade de fé em busca de entendimento — em que questionávamos e apoiávamos uns aos outros e compartilhávamos esperanças de que nossa ação pudesse fazer diferença na Igreja de modo mais amplo, e no mundo. A gratidão que sinto exige que eu diga obrigado a cada um nomeadamente: Kristen Corcovan, Tom e Diane Flautt, Mike Harmon, Ruth Holtel, Karen Hurley, Sean e Mary O'Dwyer, Julie e Ken Rothe, Lou Vera, Sam Weller. Devo acrescentar a esse rol duas outras pessoas com quem tenho uma comunhão ainda mais profunda: minha esposa, Cathy, e meu filho, John. Também eles acompanharam-me, capítulo por capítulo, dizendo-me com a franqueza que só o amor permite o que lhes agradava ou desagradava, o que os estimulava ou deixava indiferentes.

Recebi também conselhos dos vinte e cinco alunos de meu curso de pós-graduação intitulado "A singularidade de Cristo", ministrado no segundo semestre de 2000. Junto superamos os obstáculos do primeiro esboço do livro e, com uma franqueza nascida da confiança, disseram-me o que pensavam tanto do conteúdo teológico quanto do estilo. Quase sempre ponderado, fui antes de tudo estimulado — sobretudo quando no final do semestre os alunos perguntaram-me qual dos modelos teológicos eu preferia. Meus esforços em não pôr na mesa meus próprios trunfos teológicos devem ter funcionado.

Porém, precisei de auxílio não só para alcançar aquele "público mais amplo", mas também para assegurar que o que eu estava oferecendo era teologia consistente e apurada. Para tal, voltei-me para meus companheiros, em especial para aqueles cujas idéias eu estava buscando explicar de maneira precisa e imparcial. Assim, devo um sincero e humilde muito obrigado a S. Mark Heim, da Escola Teológica Andover Newton, Jim Fredericks, da Universidade Loyola Marymount, Jack Healy, da Universidade Fordham, e especialmente Jacques Dupuis, da Universidade Gregoriana. Todos leram os originais por inteiro; todos me informaram onde minhas próprias perspectivas estavam confundindo o que eles ou outros realmente queriam dizer. Espero ter feito bom uso de seus conselhos. Digo o mesmo de meu companheiro e revisor literário, meu mais íntimo amigo e mais perspicaz crítico — Bill Burrows, da editora Orbis Books. Foi ele o bom pastor deste livro, cuidando para que não me extraviasse, mas sempre me mantivesse em marcha.

Por fim, umas poucas palavras sobre como talvez o livro possa ser utilizado. Ao mesmo tempo em que eu busquei escrever para um público variado, os rostos que continuamente tinha diante de mim ao escrever estas páginas foram os de meus alunos de graduação da Universidade Xavier. Podia-lhes sentir as feições confusas ou entediadas toda vez que eu caía em demasiado jargão ou especulação teológicos. Espero que a eles este livro vá especialmente falar. Pode servir como texto básico em cursos sobre "atitudes cristãs para com outras religiões" ou "diálogo entre as religiões mundiais". E acho que seria um texto introdutório adequado para cursos sobre "religiões mundiais" em geral. Uma estrutura que para mim provou ter bom êxito é utilizar cerca de três quartos do semestre para a essência do livro, pedindo que dois ou três alunos façam relatórios em aula sobre algumas das leituras arroladas no final de cada capítulo; as semanas finais do curso seriam então para estudo de um caso determinado, referente ao diálogo com uma religião específica, utilizando um texto como *Hindu wisdom for all God's children* [Sabedoria hindu para todos os filhos de Deus], de Francis Clooney, ou *The Buddha and the Christ* [Buda e Cristo], de Leo Lefebure. Para cursos de pós-graduação, cada capítulo do livro pode servir de introdução a um debate mais aprofundado dos vários modelos, tomando-se por base a leitura adicional de algumas das fontes primárias fornecidas no fim de cada capítulo. Por fim, assim como descobri em minha própria experiência na paróquia Bellarmine, o livro pode favorecer uma vigorosa convivência e debate coletivo para um curso de formação de adultos ou grupo paroquial de discussão.

Assim, espero que este livro de fato funcione como um sino que sirva não só de alerta para os cristãos, mas também de convite a levar mais a sério as outras religiões. Ao fazerem-no — qualquer que seja o modelo teológico com que venham a levar isso a cabo —, creio que os cristãos não só terão aprofundado a própria fé, mas também verão aumentada sua capacidade de trazer este mundo um pouco mais para perto daquilo que Jesus chamou de Reino de Deus.

Se este livro concorrer para que tal aconteça, não consigo imaginar melhor maneira de começar minha aposentadoria da Universidade Xavier.

PAUL F. KNITTER,
Professor emérito
Universidade Xavier, 25 de fevereiro de 2002

Abreviações

AG *Ad Gentes* (Decreto sobre a Atividade Missionária da Igreja; Vaticano II)

DA *Diálogo e Anúncio* (documento publicado conjuntamente pelo Pontifício Conselho para o Diálogo Inter-Religioso e pela Congregação para a Evangelização dos Povos)

GS *Gaudium et Spes* (Constituição Pastoral sobre a Igreja no Mundo de Hoje; Vaticano II)

LG *Lumen Gentium* (Constituição Dogmática sobre a Igreja; Vaticano II)

NA *Nostra Aetate* (Declaração sobre as Relações da Igreja com as Religiões não Cristãs; Vaticano II)

RM *Redemptoris Missio* (A Missão de Cristo Redentor; carta encíclica sobre o mandato missionário; João Paulo II)

UR *Unitatis Redintegratio* (Decreto sobre o Ecumenismo; Vaticano II)

Introdução
Cristianismo e outras religiões: problema e promessa

O título do capítulo busca captar aquilo de que trata este livro. Em todas essas páginas, iremos examinar e avaliar por que a realidade de muitas outras religiões tornou-se para os cristãos não só um grande problema mas também uma ainda maior promessa. Desnorteados, não raro entontecidos pela diversidade e vitalidade das outras religiões, os cristãos estão defrontando-se com questões e desafios que nunca antes enfrentaram (pelo menos nessa intensidade). Eis o problema. Porém, essas questões perturbadoras também inspiram novas descobertas e *insights* sobre a humanidade, a divindade e o próprio cristianismo. Aí está a promessa. Este livro quer tratar séria e honestamente tanto do problema como da promessa.

Em certo sentido, o problema não é novo. Desde as enevoadas origens da espécie humana, quando o lampejo da consciência se ampliou e deu ensejo à instigante preocupação com o sentido da vida, sempre houve várias religiões, cada uma com suas respostas "supremas e últimas". Hoje, porém, a presença, o poder e a riqueza de outras tradições religiosas adentraram com vigor a percepção cristã. Nosso planeta atual, de índole intercomunicativa e interdependente, tornou-nos cônscios, de modo mais claro embora mais doloroso do que nunca até então, da multiplicidade de religiões e das várias respostas supremas e últimas.

Às vezes, a nova forma de abordagem torna-se dolorosa porque a quantidade de informações e nossa nova percepção das outras religiões, como uma artilharia, disparam-nos perguntas que as pessoas de fé de antigamente, seguras em seus próprios acampamentos religiosos, jamais tiveram de encarar com tamanha urgência:
- Por que há tantas diferentes religiões?
- Se Deus é único, não deveria haver uma única religião?
- Todas as religiões são válidas aos olhos de Deus — todas igualmente eficazes em pôr as pessoas perante o Divino?
- Suas diferenças são mais uma questão de cores variadas do que de conflito de conteúdo? Como devem as tradições religiosas relacionar-se umas com as outras?
- Mais especificamente, como minha religião deve relacionar-se com as demais?
- Poderia eu aprender mais com elas do que aprendi com a minha? Por que pertenço a uma religião e não a outra?

Essas perguntas constituem o programa de ação dos cristãos que se esforçam por compreender a si mesmos e à sua crença, em relação ao próximo que também crê e à crença *dele*. O empenho de pastores e teólogos cristãos em responder a perguntas tais como as anteriormente arroladas constitui a disciplina denominada "teologia das religiões". Nessa disciplina, pastores, tais como bispos e papas, bem como teólogos, estudam as Escrituras e a tradição cristãs para avaliar as respostas de seus antepassados no cristianismo. Prosseguem estudando os *insights* de estudiosos acadêmicos conhecidos como "historiadores da religião" e "estudiosos de religião comparada". Lêem os textos fundamentais e dão início ao diálogo com seguidores de outras tradições religiosas, para melhor compreendê-los. A seguir, os pastores e teólogos das religiões retornam a seus colegas cristãos para lhes explicar o que aprenderam. Muitas vezes, propõem maneiras pelas quais os ensinamentos cristãos sobre outras tradições religiosas deveriam mudar. Suas propostas têm gerado intensas controvérsias entre teólogos e reações de autoridades do Magistério da Igreja.[1]

---

[1] Dois documentos da Igreja Católica são especialmente úteis para ilustrar essa dinâmica. Cf. a encíclica do papa João Paulo II *Redemptoris Missio* ("Sobre a validade permanente do mandato missionário", 7 de dezembro de 1990) e a declaração da Congregação para a Doutrina da Fé

O título deste livro é *Introdução às Teologias das Religiões*. Nele, procuro expor as principais posições teológicas sobre a relação do cristianismo com outros Caminhos religiosos e sobre o papel das várias religiões no plano divino. O livro é destinado a pessoas que querem iniciar o estudo sistemático de teologia das religiões. Logo se tornará claro que houve e há *vários* pontos de vista. Conseqüentemente, este livro trata, em certo sentido, de "teologias" da religião. Minha tarefa é resumir e expor essas teologias o mais precisamente possível. Os pastores e teólogos sobre quem escrevo muitas vezes divergem radicalmente uns dos outros quanto à adequação das posições advogadas pelos demais. Não posso reconciliar suas diferenças. Espero, não obstante, que cada uma das pessoas aqui tratadas diga: "Você expressou minha posição com exatidão".

Entreguei a vários dos autores examinados neste livro o manuscrito original completo e pedi-lhes sua opinião. Um deles me disse que eu fizera bastante bem o resumo de sua posição, mas queixou-se de que expor as coisas como se fossem objetos para escolha de um consumidor parecia uma traição às metas da teologia sistemática — a qual, em vez de simplesmente apresentar escolhas, procura expor a verdade de modo coerente e então propõe uma argumentação que responde, da maneira mais adequada possível, às principais perguntas. Fazer teologia da maneira que este livro faz, dizia ele, não faz justiça à tarefa teológica cristã de entender o pluralismo religioso de modo a levar a sério tanto as verdades essenciais do cristianismo quanto as dos "outros".

Sinto bastante afinidade com essa observação. De fato, em uma etapa mais inicial de minha carreira, achei que eu havia escrito um livro que solucionava os problemas fundamentais de uma maneira que os cristãos julgariam adequada.[2] As controvérsias que esse livro suscitou rapidamente desiludiram-me da idéia de que seria fácil a tarefa de sistematizar uma aceitável teologia cristã das religiões. Não obstante, ainda me parece que textos como Atos 4,12 precisam ser interpretados hoje de maneira a fazer justiça à vivência e compreensão cristãs, cada vez mais

---

Dominus Iesus ("Declaração sobre a unicidade e universalidade salvífica de Jesus Cristo e da Igreja", 6 de agosto de 2000).

[2] Cf. KNITTER, Paul F. *No other name?*; a critical survey of Christian attitudes toward the world religions. Maryknoll: Orbis Books, 1985.

comuns, da graça, poder e verdade em outros Caminhos religiosos. No texto lucano lê-se: "Pois não há, debaixo do céu, nenhum outro nome dado aos homens pelo qual devamos ser salvos". No Evangelho de João, toda uma série de textos é resumida nos versículos seguintes:

> Pois Deus amou tanto o mundo, que entregou seu Filho único, para que todo o que nele crê não pereça, mas tenha a vida eterna. Pois Deus não enviou seu Filho ao mundo para julgar o mundo, mas para que o mundo seja salvo por ele. Quem nele crê não é julgado; quem não crê já está julgado, porque não creu no Nome do Filho único de Deus. Este é o julgamento: a luz veio ao mundo, mas os homens preferiram as trevas à luz, porque suas obras eram más (João 3,16-19).

Para muitos cristãos que buscam levar sua fé religiosa a sério, as perguntas que surgem de tais textos bíblicos são opressivas e não raro dolorosas. Eles não conseguem fugir dessas perguntas, caso sua própria fé seja honesta. Porém, devido a textos assim, o ensinamento cristão tradicional tinha para si que a sua própria religião era a única verdadeira, e que o que havia de bom em outras religiões estava ali apenas para preparar-lhes os seguidores a receber o Evangelho e a entrar para a única religião verdadeira: o cristianismo.

A teologia das religiões, ou, como está posto em uma nova formulação do termo, "a teologia do pluralismo religioso",[3] luta de perto com tais pontos em debate. Para aqueles que não se incomodam pelo fato de a pluralidade religiosa não parecer estar destinada a acabar, há pouca necessidade de ir além da superfície. As controvérsias podem ser resolvidas simplesmente mediante a citação da Escritura. A maioria dos teólogos da religião não aceitou tais respostas prontas, e este livro esforça-se por apresentar ao leitor o que eles vêm dizendo.

Sobretudo, cresceu o sentimento de que o pluralismo religioso precisa ser levado em conta em nossas transformadas circunstâncias históricas. O que podia dizer ou pensar o muçulmano sobre os cristãos e judeus em épocas passadas não mais nos parece adequado. O que outrora os cristãos diziam para sumariamente descartar as reivindicações

---

[3] Cf. DUPUIS, Jacques. *Rumo a uma teologia cristã do pluralismo religioso*. São Paulo: Paulinas, 1999. pp. 24-30.

do islamismo têm, de modo semelhante, de ser reexaminado, sobretudo à luz de experiências que revelam a graça e a verdade presentes em nossos próximos muçulmanos. Essa mesma equação, creio, ajusta-se bem quanto ao que aprendemos quando estudamos tradições como judaísmo, budismo, hinduísmo, confucionismo e as tradições nativas africana e americana. O restante deste capítulo prepara terreno para o trabalho de encarar e, talvez, de responder a perguntas sobre se a persistente diversidade e pluralidade das religiões da humanidade têm uma significação positiva que cada Caminho religioso precisa considerar. Antes de poder realmente buscar respostas, temos de estar bem cientes do conteúdo, da urgência e da complexidade da pergunta. Assim, no seguimento deste capítulo introdutório, examinaremos:

1. Por que um fato existente há tanto tempo como a diversidade religiosa está sendo vivenciado de modo diferente no mundo de hoje?
2. Por que essa vivência leva muitas pessoas a considerar uma "nova era" e a necessidade de um caminho radicalmente novo para as religiões relacionarem-se umas com as outras?
3. Por que essa visão do alvorecer de uma nova era e as propostas de um novo modo de compreender e relacionar-se com o "outro" adepto religioso geram perguntas e dores de cabeça para tantos?

Não chego a essa tarefa sem várias opiniões que se forjaram na bigorna de meu estudo pessoal e da oração. A influência mais importante sobre mim, todavia, foi a oportunidade que tive de iniciar o diálogo com irmãos e irmãs em outras tradições religiosas pelo globo afora. Em outro nível, a difícil situação dos miseráveis pobres do mundo, o uso político da religião que impede o diálogo, e a precária situação da Mãe Terra afetaram-me profundamente. Nos últimos anos, dediquei dois livros à discussão da pluralidade religiosa e da situação mundial à luz de tendências na história recente.[4] Os acontecimentos após 11 de setembro de 2001 somente tornaram as questões sobre as quais então

---

[4] Ver meus dois livros mais recentes, KNITTER, Paul F. *One Earth — many religions*; multifaith dialogue and global responsibility. Maryknoll: Orbis Books, 1995; e *Jesus and the other names*; Christian mission and global responsibility. Maryknoll: Orbis Books, 1996.

escrevi mais importantes e mais precária a manutenção do otimismo de que a religião pode ser uma força favorável à paz. Estudo, oração, diálogo inter-religioso e ação para promover a justiça, a paz, a libertação e a integridade da criação mudaram minha pessoa. Ninguém acreditaria em mim se eu dissesse ter escrito este livro de maneira completamente "objetiva". Minha vida como homem de saber acadêmico e como cristão interessado em cumprir a visão evangélica do pacífico Reino de Deus levou-me a uma predisposição em prol da cooperação prática e do diálogo de vida, no momento em que pessoas de fé lutam por criar um mundo melhor. Estou cônscio hoje, mais do que nunca no passado, de que essa cooperação prática não ultrapassa a questão da verdade. Acima de tudo, talvez, por ali resida o fato de que a maneira pela qual a realidade de *relatividade* universal é interpretada lança freqüentemente muitas pessoas nos braços do pernicioso dogma do *relativismo*, o qual sustenta que as diferenças não importam e que a discussão, a argumentação, o estudo e o diálogo necessários para conquistar a *verdade* estão antiquados em nosso mundo pós-moderno. A respeito de tais idéias "pós-modernas", mais tarde veremos. Nesta introdução, talvez baste dizer que — mesmo se este livro sutil e, por vezes, gritantemente, vier a aplicar um padrão prático, pragmático de julgamento de propostas para compreensão do cristianismo *vis-à-vis* outros Caminhos religiosos — sei que nós, no atual contexto de pluralismo, estamos a vários anos de distância de compreender as pretensões religiosas como possuidoras de uma verdade que mereça geral aceitação globalmente.

AS VÁRIAS RELIGIÕES:
UMA REALIDADE VIVIDA DE MODO NOVO

Hoje, a realidade de outras religiões não mais existe apenas do outro lado da fronteira, em terras longínquas. Ela transferiu-se para as vizinhanças em toda parte do mundo, mas em lugar algum de maneira mais inevitável do que na América do Norte e na Europa. Para se conhecer algo a respeito de outra tradição, não mais é preciso ser um estudioso especialista ou alguém que viaja mundo afora. Tudo o que se tem de fazer é ir a uma livraria mais próxima, ligar a televisão ou navegar na web. O que outrora era material esotérico para deleite do sábio, agora são livros religiosos em brochura, escritos de modo acessível a todos, com belas ilustrações que enchem as prateleiras das livrarias norte-americanas e européias. Traduções do Bhagavad Gita, do Tao-Te-Ching e do Dhammapada hão de ser encontradas lado a lado com a Bíblia. Comentários sobre o significado e o valor do hinduísmo, budismo, taoísmo e islamismo, de autoria de Huston Smith, Joseph Campbell, Thich Nhat Hanh e do Dalai Lama vendem tão bem — se não melhor — quanto obras de escritores cristãos. Séries de emissoras de televisão de canal aberto possibilitam que os espectadores examinem as profundezas e a beleza de outras sendas religiosas. Esse caso de abertura dá-se especialmente nos *campi* universitários, onde cursos sobre religiões orientais, islamismo e tradições religiosas nativas americanas muitas vezes são mais rapidamente preenchidos do que cursos sobre teologia cristã. Ademais, a experiência me diz que os alunos, ao estudar outras religiões, em geral não se contentam em simplesmente lhes aprender os ensinamentos e práticas — sobre nirvana, carma, Brama ou Tao. Formulam questões sobre a avaliação das tradições, sua "verdade", e fazem comparações com os ensinamentos cristãos. Cada vez mais os alunos sentem que, para serem firmes em sua própria religião, têm de se familiarizar com outras.

Porém, a espécie de conhecimento de outras religiões que realmente atinge e agita o cristão ocidental não vem por meio de livros e cursos. Chega também pelas conversas sobre a vida com amigos que conhecemos na vizinhança, no trabalho ou em organizações de interesse público. Não só as idéias migram, mas também as pessoas. Na década de 1960, Wilfred Cantwell Smith descreveu um estado de coisas no tocante à religião que, nas décadas seguintes, se tornou mais prevalecente e de natureza mais íntima para as pessoas:

> Doravante a vida religiosa da humanidade, se é que ela de algum modo há ser vivida, o será em um contexto de pluralismo religioso [...]. Isso é verdadeiro para todos nós; não apenas para a "humanidade" em geral, abstrata, mas para você e eu como pessoas, indivíduos. As pessoas de outras crenças religiosas não são mais periféricas ou distantes, fúteis curiosidades de histórias de viajantes. Quanto mais despertos estamos e quanto mais envolvidos com a vida, mais descobrimos que eles são

nossos próximos, nossos colegas, nossos concorrentes, nossos companheiros. Confucionistas e hindus, budistas e muçulmanos estão conosco não só nas Nações Unidas, mas descendo a rua. Cada vez mais, não só o destino de nossa civilização é influenciado por suas ações; mas temos com eles também a intimidade de tomar um cafezinho juntos.[5]

Porque os cristãos estão compartilhando não apenas salas de aula e locais de trabalho, mas também mesas de jantar e até o leito conjugal com pessoas de outras religiões, eles descobrem que crenças outrora estranhas assumem diferentes dimensões e poder em suas próprias vidas. O fato de ter um amigo, um colega, um membro da família ou um cônjuge que encontrou significado em um caminho religioso inteiramente diferente do cristianismo não somente nos causa impressão mas também nos perturba. Um budista zen talvez possa encontrar a paz mediante uma prática que sequer fala da existência de Deus. Uma hindu descobre a "salvação" ao se dar conta de que não há diferença essencial entre si mesmo e uma árvore. O que semelhantes afirmações, saídas dos lábios de vizinhos e amigos, significam para a vida e a crença cristãs? Tais pessoas são seres humanos normais, felizes, que dão conta de suas tarefas e criam famílias tão bem quanto nós ou até melhor. Vivem vidas de amor, serviço, compromisso.

Teologia das religiões é para pessoas que não querem apenas se acomodar e complacentemente concluir que tudo isso é ótimo para os outros, mas nada significa para elas mesmas. Na esfera prática, é humano querer compreender mais sobre quem é religiosamente "outro". Essa busca prática tem ramificações em perguntas sobre o que significam, para nós cristãos, a vida e a crença deles. Ao formular semelhantes questões, o cristianismo — que por longo tempo sustentou não haver salvação fora da Igreja — defronta-se com outras religiões e procura entendê-las em si mesmas e em termos do que representam para sua própria tradição.

Para alguns cristãos, a persistência da diversidade religiosa após cerca de dezenove séculos de atividade missionária cristã é perturbadora. Decerto, as conquistas da missão cristã são abrangentes e louváveis.

---

[5] SMITH, Wilfred Cantwell. *The faith of other men.* New York: Harper & Row, 1962. p. 11.

Graças ao suor e sangue de gerações de missionários, a Igreja cristã está presente em todos os continentes e em quase todas as nações. Após dois mil anos de trabalho missionário, os cristãos na virada do milênio somavam 33,2% da população mundial. Ademais, a maioria desses cristãos vive na África, Ásia e América Latina. O cristianismo é hoje uma religião mundial como jamais o foi em sua história. Igualmente, como reconheceu Gandhi, a visão e os valores do nazareno, conforme estão contidos no Sermão da Montanha, influenciaram de maneira notável culturas que firmemente se recusam a chamar-se de cristãs. Ainda assim, se considerarmos que a conversão global deve ser a meta da missão cristã, os resultados são desalentadores.

Houve, claro, um número importante de convertidos ao cristianismo. Porém, o grosso desses convertidos não veio das chamadas religiões mundiais — hinduísmo, budismo, judaísmo e confucionismo. Em sua maioria, as pessoas nascidas nessas religiões, que se formaram durante o que Karl Jaspers denominou de "Período axial" (de 900 a.C. a 200 d.C.) e no islamismo, que teve início no século VII, jamais se converteram ao cristianismo. Tampouco parece provável que esse quadro vá mudar em futuro previsível. Quando ocorrem conversões de uma religião axial para outra, elas são, em sua maioria, compensadas por convertidos que fazem o movimento contrário. Enquanto os cristãos constituem a mais populosa das religiões (com cerca de 1,9 bilhão de fiéis em 1998), os muçulmanos ocupam um segundo lugar notável e em crescimento, com 1,2 bilhão.

PLURALIDADE: UM FATO SIGNIFICATIVO DA VIDA RELIGIOSA E CÓSMICA

A percepção da contínua multiplicidade e vitalidade das religiões obriga muita gente a dizer: "Não há um caminho único e exclusivo para todos". Para aqueles que se orientam nessa direção, semelhante julgamento também se aplica às culturas, filosofias e sistemas econômicos. E quando isso ocorre, muitos de nossos contemporâneos passam a acreditar que suas estruturas de racionalidade, consciência, caráter de nacionalidade e religião são uma entre várias. Edward Schillebeeckx expressa isso para seus companheiros cristãos da seguinte maneira: "A certeza inabalável de que continuamos nós mesmos possuindo a verdade, enquanto os demais estão errados, não é mais uma possibilidade". Nesse contexto, dizer que nosso próprio caminho é a única possibilidade de captar a verdade religiosa é viver em uma "distorção temporal".[6]

Para aqueles que concordam com Schillebeeckx, a pluralidade não é uma situação a ser tolerada até que os cristãos consigam conceber um plano magistral que conduzirá o rebanho dessas "outras" ovelhas a um único curral. Para quem está convencido por estudos antropológicos, históricos e sociológicos de que não há um caminho único, superior, a multiplicidade é a substância da realidade, a maneira pela qual as coisas são e funcionam. Isso é algo que os cristãos conseguem e devem aceitar? Ou isso conduz a uma negação da verdade religiosa fundamental? São essas as perguntas que estão por trás das declarações de ministros e teólogos da Igreja que lutam de perto com tais controvérsias.

E rapidamente se deve observar que essas são as mesmas perguntas que fazem muçulmanos, hindus e outros. Na verdade, é a resistência ao chamado relativismo do mundo acadêmico ocidental que inspira muitos professores muçulmanos hoje. Não devemos enganar-nos pensando que as respostas a essas perguntas são fáceis.

É claro que muitas pessoas de nível universitário, no Ocidente e em outros lugares, estão convencidas de que tradições religiosas não são maneiras confiáveis de afirmar a verdade sobre o universo. Realmente, por parte de muitos, é um axioma que a religião leva a conflitos, retrocessos, superstição e ódio. Até que ponto devem os cristãos (ou os judeus, muçulmanos, budistas, diga-se de passagem) concordar com tais modos de ver? Se se deixar que essas legítimas críticas à religião adentrem uma determinada tradição, não irão os pontos de vista por elas defendidos formar um ácido que, além de limpar drasticamente as agressões, abusos e pensamentos antiquados, talvez possa também corroer as atitudes centrais necessárias para que se penetre naquela religião como algo de mistério e espiritualidade? São perguntas que, mesmo

---

[6] Cf. SCHILLEBEECKX, Edward. *The Church*; the human history of God. New York: Crossroad, 1990. pp. 50-51.

não estando à mostra na superfície das discussões que se seguem, fazem muitos teólogos e professores de religião sentirem-se desconfortáveis com a modernidade.

Ainda assim, a multiplicidade desde átomos até moléculas, plantas, besouros, humanos é o que hoje a ciência nos mostra ser necessário para a existência e funcionamento do mundo. A partir do caos, chegam-nos maneiras novas e diferentes de reagir a situações de impasse e de conflito. A realidade é intrinsecamente complexa, rica, intricada, misteriosa. Como nos diz Edward Schillebeeckx, a pluralidade não é só uma "questão de fato" mas uma "questão de princípio". Se reduzirmos o "vário" à expressão mais simples do "uno", estaremos causando dano a nós mesmos e mutilando o mundo. "Lógica e praticamente", diz Schillebeeckx, "tem agora a multiplicidade prioridade sobre a unidade".[7]

Não obstante, a tomada de consciência do pluralismo não conduz simplesmente a uma total celebração da diversidade; tampouco o pluralismo está isento de problemas. A muitos incomoda a maneira pela qual a relatividade é facilmente equiparada a um relativismo que não cede espaço para discutir pretensões acerca da verdade ou graus de valor. Creio que vem crescendo a convicção de que muitas religiões não podem existir lado a lado, como corpos soberanos, sem relação uns com os outros. Muitos perguntam se as crises de nossa época não constituem uma convocação para que as religiões cooperem em suas soluções. Podem as várias religiões conviver legitimamente em preguiçosa tolerância, ou, pior ainda, em estado de guerra? Se assim o fizerem, conseguirá a humanidade superar os problemas ambientais do planeta? Mais uma vez, Schillebeeckx ajuda-nos a tirar conclusões sobre o que isso significa para as pessoas de fé: "A multiplicidade de religiões não é um mal que precisa ser removido, mas antes uma riqueza que tem de ser bem-vinda e por todos desfrutada [...]. Há mais verdade religiosa em todas as religiões juntas do que em uma religião determinada [...]. E isso se aplica também ao cristianismo".[8]

Poderia parecer que as religiões do mundo têm de juntar-se, não para formar uma religião nova, singular, mas para formar uma *comuni-*

---

[7] Ibid., p. 163.
[8] Ibid., pp. 166-167.

dade dialógica de comunidades. A imagem mais adequada para o futuro religioso da humanidade deverá ser talvez encontrado não em imagens de prósperas igrejas, sinagogas, templos e mesquitas, mas no que o mundo presenciou e milhares de pessoas vivenciaram no Parlamento Mundial das Religiões em Chicago, em 1993, e na Cidade do Cabo, em 1999. Ali, representantes das principais comunidades religiosas do mundo reuniram-se para afirmar e praticar a necessidade de falar uns com os outros e de uns escutarem os outros. Formaram uma comunidade dialógica em escala internacional, simbolizando o que pode também ocorrer em cenário mais local.

UMA COMUNIDADE DE COMUNIDADES?

Uma comunidade dialógica de comunidades entre as religiões mundiais é mais um sonho do que um conceito claro. Para buscar tirar algum sentido do que esse sonho contém, podemos investigar os motivos pelos quais muitos sustentam ser ele não só possível como também necessário.

Voltemo-nos primeiro para os filósofos, uma vez que seu trabalho culturalmente reconhecido é o de, em determinada etapa da história, expor, interpretar e orientar sobre como as pessoas compreendem ou deveriam compreender seu mundo e a si mesmas. Dentre as diversas escolas de filosofia presentes na cultura ocidental contemporânea, há uma que propõe certa visão da realidade que muitas pessoas comuns percebem ser verdadeira em sua vida individual: a de que o mundo e tudo nele contido estão em evolução ou em processo. Em outras palavras, não estamos em um estado de ser, mas em um processo de vir-a-ser.

Vários filósofos organizam essa concepção de maneiras diferentes, embora fundamentalmente compatíveis. Alfred North Whitehead e Charles Hartshorne vêem um mundo que contém em si uma façanha de criatividade, por meio do processo. O universo de Pierre Teilhard de Chardin evolui, de modo doloroso porém firme, da biosfera para a noosfera e para a unidade do Ponto Ômega, que ele identifica com o Cristo cósmico na era escatológica. Alguns budistas contemporâneos aperfeiçoaram a descoberta do mundo em constante mudança que fez o

Gautama, mediante um processo de ação co-originante dependente. O hinduísmo de Aurobindo imagina um mundo que evolui para a divinização. A imponente e evolucionista "História do Universo", de Thomas Berry e Brian Swimme, teve bastante repercussão entre pessoas preocupadas com a difícil situação do meio ambiente.[9]

A visão que esses pensadores apresentam é agudamente diferente da visão de mundo que guiou a mente e a imaginação da civilização ocidental durante a maior parte de sua existência. Para a maioria dos europeus, ao longo de toda a Idade Média e do Renascimento, a criação surge das mãos de Deus como produto acabado, estável e hierarquicamente ordenado. Não era para ninguém mexer com essa ordem. Aos humanos cabia manterem-se em seus lugares em relação a Deus. Dentro da ordem divinamente constituída das coisas, cabia também às classes sociais manterem-se em seus lugares; Deus queria que servos fossem servos e que senhores fossem senhores. Ainda que mudanças ocorressem, a visão medieval de mundo considerava a mudança uma corrupção e um estímulo para que os cristãos desejassem o mundo imutável de eternidade com Deus.

Uma confluência de vários acontecimentos e descobertas mudou essa imagem de um mundo imutável. As profundas rupturas da Revolução Francesa e da Revolução Industrial levaram as pessoas a pensar que a ordem social talvez pudesse não ser tão inalterável e divinamente estabelecida como lhes fora ensinado. Ainda mais demolidora da estabilidade das coisas foi a descoberta que Darwin fez da evolução biológica. Sua obra *A origem das espécies* reivindicava que a criação, se de algum modo era para nela se crer, fosse encarada não como um acontecimento único no tempo, mas como um processo contínuo, ainda inacabado e indeterminado.

Em seguida, vieram os novos *insights* e descobertas da "nova física", cujo pioneiro foi Albert Einstein, e que em um período de vinte a

---

[9] Cf. WHITEHEAD, Alfred North. *Process and reality*. New York: Free Press, 1969; HARTSHORNE, Charles. *The divine relativity*. New Haven: Yale University Press, 1948; CHARDIN, Pierre Teilhard de. *The phenomenon of man*. New York: Harper & Row, 1961; MACY, Joanna. *Mutual causality in Buddhism and general systems theory*; the Dharma of natural systems. Albany: State University of New York Press, 1991; BERRY, Thomas e SWIMME, Brian. *The universe story*. San Francisco: HarperSanFrancisco, 1992.

trinta anos remodelou inteiramente o universo newtoniano. A realidade deixou de ser encarada como uma máquina bem ordenada, constituída de partes descontínuas, nitidamente ligadas entre si. Em vez disso, tratava-se de uma excitação de atividades, de um processo constante. Em seu nível mais profundo, o subatômico, o mundo não parecia revelar nenhum "bloco fundamental de estrutura" ou "ente", mas antes um intricado processo de atividade ou vir-a-ser, em perpétua mudança e inter-relação.

Em particular, foi a nova física que estimulou os filósofos a propor o seguinte: se em vez de um ser, de um ente, tudo é um vir-a-ser ou devir, então esse vir-a-ser ocorre por inter-relação. Nesse contexto, só conseguimos ser pela ação de vir-a-ser, e só conseguimos vir-a-ser por estarmos em relação. Nada, seja um elétron ou um ser humano, pode ser "uma ilha em relação a si mesmo". "Tudo" e "todos" estão profunda e dinamicamente inter-relacionados, a ponto de o que uma "coisa" ou "alguém" é, o é enquanto constituído por seus relacionamentos. "Somos nossos relacionamentos" tornou-se quase um lugar-comum. É difícil compreender isso como literalmente verdadeiro, pois ainda encaramos as coisas antes como substâncias do que como eventos; primordialmente nos consideramos pessoas em vez de parceiros.

A própria estrutura de nossa linguagem nos impede de captar que somos relacionamentos. Começamos nossos pensamentos e falas por substantivos que são seguidos de verbos; em geral, o sujeito tem de preceder o predicado. Se pudéssemos falar e sentir a língua dos índios Hopi, formada essencialmente por verbos que servem como substantivos, poderíamos talvez ficar mais próximos da maneira que nós e o mundo realmente somos. Não somos, antes de tudo, indivíduos que entram em relação depois; mais exatamente, é nossa ação de nos relacionarmos — como o fazemos, com quem ou o quê — que faz de nós (ou dá-nos a ilusão de ser) indivíduos. Não somos "vir-a-ser" mas "vir-a-ser com". Se o "com" for retirado, paramos de existir.

A perspectiva filosófica que buscamos explorar tem em vista a multiplicidade, ou pluralidade, da criação, encarada como sendo capaz de potencial para chegar a uma unidade cada vez maior — embora na verdade não se possa dizer exatamente onde acabará esse potencial. O vário é convocado para ser uno. Porém, é um uno que não devora o vário. O vário torna-se uno exatamente por permanecer vário, e o uno se efetua mediante cada um do vário que dá sua distinta contribuição aos demais e, assim, ao todo. É um processo que tem como meta a concentração cada vez mais penetrante de cada vário no outro e, assim, em um todo cada vez maior. Enquanto a individualização se enfraquece, intensifica-se a personalização; a pessoa encontra seu eu interior verdadeiro como parte de outros "eus" interiores. Desse modo, há um movimento que não vai em direção a uma unicidade absoluta ou monística, mas em direção ao que se poderia talvez chamar de "pluralismo unitivo": pluralidade constituindo unidade. Ou, em termos mais simples, mais atraentes: o movimento vai em direção a uma comunidade verdadeiramente dialógica, em que cada membro vive e é si mesmo mediante o diálogo com os demais.

Poderá essa visão filosófica servir de lente para interpretar a nova experiência de pluralismo religioso exposta na primeira seção deste capítulo? As religiões mundiais agora se defrontam umas com as outras como nunca antes e vivenciam um novo sentido de identidade e finalidade porque, como os átomos, os seres humanos e as culturas, percebem as possibilidades de uma unidade que se deixa penetrar, impregnar mais, mediante melhores relacionamentos umas com as outras. Do mesmo modo como a filosofia e a ciência estão convocando a cultura ocidental para sair de uma compreensão estática e individualista da realidade, assim também muitas pessoas de fé estão despertando para uma nova maneira de compreenderem a si mesmas. Nas diversas religiões, cada vez mais intensamente os fiéis sentem o desafio de encontrar e desenvolver suas identidades pessoais dentro da comunidade mais ampla das outras religiões. Para ser cristão ou hindu, a pessoa tem de fazer parte dessa comunidade religiosa mais ampla. Hoje em dia, assim parece, é preciso ser religioso *inter-religiosamente*.

Uma analogia simples talvez possa esclarecer mais e revelar a pertinência de tudo isso para nosso ponto em debate: poderíamos talvez comparar "verdade" ou "o modo de ser das coisas" ao universo estrelado à nossa volta. Ele é tão grande e tão distante que, a olho nu, realmente não conseguimos ver o que ali está. Temos de usar um telescópio. Porém, ao nos capacitar a enxergar alguma coisa do universo, nosso telescópio também nos impede de ver tudo. Um telescópio, mesmo daqueles mais potentes que os astrônomos utilizam, só consegue trazer até nós esse tanto. Isso expressa bem nossa situação humana. Sempre encaramos a verdade por intermédio de algum tipo de telescópio cultural, que nos é fornecido por nossos pais, mestres e sociedade em geral. A respeito dessa situação, a boa notícia é que nosso telescópio nos torna capazes de enxergar; a má notícia é que ele nos impede de enxergar tudo.

Assim sendo, o que se pode fazer? Como conseguir enxergar mais verdade do que permite nosso limitado telescópio cultural e religioso? A resposta é simples — e põe-nos em sintonia com nosso assunto da comunidade dialógica de religiões: pedindo emprestado o telescópio de alguém! Se pudermos enxergar por meio dos telescópios dos que nos são próximos — muito embora, talvez, esses novos telescópios nos pareçam estranhos e difíceis de ajustar a nossos olhos — conseguiremos enxergar coisas que nos escapavam com os nossos. E quanto mais diferenças de fabricação e inclinação tiverem eles, mais coisas novas seremos capazes de enxergar. Com outros telescópios, realmente diferentes dos nossos, poderemos enxergar áreas do universo que nossos telescópios não eram capazes de alcançar ou não era capazes de enfocar. E quanto mais telescópios arranjarmos para usar, mais abrangente será nossa visão e compreensão da verdade. Por conseguinte, chegamos à conclusão que nos parecia correta desde o início: conhecemos a verdade pela convivência e discussão coletiva.

Os especialistas acadêmicos e estudiosos que se pronunciam abertamente sobre o que chamamos de consciência pós-moderna oferecem-nos também um outro motivo para a necessidade de convivência e discussão coletiva: a verdade que enxergamos por meio de nosso próprio telescópio cultural e religioso não é apenas limitada mas também perigosa. Ao não nos darmos conta de que a verdade de que dispomos é limitada, nós a percebemos como se fosse a única verdade ou a verdade inteira ou a verdade superior — não apenas para nós mesmos mas também para todo o mundo. E aqui nesse ponto, segundo os estudiosos acadêmicos a que nos referimos, é onde precisamos suspeitar de nossas pretensões acerca da verdade, pois aqui a verdade pode tornar-se ideologia. Segundo os chamados mestres da suspeita (Marx, Nietzsche e Freud), bem como as mulheres e outros grupos de oprimidos, quando um grupo defende sua verdade como sendo a verdade absoluta, ele haverá de utilizar essa verdade para tirar proveito dos outros. A verdade torna-se ideologia quando um grupo, ou uma sociedade, ou uma religião segue algo rigorosamente, afirma e proclama-o como verdade não apenas porque crê que realmente assim o seja, mas também porque — dando-se conta disso ou não — esse algo sustenta-lhe o poder sobre outros.

A ideologia é o emprego da "verdade" própria de alguém como meio de promover seu bem-estar pessoal, econômico ou de classe às expensas de outros. A vantagem de um grupo torna-se critério de determinação do que é a verdade. Como Michel Foucault destacou, pretensões acerca da verdade facilmente tornam-se pretensões de poder.[10] O que pode tornar perigosa a crença de possuir a verdade.

Exemplos de como a verdade perigosamente torna-se ideologia são abundantes na história de todas as religiões e culturas. Por que os pregadores cristãos diziam aos pobres que sua pobreza lhes garantiria lugar mais importante no céu? Era para consolá-los ou para evitar que se rebelassem contra os ricos proprietários de terras que amiúde contribuíam financeiramente para a Igreja? Por que os brâmanes (autoridades religiosas do hinduísmo) insistem em que o sistema de castas é exigência da eterna lei sagrada do Darma? Porque descobriram essa lei por meio de seus estudos e meditação ou porque o poder e o prestígio de que desfrutam lhes são assegurados pelo sistema de castas?

Como podemos proteger-nos contra o verme da ideologia? O autoexame não funciona. Ideologia é como mau-hálito. É preciso que alguém mais diga que você o tem. É preciso falar com pessoas que usam outros telescópios para olhar o universo da verdade, para delas ouvir não apenas como lhes parecem nossas verdades, mas também como lhes afeta nossa proclamação da verdade. Talvez nos revelem como ela os exclui, avilta ou explora.

Para pôr tudo isso em linguagem da chamada teoria hermenêutica (investigação sobre como os seres humanos conhecem ou interpretam

---

[10] Cf. FOUCAULT, Michel. *Power/Knowledge*; selected interviews and other writings, 1972-1977. New York: Pantheon Books, 1980.

a verdade), podemos aceitar o desafio da tarefa que Jürgen Habermas chama de "práxis comunicativa".[11] Para conhecer a verdade, temos de estar comprometidos com a prática de comunicação com os outros; isso quer dizer conversar realmente com pessoas que são, de modo significativo, diferente de nós, e escutá-las. Se falamos somente conosco mesmos ou com alguém de nosso próprio grupo natural, ou se há algumas pessoas que simplesmente excluímos de nosso convívio e com quem não conseguimos nos imaginar falando, então possivelmente nos alijamos da oportunidade de aprender algo que ainda não descobrimos.

Ter nossa própria língua materna e, apesar disso, conseguir compreender, conviver em diálogo com outras linguagens culturais e religiosas é sentir a maravilha e a necessidade de nos tornarmos o que talvez chamaríamos de "cidadãos do mundo". O termo pode ser mal compreendido ou mal empregado — como se nos tornar parte da aldeia global nos exigisse abandonar totalmente nossa aldeia natal. Nossas identidades de raiz são sempre mais localizadas; e em grande parte assim permanecem. Estamos aqui falando da necessidade e da estimulante oportunidade de também nos tornarmos cidadãos de outras aldeias. Tomamos o que herdamos de nossa própria aldeia e, à luz do que aprendemos ao visitar outras aldeias, avaliamos tanto o valor quanto as limitações do que nossa aldeia nos deu. Nesse sentido, todos nós hoje somos convocados para algum grau de cidadania mundial. Duas das maiores ameaças com que se defrontam a comunidade de nações e culturas são o nacionalismo e o fanatismo que crescem entre os que nunca deixaram sua aldeia e que a julgam superior às demais.

Essa convocação não é escutada por todas as pessoas de fé e pelas comunidades. Ela é com freqüência percebida como ameaça por aqueles cujas teologias não a permitem. Porque o rosto do forasteiro é ainda muito ameaçador, muitas comunidades religiosas reagem à nova situação mundial com uma espécie de isolacionismo cultural que seqüestra as tradições religiosas e põe-nas a serviço no nacionalismo etnocêntrico.

Nos capítulos que virão, serão examinadas e ponderadas as diversas maneiras pelas quais os cristãos, em especial ao longo da segunda

---

[11] Cf. HABERMAS, Jürgen. *The theory of communicative action*. Boston: Beacon Press, 1984. v. 1.

metade do século passado, vêm lutando corpo a corpo com essa nova experiência de pluralismo religioso e com essa necessidade de uma comunidade dialógica de religiões, que recentemente se faz sentir. Em todos os modelos de teologia cristã das religiões que aqui tratamos, teólogos e autoridades eclesiásticas buscam preservar os valores do campo de interesse universal da reivindicação cristã e seu conhecimento das fontes específicas, históricas dessas reivindicações, sem recair no relativismo nem no absolutismo.

Embora as teologias da religião que vamos examinar sejam não raro complexas e desconcertantes, todas se ocupam do desafio lançado por Wilfred Cantwell Smith em 1962:

> Como se explica, teologicamente, o fato da diversidade religiosa da humanidade? Trata-se, realmente, de uma questão quase tão grande quanto a questão de como se explica teologicamente o mal [...]; porém, os teólogos cristãos foram mais conscientes do fato do mal do que do pluralismo religioso [...]. Doravante, qualquer declaração intelectual séria da fé cristã deve incluir, se é para ver atendido seu propósito [...], algum tipo de doutrina de outras religiões. Explicamos o fato de a Via Láctea existir pela doutrina da criação, mas como explicamos o fato de o Bhagavad Gita existir?[12]

Porém, para explicar por que o Bhagavad Gita existe, os cristãos terão de redirecionar a pergunta fundamental: por que o cristianismo está aqui? Uma nova maneira de compreender outras religiões implica uma nova maneira de compreender o cristianismo. De fato, os cristãos enfrentam, sim, tanto problemas quanto promessas, quando honesta e amorosamente enfrentam a realidade de outras religiões.

LEITURAS ADICIONAIS

BRAYBROOKE, Marcus. *Faith and interfaith in a global age*. Grand Rapids: Conexus Press, 1998. pp. 9-16, 103-132.

BRYANT, M. Darroll. Do all religions teach the same thing?; exploring the unity and diversity of religions. *Dialog and Alliance* 11 (1997), pp. 43-78.

---

[12] SMITH, *The faith of other men*, pp. 132-133.

CAMPBELL, Joseph. *The hero with a thousand faces*. Princeton: Princeton University Press, 1968. pp. 3-46. (Ed. bras.: *O herói de mil faces*. São Paulo: Cultrix/Pensamento, 1995.)

CHING, Julia. Living in two worlds; a personal appraisal. In: SHARMA, Arvind; DUGAN, Kathleen M. (eds.). *A dome of many colors*; studies in religious pluralism, identity, and unity. Harrisburg: Trinity Press International, 1999. pp. 7-22.

COUSINS, Ewert. The convergence of cultures and religions in light of the evolution of consciousness. *Zygon* 34 (1999), pp. 209-220.

CRAWFORD, Cromwell S. The future of religion at the dawn of the 21st Century; paradox and pluralism. *Dialogue and alliance* 13 (1999), pp. 5-14.

DE MEY, Peter. Ernst Troeltsch: a moderate pluralist?; an evaluation of his reflections on the place of Christianity among other religions. In: MERRIGAN, T.; HAERS, J. (eds.). *The myriad Christ*; plurality and the quest for unity in contemporary Christology. Leuven: University Press, 2000. pp. 349-380.

D'SA, Francis X. The universe of faith and the pluriverse of belief; are all religions talking about the same thing? *Dialogue and alliance* 11 (1997), pp. 88-116.

ECK, Diana L. *Encountering God*; a spiritual journey from Bozeman to Banaras. Boston: Beacon Press, 1993. pp. 1-44, 200-232.

_____. *A new religious America*; how a "Christian country" has become the world's most religiously diverse nation. San Francisco: HarperSanFrancisco, 2001. caps. 1 e 2, 6 e 7.

JAMES, William. *The varieties of religious experience*. Various editions. Lectures 2, 3, 20. (Ed. bras.: *As variedades da experiência religiosa*. São Paulo: Cultrix, 1991.)

JUNG, C. G. *Psychology and alchemy*. Jung's collected works. London: Routledge and Kegan Paul, 1953. v. 12. pp. 3-37. (Ed. bras.: *Psicologia e alquimia*. 2. ed. Petrópolis: Vozes, 1994.)

_____. The spiritual problem of modern man. In: _____. *Modern man in search of a soul*. New York: Harcourt/Brace, 1955. pp. 226-254.

KÜNG, Hans; KUSCHEL, Karl-Josef (eds.). *A global ethic*; the declaration of the Parliament of World Religions. New York: Crossroad, 1993. pp. 13-39.

NASR, Seyyed Hossein. Religion, globality, and universality. In: SHARMA, Arvind; DUGAN, Kathleen M. (eds.). *A dome of many colours*; studies in religious pluralism, identity and unity. Harrisburg: Trinity Press International, 1999. pp. 152-178.

PANIKKAR, Raimon. Eruption of truth; an interview with Raimon Panikkar. *Christian century* (August 16-23, 2000), pp. 834-836.

____. Religious identity and pluralism. In: SHARMA, Arvind; DUGAN, Kathleen M. (eds.). *A dome of many colours*; studies in religious pluralism, identity and unity. Harrisburg: Trinity Press International, 1999. pp. 23-47.

RACE, Alan. *Interfaith encounter*; the twin tracks of theology and dialogue. London: SCM Press, 2001. pp. 1-42.

SCHUON, Frithjof. *The transcendent unity of religions*. New York: Harper & Row, 1975. pp. 1-56. Cf. também a Introdução, feita por SMITH, Huston, pp. ix-xxvi.

TOYNBEE, Arnold. The task of disengaging the essence from non-essentials in mankind's religious heritage. In: ____. *An historian's approach to religion*. New York: Oxford University Press, 1956. pp. 261-283.

____. What should be the Christian approach to the contemporary non-Christian faiths? New York: Scribner's, 1957. pp. 83-112.

TROELTSCH, Ernst. The place of Christianity among the world religions. In: HICK, John; HEBBLETHWAITE, Brian (eds.). *Christianity and other religions*. Philadelphia: Fortress Press, 1980. pp. 11-31.

LEITURAS ADICIONAIS SOBRE FUNDAMENTOS BÍBLICOS/ PATRÍSTICOS PARA UMA TEOLOGIA DAS RELIGIÕES

BLENKISOPP, Joseph. Yahweh and other deities; conflict and accommodation in the religion of Israel. *Interpretation* 40 (1986), pp. 354-366.

DENAUX, Aldelbert. The monotheistic background of New Testament Christology; critical reflexions on pluralist theologies of religions. In: MERRIGAN, T.; HAERS, J. (eds.). *The myriad Christ*; plurality and the quest for unity in contemporary Christology. Leuven: Leuven University Press, 2000. pp. 133-158.

DUPUIS, Jacques. *Rumo a uma teologia cristã do pluralismo religioso*. São Paulo: Paulinas, 1999. caps. 1-2.

ELS, Pieter J. J. S. Old Testament perspectives on interfaith dialogue; the significance of the Abraham-Melchizedek episode of Genesis 14. *Studies in interreligious dialogue* 8 (1998), pp. 172-180.

GNUSE, Robert Karl. Holy history in the Hebrew Scriptures and the ancient world. *Biblical theological bulletin* 17 (1987), pp. 127-137.

KENNEDY, James M. The social background of early Israel's rejection of cultic images. *Biblical theological review* 17 (1987), pp. 138-144.

LaHurd, Carol Schersten. The "other" in biblical perspective. *Currents of theology and mission* 24 (1997), pp. 411-424.

Malina, Bruce J. "Religion" in the world of Paul. *Biblical theological bulletin* 16 (1986), pp. 92-101.

Meagher, P. M. Jesus Christ in God's plan, interreligious dialogue, theology of religions and Paul of Tarsus. *Vidyajyoti* 61 (1997), pp. 742-756.

Perkins, Pheme. Christianity and world religions; New Testament questions. *Interpretation* 40 (1986), pp. 367-378.

Wilken, Robert L. Religious pluralism and early Christian theology. *Interpretation* 40 (1986), pp. 379-391.

Young, Frances. Christology and creation; toward a hermeneutic of Patristic Christology. In: Merrigan, T.; Haers, J. (eds.). *The myriad Christ*; plurality and the quest for unity in contemporary Christology. Leuven: Leuven University Press, 2000. pp. 191-206.

Parte 1
O Modelo de Substituição: "somente uma religião verdadeira"

Parte 7

Capítulo 1
Substituição total

Em última análise, estaria o cristianismo destinado a substituir todas as demais religiões. Essa é a primeira das posturas cristãs, para com as demais crenças, que vamos recapitular e avaliar. É também a postura dominante, aquela que em geral predominou durante a maior parte da história cristã. Muito embora houvesse divergências de pontos de vista sobre a maneira de levar a cabo essa substituição e por que ela era necessária, os missionários cristãos lançaram-se no mundo, ao longo dos séculos, com a convicção de que a vontade de Deus é tornar cristãos todos os povos. No final — ou o quanto antes — Deus quer que haja apenas uma religião, a religião de Deus: o cristianismo. Se as demais religiões chegam a ter algum valor, é só um valor provisório. No fim, é para o cristianismo assumir o poder. Diante disso, para o Modelo de Substituição, o saldo comparativo entre a universalidade e a particularidade do relacionamento de Deus com a humanidade recai claramente, com maior peso, no lado da particularidade. O amor de Deus é universal, oferecido a todos; porém, leva-se esse amor a cabo mediante a conformidade, a comunhão particular e singular com Jesus Cristo.

Hoje ainda, o Modelo de Substituição é ampla e vigorosamente representado nas Igrejas cristãs. Eis aí mais um motivo para dar-lhe o primeiro lugar em nossa fileira de teologias cristãs das religiões. Em especial, esse modelo é encontrado nas chamadas comunidades cristãs evangélicas ou fundamentalistas. Ignorar ou menosprezar a força, a importância e o desafio dos fundamentalistas ou evangélicos dentro do cristianismo contemporâneo é isolar uma grande parte da família cristã ou não lhe fazer justiça. Como se refere o historiador Martin Marty: "Olhar para a religião nos Estados Unidos e não notar a atribuição dos evangélicos e do fundamentalismo seria comparável a correr os olhos pelo panorama físico da América e não encontrar as Montanhas Rochosas".[1]*

Assim, no restante deste capítulo, pedimos àqueles dentre nós que sentem certas "vibrações negativas" ao ouvir falar do termo "fundamentalista" que deixem na gaveta as reações condicionadas ou estereótipos e ouçam, tão aberta e sensivelmente quanto possível, a maneira como esses cristãos vêem e buscam se aproximar, entender, outras pessoas de fé. O que talvez possa parecer radical nesses modos de ver decorre de uma profunda preocupação por aquilo que os evangélicos sustentam ser o coração do cristianismo — em particular quando esse coração pulsa nas Igrejas nascidas a partir da Reforma. Descartar esse modelo como algo ultrapassado é esconder-se do fato de essas atitudes e opiniões *realmente* representarem, com efeito, uma voz forte cada vez mais alteada no conjunto do povo cristão.

Cristãos fundamentalistas/evangélicos

Porém, de quem estamos falando? Os termos são escorregadios a ponto de nos causar frustração. Pela maneira como o substantivo "fundamentalista" é empregado nos meios de comunicação hoje em dia, ele pode talvez referir-se a um pregador batista da TV, a um rabino hassídico, a uma dona-de-casa mórmon ou a um soldado do hesbolá islâmico. E "evangélico" talvez abarque batistas negros, Igrejas holandesas reformadas, menonitas ou pentecostais, católicos carismáticos, ou batistas do Sul.** Assim, se não conseguimos definir realmente os

---

[1] MARTY, Martin. *A nation of believers*. Chicago: University of Chicago Press, 1976. p. 80.
* Gigantesco sistema de cadeias de montanhas paralelas da América do Norte, que se estende por cerca de quatro mil e oitocentos quilômetros desde o Alasca, passando pelo Canadá, pelos Estados Unidos, chegando até o México. (N.T.).
** A Convenção Batista do Sul (Southern Baptist Convention) formou-se em 1845 no Estado da Geórgia, EUA, e é uma das principais denominações protestantes naquele país hoje. (N.T.).

termos que usamos, podemos ao menos limitá-los aos movimentos que ganharam forma dentro do cristianismo norte-americano desde o início do século XX.

Variedade na mesma família

O cristianismo fundamentalista teve início e ganhou nome de batismo, assim poderíamos talvez dizer, quando três milhões de cópias do livreto intitulado *Os fundamentos* foram distribuídos gratuitamente (dois abastados homens de negócio da cidade de Los Angeles, na Califórnia, pagaram a conta) a pastores, evangelistas e supervisores de escola dominical, entre 1910 e 1915. Esses livretos agrupavam os combatentes e davam a conhecer a impetuosa investida dos protestantes norte-americanos em seu contra-ataque ao modo como a "modernidade" estava destruindo os fundamentos da fé e da identidade cristãs. Incursões destrutivas essas que chegaram de diferentes formas: pela nova ciência da evolução, que questionava a exatidão da Bíblia; pela nova abordagem histórico-crítica da Bíblia (vinda especialmente da Alemanha), que substituía a escuta direta da Palavra de Deus pela ciência humana e pela interpretação; também pelo novo estudo comparado das religiões, que punha o cristianismo na mesma cesta histórica das demais religiões. A todas essas tentações de se deixar comprar pelo poder atrativo do pensamento moderno, os fundamentalistas levantaram um decidido e muitas vezes agressivo "não".

Porém, essa rejeição a tudo que tinha a ver com a modernidade ficou tão resoluta e tão radical que causou divisões nas fileiras dos fundamentalistas. Nas décadas de 1940 e 1950, um bom número de evangelistas e teólogos concluiu que, embora decerto compartilhassem as preocupações dos fundamentalistas, não conseguiam acompanhar o que lhes parecia ser o espírito polêmico destes últimos, seu antiintelectualismo, sua falta de preocupação social. Em 1941, os que assim contestavam criaram a Associação Nacional de Evangélicos (National Association of Evangelicals). Estes, embora estivessem exatamente tão comprometidos quanto os demais com a resistência à erosão do cristianismo pelas ondas da modernidade, "não queriam nenhuma organização do tipo oueu-ou-mais-ninguém, reacionária, negativista ou destrutiva".[2] De fato, esses reformadores do fundamentalismo tinham a convicção de que "se a voz ativa do fundamentalismo fosse ligeiramente abrandada, o cristianismo evangélico poderia 'conquistar a América'".[3] Seu mais influente líder e porta-voz foi Billy Graham, que em 1950 fundou a Associação Evangélica (Evangelistic Association). As diferenças entre fundamentalistas e evangélicos eram nítidas, embora fossem também mais uma questão de estilo do que de substância. Como disse um especialista no assunto: "O fundamentalista é um evangélico zangado com algo [...]; os fundamentalistas não são somente religiosos conservadores, são conservadores desejosos de tomar uma posição firme e lutar".[4]

Nas décadas de 1960 e 1970, teve lugar uma série de outros acontecimentos no grupo dos evangélicos que apontou tanto para o fortalecimento como para a abertura das convicções evangélicas. Os "novos evangélicos" ou "evangélicos ecumênicos" estão abertos para trabalhar com outras Igrejas cristãs e com o Conselho Mundial de Igrejas. Igualmente, por defender que os fundamentalistas foram incondicionais em demasia ao insistir na inerrância (total ausência de erro) da Bíblia, esses novos evangélicos preferem falar de "inerrância limitada". Portanto, reconhecem que, embora as Escrituras sejam infalíveis em questões de fé e prática religiosa, pode haver imprecisões no que diz respeito a dados científicos. Por fim, muitos dentre os novos evangélicos, em particular devido à Guerra do Vietnã e ao crescimento do movimento Maioria Moral (Moral Majority),* questionaram seus demais irmãos evangélicos se estes últimos não vinham sendo política e socialmente ingênuos e se não se enfileiravam com demasiada facilidade em plataformas políticas de cunho muito nacionalista e opressivo. Esses contestadores constituíram uma "Nova Esquerda Evangélica", que insiste no fato de que não

---

[2] MARTY, Martin. Tensions within contemporary evangelicalism; a critical appraisal. In: WELLS, David F.; WOODBRIDGE, John D. (eds.). *The evangelicals*. Nashville: Abingdon, 1975. p. 172.

[3] MARSDEN, George. *Understanding fundamentalism and Evangelicalism*. Grand Rapids: Eerdmans, 1991. p. 64.

[4] Ibid., p. 1.

* Influente movimento social conservador de pressão política nos EUA, iniciado em 1979, com base na concepção de que a lei moral cristã representa a opinião da maioria da sociedade (daí o nome do movimento); dissolvido em 1989, foi absorvido pelo atual movimento Coalizão Cristã (Christian Coalition). (N.T.).

se consegue seguir Jesus sem estar ativa e politicamente comprometido na busca da justiça para os oprimidos.

Aos três movimentos que até o momento identificamos — fundamentalistas, evangélicos e novos evangélicos — talvez pudéssemos acrescentar um quarto, que na realidade é antes uma corrente poderosa e disseminada entre todos eles do que um grupo claramente definido: os pentecostais ou carismáticos. Como movimento, o pentecostalismo começou no início da década de 1900, em uma série de reavivamentos, particularmente na cidade de Los Angeles, que tinha por base uma alegação simples ainda que transformadora: se o cristianismo tem sua origem e extrai vida permanente a partir de uma nova efusão do Espírito Santo, os cristãos devem então ser capazes de vivenciar esse Espírito. E essa vivência, ou descoberta por experiência própria, deve ser algo que os fiéis realmente sintam, algo que os incite profundamente e que se traduza em exuberante adoração, chegando-se mesmo à glossolalia (o falar em línguas). Como águas de refrigério consolador lançadas sobre terra seca, a renovação pentecostal espalhou-se rápida e internacionalmente. Nas décadas de 1960 e 1970, ela chegou até mesmo a penetrar nas Igrejas das correntes dominantes, tanto a protestante como a católica, onde foi preferencialmente chamada de "Renovação Carismática". Hoje, o crescimento do cristianismo na América Latina e em algumas regiões da Ásia é gerado em grande parte por Igrejas pentecostais. Todavia, as diferenças entre pentecostais e demais evangélicos residem antes na intensidade de sua espiritualidade, exercitada pelo poder do Espírito Santo, do que no conteúdo de sua teologia.

De fato, no tocante às crenças e teologias que estão subjacentes a ambas, há um fundamento comum entre fundamentalistas, evangélicos e pentecostais, o qual lhes sustenta as diferenças de feitio ou de detalhe teológico. Esse fundamento compartilhado repousa sobre quatro pilares consistentes:

1. Para todos esses cristãos, a Bíblia é o guia de maior profundidade, o mais essencial, para tudo que um seguidor de Jesus faz e afirma. E para a maioria deles, a despeito de certas diferenças sobre inerrância total ou parcial, esse livro é para ser lido como está escrito. Isso não significa, necessariamente, lê-lo com litera-

lidade cega, mas se exige constante vigilância, para que "o que desejo ouvir" não se interponha "ao que está dito".
2. Todas essas pessoas de fé sustentam que a vida cristã que levam tem de ser mais do que um "eu creio" na Bíblia ou no que diz o ministro da congregação. Mais exatamente, essa vida teria de estar enraizada em uma experiência pessoal do poder salvífico do Cristo vivo e de seu Espírito, e teria de ser por eles inspirada. De várias maneiras, falam de ter "nascido de novo", ou terem "sido batizados no Espírito Santo", ou de estarem "escolhendo Jesus".
3. Assim, é Jesus quem lhes faz toda a diferença na vida — e na vida do mundo. Na vida deles, no curso da história, ele consegue fazer uma radical diferença porque *fez* uma radical diferença. É o Salvador. Só a ele querem seguir.
4. Em razão do milagre e poder que encontraram em Jesus, o Cristo, esses cristãos comprometem-se em partilhar com outros o dom que lhes foi concedido. Querem que outros vejam e sintam o que eles viram e sentiram. Isso significa que querem converter o mundo não porque se sentem superiores aos outros, mas sim porque dons devem ser partilhados.

Porque o que eles têm em comum transcende o que os faz diferentes — e com a finalidade de nos provermos de um nome para a mesma perspectiva —, no decorrer deste capítulo vamos empregar, em sua maior parte, "evangélico" como termo geral para todos os grupos que diriam "amém" para as quatro características que acabamos de mencionar.

Quantos?

Tendo ajustado com mais precisão nosso centro de interesse sobre quem são exatamente os evangélicos, teríamos como dizer quantos deles existem nos Estados Unidos? Muitos, embora quaisquer números que se apresentem sejam estimativos. Na década de 1980, o Instituto Gallup de pesquisa de opinião utilizou a expressão "sensação de ter nascido de novo" como atributo definidor de um evangélico e concluiu que o número deles cobriria quarenta por cento da população dos Estados

Unidos. Estudos e levantamentos mais recentes empregam critérios de maior amplitude e estimam que cerca de vinte e cinco a trinta por cento da população norte-americana estaria no grupo dos evangélicos. Todavia, esses estudos retiraram a população protestante afro-americana (aproximadamente oito a nove por cento da população total), esmagadoramente de orientação evangélica. Assim, se incluirmos as Igrejas dos negros, voltaríamos de novo para os cerca de quarenta por cento do Gallup.[5] O que significa quase a metade dos cristãos nos Estados Unidos — um motivo adicional para levá-los a sério e respeitá-los, a eles e às suas opiniões sobre as demais religiões.

Dada a variedade dessas Igrejas cristãs mais conservadoras, há também entre elas variedade na maneira de abordar as demais religiões. Vamos procurar respeitar e compreender tais diferenças mediante a divisão de nossa análise do Modelo de Substituição em duas partes, que poderíamos chamar de substituição total e parcial. Como era de esperar, as diferenças se dão em conformidade com as divergências entre fundamentalistas e evangélicos.

SUBSTITUIÇÃO TOTAL:
NENHUM VALOR EM OUTRAS RELIGIÕES

A teologia da substituição total que ora examinamos considera as comunidades das demais crenças tão deficientes, ou tão aberrantes, que o cristianismo precisa afinal entrar e lhes tomar o lugar. Como já afirmamos, foi essa, em alto grau, a percepção cristã durante a maior parte da história da Igreja. Ainda é a atitude de muitos fundamentalistas contemporâneos e de algumas Igrejas pentecostais. Durante grande parte do século XX, em especial devido à influência de um determinado teólogo suíço, foi essa a perspectiva que inspirou a maioria dos missionários protestantes que saíam para pregar o Evangelho. Esse teólogo foi Karl Barth (1886-1968), talvez o pensador protestante mais influente do século passado. Embora Barth não fosse um fundamentalista, ele de

---

[5] Ver o sítio na web referente à pesquisa em questão, cujo título em inglês é "Study of American Evangelicals": *www.wheaton.edu/isae/defevan.html*.

fato lançou os fundamentos para o Modelo de Substituição no tocante à compreensão das demais religiões. Para iniciar nosso retrospecto desse modelo, podemos agrupar alguns dos principais blocos de sustentação que estão por dentro dos fundamentos de Barth.

Karl Barth: "Deixem Deus ser Deus — em Jesus Cristo!"

De vários modos, o contexto histórico em que o jovem Karl Barth procurou viver sua vida cristã e elaborar sua teologia foi muitíssimo semelhante ao nosso. As décadas de 1920 e 1930 foram uma época de proliferação de novas idéias, mas também de não menos proliferação de incertezas e ansiedades. Barth estudara com os principais "teólogos progressistas" de seu tempo e a eles unira seus esforços para adaptar o cristianismo ao humanismo do Iluminismo. Estava arrebatado pelas novas idéias oriundas da ciência e do estudo das religiões "orientais". Empregava seus variados talentos para demonstrar a nítida harmonia entre a experiência humana e a mensagem de Jesus. Porém, nada disso funcionava. Ele descobriu isso não nas torres de marfim da universidade, mas no púlpito de sua pequena Igreja na Suíça, onde era pastor. A nova teologia progressista não tocava o coração dos membros de sua Igreja, sequer o dele próprio. Antes, ela parecia "caber dentro" e tornar-se parte do turbilhão de idéias e pontos de vista que confundiam as pessoas com tão variadas possibilidades e nenhuma orientação clara. As pessoas não conseguiam fazer escolhas, se comprometer com algo claro e firme. Do mesmo modo, e o que era mais assustador, a teologia progressista fazia fiasco diante da realidade do mal, em particular quando esse mal horrivelmente se incorporou na estupidez e na carnificina da I Guerra Mundial. Para Barth e os membros de sua Igreja, "o estonteante vinho do otimismo do século XIX, do progresso evolutivo e da fraternidade universal nitidamente se esgotou de todo no campo de batalha de Flandres e Verdun".[6]

Assim, em seus sermões e em particular em um livro que escreveu na casa paroquial de sua congregação, Barth mudou o caminho — para si mesmo e, como acabou acontecendo, para o protestantismo em toda

---

[6] HUNT, George W. Karl Barth – ten years later. *America* (November 4, 1978), p. 302.

a Europa e nos Estados Unidos. O seu *Comentário sobre a Epístola aos Romanos* tornou-se um clássico transformador. Nesse comentário, e subseqüentemente nos doze volumes de sua *Dogmática eclesiástica*, a mensagem de Barth, que ele considerava como a mensagem dos Evangelhos e de São Paulo, foi como um ribombar de trovões: os seres humanos por si mesmos não conseguem ordenar os próprios atos. Com Deus, porém, conseguem-no. Não obstante, para que tal aconteça, os homens têm de retroceder e deixar Deus ser Deus.

Para Barth, essa mensagem nada mais era do que a Boa-Nova do Novo Testamento, em particular assim como foi anunciada por São Paulo e pelos reformadores. Pode-se explicá-la em detalhe mediante os quatro "somente" que constituem o sustentáculo do cristianismo cristão e continuam a inspirá-lo:[7]

1. Somos salvos *somente pela graça*: para Barth, isso não era simplesmente algo que ele leu a respeito no Novo Testamento. Estava igualmente escrito em letras garrafais em sua própria vida e no mundo confuso, violento, sofredor à sua volta: os seres humanos estão em apuros, e não conseguem por si mesmos sair dessa enrascada. Não conseguem ir adiante. Os termos bíblicos ou teológicos para descrever esse estado são "pecado original" ou "natureza decaída". Em linguagem simplificada de programas de ensino por etapas, se for para os seres humanos saírem do buraco que cavaram para si mesmos, vão ter de reconhecer uma "Força Superior". Tal força existe: Barth, juntamente com São Paulo, chama-a de *graça*.

2. Somos salvos *somente pela fé*: o lado reverso negativo de "somente pela fé" é "não por obras". Para abrir espaço para a entrada da graça, temos de recuar, sair do caminho, reconhecer nossa incapacidade de, por nós mesmos, guiar nossas vidas. Porém, conseguimos fazê-lo somente se *confiarmos*. E é isso que "somente pela fé" significa; aqui se poderia dizer que abrimos mão de nós mesmos para segurar na mão de Deus. Como uma criancinha que

---

[7] Nos trechos que se seguem referentes às opiniões de Barth sobre religiões e cristianismo, ver o conhecido "Parágrafo 17" de *Dogmática eclesiástica*; para a edição em inglês cf. BARTH, Karl. *Church dogmatics*. Edinburgh: Clark, 1956. v. 1/2.

se joga nos braços dos pais, pulamos do penhasco e caímos nos braços do amor e da graça de Deus. Essa é, talvez, a mais árdua parte do processo, a parte em que os homens encontram-se atolados, ou porque têm medo, ou porque são incapazes. Entregar-se em confiança, nada mais fazer senão voltar-se completamente para um Outro Alguém, é tão assustador que nos dá a impressão de ser algo impossível — Barth diria que *é* impossível. Portanto, precisamos do terceiro "somente".

3. Somos salvos *somente por Cristo*: é em Jesus Cristo, e nele apenas, que Deus agiu e revelou a verdadeira natureza das coisas — que Deus está pronto para nos amar, afirmar e resgatar, levado puramente por amor divino, não por sermos dignos e merecedores disso. Na realidade, nossa tentativa de "fazer" algo para sermos dignos da graça acaba por atrapalhar o transbordamento do amor de Deus. Ela "desgraça" a graça. Isso é o que está concretizado em Jesus Cristo e nele é dado a conhecer. É uma incrível novidade, algo que jamais poderíamos imaginar. Somente podemos conhecê-la e nela crer se ouvirmos falar dessa novidade. E assim, finalmente, o quarto "somente"'.

4. Somos salvos *somente pela Escritura*: é na Bíblia, e na pregação com base na Bíblia, que a mensagem e a realidade de Jesus nos são comunicadas. Eis aqui a *revelação* no sentido mais verdadeiro da palavra — a nos dizer algo que de outro modo não conseguiríamos imaginar, ou crer, ou confiar. "Na revelação", proclama Barth, "Deus diz ao homem que é Deus [...]. Ao dizer-lhe isso, a revelação diz-lhe algo absolutamente novo, algo que fora da revelação ele não conhece e não pode dizer nem a si mesmo nem a outrem".[8]

Religião é descrença!

Com base nessa avaliação da condição humana, dada a conhecer na Bíblia e confirmada pela interpretação que Barth faz do mundo,

---

[8] Ibid., v. 1/2. p. 301.

ele formulou seu famoso veredicto sobre religião, que repercutiu em não poucas Igrejas e seminários protestantes no século passado. É um veredicto que nos esbofeteia e vira de cabeça para baixo nosso entendimento normal de religião. Apesar de todo "o verdadeiro, o bom e o belo que um exame mais de perto é capaz de revelar em quase todas as religiões", o juízo último de Barth é "o juízo da revelação divina sobre toda religião":

> Religião é descrença. É uma preocupação, temos mesmo de dizer que é uma grande preocupação, do homem sem Deus [...]; do ponto de vista da revelação, a religião é claramente encarada como um esforço humano por antecipar aquilo que Deus, em sua revelação, deseja fazer e de fato o faz. É o empenho em substituir a obra divina pela manufatura humana. A Realidade Divina a nós ofertada e manifestada na revelação é substituída por um conceito de Deus arbitrária e obstinadamente elaborado pelo homem.[9]

Em outras palavras, é precisamente a religião, e por causa da religião, que os homens não fazem aquilo que necessitam fazer: recuar, confiar e deixar Deus ser Deus em Jesus Cristo. Na religião, os homens procuram "fazer-se partícipes" com suas próprias palavras e convicções, rituais e leis — e por fim atrapalham a ação de Deus. Assim, a religião é realmente o oposto do que parece ser; é antes uma criação humana do que uma criação divina. Deus entra em nossas vidas não para resgatar-nos mediante as "obras de religião", mas mediante o poder imediato, pessoal da graça.

O veredicto de Barth sobre a religião nos soa severo ao extremo e de todo negativo — até nos darmos conta de que ele dirigiu suas acusações não somente às "outras" religiões mas também, e em particular, ao cristianismo. Em certo sentido, Barth concordaria com as concepções que estudamos no capítulo anterior, as quais sustentavam que "todas as religiões são essencialmente as mesmas". Elas o são, porém não porque todas revelam o Divino, mas porque todas elas, inclusive e em especial o cristianismo, atrapalham o Divino. Portanto, Barth advertia con-

---

[9] Ibid., v. 1/2. pp. 299-300.

tra o costume de fazer comparações entre o cristianismo e as religiões — não porque o cristianismo fosse superior ou estivesse em outra categoria, mas, antes, porque não há diferenças para comparar. Quando você olha para os componentes que constituem o cristianismo como religião — sua teologia, culto, estrutura eclesiástica, moralidade, arte e ética —, descobre a mesma "idolatria e hipocrisia" que vicejam exuberantemente nas demais religiões. Para Barth, portanto, não há prova empírica para argumentar que o cristianismo é melhor do que qualquer religião no mundo.

O cristianismo como a religião verdadeira

Não obstante, embora não haja nenhuma prova empírica, Barth tinha, com efeito, razão em argumentar que o cristianismo, afinal de contas, pode ser proclamado como a única religião verdadeira entre todas as demais. Nesse ponto, adentramos pelo entendimento de Barth acerca da natureza paradoxal de passar pela experiência de Deus "somente pela fé, pela graça e por Cristo". O cristianismo é a religião verdadeira porque é a única religião que sabe que é uma religião falsa; e sabe, ademais, que apesar de ser uma religião falsa e idolátrica, é salva mediante Jesus Cristo. Reparem que para Barth, assim como para todos os cristãos fundamentalistas/evangélicos, o lugar privilegiado do cristianismo nada tem a ver com o cristianismo como religião. Ele tem tudo a ver com Jesus Cristo. Barth utiliza a analogia do sol: entre todas as religiões incorretas e falsas do mundo, o cristianismo é a única falsa religião sobre a qual brilha o sol de Jesus Cristo. E isso faz do cristianismo a única religião verdadeira, porque somente os cristãos, graças a Jesus, captam com clareza que as boas obras de sua religião são inúteis e que, para realmente sentir o poder de Deus em suas vidas, é preciso tão-somente confiar e voltar-se para o amor e a graça que lhes são dados em Jesus e seu Espírito. Sem Jesus, essa graça não se faz disponível; sem Jesus, esse entendimento e essa confiança ficam além da capacidade humana.

Dada a avaliação que Barth faz da religião, qual tipo de relacionamento seria possível entre cristianismo e outras tradições religiosas? A resposta de Barth é clara: "Neste ponto temos uma contradição exclusiva".[10] Barth decerto exortaria os cristãos a respeitar a boa vontade, a sinceridade e a liberdade religiosa de outras pessoas de fé. Porém, porque o sol de Jesus Cristo somente brilha sobre uma única religião e em seu interior, e porque apenas nesse sol se pode chegar a viver "somente pela fé", "somente em graça", não há realmente muito com que os cristãos se relacionarem nas demais religiões: nenhuma revelação, nenhuma graça salvífica, porque não há nenhum Jesus; e, por conseguinte, nenhuma possibilidade de diálogo. Barth chegava mesmo a advertir os missionários contra práticas de buscar "pontos de contato" em outras religiões — isto é, perguntas que ajudam a conduzir os não-cristãos a respostas cristãs. Tudo que os cristãos podem na verdade fazer é anunciar o Evangelho amorosa e respeitosamente e deixar a luz de Cristo ocupar o lugar da escuridão que, sem ele, existe.[11]

Levando a sério o Novo Testamento e Jesus

Ao utilizar a teologia de Karl Barth para reunir as pedras fundamentais de sua teologia evangélica das religiões, temos de ser cautelosos. Para todos os evangélicos, sempre há algo mais profundo que a teologia, um alicerce mais firme que sustenta o fundamento: o Novo Testamento. A teologia de Barth ressoa nos cristãos evangélicos por ser tão inteiramente nutrida e modelada pelo testemunho bíblico. A esse respeito, tais cristãos conservadores propõem um lembrete e um desafio a todos os seus companheiros, irmãos e irmãs cristãos: ser cristão significa levar a Bíblia a sério, em especial o Novo Testamento. Essa é uma característica essencial, definidora, de todos os que seguem a Jesus, reconhecida por

---

[10] Ibid., v. 1/2. pp. 295-296; cf., também, pp. 280-294.
[11] Esse resumo das concepções de Barth acerca de outras religiões é tirado de seu período inicial, em particular de sua *Römerbrief* (Epístola aos Romanos), primeiro publicada em 1922 por Chr. Kaiser, Munique, e do "Parágrafo 17" (oitenta e uma páginas!) de *Dogmática eclesiástica*. Mais tarde, Barth chegou, sim, a falar de "outras palavras e outras luzes fora dos muros da Igreja". Porém, foram suas concepções iniciais que tiveram tão larga influência sobre as opiniões e os modos de ver dos protestantes na virada da segunda metade do século passado. Ademais, ele sempre insistiu em que as "outras palavras e outras luzes" não poderiam ser ouvidas e vistas sem Cristo (cf. KNITTER, Paul F. *Towards a protestant theology of religions*. Marburg: N. G. Elwert, 1974. pp. 32-36).

todas as Igrejas, estejam elas na extrema direita ou esquerda do espectro denominacional. O cristão é alguém que baseia sua vida no testemunho do Novo Testamento referente a Jesus Cristo. Defender uma crença, tomar uma atitude ou mover-se em uma direção que parece até mesmo contradizer o núcleo da mensagem do Novo Testamento deveria gerar sinais de advertência para qualquer cristão: isso pode significar que ele está abandonando ou diluindo a própria identidade que ele reivindica como sua.

Assim, os cristãos que endossam essa teologia de substituição das religiões afirmam, de modo direto e sincero, que o que estão fazendo é simplesmente se manterem fiéis à clara mensagem do Novo Testamento. Uma pessoa não tem necessariamente de interpretar a Bíblia literalmente para reconhecer que uma das mensagens mais evidentes e centrais do Novo Testamento é que Jesus é o meio, o único meio, que Deus concedeu aos homens, pelo qual podem fazer idéia do que significa a vida e sair da enrascada em que se encontram. Pode talvez haver maneiras diferentes de olhar para Jesus no Novo Testamento, diferentes títulos a ele dados, maneiras diferentes de explicar como ele salva e o que significa chamá-lo de divino. Porém, em meio a todas essas diferenças, um fato é constante, como um fio que entrelaça todas as diversas cores umas às outras: a proclamação de que Jesus *é* Salvador, o *único* Salvador, e de que sem ele os homens não conseguem sair de sua situação difícil, sem saída, pecaminosa.

Seria de boa ajuda, talvez fosse um exercício de sensatez, que alguns cristãos progressistas fizessem um retrospecto dos textos do Novo Testamento que se expressam aos evangélicos de modo tão claro (quer sejam interpretados literalmente, quer simbolicamente).

Textos que afirmam não só que Jesus salva, mas que outros não o fazem:
- "Pois não há, debaixo do céu, outro nome dado aos homens pelo qual devamos ser salvos" (Atos 4,2).
- "Quanto ao fundamento, ninguém pode colocar outro diverso do que foi posto: Jesus Cristo" (1 Coríntios 3,11).
- Pois há um só Deus e um só mediador entre Deus e os homens, um homem, Cristo Jesus" (1 Timóteo 2,5).

- "Eu sou o Caminho, a Verdade e a Vida. Ninguém vai ao Pai a não ser por mim" (João 14,6).
- "Quem tem o Filho tem a vida; quem não tem o Filho não tem a vida" (1 João 5,12).

Textos que mostram a condição de perdição em que se encontra a humanidade sem Jesus:

- Os três primeiros capítulos da Epístola aos Romanos, de Paulo, descrevem a situação de desesperança da espécie humana, não só gentios mas também judeus, sem Cristo: "Pois, tendo conhecido a Deus, não o honraram como Deus [...]; todos, tanto os judeus como os gregos, estão debaixo do pecado" (Romanos 1,21; 3,9).

Textos que insistem na necessidade de tomar conhecimento das palavras do Evangelho sobre Jesus e nelas crer para ser salvo:

- "Quem crê no Filho tem vida eterna. Quem recusa crer no Filho não verá a vida. Pelo contrário, a ira de Deus permanece sobre ele" (João 3,36).
- Em Romanos 10, depois de proclamar que se tem de crer em Jesus para ser salvo, Paulo indaga: "Mas como poderiam invocar aquele em quem não creram? [...] Pois a fé vem da pregação" (Romanos 10,14.17).[12]

Quer se concorde ou não com o conteúdo desses textos, não se pode negar, e os evangélicos o demonstram, que eles estão lá — precisamente no centro mais íntimo do Novo Testamento. E não resta dúvida sobre o quê os primeiros cristãos entendiam quando escreviam e liam essas afirmações: Deus salva em Jesus. Não olhem mais para parte alguma. Se alguém é cristão, não pode negar, ignorar ou diluir esses textos. Se alguém se acha em desacordo fundamental com eles, talvez seja mais honesto, dão a entender os evangélicos, retirar-se da comunidade cristã.

---

[12] Para arrolamento e comentários mais completos sobre tais textos, cf. SANDERS, John. *No other name*; an investigation into the destiny of the unevangelized. Grand Rapids: Eerdmans, 1992. pp. 38-41; GEIVETT, R. Douglas; PHILLIPS, W. Gary. A particularist view; and evidentialist approach. In: OKHOLM, Dennis L.; PHILLIPS, Timothy R. (eds.). *More than one way?*; four views of salvation in a pluralistic world. Grand Rapids: Zondervan, 1995. pp. 229-238.

E realmente percebemos o quanto a visão evangélica das demais religiões gira em torno do entendimento que eles — e o Novo Testamento — têm de Jesus. Entendimento esse cujas implicações referentes às religiões são lúcida e eloqüentemente resumidas pelo bispo Stephen Neill:

> [A fé cristã] sustenta que em Jesus a única coisa que precisava acontecer aconteceu de tal maneira que nunca mais precisa de novo acontecer do mesmo modo. O universo reconciliou-se com Deus. Mediante a perfeita obediência de um homem, um novo e permanente relacionamento estabeleceu-se entre Deus e a raça humana como um todo. A ponte foi construída. Nela, há espaço para todo o tráfego necessário, em ambas as direções, de Deus para o homem e do homem para Deus. Por que procurar qualquer outra? [...] Para a moléstia humana há um só medicamento específico, e pronto. Não há outro.[13]

Quer dizer então que, segundo essa teologia da substituição das religiões, todos os seguidores das demais religiões que nunca, sem terem eles próprios qualquer culpa disso, ouviram falar de Jesus serão despachados para o inferno? Como veremos no próximo capítulo, os cristãos fundamentalistas e evangélicos hesitam em dar respostas claras e absolutas a essa pergunta. Não querem fazer papel de Deus. Porém, dizem, com efeito, bem alto e claro que, se alguém vier a conhecer e desfrutar de Deus e da salvação de Deus, é porque explicitamente escutou a mensagem de Jesus e confiou. Isso está claro nas Escrituras. E é o lugar onde os evangélicos se colocam.[14]

"Um caminho" faz sentido

Contudo, não devemos pensar que por ser a Bíblia o alicerce da fé evangélica seja ela a única fonte de onde eles deduzem os motivos para reivindicar que Jesus é o único Caminho e que as demais religiões têm

---

[13] NEILL, Stephen. *Crises of belief.* London: Hodder and Stoughton, 1984. p. 31.
[14] Cf. PHILLIPS, W. Gary. Evangelicals and pluralism; current options. In: CLARK, David K. (ed.). *The challenge of religious pluralism*; an evangelical analysis and response. Wheaton: Wheaton Theology Conference, 1992. pp. 174-178; NASH, Ronald H. Restrictivism. In: SANDERS, John (ed.). *What about those who have never heard?*; three views on the destiny of the unevangelized. Downers Glove: InterVarsity Press, 1995. pp. 107-139.

de ser substituídas pelo Evangelho. O que a Bíblia lhes diz também se constitui em bom senso comum. Crer "somente pela fé" não significa crer com fé cega. O estereótipo dos fundamentalistas ou evangélicos como pessoas simplórias, inseguras, que "desligam" o próprio cérebro para acreditar em tudo e em todas as coisas que estão escritas na Bíblia é apenas isso — um estereótipo. Se a Bíblia ensina a verdade, a verdade vai repercutir na capacidade de nossa mente fazer perguntas e tirar conclusões razoáveis. Assim, somos convidados a pensar a razoabilidade que existe em Deus prover todas as pessoas com uma senda não só clara e segura, mas também singular.

R. Douglas Geivett e W. Gary Phillips, dois evangélicos e também respeitados estudiosos acadêmicos, pintam um quadro da dificuldade da condição humana que reflete a experiência de vida de muitas pessoas, em especial alunos de faculdade em vias de terminar seus estudos e fazendo planos a respeito da carreira profissional, casamento, família. Decidir o que fazer, com quem se casar e como criar os filhos é tarefa muito assustadora. Porém, eles ficam ainda mais confusos, se não esmagados, devido à enorme feira livre de valores, opções e soluções extremas para uma vida feliz de verdade que povoam nossa vida pós-moderna, caracterizada pela multiplicidade cultural e de valores. Como se dá sentido à vida? O que contribui para um modo de viver e de se relacionar de fato satisfatório?

Quando, a essas indagações filosóficas, acrescentamos perguntas éticas mais amplas, a tarefa de decidir o modo de viver fica ainda mais emaranhada: a crença mais comum é que, hoje em dia, para ir em frente e ganhar dinheiro, você tem de ser melhor do que o sujeito que está a seu lado, mais esperto e mais duro do que ele. Muitas vezes, você tem de chocar-se contra o carro de alguém e jogá-lo fora da estrada para avançar com o seu. Mas isso está certo? E se alguém se recusa a seguir essa moral tão aceita em geral? Isso significa tomar o caminho mais nobre — ou o mais bobo?

Não há resposta segura para essas perguntas. Não há nenhum claro "caminho certo a tomar". A incerteza aumenta quando se leva em conta a tão perversa realidade do mal em nossa vida — realidade essa que não pode ser extirpada de todo. Sim, coisas ruins — não raro um bocado de coisas ruins — acontecem a pessoas boas. Ou pessoas boas fazem coisas ruins, ainda quando não querem fazê-lo. E coisas ruins — como moléstias, violência, morte — conseguem alterar a substância da vida de alguém, de uma maravilhosa felicidade para o mais profundo desespero, em um abrir e fechar de olhos. A vida oferece a beleza e as emoções fortes de quem se equilibra em uma corda lá no alto, mas que pode dali cair a qualquer momento.

Assim, Geivett e Phillips ponderam que, em meio a tamanha incerteza, falta de clareza e medo diante de tantos caminhos diferentes e duvidosos a seguir, não faria sentido que, se existe um Deus, esse Deus nos forneceria um conjunto de orientações, nos daria uma mãozinha firme, uma garantia de que em meio às incertezas ou fora delas existe um sentido para a vida e uma trilha bem definida para caminhar nessa direção? E se Deus assim o fez, então aquilo que se tem chamado de "o escândalo da particularidade" (que Deus ofereceria um único caminho para encontrar a verdade) não seria de modo algum tão escandaloso realmente. "O particularismo [um caminho somente] não é escandaloso para a pessoa espiritualmente necessitada que está à procura do exato remédio de Deus para as moléstias específicas da humanidade."[15] O que os seres humanos precisam é de uma trilha clara, dada por Deus!

Todas essas argumentações do senso comum em prol do "único-e-exclusivo" pertence mais à nossa busca pessoal e individual de sentido. Há também motivos sociais, até mesmo geopolíticos, pelos quais o "caminho único" dado por Deus faz um sentido deveras necessário. O Bispo Lesslie Newbigin nos propõe uma poderosa formulação para essa argumentação. Primeiro, faz uma pergunta sensata: temos a certeza de que não há verdades absolutas? Se dissermos que temos essa certeza, então aceitamos cegamente "um dos axiomas de nossa cultura ocidental contemporânea". Como qualquer axioma, ele não pode ser provado. Só porque as verdades finais são difíceis de serem encontradas não quer dizer que elas não existem. Newbigin se vale de uma comparação com a ciência: "Os físicos, postos diante do problema de conciliar a relatividade com a teoria quântica, não recaem na suposição de que a realidade

---

[15] GEIVETT; PHILLIPS, A particularist view; and evidentialist approach, p. 218; cf., também, pp. 219-227.

tem diferentes naturezas, que ela age de maneiras diferentes, que é fundamentalmente incoerente. Eles continuam, com infatigável energia, a buscar uma teoria unificada que conserve o conjunto da física como totalidade".[16] Do mesmo modo, por que a história humana, assim como o sistema solar, não pode ter um centro? Hoje, mais do que nunca, nós seres humanos precisamos de um ponto de convergência tal qual.

Precisamos disso por uma variedade de motivos simultâneos. De um lado, os tipos de problemas que a humanidade enfrenta hoje têm alcance mundial, põem a vida em perigo — guerra nuclear, devastação ecológica, violência étnica que extravasa fronteiras —, exigem soluções unificadas, combinadas, cooperativas. Mais do que nunca, a espécie humana precisa atuar em conjunto e formar uma família. O que não significa acabar com a diversidade; mas deveras requer aglutinar a diversidade em uma unidade conquistada de nova maneira. Para que tal seja possível, faz evidente sentido, mais uma vez, que, se existe um Deus, esse Deus nos forneceria o único critério de verdade, o único centro de unidade que pode conectar e depois manter juntas as pessoas. O que, contudo, não é fácil, principalmente porque sempre há uma nação ou um povo que se coloca acima de todos os demais como arquiteto-mor dessa unidade. Essa é, também, diz-nos Newbigin, a razão de precisarmos não apenas de uma "única verdade", mas de uma "única verdade dada por Deus". Uma revelação sem igual concedida por Deus como dom põe-se acima de todas as demais pretensões de verdade; isso significa que nenhum sistema construído pelo homem pode pôr-se acima do padrão de Deus. Não reconhecer esse centro concedido por Deus como dom é correr o risco de fazer-se de si próprio, ou da própria nação, o centro de tudo. Assim, Newbigin conclui: "Afirmar a singular índole decisiva da ação de Deus em Jesus Cristo não é arrogância; é o duradouro baluarte contra a arrogância de cada cultura ser para si mesma o critério segundo o qual são julgadas as demais".[17]

Estamos, porém, indo rápido demais. Depois que os evangélicos demonstram haver sentido no fato de Deus prover uma única fonte

---

[16] NEWBIGIN, Lesslie. *The Gospel in a pluralist society*. Grand Rapids: Eerdmans, 1989. p. 161. Cf. também pp. 162-169.
[17] Ibid., p. 169.

de verdade e um único caminho de salvação para toda a humanidade, eles não concluem automaticamente que essa fonte e caminho é Jesus. A sua argumentação não parte somente da Bíblia. Tudo o que pedem é o direito e o espaço para expor sua mensagem sobre Jesus. Depois que assim o fizer, e depois que as pessoas realmente ouvirem a Palavra e sentirem o poder do Espírito Santo nela contido, os evangélicos acreditam que a verdade de Jesus como o único Nome em que os homens podem ser salvos se provará por si mesma. Estão seguros de que, quando as pessoas virem e sentirem como Jesus responde às necessidades do coração humano e à grave perturbação de nosso mundo atual, elas vão aceitar esse Salvador único como a fonte e a força de unidade para toda a humanidade. Tal aceitação será não apenas uma reação emocional, do coração, mas uma escolha racional, satisfatória do intelecto. Escolher Jesus como o Único que salva é algo que não só pregadores mas também filósofos podem endossar. (De fato, um evangélico e também estudioso acadêmico escreveu um livro inteiro em que expõe as alegações filosóficas e racionais do caráter exclusivo da verdade e da graça em Jesus.)[18]

O que o Modelo de Substituição requer, na realidade, é uma espécie de "sagrada competição" entre as várias religiões e suas respectivas pretensões de possuir a verdade primeira e única, ou final. Tal competição é tão natural, necessária e útil como o é no mundo dos negócios. Você não vai conseguir vender seu produto de maneira eficiente se apresentá-lo como sendo "igualmente bom" como o do concorrente. Você tem de crer que o seu é o melhor e dizer o porquê. Desse modo, que passem as religiões a competir! Em semelhante competição aberta, honesta, não violenta, os evangélicos estão seguros de que Jesus vai mostrar-se acima dos demais.

LEITURAS ADICIONAIS

BARTH, Karl. The Revelation of God as the abolition of religion. In: _____. *Church dogmatics*. Paragraph 17. Edinburgh: Clark, 1956. vv. 1/2. pp.

---

[18] Cf. NETLAND, Harold A. *Dissonant voices*; religious pluralism and the questions of truth. Grand Rapids: Eerdmans, 1991.

280-361. Versão abreviada em HICK, John; HEBBLETHWAITE, Brian (eds.). *Christianity and other religions*. Oxford: One World Publications, 2001. pp. 5-18.

BRADSHAW, Tim. Grace and mercy; Protestant approaches to religious pluralism. In: CLARKE, Andrew D.; WINTER, Bruce W. (eds.). *One God, one Lord*; Christianity in a world of religious pluralism. Grand Rapids: Baker Book House, 1992. pp. 227-236.

CROCKET, William V.; SIGOUNTOS, James G. Are the "Heathen" really lost? In: ____ (eds.). *Through no fault of their own*; the fate of those who have never heard. Grand Rapids: Baker Book House, 1991. pp. 257-264.

DAYTON, Donald W. Karl Barth and the wider ecumenism. In: PHAN, Peter C. (ed.). *Christianity and the wider ecumenism*. New York: Paragon House, 1990. pp. 181-189.

GEIVETT, R. Douglas; PHILLIPS, W. Gary. A particularist view; an evidentialist approach. In: OKHOLM, Dennis L.; PHILLIPS, Timothy R. (eds.). *More than one way?*; four views of salvation in a pluralistic world. Grand Rapids: Zondervan, 1995. pp. 213-245.

GRENZ, Stanley J. Towards an Evangelical theology of religions. *Journal of ecumenical studies* 31 (1994), pp. 49-66.

HARRISON, Peter. Karl Barth and the non-Christian religions. *Journal of ecumenical studies* 23 (1986), pp. 207-224.

HART, Trevor. Karl Barth, the Trinity, and religious pluralism. In: VANHOOZER, Kevin J. (ed.). *The Trinity in a pluralistic age*; theological essays on culture and religion. Grand Rapids: Eerdmans, 1997. pp. 124-142.

HENRY, Carl F. Is it fair? In: CROCKET, William V.; SIGOUNTOS, James G. (eds.). *Through no fault of their own*; the fate of those who have never heard. Grand Rapids: Baker Book House, 1991. pp. 245-256.

HUFF, Peter A. The challenge of Fundamentalism for interreligious dialogue. *Cross currents* 50 (2000), pp. 94-102.

JONES, Michael S. Evangelical Christianity and the philosophy of interreligious dialogue. *Journal of ecumenical studies* 36 (1999), pp. 378-396.

NASH, Ronald H. Restrictivism. In: SANDERS, John (ed.). *What about those who have never heard?*; three views on the destiny of the unevangelized. Downers Grove: InterVarsity Press, 1995. pp. 107-139.

NETLAND, Harold A. *Dissonant voices*; religious pluralism and the question of truth. Grand Rapids: Eerdmans, 1991. caps. 5 e/ou 7 e/ou 8.

NETLAND, Harold A. The uniqueness of Jesus in a pluralistic world. *Religious and theological studies fellowship bulletin* 5 (1994), pp. 8ss.

PHILLIPS, W. Gary. Evangelicals and pluralism; current options. In: CLARK, David K. (ed.). *The challenge of religious pluralism*; an Evangelical analysis and response. Wheaton: Wheaton Theology Conference, 1992. pp. 174-189.

Capítulo 2
Substituição parcial

Muitas pessoas de fé que ocupam os recintos fundamentalistas, evangélicos e pentecostais do cristianismo acham que a abordagem de outras religiões pela "substituição total" não só não é clara, mas é também severa. Percebem que ela, na realidade, não leva em conta nenhum valor, nenhuma presença de Deus em outras religiões, encarando-as como inteiramente feitas pelo homem, mais como obstáculos do que condutos ao amor de Deus. Em termos teológicos, não há nem revelação nem salvação no mundo das demais religiões. E isso significa que o único tipo de diálogo que os cristãos podem ter com pessoas de outras crenças é aquele em que os cristãos buscam começar a conhecê-las melhor com a finalidade de substituí-las pelo cristianismo. Sim, isso é severo. É tão severo que, para muitos evangélicos, isso não parece ajustar-se à realidade que vêem nas demais religiões, nem com a mensagem que ouvem na Bíblia.

DEUS PRESENTE EM OUTRAS RELIGIÕES? SIM E NÃO

Assim sendo, existe uma outra versão, mais abrangente, da perspectiva de substituição. Ela representa, em especial, as percepções dos cristãos que têm a Bíblia por base de sua fé e que no capítulo 1 descrevemos como novos evangélicos — gente de firme compromisso com a singularidade de Jesus e com a recusa de qualquer traição ao Evangelho em favor do mundo moderno —, mas que, ao mesmo tempo, é mais aberta, mais ecumênica, mais disposta a descobrir a presença de Deus no mundo. De fato, a crítica básica que fazem ao Modelo de Substituição Total é de que ele não percebe a presença extremamente real de Deus no mundo das demais religiões.

Revelação: sim!

A notável diferença entre o que aqui chamamos de "Modelo de Substituição Parcial" e o modelo precedente tem a ver com a revelação. Os evangélicos que adotam o ponto de vista mais moderado reconhecem e afirmam a revelação genuína de Deus nas demais religiões e por meio delas, e até mesmo se regozijam com esse fato. Dá-se isso por meio de diferentes nomes teológicos: "revelação original", ou, mais comumente, "revelação geral".[1] Termos que querem expressar uma autêntica presença do Espírito de Deus em pessoas e estruturas de outras comunidades de fé. Comunidades essas que representam mais do que grupos de seres humanos que fazem perguntas, que lutam de perto com as grandes questões da existência humana. Também elas representam caminhos em que Deus dá respostas, alcança e compreende a indagação humana. O que faz grande diferença em relação ao Modelo de Substituição Total.

A primeira razão pela qual os cristãos devem estar abertos para reconhecer a presença reveladora de Deus em outrem é bastante evangélica — porque é o que nos diz a Bíblia. Por exemplo:

1. O que Barth e alguns fundamentalistas não percebem em sua leitura de Paulo nos primeiros capítulos de Romanos é que Deus realmente fala a todos os povos mediante o poder da natureza e mediante a consciência pessoal: "Sua realidade invisível — seu

---

[1] Cf., por exemplo, BRUNNER, Emil. Revelation and religion. In: HICK, John; HEBBLETHWAITE, Brian (eds.). *Christianity and other religions*. Philadelphia: Fortress Press, 1980. pp. 113-132; TILLICH, Paul. *Systematic theology*. Chicago: University of Chicago Press, 1951-1963. v. 1. pp. 53-60; DEMAREST, Bruce. General and special revelation; epistemological foundations of religious pluralism. In: CLARKE, Andrew D.; WINTER, Bruce W. (eds.). *One God, one Lord*; Christianity in a world of religious pluralism. Grand Rapids: Baker Book House, 1992. pp. 189-206.

eterno poder e divindade — tornou-se inteligível desde a criação do mundo, através das criaturas [...]. Eles [os gentios] mostram a obra da Lei gravada em seus corações, dando disso testemunho sua consciência e seus pensamentos" (Romanos 1,20; 2,15). É bastante claro.

2. Confirmando o poder da natureza de expressar a linguagem de Deus, Paulo disse aos gentios de Listra: "Ele permitiu, nas gerações passadas, que todas as nações seguissem os próprios caminhos. No entanto, não deixou de dar testemunho de si mesmo fazendo o bem, do céu enviando-vos chuvas e estações frutíferas, saciando de alimento e alegria vossos corações" (Atos 14,16-17). E aos atenienses, Paulo anunciou: "Embora [Deus] não esteja longe de cada um de nós. Pois nele vivemos, nos movemos e existimos" (Atos 17,27-28).

3. Ainda mais abrangente é o anúncio de João no começo de seu Evangelho, quando nos diz que o Verbo de Deus que se fez carne em Jesus é o mesmo Verbo que estava no mundo desde o princípio, dando vida ao mundo, "e a vida era a luz dos homens; e a luz brilha nas trevas mas as trevas não a apreenderam" (cf. João 1,1-14).

Essa imagem do Verbo de Deus encontrando voz ativa antes e depois do Jesus histórico foi percebida nos primeiros séculos da Igreja pelos primeiros teólogos, chamados Padres da Igreja; eles claramente reconheceram que a capacidade e o desejo de Deus de exprimir-se não podem limitar-se aos círculos cristãos. Ademais, João Calvino, um dos reformadores originais, estava basicamente de acordo com Martinho Lutero quando falava de um "sentido de Deus" incutido na natureza humana, de modo que "o conhecimento de Deus e de si mesmo se unem por um vínculo mútuo".[2] Os seguidores do Modelo de Substituição mais estrito parecem se esquecer ou descuidar dessas menções da Bíblia e dos teólogos antigos.

O que a Bíblia nos diz sobre o fato de Deus exprimir-se com todos os povos se confirma para os teólogos evangélicos pelo que eles vêem em

---

[2] BRUNNER, Revelation and religion, pp. 121-122.

outras culturas e religiões. Não seria tanto o caso de Deus expressar-se *para* as pessoas, a partir do alto ou do além; mais exatamente, a voz de Deus é escutada *no interior*, a partir de movimentos dos sentimentos e mediante acontecimentos da história. Para Paul Althaus (um teólogo luterano alemão que achava Barth muito estreito em sua visão das religiões), as pessoas escutam o Divino no "Algo Mais" que lhes arrasta os corações quando se apaixonam e decidem se comprometer com outra pessoa mesmo quando isso se torna difícil, ou quando respondem a um sentimento de responsabilidade social pelos pobres, ou quando têm confiança em que o bem é mais forte que o mal, mesmo quando os indícios apontam o contrário.[3] Paul Tillich (que se aproxima de Barth como um dos mais conhecidos teólogos protestantes do século passado) é mais geral e místico: sentimos a presença de Deus quando nos achamos "tomados por uma Preocupação Suprema" — uma preocupação que nos fundamenta, nos sustenta, "classifica todas as demais preocupações como preliminares e [...] contém a resposta à pergunta sobre o sentido da vida". Tillich descobriu que uma das principais maneiras pelas quais a Preocupação Suprema nos toma é quando percebemos, sentimos ou meramente sabemos que, independente do que somos, somos *aceitos*. Tillich nos diz que, mesmo quando não sabemos claramente o que nos aceita, devemos "meramente aceitar a Aceitação" e estar nas mãos de Deus.[4]

Para contrabalançar essas expressões mais pessoais e individuais de uma revelação geral, Wolfhart Pannenberg, teólogo alemão contemporâneo, chama a atenção para os processos da história como sendo o palco para Deus falar à humanidade. A voz de Deus torna-se audível, propõe ele, mediante uma interação entre, de um lado, nossa necessidade inata de continuar buscando e fazendo perguntas e, do outro, os acontecimentos concretos da história. É como se nossa ação interna de buscar sentidos cada vez mais vastos fosse a antena, e os acontecimentos

---

[3] Cf. ALTHAUS, Paul. *Die christliche Wahrheit*. 7. ed. Gütersloh: Güttersloher Verlaghaus, 1966. pp. 61-96.
[4] Cf. TILLICH, Paul. *Christianity and the encounter of world religions*. New York: Columbia University Press, 1963. p. 4; ____. *Systematic theology*, v. 1, pp. 153-155; ____. *The courage to be*. New Haven: Yale University Press, 1952.

e pessoas que entram em nossas vidas fossem as ondas sonoras pelas quais escutamos Deus se dirigindo a nós. É um processo contínuo, nunca terminado, direcionado para o futuro. Quando relembramos nossas vidas podemos perceber, propõe Pannenberg, que há uma direção, um movimento para a frente, no decurso da história de nossa vida; não obstante, o sentido pleno de tudo isso está no futuro, no ato final da história. É essa presença atuante e eloqüente do Divino em toda a história que pode ser percebida em especial nas religiões do mundo. Para Pannenberg, "a história das religiões é a história do aparecimento do Mistério Divino que está pressuposto na estrutura da existência humana".[5] Isso é muito diferente de Barth e dos fundamentalistas, que só escutaram o silêncio divino na religiões.

Desse modo, para essa visão cristã das religiões, está estabelecido *que* Deus fala a outras pessoas de fé mediante a religião de cada um. Quando consideramos *o quê* Deus tem a dizer, esse novo modelo torna-se ainda mais explícito. Para os teólogos evangélicos que seguem essa linha, a mencionada revelação geral pode tornar as demais pessoas de fé conscientes não só da existência do Divino mas igualmente de que esse Divino é um "tu/você" — pessoal, amoroso, convocador.[6] Ademais, a voz de Deus em outras tradições pode igualmente deixar claro para elas a necessidade de redenção — isto é, que os homens estão presos em seu próprio egoísmo e que se eles precisam se libertar dessa prisão, Deus vai ter de entrar. "A necessidade de redenção do homem e do mundo é o tema de todas as religiões."[7] Por conseguinte, nesse modelo evangélico, as demais religiões não são simplesmente "manufaturas humanas", como defendia Barth; mais exatamente, elas são *desejadas por Deus*; são "representantes" de Deus, "ferramentas" de Deus, por cujo intermédio Deus executa o plano divino.[8]

---

[5] PANNENBERG, Wolfhart (ed.). *Revelation as history*. London: Macmillan, 1968. pp. 3-21, 125-158; ____. *Basic questions in theology*. Philadelphia: Fortress Press, 1971. v. 2, p. 112.
[6] Cf. PANNENBERBG, Wolfhart. *The idea of God and human freedom*. Philadelphia: Fortress Press, 1973. pp. 111-115.
[7] RATSCHOW, Carl Heinz. Die Religionen und das Christentum. In: RATSCHOW, C. W. (ed.). *Der Christliche Glauben und die Religionen*. Berlin: Töpelmann, 1967. pp. 118-120, 123-124.
[8] ALTHAUS, *Die christliche Wahrheit*, pp. 137-139; MILLARD, J. Erickson. *How shall they be saved?*; the destiny of those who do not hear Jesus. Grand Rapids: Baker Book House, 1996. pp. 157-158.

A julgar por tudo isso, parece que podemos concluir que esses evangélicos encaram as demais religiões como trilhas que levam a Deus e à salvação. Porém, tal conclusão, como agora veremos, seria por demais apressada.

Salvação: não!

Quando a pergunta sobre se há *revelação* em outras religiões passa a ser sobre se há *salvação*, os teólogos de que tratamos no modelo em pauta mostram uma súbita mudança de tom e de orientação. Isto é, eles não têm problema em reconhecer que Deus se exprime por intermédio de outras religiões. Mas não afirmam, porque sentem não poder fazê-lo, que Deus igualmente conduz as demais pessoas de fé àquilo que os cristãos chamam de salvação — isto é, à unidade com Deus, a uma percepção de ser amado, afirmado, perdoado e sustentado por Deus, e à garantia de vida eterna após a morte. Ao mesmo tempo em que esses teólogos dizem claramente que Deus revela-se em outras religiões, com não menos clareza declaram também que Deus não salva em outras religiões.[9] E fazem-no por duas razões que julgam muito boas: é o que o Novo Testamento deixa claro, e é o que fica evidente para qualquer um que estude outras religiões.

1. O Novo Testamento. Ao lançar mão do Novo Testamento, esses teólogos estão, simplesmente, de novo fazendo o que os cristãos naturalmente fazem: ouvem primeiro a Palavra de Deus. E quanto à questão da salvação em outras religiões, a mensagem é bastante clara: "Não há, na Escritura, exemplos isentos de qualquer ambigüidade de pessoas que se tornam fiéis autênticos somente em resposta à revelação geral". Ou: "Esta parte é perfeitamente evidente: a revelação geral é totalmente insuficiente como veículo de salvação".[10] Quando cavamos mais fundo para saber exatamente por que a Escritura exclui a salvação por meio de

---

[9] Cf., por exemplo, SHENK, Calvin E. *Who do you say that I am?* Scottdale: Herald Press, 1966. pp. 117-120.

[10] ERICKSON, *How shall they be saved?*, p. 158; LINDSELL, Harold. *A Christian philosophy of mission.* Wheaton: Van Kampen Press, 1949. p. 107; cf. também BRAATEN, Carl. Hearing the other; the promise and problem of pluralism. *Currents of theology and mission* 24 (1997), pp. 398-399.

outras religiões, retornamos aos pilares da teologia protestante: o "somente pela fé, mediante Cristo somente". Para os evangélicos, há duas verdades fundamentais contidas nos dois "somentes".

a. A salvação é efetuada por Jesus Cristo e por ele somente. Em termos mais técnicos, isso se chama "a necessidade ontológica" de Cristo. Significa que tanto a realidade quanto a própria possibilidade de Deus querer chegar aos homens, para os acolher e trazer à felicidade nesta vida e na próxima, tornaram-se efetivas em Jesus Cristo e por meio dele. Na imagem da teologia protestante tradicional, a "queda da humanidade" com Adão e Eva ocasionou uma fratura, um colapso entre Deus e a humanidade; os homens pecaram, rebelaram-se, e por conseguinte algo tem de ser feito para reparar a fratura, para cobrir o fosso. Esse algo, graças ao amor de Deus livremente doado, foi feito em Jesus. Ele, e somente ele, "pôs as coisas em ordem". Deus construiu, como já aqui ouvimos dizer, uma ponte. Somente utilizando e atravessando essa única ponte os homens conseguem alcançar o Divino. Somente fazendo contato, um real contato pessoal com Jesus, as pessoas conseguem se "harmonizar com" Deus, isto é, ser salvas.

Contrariamente aos modos de ver com que nos depararemos nos capítulos vindouros, esse modelo evangélico de compreender as religiões não exibe Jesus como uma expressão, ilustração ou símbolo do amor salvífico de Deus, como se esse amor já estivesse ativo no mundo e Jesus nos capacita a enxergá-lo realmente. Como afirma com lucidez Carl Braaten, conhecido teólogo luterano contemporâneo: "Cristo não é mera *expressão* de uma salvação divina igualmente disponível na pluralidade de religiões; a salvação constitui-se pela vinda de Deus à história concreta de Jesus de Nazaré".[11] Isso quer dizer: sem Jesus, não há salvação, para início de conversa. É o que está contido na insistência evangélica no "somente por Cristo". Uma insistência que é clara como cristal naqueles textos do tipo "único-e-exclusivo" do Novo Testamento que anteriormente recapitulamos.

Por conseguinte, Braaten nos fala a partir do cerne e das mais arraigadas convicções da teologia evangélica protestante quando declara:

---

[11] BRAATEN, Carl. *No other Gospel!*; Christianity among the world's religions. Minneapolis: Fortress Press, 1992. p. 74.

Nos textos do Novo Testamento e das primeiras tradições cristãs, Jesus é retratado não como um salvador mas sim como *o* Salvador, não como um Filho de Deus, um entre muitos, num panteão de deuses e semideuses, mas sim como o único-e-exclusivo Salvador do mundo, Filho unigênito de Deus. Essa pretensão de exclusividade é parte do âmago do Evangelho, não tanto uma casca excedente que se pode demitologizar e lançar fora [isto é, interpretar como somente simbólico] [...]. Jesus é o único-e-exclusivo Salvador, ou não é absolutamente Salvador.[12]

Pannenberg nos oferece um motivo adicional e mais profundo pelo qual os cristãos têm de insistir em que toda salvação depende de Jesus e dele provém. Não é só porque os primeiros cristãos receberam Jesus desse modo e depois fizeram tais afirmações sobre ele. Mas é o que o próprio Jesus pensava e dizia sobre si mesmo! Pannenberg baseia essa asserção sobre uma das coisas mais inabaláveis que conhecemos acerca do Jesus histórico: que ele se julgava como sendo o que se chama "profeta escatológico". O que quer dizer que ele sabia ser o "último" dos profetas de Deus e que o Reino de Deus — ou a salvação de Deus — era agora oferecida nele e por meio dele. Como se refere o próprio Pannenberg: "Uma vez que o iminente futuro de Deus fazia-se presente por meio dele [Jesus], não há espaço para outras abordagens da salvação além dele [...]. A presença de Deus em Jesus não foi, primeiro, uma questão de vivência e sentimento religioso cristão, mas uma reivindicação do próprio Jesus, e essa reivindicação implicava uma finalidade escatológica".[13]

Porém, o Modelo de Substituição Parcial a ser aplicado a uma teologia das religiões ainda tem mais a dizer sobre por que Jesus é necessário. Não só a salvação é efetuada por Jesus, mas também:

b. A salvação dá-se a conhecer somente por Jesus. Mais uma vez, em termos mais técnicos, isso se chama "a necessidade epistemológica" de Cristo. Ela faz uma ligação entre o "somente por Cristo" e o "somente

---

[12] BRAATEN, *Hearing the other*, p. 398; ____. *The uniqueness and universality of Jesus Christ*. In: ANDERSON, Gerald H.; STRANSKY, Thomas F. (eds.). *Faith meets faith*; mission trends n. 5. New York: Paulist Press, 1981. pp. 74-75.

[13] PANNENBERG, Wolfhart. Religious pluralism and conflicting truth claims. In: D'COSTA, Gavin (ed.). *Christian uniqueness reconsidered*; the myth of a pluralistic theology of religions. Maryknoll: Orbis Books, 1990. pp. 100-101.

pela fé": somente em Cristo podemos nos dar conta de que somos salvos somente pela fé. Sem Cristo, simplesmente não entendemos isso — tampouco ousaríamos fazê-lo. Imaginar, e menos ainda crer, que a infinita ofensa contra Deus gerada pelo pecado e pelo egoísmo humanos é retirada por um ato infinito de amor (o Filho de Deus intervindo para fazer as retificações) — e mais ainda, imaginar que tudo o que Deus espera de nós é confiar neste ato de amor, nada mais — é algo, segundo os cristãos evangélicos, "contrário a toda realidade evidente", "jamais visto, jamais ouvido, impossível", "um puro milagre". A única maneira de nós, seres humanos, conseguirmos saber que isso é o que Deus faz e, uma vez o tendo sabido, confiar em que isso que Deus faz é mediante Jesus Cristo. Eis por que a salvação, para os cristãos evangélicos, não é simplesmente uma profunda experiência de harmonia com Deus ou uma sensação de paz e de decisão interior. Mais exatamente: "Salvação é união com Cristo; é receber a justiça de Deus por meio da fé, por causa de Cristo".[14]

Portanto, para qualquer pessoa ser "salva", conhecer e verdadeiramente sentir o poder do amor e da presença de Deus, ela de algum modo tem de entrar em contato com Cristo. E a forma pela qual o contato é feito é, para os evangélicos, a pregação do Evangelho. Braaten é explícito: "Fora de Cristo e longe da pregação do Evangelho, não há alternativas históricas conhecidas que possam ser teologicamente aceitas como meios de salvação divinamente legitimados. Se, tradicionalmente, a teologia católica romana sempre ensinou que 'fora da Igreja não há salvação', a teologia luterana ensina que 'fora de Cristo não há salvação'". Ou melhor, "fora da Palavra acerca de Cristo não há salvação". Sem essa Palavra, sem o Evangelho, as religiões de presença mundial, muito embora sejam portadoras de autêntica revelação provinda de Deus, não podem conduzir essa revelação à sua plena realização. Mais uma vez, Braaten chega à implacável porém necessária conclusão: "Portanto, nenhuma religião é capaz de gerar a liberdade de deixar Deus ser Deus, o que somente a fé pode fazer [...]. Nessas condições, as próprias religiões recaem sob a ira e o juízo de Deus, apesar de todo o bem e a

---

[14] BRAATEN, *Hearing the other*, p. 399.

verdade que elas também inegavelmente legaram à experiência religiosa e à história humanas".[15]

2. Indícios nas próprias religiões. Semelhante veredicto final sobre as religiões — a saber, que sem Cristo elas não conseguem chegar a se dar conta de que uma autêntica experiência do amor de Deus vem somente pela fé — não está baseado apenas na Bíblia. Ele também se verifica, segundo os evangélicos, no que é evidente quando, mais de perto, lançamos um olhar sobre os ensinamentos e as obras das demais religiões. Pannenberg se expressa em lugar de muitos evangélicos quando sustenta, até mesmo, que tal verificação pelos "fatos da ciência da religião" é necessário para uma teologia cristã das religiões. Qualquer coisa que um cristão disser acerca das demais religiões, embora esteja antes de mais nada baseada na Bíblia, tem também de ser confirmada por "uma compreensão sem preconceitos do processo total da história universal das religiões".[16] Desse modo, o que vêem esses cristãos, quando lançam seu olhar isento de preconceitos sobre a história das religiões?

Primeiro, descobrem que apesar de tudo o que as demais religiões sabem sobre a existência e o amor de Deus mediante a revelação geral, que apesar de toda boa vontade que tenham e dos esforços sinceros que façam, os seguidores de outras crenças acabam, de uma maneira ou de outra, em um grau ou outro, por tentar *salvar-se por si próprios*. Não confiam verdadeiramente. Não se abandonam e deixam Deus agir. Apesar de tudo o que possam conhecer de sua própria necessidade de redenção e da generosidade Divina, acabam por procurar fazer algo, provar algo, conhecer algo de modo a conseguir sentir que Deus está deveras com eles. Não desistem das "boas obras". Como assim se refere certo teólogo, enquanto para os cristãos as boas obras *se seguem* ao amor de Deus ("consecutivamente"), nas demais religiões as boas obras procuram *ganhar* o amor de Deus ("constitutivamente"). Ou mais claramente: em todas "as religiões não bíblicas, os homens buscam por si mesmos sua própria salvação; ainda quando se entregam à Divindade, querem encontrar sua própria segurança".[17]

---

[15] BRAATEN, *No other Gospel*, pp. 78, 76.
[16] PANNENBERG, *Basic questions*, pp. 69-70.
[17] BRUNNER, *Revelation*, pp. 122-125.

Os cristãos evangélicos também observam nas demais religiões algo que está relacionado com esse obstinado empenho em encontrar a própria segurança: um esforço sempre recorrente por encerrar Deus, ou o Supremo, à força dentro de uma caixa. Isso significa que, de uma forma ou de outra, as religiões erigem um ídolo em lugar de Deus. Podem fazê-lo de diferentes maneiras:

- Ou *personalizam* Deus em um ser (ou seres) divinizado, cujos atos conseguem então prever ou ditar; ou *despersonalizam* Deus em alguma espécie de princípio abstrato que conseguem captar pela razão. Em ambos os casos, o mistério e a transcendência essenciais de Deus são socados à força no receptáculo do pensamento ou do desejo humano.
- Ou, segundo Paul Tillich, todas as religiões continuam esquecendo que as palavras que elas empregam, que todos os seus rituais e todas as suas instituições são *símbolos* do Divino, e não o Divino em si mesmo. O que se espera dos símbolos religiosos é que sejam indicativos do Divino, que o incorporem e façam-no real; porém, em si mesmos, eles não são o Divino; não conseguem nunca captar tudo o que Deus é ou deseja revelar. Ao esquecer-se disso, as religiões fazem-se divinas elas mesmas ou tornam seus ensinamentos e leis mais importantes do que Deus. E realmente terminam por assumir o lugar de Deus. Mais uma vez temos a idolatria. (Para Tillich, o único símbolo do Divino que realmente é alusivo ao Divino mas que, ao mesmo tempo, a si mesmo se desvia dessa alusão é Jesus.)[18]
- Pannenberg basicamente está de acordo com isso quando, a partir de seu estudo sobre as demais religiões, observa que nenhuma delas consegue perceber o que é tão claro para os cristãos e judeus — que Deus é sempre um *Deus do futuro*. Deus nunca nos dá o quadro completo, o significado completo do eu profundo de Deus. Assim como na história propriamente dita, a trama que Deus tece no mundo é "obra em andamento". Em Jesus, Deus nos deu uma "pré-estréia" primeira e única do objetivo

---

[18] TILLICH, *Systematic theology*, v. 2, pp. 91-111, 136-159, 191-208.

da história, mas até mesmo Jesus nos chama a atenção para um algo mais vindouro. Algumas religiões julgam possuir o quadro completo no passado, localizado em alguma época áurea original; continuam, então, procurando recapturar esse passado por meio de "mitos primordiais". Outras religiões procuram fixar o futuro no presente, atribuindo um caráter final ou absoluto a seus ensinamentos ou recusando-se a mudá-los ou expandi-los. Tudo isso se reduz a pôr limites no mistério de Deus e no futuro que Deus quer revelar.[19]

Relacionamento do cristianismo com outras religiões

Com base nessa abordagem evangélica das demais religiões, cuja proposta é que não só Deus se expressa em outras religiões (revelação), mas também que nelas ele não salva, que tipo de relacionamento poderiam ter os cristãos com pessoas de outras famílias religiosas? Ao contrário do Modelo de Substituição Total que estudamos anteriormente, e que nada conseguia encontrar com que se relacionar nas demais crenças, os cristãos evangélicos, com efeito, se pronunciam sobre o diálogo com outras religiões.

Harold A. Netland, respeitado teólogo evangélico, expõe-nos não só o motivo mas também o conteúdo de semelhante diálogo cristão com pessoas de outras crenças. O diálogo é um caminho "para levar a sério a outra pessoa como ser humano e semelhante". É um sinal de "humildade, sensibilidade e notória cortesia para com seguidores das demais crenças". Afinal de contas, qualquer que seja o juízo teológico acerca dessas pessoas quanto a seu estado de salvação, são filhos de Deus, a quem os cristãos são chamados a amar e respeitar. Assim sendo, sobre o que discutir coletivamente? Netland arrola uma variedade de temas: o diálogo pode tratar da natureza do diálogo (isto é: por que cada uma das religiões quer dialogar? e: que pressupostos trazem para esse diálogo?). Igualmente, o diálogo pode ser um pretexto para intercâmbio de informações sobre cada uma, em especial para corrigir falsas idéias que

---

[19] Cf. PANNENBERG, *Basic questions*, pp. 113, 107-110.

uma tem da outra; esse tipo de diálogo pode ser um importante meio de diluir os venenos do preconceito, da desconfiança e do conflito entre religiões. Em termos mais práticos, convivência e debate coletivo podem abraçar preocupações mais conhecidas de todos, sejam de ordem social, ambiental ou mesmo políticas, de modo que as diversas religiões possam cooperar umas com as outras, para tornar o espaço social ou político que compartilham um lugar mais pacífico para viver.[20]

Porém, afinal, terá o diálogo de achar ocasião de encarar as verdadeiras diferenças entre o cristianismo e as demais religiões. A supor pela avaliação geral das religiões que os evangélicos fazem, haverá muito mais diferenças do que semelhanças. E nesse ponto, de acordo com Pannenberg, temos a verdadeira substância do diálogo: "São precisamente as posições conflitantes e as pretensões de verdade das religiões que têm de tornar-se tema de diálogo". Pessoas de diferentes religiões conseguem ajudar melhor umas às outras se põem como tema de convivência e debate seus pontos de dissensão — onde julgam que o outro está errado; por que cada parte acredita que seu modo de ver é superior aos demais? (Por exemplo, por que julgam que, sem sua verdade e seu Salvador, os demais não vão realmente ser capazes de pôr a vida em ordem e salvar-se?) É neste ponto que o diálogo faz-se inter-religioso: quando pessoas religiosas não apenas trocam informações ou trabalham em obras de caráter social, mas com efeito discutem coletivamente a respeito do que realmente lhes é importante: a verdade de Deus. E é quando o diálogo torna-se, como já aqui ouvimos os fundamentalistas afirmarem, uma competição sagrada. Uma competição em que cada religião procura provar-se a si mesma ser "superior ao iluminar a compreensão íntima das pessoas acerca de sua vida e do mundo"— isto é, superior em suas respostas às mais profundas perguntas e necessidades do coração humano e às necessidades deste nosso mundo confuso, egoísta, violento.[21]

Os cristãos evangélicos insistem em que essa competição dialógica tem de ser sempre posta em prática com autêntico respeito pela

---

[20] Cf. NETLAND, Harold A. *Dissonant voices*; pluralism and the question of truth. Grand Rapids: Eerdmans, 1991. pp. 297-300.
[21] Cf. PANNENBERG, Wolfhart. The religions from the perspective of Christian theology. *Modern theology* 9 (1993), pp. 286-287; ____. *Religious pluralism* (ver comentário n. 13), p. 103.

dignidade, inteligência e liberdade religiosa das demais pessoas de fé. Semelhante diálogo deve ocorrer como evangelismo (persuasivo, solícito, atraente), não como proselitismo (coercitivo, adulador, reprovador). Se a convivência e o debate com os demais realizarem-se dessa maneira, e se todos realmente se puserem em posição de escuta e de abertura de coração, os evangélicos estão convencidos de que Jesus irá provar ser aquele que o Novo Testamento proclama que ele é: o "único Nome" em que as pessoas verdadeiramente ouvem e encontram Deus.

De fato, por fim, nesse diálogo competitivo, os cristãos com efeito acabam por se relacionar com as demais religiões. Eles não descartam simplesmente essas outras crenças, como o faz o fundamentalista Modelo de Substituição Total. As religiões preparam realmente os caminhos para o Evangelho. Porém, é uma preparação negativa: elas propõem perguntas ou apontam para direções que somente Jesus pode responder ou guiar. As religiões podem portanto servir "como uma base a partir da qual se lançar, porque Jesus cumpre a verdade que as religiões buscaram e buscam em vão". Os evangélicos confirmariam a imagem que E. Stanley Jones propôs para a Índia e sua religião hindu: a Índia é "a terra do quase lá". Somente Jesus faz esse "quase lá" chegar afinal à sua morada. Uma outra imagem que os evangélicos empregam para Jesus é a dos faróis de automóvel: "Na estrada, à noite, só conseguimos ler as placas de sinalização quando os faróis as iluminam; desse modo, quando a luz de Cristo ilumina as demais religiões, então percebemos um sentido que não compreenderíamos sem Cristo".[22]

Mais uma vez, voltemo-nos para Carl Braaten para resumir o relacionamento do cristianismo com as demais religiões segundo esse modelo evangélico: "As religiões, em si mesmas, não são sistemas de salvação, mas Deus pode até mesmo utilizá-las como alusão a um ponto, a algo que está além delas e na direção de sua crise e futura redenção no Senhor da história, crucificado e ressuscitado".[23] Assim, Deus pode "fazer uso delas". Não são rejeitadas totalmente. No final, porém, elas têm de, com efeito, enfrentar sua própria "crise". Eis por que chamamos de teologia do *deslocamento parcial* a essa teologia evangélica das religiões.

---

[22] SHENK, *Who do you say?*, pp. 143-155.
[23] BRAATEN, Carl. *The flaming center*. Philadelphia: Fortress Press, 1977. p. 109.

O Conselho Mundial de Igrejas: diálogo, sim! — teologia, não!

Devido ao evidente enfoque protestante na exposição que fizemos do Modelo de Substituição aplicável a uma teologia das religiões, devemos também nos perguntar como o Conselho Mundial de Igrejas (World Council of Churches) se alinha com esse modelo. Fundado em 1948, o CMI abarca cerca de quatrocentos milhões de cristãos em trezentas e trinta Igrejas, denominações e confraternidades em cem países e territórios em todo o mundo. Embora esses cristãos, em sua maioria, provavelmente estejam localizados em Igrejas que, nos EUA, são chamadas de Igrejas protestantes de "vertente dominante", vozes muito ativas de cristãos evangélicos e de linha mais conservadora estão também presentes e poderosas em reuniões e projetos do CMI. Em razão de o CMI verdadeiramente conter uma mistura ecumênica de Igrejas protestantes de vertentes dominantes e de linhas mais conservadoras, não nos deve causar surpresa se as posições que adota não sejam de todo coerentes. E se essa oscilação, por vezes, parecer mover-se para além das fronteiras do Modelo de Substituição. Um rápido retrospecto histórico revela esse movimento para a frente e para trás, e esse impulso de ir além.[24]

Durante as primeiras décadas do século XX, o movimento missionário protestante tinha uma atitude muito aberta — talvez até se poderia dizer progressista — para com as religiões (e a teologia das) com que os missionários estavam travando conhecimento na Ásia e na África. Na Conferência Missionária Internacional em Edinburgo, em 1910, e na de Jerusalém, em 1928, os missionários exigiram diálogo e cooperação com elas. Talvez se pudesse dizer que os protestantes estavam até mesmo à frente das rupturas e avanços nas atitudes católicas para com as religiões que sobreviveram no Concílio Vaticano II, e que serão vistas no próximo capítulo. Porém, devido ao crescimento das Igrejas fundamentalistas e evangélicas que observamos no capítulo anterior, e em especial devido à influência generalizada da teologia de Karl Barth nas Igrejas e seminários protestantes, a Conferência Missionária Mundial

---

[24] Para uma recapitulação lúcida, rica em percepções peculiares e espontâneas acerca das atitudes do CMI para com as demais religiões, cf. CRACKNELL, Kenneth. Ambivalent theology and ambivalent policy; the World Council of Churches and interfaith dialogue 1938-1999. *Studies in interreligious dialogue* 9 (1999), pp. 87-111.

adotou tons muitos diferentes em sua assembléia em Tambaran, na Índia, em 1938. Nesse encontro, ainda houve convocações para trabalhar com outras crenças como forma de superar os perigos do fascismo que então se agigantavam no horizonte. Porém, a meta final ou o resultado de semelhantes encontros com outras pessoas de fé somente poderia ser a conversão, uma vez que a conferência de Tambaran referia-se ao relacionamento entre o cristianismo e as demais religiões como "ou um, ou outro", jamais "não só, mas também". A convivência e o debate entre o Evangelho e outros caminhos religiosos podiam descobrir pontos de semelhança, mas em última instância quaisquer semelhanças cederiam lugar a uma dessemelhança mais fundamental, ou o que se chamava descontinuidade. A *substituição*, entendida geralmente como substituição total, tinha a palavra final.

Foi o Modelo de Substituição Total que deu o tom, se não mesmo definiu, as atitudes do CMI perante as demais religiões em seu começo, em 1948, e durante as primeiras três décadas de atividade da entidade. Por volta do início da década de 1970, contudo, tais atitudes começaram a oscilar. Talvez isso tenha ocorrido por causa do colapso do colonialismo e o ressurgimento da autoconsciência das nações e religiões não européias; talvez tenha sido também pelo exemplo da nova abertura da Igreja Católica às demais crenças no Concílio Vaticano II, mas nos encontros de especialistas do CMI em Beirute e depois em Zurique, em 1970, deu-se "o rompimento do dique de entulho erguido em Tambaran".[25] Depois, em 1971, foi criada no CMI a Subunidade de Diálogo com Praticantes de Crenças de Hoje (Sub-unity on Dialogue with People of Living Faiths), cujo propósito explícito foi promover maior respeito às pessoas das demais crenças e o diálogo com elas. Em seguida a um histórico encontro dessa Subunidade ocorrido em Chiang Mai, na Tailândia, em abril de 1977, dois anos depois o CMI publicou o documento *Diretrizes para o diálogo*. Este último foi anunciado como "uma virada histórica", "um marco no desenvolvimento das discussões sobre diálogo no contexto ecumênico".[26] Ao admoestar os cristãos para que não abordassem o

---

[25] Stanley Samartha, citado em CRACKNELL, Ambivalent theology and ambivalent policy, p. 97. Samartha é um dos pioneiros do CMI em diálogo.

[26] SAMARTHA, Stanley. Guidelines on dialogue. *Ecumenical review* 31 (1979), pp. 155-157.

diálogo a partir de uma "posição de superioridade", as *Diretrizes* também instaram todos os seguidores de Jesus a não considerar o diálogo somente como um artigo de luxo ou um passatempo agradável; mais exatamente, o diálogo com pessoas de outras crenças é um "meio de viver nossa fé em Cristo em serviço de comunhão com nosso próximo".[27] Como observamos, neste ponto o CMI parece estar tomando impulso para ir além das fronteiras até mesmo do Modelo de Substituição Parcial.

Porém, se houve semelhante impulso, não estava ele fundamentado e sustentado por nenhum suporte teológico. Se o CMI proferiu com voz bem alta suas convocações ao diálogo das religiões, mal fez uns poucos murmúrios sobre teologia das religiões. Assim se refere um comentador: nas *Diretrizes*, "evitou-se deliberadamente qualquer afirmação sobre o *status*, perante Deus, de homens e mulheres de outras crenças".[28] Não apenas o documento *Diretrizes* com efeito hesitou em falar de salvação por meio dessas outras religiões; ele teve ainda de explicitamente questionar se havia algum autêntico "autodesvelamento de Deus" (revelação) por meio de outras crenças. Dessa maneira, ao mesmo tempo que no diálogo o CMI tomava impulso para avançar além do Modelo de Substituição, sua teologia localizava-se ainda em uma perspectiva de substituição *total*. Essa ambigüidade teológica em meio a convocações ao diálogo foi necessária para que se respeitassem as convicções da maioria dos membros das Igrejas, em especial os evangélicos e os mais conservadores.

A ambigüidade teológica contribuiu para oscilações ulteriores em declarações oficiais do CMI. Na Assembléia Mundial da entidade, em Vancouver, Canadá, em 1983, "a posição exclusivista mais antiga [substituição total] foi reafirmada" e conduziu a uma "formulação que nega a presença de Deus nas demais tradições religiosas".[29] Não obstante, continuaram as convocações ao diálogo com pessoas de outras crenças. Para procurar solucionar a ambigüidade e as tensões entre teologia e diálogo, em 1990 a subunidade de diálogo do CMI reuniu em Baar,

---

[27] WORLD COUNCIL OF CHURCHES. Guidelines on dialogue with people of living faiths and ideologies. Geneva: WCC, 1979. pp. 11-12.
[28] CRACKNELL, *Ambivalent theology*, p. 101.
[29] Ibid., pp. 102-188.

na Suíça, um grupo de especialistas que representavam todo o espectro de visões teológicas. Sua tarefa: estabelecer alicerces teológicos mais coerentes para o diálogo do CMI com as demais religiões. Acabaram chegando a uma declaração corajosa que afirmava, de modo explícito, a presença de Deus, no Espírito Santo, revelando-se e salvando nas demais religiões e por meio delas. Isso foi, com efeito, uma tomada de impulso para ir além dos modelos já dados de teologia das religiões. Talvez, em parte, tenha sido esse um dos motivos por que na Assembléia Geral, em Camberra, Austrália, em 1991 (e nas Assembléias Gerais subseqüentes), a declaração de Baar foi calma mas eficazmente ignorada.

E parece que é nesse ponto que continuam as coisas no CMI: fortes apelos para que os cristãos atraiam pessoas de outras religiões para um diálogo e cooperação sérios, mas posições teológicas que mantêm suas raízes no Modelo de Substituição — seja total ou parcial. Ainda assim, os apelos ao diálogo continuam vigorosos, como também as convocações à reflexão teológica ulterior. Como se referiu Konrad Raiser, secretário-geral do CMI: "Como todas as religiões hoje, o cristianismo é desafiado a reavaliar suas antigas pretensões de exclusividade e a contribuir para uma nova cultura que inclua e sustente a pluralidade".[30] Admitindo-se de onde ela veio e para onde parece que vai, podemos talvez localizar a teologia das religiões do CMI em algum lugar entre o Modelo de Substituição e os demais modelos que iremos examinar.

AS DEMAIS PESSOAS DE FÉ ESTÃO PERDIDAS?

Porém, como vimos, se o Modelo de Substituição, tanto em sua expressão total como na parcial, insiste em que ninguém consegue salvar-se a não ser se vier a ter contato explícito com Jesus e seu Evangelho, a pergunta importuna continua a importunar: isso quer dizer que um Deus amoroso despacha para o inferno todas as pessoas que não conhecem Jesus? Os evangélicos não fogem dessa pergunta. Na Assembléia Mundial de 1992 da Confraternidade Evangélica Mundial (World

---

[30] RAISER, Konrad. *To be the church*; challenges and hopes for a new millennium. Geneva: WCC, 1997. p. 23

Evangelical Fellowship – WEF), essa importante entidade que reúne evangélicos de todo o mundo admitiu de maneira notável: "Aqueles que nunca ouviram falar de Jesus conseguem salvar-se? [...] Não chegamos a um consenso sobre como responder a essa pergunta. Mais estudo faz-se necessário".[31] Essa falta de consenso sinaliza tanto um desconforto como um divisão nas fileiras fundamentalistas e evangélicas. Todos eles concordam que em nenhum outro lugar se encontra salvação se não em Jesus Cristo. Porém, se alguém vive nas longínquas montanhas do Nepal e nunca ouviu falar em Jesus, essa pessoa acabará então no inferno? Algo parece estar errado nessa conclusão.

Para alguns fundamentalistas, não há absolutamente nada de errado com ela. Harold Lindsell, expressando-se a partir da perspectiva da substituição total, é coerente e direto: "Se eles [os não-cristãos] morrem sem conhecimento de Cristo, perecem".[32] Outros salientam que se não-cristãos perecem, não há culpa por parte de Deus. Esquecemos de que *todos* somos pecadores. As pessoas, cristãs ou o que sejam, acabam no inferno porque se rebelaram contra Deus; confiaram mais em si do que no Divino. Nesse ponto, o que está pressuposto é a realidade do que chamamos de revelação geral: todas as pessoas, com efeito, conhecem a Deus o suficiente para rebelar-se contra ele. E deveras se rebelam. Todos. "Nenhum homem que jamais ouviu falar a respeito de Jesus Cristo é condenado por rejeitar a Cristo; todos os homens são condenados por sua revolta contra a luz que possuem."[33]

Mesmo assim, para muitos evangélicos, isso continua sendo algo por demais severo e por demais incoerente — pois, como se pode dizer que os não-cristãos são propriamente condenados por não fazerem bom uso da revelação geral, quando, segundo a teologia evangélica, ninguém consegue fazer bom uso da revelação geral sem Cristo? Continua parecendo que as pessoas acabam no inferno só porque tiveram a má sorte

---

[31] The WEF's Manila Declaration. In: NICHOLLS, Bruce J. (ed.). *The unique Christ in our pluralist world*. Grand Rapids: Baker Book House, 1994. p. 15.

[32] LINDSELL, Harold. Missionary imperative; a conservative evangelical exposition. In: HORNER, Norman A. (ed.). *Protestant crosscurrents in mission*; the ecumenical-conservative encounter. Nashville: Abingdon, 1968. p. 57.

[33] HENRY, Carl. Cf. citação em SANDERS, John. *No other name*; an investigation into the destiny of the unevangelized. Grand Rapids: Eerdmans, 1992. p. 47.

de nascer em regiões em que os pregadores cristãos nunca alcançaram. Diante disso, muitos evangélicos que ficam perplexos com essa pergunta invocam uma espécie de *agnosticismo cristão*: dizem que não sabem. E não podem sabê-lo, pois a Bíblia não lhes proveu nenhuma resposta clara à pergunta sobre o que acontece às pessoas que jamais ouviram falar de Jesus. O que a Bíblia, com efeito, torna claro é que toda vez que alguém tem experiência de Deus de uma maneira "salvadora" é por causa de Jesus. Depois disso, tudo o que podemos dizer é: "Deus não é obrigado a salvar a todos. Deus é livre para salvar a qualquer um".[34] É melhor ficar em silêncio.

Contudo, mesmo nesse silêncio as pessoas assumem posições diferentes — alguns são chamados de "agnósticos pessimistas" e outros de "agnósticos otimistas". Os pessimistas, ao enfatizar que Deus não é obrigado a salvar a todos, encontram na Bíblia "um número suficiente de textos bíblicos razoavelmente claros" que dão a entender que "largo e espaçoso é o caminho que conduz à perdição. E muitos são os que entram por ele" (Mateus 7,13). Por conseguinte, "com grande sentimento de pesar", esses evangélicos suspeitam que poucos vão percorrer com êxito o caminho do céu. Outros, os agnósticos otimistas, não acham a comprovação bíblica assim tão pouco ambígua e salientam que, se Deus é livre para salvar a qualquer um, o amor de Deus vai mover-se na direção do perdão. Não obstante, preferem não dizê-lo com toda a certeza ou como isso se daria. Seria ir além da Bíblia. Mas assim o esperam.[35]

De fato, o número de evangélicos que assim também o esperam parece estar crescendo. Desde a década de 1990, para alguém que examina com atenção os livros e periódicos de teologia evangélica, será evidente que o que outrora era um tema bastante tabu, agora está sendo vigorosamente debatido.[36] O que se segue é um retrospecto esquemático de como os otimistas procuram sair do agnosticismo e perscrutar maneiras pelas quais possam afirmar tanto que não há salvação sem estar de algum modo vinculado a Cristo, como também que podem

---

[34] BRAATEN, *Hearing the other*, p. 400.
[35] Para essa discussão sobre agnosticismo, cf. OKHOLM, Dennis L.; PHILLIPS, Timothy R. (eds.). *More than one way?*; four views of salvation in a pluralistic world. Grand Rapids: Zondervan, 1995. pp. 20-21; NETLAND, *Dissonant voices*, pp. 268-269.
[36] Cf. SANDERS, *No other name*, pp. 21-22.

ainda entrar na vida eterna aqueles em cujo decurso de vida o Evangelho não se fez ouvir.

A solução de último minuto. Às pessoas de outras religiões e culturas que com sinceridade fizeram o que puderam ao seguir a própria consciência e levar uma vida moral, Deus enviará mensageiros, sejam humanos ou angélicos, antes do momento real da morte, para falar-lhes sobre Jesus Cristo e dar-lhes a chance de uma decisão de último minuto. Essa é uma maneira de ver originalmente elaborada por santo Tomás de Aquino e voltada, como ele mesmo se referiu, para os bons pagãos que vivem "nas florestas", sem chance de aprender sobre Cristo.[37]

A solução de pós-morte. Essa se assemelha ao ponto de vista anterior, mas lança a oportunidade de tomar conhecimento da Boa-Nova e de decidir a respeito para além dos portais do tempo de duração da vida humana. Seja durante o misterioso intervalo entre a morte e o que a ela se segue, seja talvez no fim da história de cada ser humanos como a conhecemos, será dada a oportunidade de uma "opção final" àqueles que fizeram o melhor possível, dentro dos limitados recursos e conhecimentos de que dispunham. Ao longo das últimas duas ou três décadas, essa concepção tem crescido em popularidade entre os evangélicos.[38]

A solução de eleição. Essa é um pouco filosófica. Tem como base o que se chama "conhecimento intermédio" de Deus — isto é, o conhecimento que Deus tem do que teria acontecido caso as circunstâncias tivessem sido diferentes. Dessa maneira, Deus conhece aquelas pessoas de outras religiões que, caso tivessem tido chance de tomar conhecimento acerca de Jesus, decerto o teriam seguido. A pessoas assim, é dado o privilégio de entrada no céu. Portanto, "Deus pode talvez operar de maneiras jamais imaginadas entre pessoas que não estão situadas no fluxo da história judaico-cristã".[39]

A solução de exceção. Exatamente assim como sabemos pela Bíblia que Deus abriu exceções para os "pagãos santos" da Bíblia judaica (Enoque, Jó, Melquisedec, Jetro), assim também podemos esperar que Deus

---

[37] Cf. SANDERS, *No other name*, pp. 152-156; NETLAND, *Dissonant voices*, pp. 275-277.
[38] Cf. ERICKSON, *How shall they be saved?*, p. 159.
[39] CULPEPPER, Robert H. The lordship of Christ and religious pluralism; a review article. *Perspectives in religious studies* 19 (1992), pp. 320; cf. também SANDERS, *No other name*, pp. 167-170.

continue a abrir exceções entre as pessoas santas, sinceras, das demais religiões. Tais pessoas, como os pagãos santos da Bíblia, são salvas por antecipação da morte e ressurreição salvíficas de Jesus.[40]

A solução universalista. Esse é, em definitivo, um ponto de vista muito minoritário. Karl Barth, por causa de toda a sua negatividade acerca da religião, foi quem a propôs, porém jamais afirmou claramente essa posição. Ela também é uma idéia que remonta à Igreja primitiva — de que exatamente no final da história, porque Jesus com efeito morreu e ressuscitou *por todas as pessoas*, haverá uma "restituição universal" em que todos terão a oportunidade de escolher Cristo e sua salvação e, talvez, todas as pessoas façam sua escolha. E assim o "Senhor da história" provará ele próprio que é "também Senhor das religiões do mundo".[41] Porém, os proponentes desse ponto de vista são cautelosos. Advertem seus coirmãos cristãos de que nisso não se fiem nem disso se utilizem como desculpa para negligenciar a necessidade de anunciar Jesus e o Evangelho a todos os povos.

A solução de misericórdia ampliada. Essa não é somente uma perspectiva relativamente nova entre os teólogos evangélicos; ela com valentia pisa também em terrenos onde a maioria dos evangélicos jamais pensaria em entrar. Dois de seus mais audazes representantes são Clark Pinnock e John Sanders.[42] Essa resolução, com freqüência chamada de "inclusivismo", é cuidadosamente definida por Pinnock: "O inclusivismo acredita que, porque Deus está presente no mundo inteiro (premissa), a graça de Deus também de algum modo opera entre todas as pessoas, possivelmente até mesmo na esfera da vida religiosa (infe-

---

[40] Cf. PHILLIPS, W. Gary. Evangelicals and pluralism; current options. In: CLARK, David K. (ed.). *The challenge of religious pluralism*; an evangelical analysis and response. Wheaton: Wheaton Theology Conference, 1992. pp. 178-182; NETLAND, *Dissonant voices*, pp. 270-274.

[41] BRAATEN, *The flaming center*, p. 118. A respeito do universalismo de Barth, cf. DAYTON, Donald W. Karl Barth and the wider ecumenism. In: PHAN, Peter C. (ed.). *Christianity and the wider ecumenism.* New York: Paragon House, 1990. pp. 181-189.

[42] Cf. PINNOCK, Clark. *A wideness in God's mercy*; the finality of Jesus Christ in a world of religions. Grand Rapids: Zondervan, 1992; SANDERS, *No other name.* Resumos acessíveis de suas posições, que constituem a base do pequeno esboço apresentado neste capítulo, podem ser encontrados em PINNOCK, Clark. Acts 4,12 – No other name under Heaven. In: CROCKETT, William V.; SIGOUNTOS, James G. (eds.). *Through no fault of their own*; the fate of those who never heard. Grand Rapids: Baker Book House, 1991. pp. 107-115; PINNOCK, An inclusivist view. In: OKHOLM; PHILLIPS (eds.), *More than one way?*, pp. 95-121; SANDERS, John. Inclusivism. In: ____. *What about those who have never heard?*, pp. 21-55.

rência). O inclusivismo cogita a possibilidade de que a religião talvez possa desempenhar um papel na salvação da raça humana, um papel preparatório ao Evangelho de Cristo, somente em quem a plenitude da salvação se encontra".[43]

Em virtude de essa perspectiva ser de tal modo controvertida, precisamos pinçar e separar os ingredientes da definição. Ela inicia-se por uma crença que é firme como rocha para todos os cristãos: "A misericórdia ilimitada de Deus é uma verdade fundamental em que não se podem fazer concessões". O desejo de Deus de salvar todas as pessoas é *precisamente tão essencial* para a consciência cristã quanto a decisão de Deus de fazê-lo somente por meio de Jesus. Em seguida, Pinnock e Sanders chegam ao que pareceria ser uma conclusão necessária: se é para não se transigir com o desejo de Deus de acolher pressurosamente todas as pessoas — mesmo no caso daquelas que não tomaram conhecimento acerca de Jesus —, então os cristãos precisam "reconhecer que Deus pode salvar fora dos limites visíveis do cristianismo". Mas como? Os proponentes dessa solução de misericórdia ampliada oferecem uma resposta que deve ser fácil para os cristãos: mediante a presença e a atividade universais do Espírito Santo. E, se o Espírito Santo é atuante fora dos limites do cristianismo, assim o será a autêntica *revelação*. Quando eles dizem "autêntica", querem dizer uma revelação que tanto consegue revelar como salvar. Dizer que Deus oferece uma revelação salvífica aos cristãos e uma revelação não salvífica a todos os demais é, na opinião de Sanders, falar de "dois Deuses diferentes". Pinnock e Sanders estão até mesmo prontos a dar um passo adiante e reconhecer a possibilidade de o Espírito Santo poder fazer uso de outras religiões para levar adiante sua obra reveladora e salvífica. Mas são cautelosos nesse ponto, ao fazer lembrar a si mesmos que, realmente, se alguém percebe o poder salvífico de Deus, é pela fé, não pelas obras — quer dizer, mediante a confiança no amor de Deus, não mediante práticas de religião.

O ingrediente final nessa perspectiva de misericórdia ampliada é o mais importante e o que garante não haver nela nenhuma transigência quanto ao cerne do cristianismo: qualquer que seja a presença salvífica

---

[43] Pinnock, *An inclusivist view*, p. 98.

do Espírito Santo ou a autêntica revelação que viermos a encontrar nas demais religiões, elas ali estão *por causa de Jesus Cristo*. Isso significa que ambas provêm de Jesus, do Evangelho e da Igreja, e a eles conduzem. Jesus permanece sendo o critério para qualquer verdade que haja nas demais religiões e o fim único e derradeiro em que essa verdade pode consumar-se. Qualquer bem que possa haver nas demais religiões, ele ali está como uma preparação para Cristo.

Como veremos, todos os ingredientes essenciais dessa solução de misericórdia ampliada podem ser encontrados no Modelo de Complementação Católico Romano/Protestante de Vertente Dominante, que vamos examinar na Parte II. Isso exemplifica o que já dissemos — que os modelos são escorregadios. Embora sejam úteis para expor abordagens e atitudes mais gerais, quase nunca se ajustam à perfeição em cada teólogo em separado; são fluidos e com freqüência extravasam uns sobre os outros.

LEITURAS ADICIONAIS

BRAATEN, Carl. Hearing the other; the promise and problem of pluralism. *Currents of theology and mission* 24 (1997), pp. 393-400.

_____. *No other Gospel!*; Christianity among the world's religions. Minneapolis: Fortress Press, 1992. caps. 2, 3, 4.

BRUNNER, Emil. Revelation and religion. In: HICK, John; HEBBLETHWAITE, Brian (eds.). *Christianity and other religions*. Philadelphia: Fortress Press, 1980. pp. 113-132.

CRACKNELL, Kenneth. Ambivalent theology and ambivalent policy; the World Council of Churches and interfaith dialogue 1938-1999. *Studies in interreligious dialogue* 9 (1999), pp. 87-111.

DEMAREST, Bruce. General and special revelation; epistemological foundations of religious pluralism. In: CLARKE, Andrew D.; WINTER, Bruce W. (eds.). *One God, one Lord*; Christianity in a world of religious pluralism. Grand Rapids: Baker Book House, 1992. pp. 189-206.

FACKRE, Gabriel. Divine perseverance. In: SANDERS, John (ed.). *What about those who have never heard?*; three views on the destiny of the unevangelized. Downers Grove: InterVarsity Press, 1995. pp. 72-75.

FOERSTER, John. Paul Tillich and inter-religious dialogue. *Modern theology* 7 (1990), pp. 1-28.

MITCHELL, Mozella G. Discovering Christian resources for a theology of interfaith relations from the African Methodist Episcopal Zion Church. In: HEIM, S. Mark (ed.). *Grounds for understanding*; ecumenical resources for responses to religious pluralism. Grand Rapids: Eerdmans, 1998. pp. 157-174.

NEWBIGIN, Lesslie. *The Gospel in a pluralist society*. Grand Rapids: Eerdmans, 1989. caps. 13-14.

PANNENBERG, Wolfhart. The religions from the perspective of Christian theology and the self-interpretation of Christianity in relation to non-Christian religions. *Modern theology* 9 (1993), pp. 285-297.

PINNOCK, Clark. An inclusivist view. In: OKHOLM, Dennis L.; PHILLIPS, Timothy R. (eds.). *More than one way?*; four views of salvation in a pluralistic world. Grand Rapids: Zondervan, 1995. pp. 95-123.

QUEBEDEAUX, Richard. Interreligious dialogue; next step for conservative protestant intellectuals? In: PHAN, Peter C. (ed.). *Christianity and the wider ecumenism*. New York: Paragon House, 1990. pp. 233-246.

ROCK, Jay T. Resources in the Reformed tradition for responding to religious plurality. In: HEIM, S. Mark (ed.). *Grounds for understanding*; ecumenical resources for responses to religious pluralism. Grand Rapids: Eerdmans, 1998. pp. 46-68.

SANDERS, John. Inclusivism. In: ____ (ed.). *What about those who have never heard?*; three views on the destiny of the unevangelized. Downers Grove: InterVarsity Press, 1995. pp. 21-55.

The World Evangelical Fellowship Manila Declaration. In: NICHOLLS, Bruce J. (ed.). *The unique Christ in our pluralist world*. Grand Rapids: Baker Book House. 1994. pp. 14-27.

THOMPSON, Nehemiah. The search for a Methodist theology of religious pluralism. In: HEIM, S. Mark (ed.). *Grounds for understanding*; ecumenical resources for responses to religious pluralism. Grand Rapids: Eerdmans, 1998. pp. 93-106.

TILLICH, Paul. *Systematic theology*. Chicago: University of Chicago Press, 1951-1963. v. 1. pp. 137-144, 218-230; v. 2. pp. 78-88; v. 3. pp. 98-106. (Ed. bras.: *Teologia sistemática*. São Leopoldo: Sinodal, 1985.)

VOLF, Miroslav. The unique Christ in the challenge of modernity. In: NICHOLLS, Bruce J. (ed.). *The unique Christ in our pluralist world*. Grand Rapids: Baker Book House. 1994. pp. 96-108.

YONG, Amos. "Not knowing where the spirit blows..."; on envisioning a Pentecostal-Christian theology of religions. *Journal of Pentecostal theology* 14 (1999), pp. 81-112.

Capítulo 3
O Modelo de Substituição: *insights* e questões

Tendo agora uma compreensão básica do que diz o Modelo de Substituição Evangélico acerca das demais religiões, e do quanto seu profundo compromisso com Cristo e com a Bíblia vivifica tudo o que ele enuncia, queremos nestas reflexões finais tomar alguma distância e indagar: o que pode ser aprendido e o que pode ser questionado? Em certo sentido, por meio desta avaliação conclusiva (e das próximas avaliações correlatas, voltadas aos outros modelos), a questão do diálogo cristão com as demais religiões faz-se palco de discussão para o diálogo cristão com outras religiões. Ao fim de cada parte deste livro, depois de termos procurado descrever, o mais precisamente possível, o quadro de cada um dos modelos aplicados a uma teologia cristã das religiões, vamos tentar levar adiante um diálogo intercristão semelhante. Faremos isso mediante as perguntas: o que os demais cristãos podem aprender desse modelo? E quais poderiam ser talvez as perguntas ou discordâncias que outros cristãos têm com referência a esse modelo? Quais os *insights* peculiares básicos que são espontâneos ao modelo e quais suas possíveis impropriedades?

INSIGHTS

A centralidade da Escritura na vida cristã

Muito embora nem todos os cristãos concordem com a maneira pela qual os evangélicos interpretam a Bíblia ou com a maneira de alguns deles elevarem as Escrituras à qualidade de fonte única da revelação de Deus, ainda assim, todos os cristãos muito têm a aprender com a maneira pela qual a Bíblia, em especial o Novo Testamento, vivifica, sustenta e dirige a vida e a auto-identidade das comunidades evangélicas. Elas lembram a todos os cristãos que isso é parte da autodefinição, ou descrição da tarefa, de um seguidor de Jesus Cristo: os cristãos são pessoas que extraem não somente verdade mas vida do Espírito Santo que encontram presente na Palavra escrita de Deus. Diante disso, não estamos só falando de ortodoxia — defendendo como verdadeiro o que nos diz a Bíblia. Mais exatamente, é uma questão de vida e de exercício íntimo de poder, de levar adiante a visão profética e a missão de Jesus, o que se torna possível pela escuta da — isto é, pela abertura de si mesmo à — verdade e do poder que reside nesse livro que é mais que um livro.

Os cristãos crêem que o Novo Testamento é o testemunho dos primeiros seguidores de Jesus e de suas comunidades sobre o que ele significou para suas vidas e de como as transformou. Os cristãos acreditam que esse testemunho não é apenas um registro histórico; é igualmente uma percepção ou visão interna que tanto instiga a mente com uma nova maneira de encarar a vida, como ao mesmo tempo confere poder íntimo à totalidade do ser de cada fiel, para viver segundo essa maneira. Por conseguinte, esse testemunho é normativo, tanto para preservar a visão ou percepção interna, como para sustentar o poder íntimo conferido. "Normativo" significa aqui que o Novo Testamento estabelece a meta, assim como os parâmetros, para alcançá-la. Tanto define como confina. A fidelidade a esse testemunho tanto exige persistir na percepção interna como evitar tudo o que dela venha a nos desviar.

Diante disso, os evangélicos fazem lembrar a seus coirmãos cristãos que — ao procurar responder ao novo desafio do pluralismo religioso, conforme resumido no capítulo 1 — os cristãos têm de assegurar-se sempre de que estão fundamentando suas novas teologias de outras religiões e esforços de diálogo com as demais pessoas de fé no testemunho do Novo Testamento. Isso significa que qualquer teologia das religiões que quer autodenominar-se teologia cristã terá de ser orientada pela Bíblia, em especial pelo Novo Testamento. Isso quer dizer que um cristão não irá, primeiro, elaborar as próprias percepções ou visões internas acerca das demais religiões e, depois, procurar enquadrá-las na Bíblia. Em vez disso, entre as várias coisas que fornecem os materiais fundamentais com que se edifica uma teologia das religiões, a Bíblia desfruta de uma posição qualitativamente superior. Daí se segue o corolário: uma teologia das religiões fundada na Bíblia não irá contradizer o testemunho bíblico. Se há contradições gritantes, por exemplo, entre o que afirma a Bíblia sobre Jesus e o que a nova teologia assevera, então a nova teologia tem problemas. Precisa fazer melhor seu dever de casa bíblico.

Resumindo esse *insight*, que vem dos evangélicos e o desafio a ele associado: qualquer teologia cristã das religiões merecedora desse nome tem de ser bíblica. Se não o for, pode até contribuir para uma boa filosofia das religiões, mas não pode chamar-se de cristã.

A realidade do mal e a necessidade de auxílio

A mensagem de que o mal é real e de que, portanto, precisamos de auxílio fez-se presente enérgica e persistentemente ao longo de nosso retrospecto do Modelo de Substituição. Em seu entendimento de "somente pela fé", os evangélicos nos dizem algo a respeito da humanidade de que não podemos nos esquecer sem nos pôr em risco, algo que, por ser tão desconfortável, muitos cristãos, humanistas, cientistas e adeptos da Nova Era tendem a varrer para baixo do tapete da consciência: da maneira como se encontram as coisas atualmente, há algo errado conosco e com o mundo. Parece que todas as religiões do mundo têm palavras ou símbolos pelos quais procuram alcançar esse "algo errado": "pecado original", "sofrimento" (*dukkha*), "ignorância" (*avydia*), "esquecimento", "desequilíbrio". Os filósofos preferem uma linguagem mais sofisticada:

mal, finitude, limitação radical, ilusão, *Angst*.* Seja de onde ele provém, seja de que maneira opera, se pode ou não ser eliminado e como (importantes perguntas com respostas notavelmente diferentes provindas das religiões e da filosofia), ele ali está. De fato, nesse ponto talvez seja cabível a etiqueta filosófica: ele é *ontológico* — dá-se no interior mesmo do mecanismo pelo qual as coisas são e operam.

Muitas pessoas podem talvez sentir desconforto com a linguagem evangélica ou bíblica empregada para fazer alusão a esse estado de coisas. Mas reconhecer que somos "pecadores" ou "caídos" é reconhecer que há limites para a condição humana e que a sólida razão e a boa vontade de *per se* não asseguram automaticamente nenhum melhoramento: como Marx e Freud nos fizeram lembrar, temos de "suspeitar" de todos os nossos nobres projetos, uma vez que podem muito bem ser autocentrados e nocivos aos outros. Ignorar essa realidade do mal, do egoísmo destrutivo, da ignorância é pactuar com o problema. Psicologicamente, isso pode conduzir a uma fuga da realidade e à falsa imagem de um eu interior sem limites. Em termos políticos, como tomamos conhecimento, pode conduzir ao que Marx chamou de ideologia, e que o cristianismo chama de idolatria — uma nação que julga possuir o sistema político ou econômico sem falhas, perfeito, que ela então com demasiada avidez impõe às demais.

A conclusão adicional que os evangélicos tiram de seu entendimento de "somente pela fé" também parece soar verdadeira para muitos de nossos contemporâneos: por nós mesmos, ainda que com nossos poderes humanos sempre inventivos, em permanente expansão, não conseguimos entender, nem nada fazer para realmente resolver o problema. Mais uma vez, para empregar a linguagem filosófica, se há um problema ontológico (a máquina está quebrada), temos também um problema epistemológico (não conseguimos conceber o problema nem concordar sobre qual ele é). Em expressão simples: há limites, limites assustadores e perigosos para o conhecimento e a conquista

---

* Citado em alemão no original: "medo". Na filosofia contemporânea, sobretudo no Existencialismo do século XX, este vocábulo alemão teria adquirido o sentido específico de "ameaça ontológica", uma instabilidade ou insegurança que perfaria todo o Ser, em todos os seus aspectos. (N.T.).

humanos. São más notícias. Os evangélicos de imediato acrescentam a boa notícia — que encontra eco na maioria das tradições religiosas — de que há um Poder Superior, uma Realidade Divina, que nos podem ajudar, talvez nos resgatar, e nos capacitar a alcançar o que está além de nossos próprios limites. Porém, eles insistem em que, para vivenciar no mais íntimo esse Poder, temos de primeiro admitir nossa própria insuficiência — nossa incapacidade de compreender por que Humpty Dumpty continua a cair do muro, assim como nossa incapacidade de lhe recompor os pedaços novamente.* Precisamos nos abrir, nos abandonar a essa Realidade e nela confiar ("somente pela fé"!). Só então, perceberemos que nossa mente está iluminada e nossos esforços, plenos de poder.

Vivenciar, assumir internamente esse Poder Superior não significa renunciar à nossa responsabilidade pessoal de empregar nossas próprias forças. Não é uma solução mágica para nossos combates. Temos de fazer nossa parte. Porém, a "nossa parte" só é possível quando está ligada a essa "parte maior". Embora a realidade e a graça de Deus sejam sempre vivenciadas e assumidas como algo que está dentro de nós, que é parte de nós, elas não podem jamais ficar reduzidas a nós. Os evangélicos insistem em uma diferença real, qualitativa, entre Deus e a humanidade — "um elemento de mistério radical, que qualquer um que pretende compreender o Deus cristão deveria em certa medida reconhecer".[1] Esquecer-se desse mistério radical, desse Deus que é realmente diferente de nós mas que está sempre conosco, seria violar a mensagem cristã e empobrecer a humanidade.

Porém, *mistério* radical inclui a possibilidade de *surpresa* radical. Talvez esse Deus misterioso, que é sempre Deus para-além-de-nós, guarde surpresas com que por nós mesmos jamais teríamos sonhado. Isso nos conduz à terceira lição fundamental que os evangélicos têm a oferecer a seus coirmãos cristãos e a toda a humanidade.

---

* Personagem mágica criada por Lewis Carrol em *Do outro lado do espelho*, na figura de um ovo falante e dotado de traços humanos, que Alice encontra sentado em cima de muro alto e estreito. (N.T.).

[1] TRACY, David. *Blessed rage for order.* New York: Crossroad, 1975. p. 28.

Jesus como o único-e-exclusivo

Para muitos de nossos contemporâneos pós-modernos, como vimos no capítulo 1, e para muitos cristãos que adotam uma atitude mais crítica, como veremos nos capítulos vindouros, a pretensão de que Jesus é o único-e-exclusivo Filho de Deus e Salvador é altamente dúbia e altamente ousada. Os evangélicos, porém, solicitam a tais críticos que reconsiderem se, na realidade, ela é tão dúbia e ousada. Não é *possível* que Jesus de Nazaré constitua algo de todo surpreendente, de todo excepcional e singular na história da humanidade? Mesmo se os críticos não gostam da literalidade, por vezes inflexível, com que os evangélicos interpretam essas reivindicações de singularidade no Novo Testamento, não será que esses críticos — se querem eles mesmos conservar a abertura intelectual que tanto valorizam — teriam de admitir que o que os evangélicos dizem acerca de Jesus *pode* ser verdadeiro? Não admitir essa possibilidade seria intelectualmente desonesto.

Negar isso, dizem os evangélicos, fatalmente diluiria a tradição cristã. Uma vez que isso é precisamente o cerne, o ponto de força da mensagem cristã — o que o cristianismo, por toda a sua tão longa vida, reivindicou. Negar essa pretensão ou dissolvê-la a ponto de não mais querer dizer aquilo que diz é violar aquilo que, dizem eles, é o único tema claro e coerente dentre todas as diferentes tradições que compõem o Novo Testamento: que, em Jesus, Deus surpreendeu a humanidade, que Deus proveu um caminho claro, coerente através do labirinto emaranhado, violento da história. Para muitos, isso há de ser o "escândalo da particularidade". Porém, se Deus for Deus, em especial se Deus for Mistério radical pleno de surpresas e impossível de ser confinado nas expectativas humanas, não seria incoerente, excessivamente precipitado e perigoso excluir tamanho "escândalo"?

E, a partir do que anteriormente tomamos conhecimento neste livro, desde Barth até os evangélicos contemporâneos, tendo em conta a situação de nosso mundo, semelhante ato singular, especial, de Deus em Jesus talvez não fosse, afinal de contas, tão escandaloso. Se alguém em essência concorda que há "algo profundamente errado" com a condição humana o qual impede os homens de viver de modo pacífico e justo uns com os outros, então não faria sentido, talvez um sentido notável, que Deus faria algo muito claro e preciso para auxiliar os seres humanos a reparar a própria situação? (Chamem a isso de "conserto ontológico".) E se alguém concorda que por si mesmos os homens não conseguem conceber nem chegar a um consenso acerca do que está no fundo do problema e acerca de uma solução, não faria sentido, mais uma vez, que Deus revelasse e tornasse conhecido o que é preciso ser feito? (Esse seria o "conserto epistemológico".) Ou, para falar de um modo mais concreto e geopolítico, a humanidade situa-se numa conjuntura de sua história com que talvez nunca tenha antes deparado. Tendo em conta o estrangulamento ecológico sempre crescente do potencial da Terra em termos de geração e sustentação de vida, tendo em conta a ameaça não apenas da violência mas também da violência nuclear capaz de destruir o planeta, tendo em conta as crescentes pobreza e má distribuição de riqueza que alimentam uma violência cada vez maior nas cidades e entre as nações — a humanidade encontra-se em terrível necessidade de uma fonte de verdade e de exercício íntimo de poder que lhe possibilitará encontrar uma solução consensual para estes problemas que são de todos. A humanidade precisa agora menos de várias verdades e mais de uma verdade que una as pessoas em torno de uma visão interior, íntima, e de uma esperança aceitas por todos. A humanidade não carece de várias soluções, mas de uma solução que a todos venha trazer energia para fazer aquilo que de outro modo foi impossível fazer. E, nesse ponto, a mensagem cristã sobre a única revelação e única salvação oferecida no único Jesus, que é Filho de Deus e Salvador, quem sabe possa ser precisamente aquela de que as pessoas precisam e de que, no cerne de seus corações, estão em busca.

Os melhores representantes da linha evangélica fazem essa afirmação de modo não imperialista e arrogante mas sim humilde e dialógico. Os cristãos irão apresentar aos outros o que para eles, em termos pessoais, e para sua comunidade, em termos históricos, é defendido como sendo *certo e estabelecido*: que em Jesus encontramos a resposta de Deus a todas as perguntas que os seres humanos abrigam em seus corações. Os cristãos evangélicos oferecem essa afirmação ou reivindicação como um convite — para ver o que ela significa e como ela percebe e se encaixa no que os seres humanos buscam. Se outras religiões desejam fazer afirmações semelhantes, assim seja. Os cristãos evangélicos vão respeitá-las e procurar escutá-las. Porém, eles estão firmes, totalmente comprometidos com o que defendem ser verdadeiro. O intercâmbio entre religiões torna-se, então, como tomamos conhecimento, uma competição religiosa em que ninguém faz lisonjas, mas em que os cristãos mantêm suas certezas acerca de Jesus.

Um teólogo evangélico extremamente respeitado, Miroslav Volf, esclarece que tipo de certeza e que tipo de afirmações os cristãos podem aportar para o relacionamento com as demais pessoas de fé. Ele fala de uma "certeza provisória" que, paradoxalmente, é tão certa quanto é provisória:

> Jesus Cristo é o caminho, a verdade e a vida. Na qualidade de cristãos, asseveramos isso como verdade. Mas não podemos asseverá-lo como *conhecimento absoluto*, não podemos asseverá-lo *como* a verdade *final*. A não ser que se tornem Deus, os homens não podem possuir a verdade final [...]. Todas as crenças cristãs são *nossas* crenças, crenças *humanas* e, como tais, sempre *crenças provisórias*. Asseveramos que são verdadeiras; mas fazemos essa asserção provisoriamente. Chamo a isso de *certeza provisória*. Há, se assim vocês o quiserem, um caráter absoluto acerca de nossas crenças: não podemos renunciar a nosso ponto de vista, mas de preferência asseverá-lo como verdadeiro. Diante disso, o fundamento sobre o qual nos achamos é firme. Não obstante, asseveramos nosso ponto de vista como verdadeiro de modo provisório: *acreditamos* que nossas crenças são verdadeiras. Isso nos impede de nos tornarmos arrogantes e opressivos.[2]

Aquilo de que os cristãos estão convencidos — a singularidade de Jesus — se fará conhecido e, por assim dizer, estabelecido como certeza "absoluta", somente no futuro. Entrementes, eles estão em situação provisória: em profundo compromisso com Jesus e com seu anúncio como verdade única-e-exclusiva de Deus, mas, ao mesmo tempo, conscientes de que as coisas têm ainda de ser elaboradas e de que aquilo em que

---

[2] VOLF, Miroslav. The unique Christ in the challenge of modernity. In: NICHOLLS, Bruce J. (ed.). *The unique Christ in our pluralist world*. Grand Rapids: Baker Book House, 1994. p. 103.

crêem tem ainda de ser provado. Entrementes, serão respeitosos com as demais religiões. Como Volf acrescenta: "Se compreendermos nossas percepções ou visões internas como sendo provisoriamente verdadeiras, teremos de compreender as percepções ou visões internas dos demais como sendo *possivelmente* verdadeiras".[3]

Nisso tudo, querem os evangélicos propor e mostrar a seus coirmãos cristãos que é possível proclamar Jesus como único Salvador e encarar as demais religiões como tendo de ser substituídas pelo cristianismo e, ao mesmo tempo, atraí-las para um diálogo de amigável disputa.

Tomem cuidado com a religião

Uma lição final que outros cristãos talvez possam aprender a partir dessa teologia de substituição das religiões tem a ver com as afirmações de Barth sobre "religião é descrença". Barth quer expressar aquilo que outros chamaram de "o princípio protestante" — a irrequieta lanterna que a Reforma aponta para todas as religiões na medida em que adverte que a religião pode tornar-se tão perigosa quanto é necessária. Há um verme dentro de toda religião — Tillich chama-o de "elemento demoníaco" — pelo qual ela procura domesticar Deus e capturar a divindade dentro da segurança do conhecimento humano. Toda religião está em necessidade diária de reforma porque toda religião, tanto de maneira gritante como sutil, busca fazer-se, a si mesma e a seus credos, códigos e cultos, mais importante do que a revelação e a vivência às quais se destina a servir e a transmitir.[4] Somente os cegos ou os que estão "bem estabelecidos em demasia" deixam de perceber o elemento demoníaco na história de toda tradição religiosa. Podemos agradecer a Marx, Nietzsche e Freud por terem posto a nu sua presença, por vezes latente, nas maneiras com que as religiões tendem a prover segurança demasiada e, assim, acabar se tornando "muletas", "ópio" — ou "empregos seguros".

É importante fazer chegar esse "princípio protestante", essa condição de alerta até a própria corruptibilidade de cada um, até qualquer

---

[3] Ibid.
[4] Cf. TILLICH, Paul. *Systematic theology*. Digswell Place: James Nisbet, 1968. v. 3, pp. 104-113.

teologia ou diálogo de religiões. Tanto ao avaliar outras religiões como ao com elas de fato nos defrontar, precisamos fazer a nós mesmos constantemente a difícil pergunta: escuto ou falo a partir de uma abertura para o Divino, onde quer que ele possa talvez me falar ou conduzir, ou a partir de uma decisão de ampliar o poder ou de simplesmente me segurar nele ou no conforto que minha religião me dá? Barth nos advertiu de que a religião continua se interpondo no caminho daquilo que Deus talvez queira nos dizer em revelação, e que pode também se interpor no caminho do que Deus talvez esteja a nos dizer no diálogo que temos com os outros.

Mas o princípio protestante é necessário para o diálogo inter-religioso em um sentido mais geral. Ele exorta todas as pessoas religiosas, quando elas sentam-se para conversar e para promover aquilo que na introdução chamamos de uma nova "comunidade de comunidades", a não esquecerem os registros históricos da religião ao longo dos séculos. A realidade, que se agiganta tanto no passado como ainda no presente, é de que a religião tanto trouxe muita dor para a humanidade como inspirou a paz. De fato, à luz das guerras religiosas e violências que assolaram a história e ainda assolam a Índia, o Sri Lanka, o Oriente Médio, a Iugoslávia e a Irlanda — os dados nos convencem de que a religião gerou mais ódio do que amor. Esse registro histórico e esses desafios têm de ser lembrados em qualquer encontro de debate entre religiões. Do contrário, o diálogo pode com demasiada facilidade tornar-se um irenismo açucarado, em que as religiões do mundo reúnem-se para dizer umas às outras o quanto são maravilhosas.

QUESTÕES

Fontes para uma teologia cristã das religiões?

A primeira pergunta que podemos talvez fazer ao Modelo de Substituição dirige-se basicamente ao evangélicos, mas ela toca a todos os cristãos. Ela tem a ver com o lugar da Bíblia em uma teologia cristã das religiões. De modo mais abrangente, a pergunta é acerca das *fontes* de tal teologia: quais são os "materiais" básicos a partir dos quais os cristãos constroem seu entendimento das demais religiões? Os livros da Bíblia são a única fonte de uma teologia das religiões? Ou os cristãos têm, para formular sua atitude para com os demais, de igualmente fazer uso dos livros das demais religiões — isto é, estudar os ensinamentos e conviver em diálogo com os seguidores das demais crenças?

Vimos que para Barth e o Modelo de Substituição Total, é a Bíblia a única-e-exclusiva Palavra de Deus e, por conseguinte, a única lente através da qual enxergam as outras religiões. Porém, fomos igualmente testemunhas de como outros evangélicos perceberam que essa abordagem conduzia a uma visão muito estreita dos outros e deixava passar despercebida a "revelação geral" que nelas brilha. Diante disso, os evangélicos, em especial aqueles que concordam com Wolfhart Pannenberg, reconheceram que, muito embora a Bíblia seja sua fonte básica para compreensão dos demais, faz-se também necessário escutar e examinar o que os outros têm a dizer. A própria Bíblia exige isso, na medida em que nos diz que Deus fala, na revelação geral, a outras tradições.

É exatamente nesse ponto que nossa pergunta se faz entender mais claramente: o que fazem os evangélicos quando há um choque entre, de um lado, o que a Bíblia lhes diz acerca das demais religiões e, do outro, o que dizem as outras religiões sobre si mesmas? Aqui ouvimos os teólogos evangélicos dizer que a despeito da revelação geral que brilha em outras tradições, todas as demais pessoas de fé acabam, de um modo ou outro, procurando salvar-se por si mesmas. Nunca captam ou põem em prática, realmente, a total confiança que é inerente à compreensão cristã do "somente pela fé". Sempre procuram espremer o Mistério de Deus dentro de suas próprias caixas. Procuram identificar o Deus do futuro nas claridades do presente. Porém, budistas, hindus e muçulmanos podem talvez muito bem achar difícil reconhecerem-se nessas descrições. Por exemplo, o que os cristãos chamam de "teologia negativa" (que reconhece ser Deus sempre mais do que jamais saberemos) parece percorrer a maioria das religiões asiáticas — lembrete hindu do *neti, neti* (Deus não é isto, não é aquilo), o nobre silêncio de Buda diante de qualquer esforço por definir ou até mesmo descrever o Nirvana, a insistência Zen em que toda linguagem religiosa nada mais é senão um dedo a apontar para a lua, jamais podendo identificar-se com a lua. Igualmente, até São Francisco Xavier — quando se deparou com uma forma japonesa de budismo, a da Terra Pura, que convoca a confiar em Amid Buda e a nada mais fazer — pensou que Martinho Lutero o derrotara na corrida até o Japão! Os budistas da Terra Pura pregam a mesma mensagem de "somente pela fé", sem "boas obras"! Semelhantes dados a partir de outras religiões parecem contradizer o que nelas os evangélicos enxergam.

Poderiam talvez eles enxergar aquilo que querem enxergar ou aquilo que pensam que a Bíblia exige que enxerguem? Isso levanta a tão espinhosa e sovada pergunta de até que ponto é possível (se for possível) caminhar calçado com os sapatos alheios — para realmente ver o mundo como o outro vê. Empregando o jogo de imagens utilizado anteriormente, para enxergar o universo como o budista o enxerga, tenho de olhar através do telescópio budista. Porém, isso quer dizer que, para enxergar o que o budista enxerga, tenho de esquecer o que enxergo através do meu telescópio? Isso é de fato possível? Posso realmente fazer uso do telescópio de mais alguém? Consigo de fato enxergar o que eles enxergam? Não será que tudo quanto eu "enxergar" através do telescópio deles sempre vou compreender segundo o que estou acostumado a enxergar através do meu próprio? Ou de maneira mais simples: sempre enxergo e compreendo outros mundos segundo o meu próprio ponto de vista. Não consigo nunca abandonar totalmente meu próprio ponto de vista. Não consigo rastejar e escapulir para fora de meu corpo cristão e assumir um novo corpo budista. (Vamos organizar e esclarecer essas questões com maior cuidado na Parte IV.)

Essas são, na verdade, questões complexas. Porém, elas nos ajudam a identificar perguntas ou propostas mais precisas com relação aos evangélicos. Parece-nos que os cristãos evangélicos têm de olhar com mais cuidado para as demais religiões, lançar um olhar mais direto, menos colorido pelo que a Bíblia lhes diz (ou pelo que pensam que a Bíblia lhes diz). São as próprias religiões que têm de ser uma autêntica fonte para a teologia das religiões de cada uma delas — isto é, fonte do que pensam sobre as demais religiões. Será que isso significa os cristãos terem de pôr de lado a Bíblia quando estudam outras tradições religiosas ou conversam com as demais pessoas de fé? Não. Parece que seria impossível, pois para qualquer novo encontro de debate sempre trazemos quem nós somos e todos os nossos condicionamentos. Porém, temos de estar prontos a mudar aquilo que *trazemos para* o encontro, segundo o enfoque do que *descobrimos no* encontro. O que parece exigir dos cristãos que estejam prontos a esclarecer, corrigir e até mesmo alterar o que conhecem a partir da Bíblia, segundo o enfoque do que aprendem a partir das outras religiões. Provavelmente, não será uma questão de "corrigir o que diz a Bíblia" mas de corrigir o que julgavam que a Bíblia dizia.

Assim, para resumir essa questão referente aos evangélicos: não seria necessário que os cristãos reconhecessem haver duas fontes para qualquer teologia cristã das religiões — tanto a Bíblia (inclusive a tradição e a vivência interior cristãs) como o que eles aprendem ao estudar outras tradições e em conversas com outras pessoas de fé? Cada uma dessas fontes tem de ser contrabalançada pela outra. Ambas têm de entrar em uma espécie de diálogo com a outra, em que cada lado se mantém pronto a ser esclarecido e corrigido pelo outro. Os evangélicos vão insistir em que a Bíblia é sempre básica para os cristãos. E estão certos. Mas básica não tem de significar absoluta.

Jesus, o único-e-exclusivo?

Essa é a pergunta mais difícil e delicada, uma pergunta que nos perseguirá ao longo de nossa investigação acerca dessas diferentes teologias cristãs das religiões. Tomamos conhecimento da insistência evangélica, e talvez com ela concordamos, de que a proclamação de Jesus como o "único-e-exclusivo" Filho de Deus, Verbo de Deus, e Salvador percorre como potente corrente elétrica todos os livros do Novo Testamento. Tomamos conhecimento das conclusões dos evangélicos de que, portanto, Jesus Cristo é necessário (ontologicamente) para reparar ou redimir a desconexão entre Deus e a humanidade; é ele também necessário (epistemologicamente) para capacitar as pessoas a compreender e a agir sob o dom da graça de Deus mediante a fé somente. Mas muitos cristãos, a partir do estudo e do diálogo com as demais religiões, percebem que semelhantes asserções desencadeiam várias perguntas.

A primeira pergunta é tão elementar que poderia talvez ser esquecida: como, exatamente, os cristãos *sabem* que Jesus é o único-e-exclusivo Salvador? Sua própria vivência interior e pessoal lhes diz isso? Ou sabem-no somente porque a Bíblia assim lhes diz? Clara e repetidamente, com efeito, a Bíblia lhes diz isso. Porém, seria a mensagem da Bíblia confirmada pela própria vivência interior do cristão? A resposta poderia parecer ser tanto sim como não; sim, um cristão que passa pela experiência de viver o Espírito Santo de Cristo mediante a Palavra da Bíblia e a vida sacramental da comunidade sabe, por coração e mente, que esse Cristo vivo o capacitou a sentir o amor de Deus, a confiar nesse amor com todo o coração, a vivenciar e assumir a profunda paz que ele proporciona e a ter esperança de que essa paz perdurará após a morte. E sente, também, que esse dom de Deus que recebeu e vivenciou em Cristo não diz respeito a ele somente ou à sua Igreja cristã, mas a todos os povos de todas as épocas. Em outras palavras, afinal de contas, a própria vivência interior cristã confirma-lhe que Cristo é *verdadeiramente* um Salvador que a todos diz respeito.

Parece, porém, que a vivência interior do cristão não lhe diz clara e seguramente que Jesus é o *único* Salvador que a todos diz respeito. Vivenciar e assumir Jesus como único Salvador exigiria vivência e conhecimento de outras religiões, a ponto de poder dizer que em nenhuma outra religião os fiéis, com efeito, fazem semelhantes afirmações sobre seus fundadores e mestres, ou que em nenhuma outra tradição há figuras religiosas que influem de modo parecido com a maneira pela qual Jesus transformou a vida de cada cristão. Uma comparação com o casamento pode nos auxiliar: com base na experiência com o cônjuge, alguém consegue dizer se esse homem ou mulher assim sugeridos é com quem *verdadeiramente* quer se casar; porém, com base nessa experiência apenas não conseguiria dizer se tal ou qual pessoa seria o *único* homem ou mulher com quem poderia casar-se.

Se isso é verdadeiro, se é apenas com base na Bíblia e na tradição cristã que os cristãos sabem que Jesus é o Salvador único-e-exclusivo, então surge uma pergunta adicional: o que os cristãos fazem quando sua vivência interior e compreensão das demais religiões lhes diz, com efeito, que realmente as pessoas de outras religiões fazem, sim, afirmações acerca de seus fundadores ou mestres que soam muito parecidas ao que os cristãos dizem acerca de Jesus? Talvez não empreguem termos tais como "Salvador" ou "Filho de Deus" (embora algumas o façam), mas falam a respeito dessas pessoas como um meio pelo qual tomaram conhecimento da Palavra salvífica de Deus (Maomé), ou como um mestre por intermédio de quem chegaram à iluminação e ao Nirvana (Buda), ou como o Uno Glorioso que os ama e afirma exatamente como são (Krishna, Amida Buda). Por certo, temos de ser muito cuidadosos ao fazer comparações fáceis demais e ao empregar nosso telescópio cristão para interpretar o universo de pessoas de outras religiões. Porém, como indaga Ramon Pannikar, se Jesus, Buda, Maomé e Krishna não são "análogos" (expressam a mesma idéia ou visão profética), não seriam "homólogos" (executam o mesmo papel ou função)?

A nova e desconcertante pergunta que se faz aos evangélicos e a todos os cristãos é se Jesus é o único meio pelo qual Deus "conserta" o que está errado na condição humana e que traz as pessoas à paz da pessoa de Deus. Podemos ainda sustentar o que a Bíblia e nossa vivência interior nos parecem dizer de maneira tão clara: que algo está errado, que não conseguimos por nós mesmos fazer a necessária reparação, que temos de abrir mão de nós mesmos e segurar na mão de Deus. Porém, agora perguntamos: poderia talvez haver outro meio pelo qual os homens pudessem "segurar na mão de Deus"? Existem outros caminhos que Deus adentra para fazer o que nenhum ser humano pode fazer sozinho: compreender o que está errado e sentir-se pleno de poder para fazer algo a respeito? Existem outros caminhos além de Jesus pelos quais talvez as pessoas possam vivenciar e assumir o "somente pela graça" por meio do "somente pela fé"?

Essas perguntas nos lançam um pouco mais à frente: o entendimento evangélico da salvação, mediante a graça e a fé somente, não seria o único caminho para captar, vivenciar e assumir até que ponto o Divino toca e transforma os seres humanos? Podem talvez os evangélicos impor às demais religiões um caminho específico de vivenciar Deus, conforme se encontra na Bíblia? Por exemplo, a vivência interior muçulmana de "submissão a Alá", ou a mensagem de iluminação de Buda, ou a percepção hindu de *moksha* como total harmonia com Brama, o

Supremo, ou a percepção chinesa de viver na harmonia yin-yang — não poderiam talvez todas elas, igualmente, constituir diferentes caminhos para experienciar e falar sobre até que ponto o Algo Mais adentra o ser humano e dele emana para mudar cada pessoa e o mundo?[5]

Se há outros caminhos pelos quais o Divino "salva" e transforma, outros caminhos importantes não apenas para o próprio povo a que pertencem, mas para toda a humanidade, então o diálogo não é somente uma "competição sagrada", em que as diversas pretensões de "único-e-exclusivo" procuraram descobrir qual delas é a correta. Haverá de ser um diálogo em que as religiões terão, isso sim, de se defrontar e se corrigir mutuamente; porém, haverá de ser um diálogo cooperativo em vez de competitivo. Se Deus revela-se e salva em diversas religiões e não apenas em uma, então o diálogo há de ser tal que, nele, as religiões, ao se ouvirem umas às outras, aprendam mais acerca desse Deus, que é sempre mais do que qualquer uma delas jamais conseguiria conhecer.

Não obstante, para sermos sensíveis às convicções dos evangélicos acerca da centralidade da Bíblia, temos de nos lembrar do claro conflito entre, de um lado, todo esse discurso sobre outros caminhos e salvadores e, do outro, a clara linguagem do Novo Testamento acerca de Jesus como único-e-exclusivo. O que traz até nós uma pergunta final, que vai nos acompanhar nos capítulos vindouros: se admitimos que há duas fontes para uma teologia das religiões — tanto a Bíblia como o diálogo com os fiéis das demais religiões —, então podemos, ou precisamos, indagar se é possível compreender essa linguagem de único-e-exclusivo diferentemente de como o fizeram os cristãos do passado. Porquanto há também um desconfortável conflito entre uma tal linguagem bíblica de único-e-exclusivo e o que muitos cristãos vivenciam no diálogo. Os cristãos conhecem budistas, judeus, hindus, muçulmanos e seguidores de religiões nativas da América e da África que não apenas *dizem* ter encontrado paz, felicidade e um sentido de unidade com o Divino em suas próprias religiões, mas que também demonstram, pela maneira com que vivem suas vidas, ser deveras assim que se dá o caso. Trata-se

---

[5] Como veremos no capítulo 11, há especialistas que, tomando por base o que aqui dissemos, concluiriam que há caminhos diferentes para vivenciar e assumir não a mesma salvação mas sim diferentes salvações!

de pessoas felizes, em paz, comprometidas em amar umas às outras e em fazer nosso mundo melhor. Com certeza, parecem "salvas".

Os evangélicos reconhecem esse conflito quando insistem em que não querem taxar como perdidos todos aqueles que não conhecem Jesus. Esses evangélicos procuram ponderar melhor os textos *particularistas* da Bíblia que anunciam Jesus como único-e-exclusivo e os textos *universalistas* igualmente encontrados na Escritura, que proclamam que Deus é um Deus de amor, desejoso de trazer todas as pessoas à felicidade e à salvação. Porém, honestamente, para muitos cristãos algumas das soluções que os evangélicos apresentam, e que aqui já recapitulamos, mais parecem ser fruto da imaginação teológica do que de uma visão interna bíblica. As resoluções "de último minuto" ou "de pós-morte", por exemplo, parecem algo um tanto "inventado".

Haverá modos melhores de reconciliar a tensão entre a linguagem bíblica acerca de Jesus como único-e-exclusivo e a linguagem bíblica acerca de querer Deus chegar-se até todos nós? Haverá modos melhores de solucionar o conflito entre as pretensões do Novo Testamento de que não há "nenhum outro nome" e todos os outros nomes que os cristãos vêm conhecendo a partir do diálogo com as demais pessoas de fé? Nos capítulos vindouros, vamos investigar alguns desses outros esforços por reinterpretar o entendimento que o Novo Testamento tem de Jesus.

Parte 2
O Modelo de Complementação: "o Uno dá completude ao vário"

Parte 2

Capítulo 4

O avanço no Concílio Vaticano II

O modelo para uma teologia cristã das religiões que nesta parte investigamos representa um deslocamento de uma visão do cristianismo como "substituto" das demais religiões, para a de que ele lhes vem dar "completude", "cumprimento". Pretende conseguir afirmar os *insights* ao modelo prévio, mas igualmente responder às indagações propostas a este último. Ao assim fazê-lo, o novo modelo representa o que se considera um passo à frente no esforço cristão por chegar a uma compreensão ponderada das demais tradições religiosas. Oferece-nos uma teologia que atribui pesos iguais a duas convicções cristãs de que já ouvimos falar: que o amor de Deus é *universal*, estendendo-se a todos os povos, mas também que o amor de Deus é *particular*, tornado real, concreto, em Jesus Cristo. A maneira pela qual o Modelo de Complementação leva a cabo tal ação ponderadora é distintamente diferente da maneira com que o faz o Modelo de Substituição.

Ele também representa a maioria das chamadas "Igrejas cristãs das correntes dominantes". Se o Modelo de Substituição, como vimos, teve domínio sobre a maior parte da história cristã, o Modelo de Complementação incorpora a opinião majoritária do cristianismo de nossos dias. Se o Modelo de Substituição representa a voz das Igrejas fundamentalistas, o Modelo de Complementação caracteriza o ensinamento das Igrejas "das correntes dominantes": as Igrejas Luterana, Reformada,

Metodista, Anglicana, Grega Ortodoxa e Católica Romana. Isso quer dizer que não somente se deve encontrar tal perspectiva entre os teólogos dessas Igrejas, mas também, de maneira notável, que ela expõe aquilo que, nessas Igrejas, pensam os cristãos mais informados teologicamente a respeito das outras religiões, ainda quando tais idéias lhes ocorram sob a superfície da consciência. Crêem eles que as demais religiões têm seu valor, que nelas se deve encontrar Deus, que os cristãos necessitam dialogar com elas, e não apenas lhes fazer pregação. Novas atitudes que estão baseadas em novas vivências e modos de sentir, e que exigem uma nova teologia das religiões. Eis o que representa o Modelo de Complementação.

Porém, se esse modelo constitui algo de novo dentro da comunidade cristã, ele igualmente marca um limite. A ação de buscar uma ponderação entre a afirmação da presença de Deus em outras religiões e a presença especial de Deus em Jesus não pode ser mais apurada que isso. Eles Parecem dizer: "Não podemos esticar as coisas mais adiante sem perdermos a singularidade de Jesus. Aventurar-se para além desse ponto talvez possa significar a perda da identidade cristã".

Para melhor assestar nosso foco para o estudo desse modelo, vamos trazer ao proscênio a primeira comunidade cristã que o elaborou. Para a surpresa de alguns, a Igreja que se orgulha de ser lenta no andar e que não raro se tarda quanto às inovações das demais Igrejas, é que vem ocupando a dianteira do novo pensamento teológico acerca das religiões: a Igreja Católica Romana. Assim, enquanto passamos a maior parte da seção anterior deste livro olhando por meio de um telescópio protestante, vamos nesta seção procurar contemplar as demais religiões mediante um telescópio católico.

E para compreender com mais exatidão como esse telescópio foi reforçado (alguns o diriam reconstruído) para conseguir enxergar ainda mais longe, vamos primeiro olhar para trás, para os diferentes tipos de telescópio que foram empregados, através das épocas, em tentativas de examinar as demais religiões. Uma rápida recapitulação da história das atitudes cristãs perante outras religiões nos possibilitará compreender e avaliar até que ponto esse modelo é, na verdade, novo.

OLHANDO PARA TRÁS: UM RETROSPECTO HISTÓRICO

Uma visão geral das atitudes católicas perante as demais crenças demonstra que a ação ponderadora que compõe todas as teologias cristãs das religiões foi, na verdade, uma espécie de gangorra. Houve um movimento de sobe-e-desce entre a banda universal (Deus ama e deseja salvar todas as pessoas) e a banda particular (Deus salva mediante Jesus) da gangorra. Por vezes, a banda universal tornava-se mais pesada e, assim, predominava; por vezes, era a banda particular que assumia o controle. Também parece, para os católicos, que o "particular" a que se referem não é somente Jesus. É também a Igreja. Para os católicos, o defrontar-se com Jesus de modo concreto, pleno, salvífico, somente se dá na Igreja. Jesus continua a levar adiante sua missão de trazer as pessoas a Deus, e umas às outras, no seio da comunidade que a ele pertence, e por meio dela, que se chama Igreja. A insistência em que Jesus e a Igreja são necessários para, de fato, conhecer a Deus e ser salvo parece, para grande parte da história católica, ter mais proeminência do que a crença no amor universal de Deus por todos.

Porém, exatamente no início não era assim. Os escritores dos livros do Novo Testamento e as diferentes comunidades para as quais eles foram escritos não tinham de lidar tanto com "outras religiões". A preocupação principal deles era mais intrafamiliar: sua relação com a religião materna, o judaísmo. Porém, ao longo do século II, essa situação mudou rapidamente à medida que as comunidades de seguidores de Jesus avançavam mais, tanto física quanto culturalmente, dentro do mundo greco-romano. Nesse novo contexto gentio (ou pagão), os cristãos eram uma minoria, não raro uma minoria ameaçada. Precisavam explicar, para si mesmos e para seus vizinhos, de que modo, como seguidores de Jesus, eles compreendiam e se relacionavam com essa cultura mais ampla, com suas muitas filosofias e religiões.

Ao longo dos primeiros três séculos, uma das principais maneiras pelas quais os teólogos cristãos primitivos (chamados de Padres da Igreja — se houve alguma Madre da Igreja, dela não temos registro) procuravam conceber o sentido dessa cultura "pagã" mais ampla era mediante um tema fundamental do Novo Testamento: a Palavra ou

Verbo de Deus. Na linguagem da Igreja da época, eles cunharam uma nova expressão (ou melhor, símbolo): o *lógos spermátikos*. Literalmente, *lógos* quer dizer "palavra", "verbo", e *spermátikos* quer dizer "semelhante à semente". Todos os cristãos vivenciavam e admitiam que o Verbo de Deus "fez-se carne" em Jesus. Estavam agora a dizer que antes de Jesus e, ainda assim, de um extremo a outro do mundo greco-romano, esse mesmo Verbo de Deus estava espalhado como semente. Concentrada em Jesus, ele também estava lançado aos ventos da história. Esse Verbo semeado universalmente é "o Verbo do qual toda a humanidade partilha". Um dos Padres, Justino, Mártir, chegou mesmo a dizer que qualquer pessoa que ouvir o chamado de Deus nesse Verbo-Semente e procurar seguir-lhe a direção já é, de fato, um cristão, muito embora nunca tenha ouvido falar de Jesus! Tertuliano conseguiu demonstrar essa proposição até com mais ênfase, ao declarar que, por causa da presença e do chamado universal de Deus, o espírito de cada simples homem e mulher é "naturalmente cristão".[1] Embora todos esses antigos cristãos passassem a insistir em que, nas outras culturas e religiões, o Verbo-Semente precisava ser esclarecido e consumado no Verbo plenamente encarnado em Jesus, isso era todavia uma forte afirmação da presença salvífica de Deus para além da Igreja. A parte universal da gangorra estava bem mais pesada.

Porém, isso logo haveria de mudar. Acontecimentos históricos bastante drásticos — e para os cristãos, bem-vindos — deslocaram o peso de uma ênfase no amor e na presença universal de Deus, para uma ênfase na importância especial da Igreja. Depois do Imperador Constantino e sob o Imperador Teodósio (379-395), a comunidade minoritária de cristãos, freqüentemente perseguida, tornou-se de repente a religião oficial do Estado. O bispo de Roma tornou-se o *Pontifex Maximus* — o sumo sacerdote que agora exercia poder não somente espiritual mas também político. O bem-estar da Igreja estava agora ligado com o bem-estar do Estado, o que significava que os inimigos do Estado tornaram-se inimigos da Igreja. Esses inimigos eram os não-

---

[1] Cf. Justino, *I Apologia* 46; *II Apologia* 10,13; Tertuliano, *Apologia* 17,4-6; Clemente de Alexandria, *Stromata* 1,13; 5,87.2; *Protréptikos* 6, 68.2ss; Orígenes, *Commentarium in Joannem* 1,39.

romanos e os não-cristãos. De modo compreensível, embora lamentável, as atitudes perante aqueles que estavam "do lado de fora" da Igreja começaram a mudar.

Essas mudanças foram enormemente influenciadas por um teólogo especial e, mais tarde, santo: Agostinho. A partir da leitura que fez de São Paulo, bem como de sua experiência pessoal da dificuldade de livrar-se à força das garras do estilo de vida extravagante e licencioso que levara anteriormente, Agostinho apercebeu-se de que somos salvos *somente pela* graça e nisso insistiu ao longo de sua pregação e dos textos que escreveu. Sem a graça, nesta vida e na próxima, estamos perdidos. E via exemplos claros dessa humanidade perdida nas tribos "bárbaras" que estavam ameaçando o Império Romano e, com ele, a Igreja. (Os visigodos tomaram Roma em 410 e estavam assediando a própria cidade de Agostinho, Hipona, quando este agonizava, em 430.) Gradualmente, chegou Agostinho à convicção de que semelhante graça salvífica não se acha fora da Igreja, mas somente dentro dela. Elaborou sua doutrina da "dupla predestinação": Deus, desde a eternidade, predestina alguns à salvação dentro da Igreja; o resto — "as massas danadas" — acabam em perdição.[2] Um de seus discípulos, Fulgêncio de Ruspe († 533), deixou claro o que isso significava para as religiões "pagãs": "Não resta dúvida de que não somente os pagãos mas igualmente todos os judeus e todos os hereges e cismáticos que morrem fora da Igreja adentrarão aquele fogo eterno preparado para o diabo e seus anjos".[3] A gangorra estava claramente mais pesada na banda da Igreja.

E ali mesmo permaneceu mais pesada até por volta do século XVI. Por todo esse período, a atitude fundamental perante os seguidores dos demais caminhos religiosos resumiu-se no famoso adágio: "Fora da Igreja não há salvação". A força dessa declaração, quando brandida pela primeira vez por teólogos como Orígenes († 254) e, em especial, por Cipriano († 258), não visava aos forasteiros. Mais exatamente, destinava-se em sua origem a pessoas já dentro da Igreja como uma advertência de que se tivesse alguém com qualquer pensamento de se afastar, o

---

[2] Cf. AGOSTINHO, *Enchiridion* 107.
[3] FULGÊNCIO DE RUSPE, *De fide ad Petrum* 38,79.

faria correndo risco eterno. Todavia, depois do século V e por toda a Idade Média, esse anúncio dirigiu-se aos não-cristãos, para lhes dizer que quem não está na Igreja está fora do céu. Decerto, essa classificação das demais pessoas de fé como "pagãos", justamente ao lado do "diabo e seus anjos", confirmou-se para a maioria dos cristãos pelo fato de que as únicas pessoas de fé que eles conheciam (além dos judeus) eram os muçulmanos, que por acaso haviam conquistado a "Terra Santa" e encontravam-se junto às muralhas da Europa. Os muçulmanos não eram simplesmente "outras pessoas de fé"; eram antagonistas políticos, inimigos militares. Em vez de diálogo, houve as Cruzadas.

Desse modo, ouvimos os tons condenatórios de "Fora da Igreja não há salvação" soando ao longo dos séculos. E não apenas a partir de púlpitos ou em salões de conferência, mas nas solenes declarações oficiais de papas e concílios de bispos. O Concílio de Latrão IV (1215) repetiu as palavras já conhecidas, mas acrescentou uma enfática locução adverbial: "Fora da Igreja, não há absolutamente *(omnino)* salvação". O Papa Bonifácio VIII, em sua bula *Unam Sanctam* (1302), deu uma nova interpretação dessa frase, mas explicou, além disso, que para pertencer a uma Igreja e desfrutar da salvação, a pessoa tinha igualmente de aceitar a autoridade papal. Então, em 1442, o Concílio de Florença repetiu quase literalmente a condenação de Fulgêncio de Ruspe acima mencionada e acrescentou-lhe: "Nenhum, por mais esmolas que tenha dado, e mesmo que tenha derramado o sangue pelo nome de Cristo, poderá ser salvo se não permanecer no seio e na unidade da Igreja Católica".[4] Poderia parecer que o amor irrestrito de Deus por todas as pessoas ficou restrito às fronteiras da Igreja.

Porém, o movimento de sobe-e-desce da gangorra estava prestes a começar de novo. Cinqüenta anos depois do Concílio de Florença, Cristóvão Colombo tocou a terra que ele julgava ser a Índia, mas que terminou sendo todo um mundo novo. Esse "novo mundo" desencadeou uma multidão de novas perguntas e indícios teológicos. Como salientam os historiadores, a insistência intransigente no princípio do "Fora da Igreja não há salvação" foi histórica e psicologicamente de-

---

[4] DENZINGER, Heinrich; HÜNERMANN, Peter. *Compêndio dos símbolos, definições e declarações de fé e moral*. São Paulo: Paulinas/Loyola, 2007. nn. 802, 870-872, 1351.

terminada. Historicamente, os cristãos julgavam que o Evangelho fora pregado até os confins da Terra. Psicologicamente, não podiam imaginar que alguém, ao ouvir falar dele, não conseguiria perceber-lhe a esmagadora verdade e beleza; recusar a verdade da Igreja somente podia advir da malevolência e do demônio.[5] Ora, as massas dos novos povos nas Américas logo abalaram o poder de resistência de tais convicções reguladoras. Evidentemente, esses povos e tribos jamais tinham ouvido falar de Jesus. E muitos deles, ao ouvir falar dele (e perceber o comportamento dos cristãos colonizadores), preferiram seus caminhos tradicionais. Tanto foi assim que o Concílio de Trento (1545-1563), com o auxílio de teólogos como Roberto Belarmino e Francisco Suárez, surgiu com uma fórmula — o batismo de desejo — que buscava pôr mais peso na "banda do amor universal de Deus" de nossa gangorra, sem, todavia, negar a necessidade da Igreja. Se os pagãos não podiam ser batizados com água, então podiam fazê-lo "por meio do desejo". Isso significava que, se eles seguissem sua consciência e vivessem moralmente, estavam de modo implícito manifestando o desejo de unir-se à Igreja e podiam, por conseguinte, cruzar as portas do céu.[6]

Com esse movimento da gangorra, temos algo verdadeiramente novo para as atitudes da época, mas também um retorno à visão das "sementes do Verbo" espalhadas ao longo da história. Ele representou um deslocamento de o *"Fora da Igreja não há salvação"* para o *"Sem a Igreja não há salvação"*. As pessoas podiam estar fora dela, porém, se seguissem a voz de Deus em sua consciência, estavam de algum modo igualmente dentro da Igreja, ou com ela relacionada. Essa postura mais explícita para com pessoas de outras religiões foi repetida e ampliada por papas desde o século XVII exatamente até meados do século XX. A mensagem básica era: "A Igreja é necessária para a salvação, porém...". Os teólogos buscavam explicar o "porém". Em especial durante a primeira metade do século passado, delinearam todas as espécies de conceitos pelos quais poderiam incluir *dentro* da Igreja quaisquer "pagãos santos"

---

[5] Cf. SULLIVAN, Francis A. *Salvation outside the Church?*; tracing the history of the Catholic response. New York: Paulist Press, 1992. pp. 199-204.
[6] Cf. DENZINGER; HÜNERMANN, *Compêndio dos símbolos, definições e declarações de fé e moral*, nn. 1.524, 1.542.

de fora da Igreja. Todo hindu, budista ou muçulmano que seguisse a própria consciência e amasse ao próximo pertenceria à "alma" da Igreja; ou estariam "apegados", "vinculados", "relacionados" à Igreja; ou seriam membros "imperfeitos", "predispostos", "potenciais" da Igreja.[7] Todos esses foram esforços sinceros e extremamente imaginativos para afirmar o amor de Deus a todo homem, mas, ao mesmo tempo, para cumprir o papel da Igreja. Estavam buscando equilibrar a gangorra.

Pode-se à exaustão se a gangorra estava na verdade equilibrada ou se ainda pesava mais de um lado. Porém, uma coisa é clara — e muito importante de ressaltar neste retrospecto histórico: todos esses esforços, desde o século XVI até o século XX, para chegar a uma atitude mais explícita perante pessoas do lado de fora da Igreja jamais incluíram uma atitude mais explícita perante *as religiões dessas pessoas*. De um extremo a outro de todo esse período de tempo, com raríssimas exceções,[8] teólogos e líderes da Igreja e, podemos supor, católicos comuns, nunca imaginaram — ou jamais ousaram imaginar — que Deus poderia fazer uso de outras religiões para oferecer graça, salvação e revelação. Mesmo os Padres da Igreja, ao reconhecerem que o "Verbo-Semente" foi espalhado através da história, nunca disseram que as religiões poderiam ser campos férteis para esse Verbo. Se o Verbo ou Espírito de Deus crescia e tocava a vida de pessoas além dos confins da Igreja, isso ocorria privadamente, por meio de algum tipo de experiência pessoal ou mística. Porque havia somente um Salvador verdadeiro, somente poderia haver uma religião. Deus não poderia utilizar-se de nenhuma outra religião senão a cristã. Isso foi dado por certo. Até a década de 1960.

UM PIONEIRO TEOLÓGICO: KARL RAHNER

A guinada radical que, durante a segunda metade do século passado, deu a comunidade católica — alguns diriam mesmo que ela deu um gigantesco pulo para a frente — em sua maneira de compreender e relacionar-se com pessoas de outras crenças está cristalizada nos escritos

---

[7] Cf. EMINYAN, Maurice. *The theology of salvation*. Boston: St. Paul Editions, 1960. pp. 167-181.
[8] Entre tais exceções estavam Nicolau de Cusa e talvez Raimundo Lúlio. Cf. DUPUIS, Jacques. *Rumo a uma teologia cristã do pluralismo religioso*. São Paulo: Paulinas, 1999. pp. 150-155.

de Karl Rahner, um jesuíta alemão. Pode-se argumentar que Rahner é o teólogo católico mais famoso e mais influente do século XX[9] — um pioneiro na exploração de terrenos religiosos ainda não mapeados. Embora tenha passado a maior parte de sua vida na Alemanha, embora nunca tenha estudado outras religiões ou se comunicado muito com pessoas de outras crenças, seu estudo da tradição cristã e a própria vida profundamente espiritual que levou convenceram-no de que o mundo de Deus era muito maior do que o mundo cristão. Grande parte dos criativos e extraordinários textos de Rahner tinha a finalidade de acrescentar novas lentes ao telescópio cristão, de maneira que este pudesse detectar a presença ativa de Deus tanto nas profundezas interiores do ser de cada pessoa humana, como de um extremo a outro da vastidão da história. Por volta do início da década de 1960, ele assestou esse telescópio na direção das "religiões não cristãs". O que ele percebeu poucos cristãos jamais tinham percebido. Em conferência proferida pela primeira vez em 1961, expôs um arrazoado teológico hábil e cuidadosamente elaborado, em que fez uso de doutrinas católicas padrão e as empregou como blocos de sustentação para uma revolucionária teologia das religiões.[10] O texto que se segue é um breve retrospecto desse arrazoado.

A natureza é dotada de graça

O ponto central da revolucionária teologia das religiões de Rahner é o mesmo ponto central da vida e da crença cristãs de que até aqui ouvimos falar nestas páginas: *Deus é amor*. Porém, Rahner analisou essa crença e desdobrou-lhe as implicações. Dizer que Deus é amor em 1 João 3,8 significa dizer que Deus quer alcançar, abraçar e acolher ciosamente todas as pessoas e seres. Em outras palavras, mais tradicionais, na verdade Deus quer com efeito salvar todas as pessoas. Porém, lembra-nos Rahner, o que Deus quer Deus faz. Diante disso, se Deus *quer* mesmo salvar todas as pessoas, Deus *agirá*, fará o que for necessário para tornar isso possível. Se não reconhecemos isso, na verdade não

---

[9] Reconheço que minha afirmação é parcial: ele foi meu professor!
[10] Mais tarde publicada como RAHNER, Karl. Christianity and the non-Christian religions. In: ____. *Theological investigations*. Baltimore: Helicon Press, 1966. v. 5, pp. 115-134.

cremos que Deus é amor. Porém, o que significa esse "agir" ou "fazer"? Significa que Deus, continua Rahner, comunica ou revela o eu profundo, a personalidade de Deus a todo ser humano. Deus torna presente o eu profundo de Deus e destarte possibilita a cada pessoa *sentir* a realidade — a paz, a afirmação, o abalo, o atraente apelo — da presença de Deus. A palavra empregada pelo catecismo para isso, uma palavra que para muitos cristãos perdeu sua eficácia, é *graça*. Deus dá graça salvífica a todos e a cada um dos seres humanos. Do contrário, Deus na verdade não amaria a todos e a cada um dos seres humanos.

Ao analisar mais ainda o significado do amor de Deus e buscar instigar a mente e a imaginação cristãs, Rahner provoca uma conseqüência: por conseguinte, a natureza humana de cada um de nós não é apenas "natural". Se pudéssemos mesmo sentir como é ser uma mulher ou um homem natural, sentiríamos algo mais que nossa natureza humana. Sentiríamos nossa *natureza dotada de graça*. Sentiríamos a presença, o poder, a calidez e a paz do Divino. Com sua propensão de teólogo para uma linguagem mais pesada, Rahner procurou alcançar aquilo a que se referia ao chamar de "existencial sobrenatural". Tradução: nossa própria existência é mais do que natureza — é supernatureza — muito, muito mais do que pensamos que somos. Rahner costumava dizer que não há coisas tais como "natureza propriamente" (*natura pura*): por sermos humanos, somos mais do que humanos. Mais simplesmente: tocar e sentir o que, de fato, somos é tocar o Divino, o Espírito de Deus, ou por eles ser tocado. Talvez se pudesse até mesmo dizer que a natureza humana é uma parte da natureza divina.

De um extremo a outro de sua carreira, Rahner buscou demonstrar os múltiplos caminhos pelos quais a "graça" ou o Divino fazem-se sentir no seio da natureza de cada um de nós. Ela sempre se anuncia como um profundo sentimento, que vibra no íntimo de nossas atividades mais humanas, porque, como enfatizava Rahner, "graça" não é como um terno que vestimos para parecermos filhos de Deus; mais exatamente, é como a eletricidade que acende uma lâmpada para torná-la o que ela realmente é. Ou então, o amor de Deus não apenas nos envolve; ele nos penetra, preenche-nos e possibilita-nos viver e agir diferentemente. A graça nos *enforma*, disse Rahner, algo como o modo pelo qual o espírito enforma o corpo.[11] Entre os muitos exemplos específicos que ele nos dá de como podemos sentir essa presença divina dentro de nós, o mais fundamental é o que ele chamou, em alemão, de *Vorgriff*. Significando algo criado para o interior de nossa natureza humana, a palavra quer dizer, imprecisamente, "ação de buscar alcançar mais". Em tudo o que alcançamos, sempre estendemos a mão para além daquilo que tentamos nos apoderar ou daquilo que, com efeito, nos apoderamos.

Para Rahner, isso é de todo evidente em nossa maneira de conhecer e de amar. O ser humano é um ser que precisa conhecer e amar/ser amado. Não importa o quanto conseguimos conhecer, há sempre uma pergunta adicional que leva a mais respostas, mas também a mais perguntas. Dá-se ainda mais esse caso quanto ao amor. Nossa necessidade de sermos abraçados com zelo pelo amor de outrem e de lhe correspondermos com acolhimento e autodoação é-nos tremendamente satisfatória — porém nunca é *satisfeita*. No amor que sentimos provir do outro (ou de outros), ou que a ele (ou a eles) consagramos, sentimos o abalo de um Amor maior. Realmente, é no ato de amar e de ser amados por outros seres finitos que amamos e somos amados pelo Outro infinito. Verdadeiramente, conclui Rahner, somos "seres finitos capazes do infinito". Dentro dos limites mortais de quem somos, ouvimos a voz do que está além — e não obstante, já no interior — desses limites. Realmente, a natureza de cada um de nós é dotada de graça.

A visão católica de Rahner sobre a condição humana é de todo diferente da visão com que nos deparamos nos protestantes evangélicos. Ele a consideraria um contrapeso, talvez uma correção, ao entendimento que têm estes últimos de nossa "natureza caída" e "condição pecadora". Certamente, negar ou diluir a realidade do pecado, do egoísmo ou do mal em nosso mundo seria uma ingenuidade não só alegre mas também perigosa. Porém, Rahner faria lembrar a seus irmãos e irmãs protestantes o que São Paulo percebeu depois de lutar corpo a corpo com sua própria condição pecadora e suas limitações: "Mas, onde avultou o pecado, a graça superabundou" (Romanos 5,20). Essa é, precisamente, a "Boa-Nova". Se caímos em um fosso profundo, a nós

---

[11] Tecnicamente, ele chamou a isso "causalidade quase-formal".

também foram dados meios de rastejarmos para fora dele. Se, como não raro ouvimos falar, o egoísmo e a cobiça fazem simplesmente "parte da natureza humana", a capacidade de amar e de dispensar cuidados aos outros é ainda uma parte mais profunda, mais poderosa e satisfatória da natureza humana. Eis a que Rahner se propôs quando declarou ser ele mesmo um "otimista a respeito da salvação". Com isso ele quis dizer não só que o número de pessoas do lado de fora do cristianismo que verdadeiramente encontram Deus é maior do que o número dos que não o fazem; mas, fundamentalmente, ele expressava sua convicção de que o bem e o mal não têm chances iguais. O bem (ou a graça) é mais forte do que o mal (o pecado). Nosso potencial de sermos "salvos" é maior do que nossa realidade "caída". E não temos de esperar até o paraíso para compreender e viver isso. A presença de Deus e a oferta de amor e força que Deus nos prodigaliza estão pressupostos, agora, em nossa própria natureza humana.

Ao insistir em que as pessoas conseguem verdadeiramente vivenciar e assumir Deus e encontrar salvação fora dos limites da Igreja, Rahner confirmava uma tendência da teologia católica desde o Concílio de Trento. Porém, foi bem mais além dessa tendência, quando acrescentou o segmento seguinte de sua teologia das religiões.

Religiões são "caminhos de salvação"

Rahner avançou até fazer uma afirmação que, para a maioria dos cristãos, foi surpreendente: a graça de Deus age nas religiões. Deus oferecia o dom do eu profundo, da personalidade de Deus nas demais crenças, práticas e rituais religiosos e por meio deles. A razão que Rahner apresentou para semelhante afirmação audaciosa foi, mais uma vez, outro elemento-chave da vivência e maneira de sentir da teologia católica.

A teologia católica sempre levou a sério aquilo em que insistem a antropologia e a psicologia contemporâneas — que os seres humanos são seres *incorporados* e *sociais*. Tudo o que somos, que conhecemos, em que cremos e com que nos comprometemos vem-nos por meio de nossos corpos e por meio de outras pessoas. Tudo quanto é real é real porque dele ouvimos falar, porque o vimos, sentimos, cheiramos, tocamos

— com as demais pessoas e a partir delas. O que conhecemos ou em que confiamos não nos é simplesmente injetado por meio de alguma espécie de transfusão espiritual; terá, primeiro, de assumir alguma espécie de forma física, material. Se isso é verdadeiro quanto a nós, na condição de seres humanos, o é também verdadeiro quanto a nós na condição de seres religiosos; terá de ser essa a maneira pela qual Deus ou o Espírito Santo irá lidar conosco — por meio de nossos corpos e por meio de outras pessoas. Logo, a conclusão de Rahner — *a graça tem de ser incorporada*. A presença de Deus tem de assumir alguma espécie de forma material.[12]

Eis aonde e como Rahner chega à sua estonteante conclusão: entre os vários "corpos" que a presença de Deus pode assumir na história humana, podemos esperar que entre os primeiros e mais eficazes estarão as religiões mundiais. Afinal, é precisamente nas religiões que os seres humanos levam adiante a busca por sentidos mais profundos, os esforços por alcançar, mediante rituais, símbolos e histórias, o que é maior. Se acreditamos que, de um extremo ao outro da história humana, Deus nela age e insufla sopro, e se acreditamos que esse sopro tem necessariamente de assumir forma visível, material, então as religiões são os primeiros campos que devemos investigar em busca de indícios desse sopro ou Espírito divino. Para alguém que negasse ou duvidasse disso, Rahner tinha uma provocante pergunta católica: os católicos insistem que a Igreja é necessária precisamente porque crêem que Deus encontra-se conosco em formas físicas, sociais. Chamam a essas formas de "sacramentos", sendo a própria Igreja o "sacramento fundamental". Ora, uma verdade geral para católicos é uma verdade geral para os demais. Se os cristãos precisam de sacramentos, assim também precisam os budistas e hindus. Eles encontram esses "sacramentos" (no sentido amplo de incorporação da graça de Deus) particularmente em suas religiões.

Rahner chegou a essa conclusão em uma afirmação bem definida, poderosa, que para muitos católicos na época foi não só surpreendente como libertadora: as religiões podem, por conseguinte, ser "caminhos de salvação". Deus atrai as pessoas para o eu profundo, para a persona-

---

[12] O debate e as citações nos parágrafos seguintes são extraídos de RAHNER, Karl. *Foundations of Christian faith*. New York: Crossroad, 1978. pp. 178-203, 318.

lidade de Deus, no seio mesmo das crenças e práticas do hinduísmo, do budismo, do islamismo e das religiões indígenas, assim como por meio delas. Nas próprias palavras de Rahner, palavras meticulosas, não raro complexas: as religiões não cristãs podem ser "meios autênticos para obter o correto relacionamento com Deus e, nessas condições, para alcançar a salvação, meio esse que está por conseguinte *genuinamente incluído no plano de salvação*". "Genuinamente" desejado por Deus! Os católicos antes tinham ouvido falar que budistas podiam salvar-se mediante o batismo de desejo. Rahner dizia-lhes agora que os budistas possuíam seu próprio "batismo" dentro do budismo. Não se salvam *apesar* de seu budismo, como fora anteriormente dito, mas *por causa* de seu budismo.

Deveríamos, porém, dizer "podem salvar-se". Com essa nova teologia, Rahner não apõe uma chancela geral de aprovação em todas as religiões. O arrazoado teológico que cuidadosamente elaborou estabelece a possibilidade, não a *realidade*, da presença divina nas demais tradições. O caso de essa possibilidade ser uma realidade há de ser uma conclusão posterior do estudo concreto de pessoas de outras crenças e do diálogo com elas. Rahner apenas abriu uma possibilidade — porém, uma possibilidade jamais antes aberta para os cristãos.

Não obstante, se seguirmos as etapas firmemente encadeadas da argumentação teológica de Rahner, ele de fato estabelece não apenas a possibilidade, mas a *probabilidade* de Deus falar outras linguagens que não a "cristã". Tal probabilidade de maneira nenhuma se enfraquece, acrescenta Rahner, pela inegável realidade dos erros e da corrupção nas demais religiões. Se o grau de corrupção fosse padrão de medição do quanto Deus pode fazer uso de uma religião, ao cristianismo caberia talvez receber uma categoria ainda mais baixa do que muitas outras. Nesse ponto, cada pessoa traz consigo a responsabilidade de usar a própria inteligência e consciência para, por si mesma, reconhecer e recusar o que se corrompeu ou fragmentou em sua comunidade. Ninguém tem de comprar o pacote de verdade *e* de erro para pertencer a uma religião específica. O fato de uma religião produzir joio não quer dizer que ela não possa produzir trigo (Mateus 13,29-30).

Rahner empregou uma analogia para convocar os cristãos a uma nova maneira de se aproximarem de outras crenças. Um missionário cristão, recomenda Rahner, não deve dar início a uma convivência e debate coletivo a respeito do Divino com um hindu do mesmo modo que uma professora levanta uma discussão sobre a Austrália com um aluno da primeira série fundamental da região da Baviera, na Alemanha! O aluno da primeira série jamais ouviu falar da Austrália; a professora começa então a partir do zero. Provavelmente, não é assim que se dá o caso com o hindu, insiste Rahner. Deus esteve presente e deu a conhecer ao hindu o eu profundo, a personalidade de Deus, bem antes da chegada do missionário. E o missionário deveria estar preparado para surpreender-se com o que Deus já vinha fazendo por meio do hinduísmo — surpresa essa que pode talvez ensinar-lhe algumas poucas verdades. A teologia das religiões que Rahner propõe requer, portanto, um tipo de relacionamento entre o cristianismo e outras religiões diferente daquele com que deparamos no Modelo de Substituição: não é questão de as demais pessoas de fé terem as perguntas para as quais os cristãos têm as respostas. Há perguntas e respostas de ambos os lados.

Porém, será que Rahner diria que as respostas de cada um dos lados podem se contrabalançar mutuamente — que talvez os cristãos possam ter tanto a aprender com os hindus como vice-versa? Para responder a esse complexo ponto de debate, temos de acompanhar Rahner na próxima etapa de sua teologia das religiões.

Cristãos anônimos

Se a graça, ou presença amorosa de Deus, faz parte da própria natureza humana de cada um de nós (etapa 1) e se essa graça tem necessariamente de estar incorporada (etapa 2), Rahner acrescenta uma outra crença cristã essencial (etapa 3) à sua teologia das religiões, a qual garante ser essa uma teologia *cristã*: *toda graça é graça de Cristo*. Com essa etapa final em seu arrazoado de argumentos em prol da presença de Deus nas religiões mais abrangentes e mundialmente presentes, Rahner nos proporciona não apenas maior profundidade mas também novos limites. Os limites são exigidos pelo que os cristãos sempre disseram a respeito de Jesus e pelo que os católicos sempre disseram a respeito da Igreja.

Se a graça de Deus — isto é, a presença amorosa de Deus — perpassa nossa natureza e história, isso se dá por causa de Jesus Cristo. Esse é, decerto, um tema recorrente de que ouvimos falar repetidamente ao longo de toda a parte precedente deste livro. É um tema básico para o cristianismo. Os cristãos crêem que Jesus é *a causa* de não importa qual "salvação" ou Espírito restaurador que haja no universo. Rahner, porém, explica como Jesus é causa da salvação de uma maneira que esclarece e oferece possibilidades adicionais de interpretação. (Mencionaremos tais interpretações no capítulo final desta parte.) Ele assim o faz, mais uma vez, empregando o jargão teológico, que, uma vez traduzido, pode ser-nos útil. Jesus não é *causa eficiente* da salvação; mais exatamente, ele é sua *causa final*. Causas eficientes produzem algo que não havia primeiramente. Causas finais representam o alvo daquilo que é gerado e, assim, tornam possível e orientam a geração, ou produção, por inteiro. Um carpinteiro é, ele próprio, a causa eficiente da mesa que faz. A idéia que está na cabeça do carpinteiro, representando finalidade e, portanto, a maneira pela qual ela deve ser construída, é a causa final. Jesus, diz-nos Rahner, não é a causa eficiente do amor salvífico de Deus. Semelhante amor sempre houve, como um componente pressuposto da própria natureza de Deus. Jesus é, porém, a causa final desse amor, na medida em que nele percebemos a trama de Deus, o que Deus pretende efetuar ao doar o Espírito Divino a todas as pessoas. A mensagem de Jesus acerca da sociedade humana como reino do amor, da paz e da justiça de Deus, e a própria pessoa de Jesus demonstrando como é, na verdade, um filho de Deus representam a intenção e a direção de cada sopro do Espírito de Deus que se insufla no seio da humanidade.

Na qualidade de incorporação da meta final, das autênticas possibilidades da história, Jesus satisfaz aquilo que Rahner percebeu ser uma das necessidades mais profundas e complexas do coração humano. A linguagem teológica abstrata de Rahner talvez possa não ser a melhor para expressar aonde ele quer chegar, mas logra demonstrar o intento: os seres humanos precisam de um "salvador absoluto" e estão em busca dele. Traduzindo: para chegar ao pleno compromisso de viver uma vida de amor e justiça à semelhança de Deus, necessitamos saber, de modo claro e seguro, que Deus confiou a nós o eu profundo, a personalidade de Deus. Deus proveu-nos tal garantia em Jesus. Eis o que significam "causa final" e "salvador absoluto": aqui, nesse homem, temos a mais nítida e final Palavra de Deus de que Deus está verdadeiramente *conosco* e assim o está de modo irrevogável. Jesus é, portanto, nossa "garantia absoluta", "o maior apoio e fonte de confiança" de que é possível e vale a pena viver uma vida como a de Jesus. Com ele, sabemos para onde estamos indo. E sabemos que podemos lá chegar, nesta vida e na próxima.

Tudo isso contribui para haver diferenças significativas entre as maneiras pelas quais o Modelo de Substituição e o Modelo de Complementação de Rahner entendem a necessidade de Jesus. Ambos afirmam a necessidade; porém, para os evangélicos, ela é a necessidade de uma causa eficiente, o que quer dizer que quem não conhece Jesus não consegue, de fato, conhecer, vivenciar e assumir o amor abrangente, salvífico de Deus. Para Rahner, ela é a necessidade de uma causa final, o que quer dizer que aqueles que não conhecem Jesus conseguem, ainda assim, vivenciar e assumir o amor salvífico de Deus, mas apesar disso não percebem com clareza para onde esse amor conduz, quais são suas verdadeiras finalidades e possibilidades. Há grandes diferenças entre os dois modelos — entre ser ou não ser salvo.

A partir de seu entendimento de Jesus como a razão pela qual Deus, para começar, extravasa amor divino para toda a criação, Rahner chegou a uma segunda conclusão: por conseguinte, qualquer budista, hindu ou aborígene australiano que vivenciar e assumir a graça do amor de Deus em suas respectivas religiões já está ligado com Jesus e orientado em sua direção, porque Jesus representa a meta suprema do dom do amor e da graça de Deus. Ademais, uma vez que a contínua presença e poder de Jesus encontram-se na comunidade que leva adiante sua mensagem através da história, aquelas pessoas "dotadas de graça" em suas próprias religiões e por meio destas encontram-se igualmente orientadas na direção da Igreja cristã. Em certo sentido, já são cristãos, vivenciam o que vivenciam os cristãos e direcionam-se para o que os cristãos têm em Jesus. Porém, ainda não se dão conta disso. São cristãos sem o nome de cristãos. São *cristãos anônimos*.

Precisamos, de pronto, fazer lembrar a nós mesmos que Rahner propôs essa percepção de cristãos anônimos apenas para seus companheiros cristãos. Não escreveu para budistas e hindus. Seu propósito foi libertar os cristãos de suas percepções negativas quanto àqueles que se encontram fora da Igreja e capacitá-los a compreender que Deus é muito maior do que eles mesmos. Deus pode formar seguidores de Cristo onde e quando quiser Deus. Rahner não queria que os cristãos fossem dizer a amigos budistas e muçulmanos que estes encontravam-se já do lado cristão.

Limites à Igreja e às religiões

Semelhante entendimento de como, precisamente, Deus salva por meio de Jesus contribui para chegar a novos *insights*, espontâneas, bem como a novos limites, com respeito não só à religião/Igreja cristã mas também às demais religiões. Com referência à Igreja e sua missão, Rahner traçou um quadro que podia tanto assustar como inspirar a seus companheiros cristãos: não era mais para a Igreja considerar-se uma ilha de salvação e de verdade em meio a um mar de perdição e de erro. Não mais põem-se os missionários a caminho para resgatar as pessoas das presas do demônio. Mais exatamente, na linguagem de Rahner, a Igreja deveria considerar-se "a *vanguarda* historicamente tangível e a expressão explícita, histórica e socialmente constituída do que o cristão espera estar presente como realidade oculta ainda que fora da Igreja".[13] Uma outra palavra, e que talvez caiba melhor no que ele quis dizer, é *sacramento*. A Igreja incorpora e traz para uma coloração viva e mais nítida aquilo que já existe. Isso significa que a finalidade da Igreja não é resgatar as pessoas e pô-las em caminhos totalmente novos (embora por vezes isso seja necessário); mais exatamente, a finalidade é de aquecer, dissipar o nevoeiro e capacitar as pessoas a enxergar com maior clareza e mover-se com maior segurança.

Porém, tal quadro da Igreja e de sua finalidade não iria, igualmente, dissipar o zelo missionário? Eis uma pergunta e uma objeção que Rahner logo teve de defrontar. Os pagãos não mais precisam ser salvos. Provavelmente, sequer mesmo sejam "pagãos"! Por que, então, de resto,

---
[13] RAHNER, Christianity and the non-Christian religions, p. 133.

"pôr-se a caminho"? Por razões, replicou Rahner, que são ainda instigantes, porém mais maduras. Ao partilhar a Boa-Nova de que desfrutam, os cristãos trabalham *com* as pessoas, não simplesmente *para* elas, com o fito de auxiliá-las a tornarem-se mais plenamente conscientes daquilo que na verdade são e, por conseguinte, mais comprometidas em sê-lo: filhas e filhos de Deus, chamados a viver na própria vida de cada um o amor e a justiça percebidos em Jesus. Em seus primeiros textos, Rahner julgava que o tornar-se cristão fazia mais fáceis as coisas, sendo aí oferecida "uma ainda maior chance de salvação". Mais tarde, afirmou que isso até mesmo torna mais exigentes as coisas. Ao tornar-se seguidor de Jesus, mais exatamente a pessoa assume "maior responsabilidade" pelos demais, do que maior vantagem para si mesma.[14]

Porém, se a teologia das religiões de Rahner estabelece limites para a Igreja, igualmente o fez para as religiões. Ao fim e ao cabo, não importa quão frutífera possa ser a obra do Espírito Santo nas demais religiões, não importa quantas pessoas genuinamente dotadas de santidade nelas se encontrem — as pessoas que trilham outras sendas religiosas não sabem, na verdade, para onde estão indo; não sabem, na verdade, quem são. Isso porque, para Rahner, assim como para os evangélicos, há um *único* em sua teologia: unicamente Jesus Cristo é a causa final da salvação. Somente nele Deus demonstrou o que Deus, na verdade, pretende com a ação de Deus. Somente nele Deus pôs a meta da criação. Somente nele Deus proveu um "salvador absoluto".

Por conseguinte, as demais religiões, com toda a verdade e bondade possíveis que possuem, hão de desempenhar, por assim dizer, o papel de são João Batista: preparar os caminhos, aprestar as pessoas para dar o último passo e unir-se à comunidade cristã e, dessa maneira, dar-se conta afinal do significado das riquezas que já lhes foram dadas. Rahner chegou mesmo a colocar certo limite de tempo para esse processo. Assim que as demais religiões sinceramente deparem com o cristianismo, assim que o Evangelho for-lhes de fato anunciado (Rahner, porém, admitiu que grande parte do anúncio é ainda tão europeu que pessoas em outras culturas não conseguem dar-lhe ouvidos), então as religiões,

---

[14] RAHNER, Karl. *Schriften zur Theologie*. Einsiedeln: Benziger, 1970. v. 9. pp. 513-514.

como fez João Batista, têm de pôr-se de lado e abrir caminho para o Cristo Jesus. Perante Jesus, todas as demais religiões perdem sua validade prévia — ou melhor, dão-lhe cumprimento, *completam-no*.

Como veremos, as novas e desbravadoras idéias de Rahner forneceram o plano mestre para os esforços de teólogos católicos contemporâneos para desenvolver uma nova teologia das religiões. De modo mais significativo, sua abordagem revolucionária das demais pessoas de fé foi adotada e, em sua maior parte, oficialmente afirmada pelo que foi talvez, assim se poderia chamar, a mais ampla revolução na Igreja Católica Romana no século passado: o Concílio Vaticano II.

VATICANO II: UM MARCO IMPORTANTE

Se Rahner foi o primeiro a explorar a senda para uma nova teologia cristã das religiões, o Concílio Vaticano II (1962-1964) por ela pôs-se a caminho. O Concílio ergue-se como um importante marco na história daquilo que a Igreja cristã disse a respeito das demais crenças e a respeito de si mesma com relação a elas. Nunca antes uma Igreja, em seus pronunciamentos oficiais, lidara de modo tão extensivo com as demais religiões; nunca antes dissera coisas tão positivas sobre elas; nunca antes convocara todos os cristãos a considerá-las seriamente e a com elas dialogar. Se comparado à visão da fórmula "Fora da Igreja não há salvação", que dominou do século V ao século XVI, o Vaticano II não é simplesmente um marco no caminho, mas uma bifurcação na estrada. O próprio Rahner mais tarde observou que muitos bispos do Concílio não se deram conta plenamente do quanto essa direção era nova e exigente.[15] Tivessem-no percebido, teriam talvez mudado de posição mais lentamente.

"Coisas preciosas, tanto religiosas como humanas"

O que o Concílio tinha a dizer a respeito das demais pessoas de fé encontra-se, principal e mais arrojadamente, em sua Declaração sobre as Relações da Igreja com as Religiões não Cristãs (*Nostra Aetate* [NA]).

---

[15] Ibid., v. 8. p. 357.

Embora o documento havia de ser um "marco" histórico, foi também uma providencial reflexão tardia. Originalmente, os bispos pretendiam somente produzir uma declaração acerca dos judeus que auxiliasse a confrontar e corrigir a maneira pela qual as atitudes cristãs tinham incentivado o anti-semitismo; fazia-se necessária uma nova perspectiva acerca do judaísmo. Porém, quando outros bispos que representavam regiões onde cristãos conviviam lado a lado com outras religiões viram tais portas se abrindo, quiseram igualmente abri-las para as religiões além do judaísmo. Nessas condições, o que primeiramente se pretendera que fosse um apêndice ao decreto conciliar sobre o ecumenismo acabou por ser uma "declaração" independente.

As afirmações da declaração acerca das demais pessoas de fé que não fazem parte da Igreja estabelecem-se contra o pano de fundo do reendosso do Concílio ao que fora ensinado desde o Concílio de Trento: que o amor e a presença salvífica de Deus não podem estar trancafiados dentro dos muros da Igreja. (De fato, o Vaticano II avançou ainda mais e explicitamente ensinou que mesmo ateus confessos que seguem a própria consciência verdadeiramente estão, embora sem o saber, seguindo a voz de Deus e, assim, "salvam-se" [Constituição Dogmática sobre a Igreja (*Lumen Gentium* [*LG*])] 16.) Pela primeira vez na história da Igreja, a Declaração sobre as Religiões não Cristãs oferece explicações específicas de como, precisamente, cada uma das principais religiões históricas busca dar resposta a "esses profundos enigmas da condição humana". Ela resume as crenças e práticas básicas do hinduísmo, budismo e do islamismo, e faz referências explícitas às "demais religiões [principais] que se encontram por todo o mundo". A Declaração reconhece e aplaude expressamente o "profundo sentimento religioso" que penetra a vida dos povos de todas essas tradições. Ela afirma que os ensinamentos e práticas deles representam o que é "verdadeiro e santo" e "refletem lampejos da verdade que ilumina todos os homens". Em seguida, a Declaração avança até fazer a todos os católicos uma "exortação" que estes jamais haviam antes recebido de seus pastores: "Com prudência e amor, através do diálogo e da colaboração com os seguidores de outras religiões, testemunhando sempre a fé e a vida cristãs, reconheçam, mantenham e desenvolvam os bens espirituais e morais, como também os valores socioculturais que entre eles se encontram" (ver *NA* 2).

A Declaração sobre as Religiões não é o único documento conciliar com algo de bom — o que é algo de novo — a dizer acerca das demais religiões. O Decreto sobre a Atividade Missionária de Igreja (*Ad Gentes* [*AG*]) pinça uma frase diretamente de um ensaio de Rahner, do ano de 1962, em que ele reconhece nas religiões "tudo quanto de verdade e graça já se achava entre as nações" (*AG* 9). O ensaio igualmente aplica a antiga e rica expressão dos Padres da Igreja ao afirmar que nas religiões encontram-se "as sementes do Verbo", o mesmo Verbo incorporado em Jesus (*AG* 11, 15). São essas sementes do Verbo que dão lugar a genuínas "sementes das tradições ascéticas e contemplativas" (*AG* 18), uma espécie de "presença secreta de Deus" (*AG* 9). De fato, há nas religiões "preciosos elementos religiosos e humanos" (Constituição Pastoral sobre a Igreja no Mundo de Hoje *Gaudium et Spes* [*GS*] 92). Pode-se imaginar que, para o Papa Bonifácio VIII ou para o Concílio de Florença, semelhante linguagem teria soado demasiado estranha, se não francamente herética.

"*Lampejos da verdade*" são "*caminhos de salvação*"?

Como é evidente, o que o Vaticano II tem a dizer a respeito das demais religiões faz eco com a nova teologia de Rahner — com duas significativas exceções. Para a satisfação de muitos, o Concílio não adotou a idéia de Rahner acerca das demais pessoas de fé como "cristãos anônimos". Ela era controvertida demais entre os cristãos, por demais desconfortável para os não-cristãos. Porém, para desapontamento de outros, o Concílio não acompanhou Rahner quando este expressamente concluiu que as religiões devem ser encaradas como "caminhos de salvação" — instrumentos pelos quais Deus atrai as pessoas para o eu profundo, a personalidade de Deus. Eis um ingrediente-chave da nova percepção de Rahner acerca das religiões. Por que o Concílio não a endossou? Essa pergunta acende a chama de um debate bastante acalorado entre os teólogos católicos.

Alguns teólogos dizem que os bispos não foram tão longe quanto Rahner porque se deram conta de que semelhante modo de ver poria em risco o valor do que Deus realizou em Jesus. De acordo com tais intérpretes, o Vaticano II, na verdade, está mais próximo da perspectiva protestante que estudamos mais no começo: há revelação autêntica em outras tradições — "lampejos da verdade"; porém, são simplesmente isto: "lampejos", o que não basta para possibilitar que se sinta ali a plena luz solar da graça salvífica de Deus.[16] Dessa maneira, revelação por meio das demais religiões, sim; salvação, não. Outros teólogos sustentam que os Padres Conciliares deveras concordaram com Rahner, porém de modo implícito. Afinal de contas, dizem eles, afirmar que há "verdade", "santidade", "graça" e uma "secreta presença de Deus" disponíveis em outras religiões deixa entender que as pessoas são tocadas pela realidade do Divino e destarte conseguem ser sensíveis a ele. Isso quer dizer que elas sentem a presença de Deus. Não é disso que se trata o "ser salvo"? Da mesma forma, o Concílio deveras afirmou a convicção, de todo católica, de que a graça, ou autodoação de Deus, tem de ser socialmente incorporada: "Este universal plano divino em prol da salvação do gênero humano não se realiza apenas de um modo quase secreto no interior dos homens" (*AG* 3). Se não o faz apenas de modo quase secreto na alma das pessoas, então o faz em suas religiões, concluem esses teólogos.

Para o Bispo Piero Rossano, que durante anos trabalhou no Secretariado para as Religiões não Cristãs, do Vaticano, "o Concílio Vaticano II é explícito a respeito dessa questão" — a salvação deveras "alcança ou pode alcançar os corações dos homens e mulheres por meio dos sinais visíveis, experienciais, das várias religiões".[17] Contudo, para o sempre cauteloso Karl Rahner, os membros do júri ainda não tomaram sua decisão: "O problema essencial para o teólogo foi deixado em aberto [pelo Vaticano II] [...]; a qualidade teológica das religiões não cristãs

---

[16] Um recente arrazoado, argumentando que o Vaticano II recusou-se a chamar as religiões de meios de salvação, foi elaborado por D'Costa, Gavin. *The meeting of religions and the Trinity*. Maryknoll: Orbis Books, 2000. pp. 101-109.

[17] Rossano, Piero. Christ's lordship and religious pluralism in Roman Catholic perspective. In: Anderson, Gerald H.; Stransky, Thomas F. (eds.). *Christ's lordship and religious pluralism*. Maryknoll: Orbis Books, pp. 102-103.

permanece indefinida".¹⁸ Os bispos, em outras palavras, não afirmaram nem negaram que as religiões podem talvez ser condutos verdadeiros pelos quais flui o Espírito na vida dos povos que se encontram para além da Igreja. E, talvez, o motivo por que eles ainda não decidiram essa questão é que, deliberadamente, escolheram não fazê-lo. O Vaticano II, precisamente desde seu início, foi definido pelo Papa João XXIII como um concílio pastoral, e não doutrinal. Isso quer dizer que o Concílio quis falar às pessoas, e não aos teólogos. No que diz respeito às demais religiões, suas intenções foram as de "promover entre elas e o cristianismo novas atitudes de recíproca compreensão, estima, diálogo e cooperação".¹⁹ Buscar fazer juízos sobre controvérsias teológicas bem que poderia estorvar o programa estabelecido.

"Preparação para o Evangelho"

Houve, porém, uma questão adicional que o Concílio de fato esclareceu e, nisso, fez eco ao ingrediente final de Rahner em sua teologia das religiões. Nas palavras da Constituição Dogmática sobre a Igreja (*Lumen Gentium*): "Tudo o que de bom e verdadeiro se encontra entre eles [os que buscam a Deus nas demais religiões], a Igreja julga-o como *uma preparação evangélica*" (*LG* 16). Mais uma vez, temos um movimento da gangorra em cujas pontas estão postas as atitudes católicas para com as demais religiões. Tendo feito subir a verdade, a graça e a beleza das outras religiões, o Vaticano II, com o fito de manter-se fiel à sua própria identidade e experiência, precisa agora fazer subir a singularidade daquilo que Deus fez em Jesus e que continua a fazer na Igreja. Porque somente em Jesus, "em quem todos os homens [podem] encontrar a plenitude da vida religiosa e em quem Deus tudo reconciliou a si (2 Coríntios 5,18-19)" (*NA* 2), as religiões conseguirão encontrar sua plenitude. E, para os católicos, isso quer dizer a Igreja. Realmente, além de cantar louvores às demais religiões como nunca antes fizeram, os bispos do Vaticano II puderam também repetir o antigo estribilho cristão

---

¹⁸ RAHNER, Karl. On the importance of the non-Christian religions for salvation. In: ____. *Theological investigations*. London: Darton/Longman/Todd, 1984. v. 18, p. 290.
¹⁹ DUPUIS, Rumo a uma teologia cristã do pluralismo religioso, p. 224; cf. também pp. 236-239.

de que "a Igreja é necessária à salvação". Evidentemente, querem dizer "à *plenitude* da salvação": porque "somente através da Igreja Católica de Cristo, auxílio geral de salvação, pode ser atingida toda a plenitude dos meios de salvação" (*LG* 14; *UR* [*Unitatis Redintegratio* = Decreto sobre o Ecumenismo] 3). Desse modo, os bispos vêem toda a benignidade e verdade que se encontram nas demais religiões como algo semelhante à agulha de uma bússola que naturalmente aponta para o norte: por estar o Espírito de Deus presente nessas outras comunidades, elas estão "ordenadas a" (*LG* 16) ganhar seu cumprimento em Cristo e na Igreja.

Então, qual seria a verdadeira finalidade do diálogo com as demais pessoas de fé? Embora, sem dúvida, os cristãos venham a aprender muito com cada diálogo inter-religioso em que se empenharem, o resultado último dessas convivências e debates coletivos é fazer as outras pessoas de fé chegarem à sua própria completude e verdadeira identidade na Igreja. O decreto conciliar sobre a atividade missionária busca equilibrar ambos os ingredientes do diálogo: "Para que esses [os cristãos] mediante um diálogo cheio de sinceridade e paciência venham a conhecer quantas riquezas o munificente Deus prodigalizou aos povos. Ao mesmo tempo, à luz do Evangelho procurem iluminar, libertar e submeter essas riquezas ao domínio de Deus Salvador" (*AG* 11).

O Vaticano II, por conseguinte, ergue-se de fato como um importante marco nas atitudes cristãs para com as demais crenças. Porém, quer ser um marco "fiel". Ao mesmo tempo em que apontou para direções jamais antes exploradas pelos cristãos, o Concílio quis também assegurar-se de que tais direções não levassem a um afastamento do cerne vivo do Evangelho e do lugar especial de Jesus Cristo na expressão do amor de Deus para com todos.

Depois do Concílio, coube à comunidade católica — leigos, teólogos e pastores — dar prosseguimento a essa exploração e ampliar ainda mais a visão do Vaticano II sobre as demais religiões.

LEITURAS ADICIONAIS

BEINERT, Wolfgang. Who can be saved? *Theology digest* 38 (1991), pp. 223-228, 303-308.

D'COSTA, Gavin. Karl Rahner's anonymous Christian; a reappraisal. *Modern theology* 1 (1985), pp. 131-148.

DUPUIS, Jacques. *Rumo a uma teologia cristã do pluralismo religioso*. São Paulo: Paulinas, 1999. pp. 123-181, para um esboço histórico das atitudes cristãs perante as demais religiões; pp. 183-239 para o contexto e o ensino do Vaticano II.

FITZGERALD, Michael. Other religions in the Catechism of the Catholic Church. *Pro dialog* 85-86 (Vaticano, 1984), pp. 165-177.

INTERNATIONAL THEOLOGICAL COMMISSION. Christianity and world religions. *Origins* 14 (Vaticano, 1997), pp. 150-166.

LAMADRID, Lucas. Anonymous or analogous christians?; Rahner and von Balthasar on naming the non-Christians. *Modern theology* 11 (1995), pp. 363-384.

Nostra Aetate (Declaração sobre as Relações da Igreja com as Religiões não Cristãs). In: *Compêndio do Vaticano II*; constituições, decretos, declarações. Petrópolis: Vozes, 1991.

PAWLIKOWSKY, John. Vatican II's theological about-face on the Jews; not yet fully recognized. *The ecumenist* 37 (2000), pp. 4-6.

PONTIFÍCIO CONSELHO PARA O DIÁLOGO INTER-RELIGIOSO (antes denominado Secretariado para os Não-Cristãos). *A Igreja e as outras religiões*; diálogo e missão. São Paulo: Paulinas, 2003.

RAHNER, Karl. Christianity and the non-Christian religions. In: ____. *Theological investigations*. Baltimore: Helicon Press, 1966. v. 5. pp. 115-134.

____. Jesus Christ in non-Christian religions. In: ____. *Theological foundations*; an introduction to the idea of Christianity. New York: Crossroad, 1978. pp. 311-321.

ROUKANEN, Mikka. Catholic teaching on non-Christian religions at the Second Vatican Council. *International bulletin of missionary research* 14 (1990), pp. 56-61.

SCHAMLZ, Matthew N. Transcendental reduction; Karl Rahner's theory of anonymous Christianity. *Vidyajyoti* 59 (1995), pp. 741-752.

STINNET, Timothy R. Lonergan on religious pluralism. *The thomist* 56 (1992), pp. 97-116.

SULLIVAN, Francis A. *Salvation outside the Church?*; tracing the history of the Catholic response. New York: Paulist Press, 1992. pp. 3-43, 141-181.

WONG, Joseph H. Anonymous Christians; Karl Rahner's pneuma-Christocentrism and East-West dialogue. *Theological studies* 55 (1994), pp. 609-637.

Capítulo 5
Maior abertura e diálogo

Diz-se com freqüência que em religião, se algo muda, muda a partir de baixo, de suas bases populares, não a partir de cima, de líderes e burocratas. No caso da melhoria que tem lugar nas atitudes católicas perante as demais religiões depois do Vaticano II, isso não é de todo verdadeiro. Com certeza, o Concílio abriu a mente e, depois, o coração dos católicos às demais pessoas de fé; desse modo, fez com que ondas de diálogo inter-religioso crescessem e se agitassem de maneira localizada. Porém, outros estímulos e novas idéias que se seguiram vieram também a agitar as opiniões e declarações públicas dos pastores nas comissões e setores pontifícios mais importantes da Igreja Católica, em Roma. Um dos que mais gerou repetidas convocações ao diálogo foi o Secretariado para Religiões não Cristãs, criado em 1964 pelo Papa Paulo VI com a finalidade de encarar seriamente a nova atitude conciliar para com as demais religiões. Como resultado de sua perseverança na visão e na experiência do que acontece quando, realmente, se começa a conhecer pessoas de outras crenças e a conversar com elas, o secretariado deu-se conta, afinal, de que precisava mudar de nome. Em 1989, o secretariado tornou-se Pontifício Conselho para o Diálogo Inter-Religioso. Os "não-cristãos", antes definidos por uma negação, tornaram-se parceiros hindus, budistas e muçulmanos de diálogo.

Porém, a convocação talvez mais forte e mais persistente que se fez "de cima para baixo" em favor de maior abertura às demais crenças desde o Vaticano II veio do papa que esteve no exercício do cargo na maioria desses anos, João Paulo II. Embora o Papa Paulo VI tivesse sido chamado de "o papa do diálogo", parece que este nunca avançou mais além da convicção de que "há somente uma religião verdadeira, a religião cristã", e que somente na Igreja cristã se pode levar a cabo "um relacionamento autêntico e vital com Deus".[1] João Paulo II foi mais além disso. O que fica evidente, como veremos, não só no que ele tinha a dizer, mas também, e ainda mais, no que fez. Quis continuamente chegar-se às pessoas de outras crenças desde a corajosa reunião de diversas religiões que promoveu em Assis, em 1986, no Dia Mundial de Oração pela Paz, até a jornada que fez já perto do fim de seu papado, quando doente e debilitado viajou à Palestina/Israel, para incentivar uma comunicação mais intensa com os muçulmanos e os judeus, e entre ambos, e pedir-lhes perdão pelos pecados do catolicismo no passado.

Talvez a principal fonte de energia dessa jornada do papa em prol do diálogo tenha sido sua compreensão, vivência e sentimento do Espírito Santo. Alguns chamaram a esse centro de interesse no Espírito Santo de a "contribuição peculiar" de João Paulo II à crescente presença da teologia católica das religiões.[2] Para João Paulo II, o motivo fundamental pelo qual existem semelhantes tesouros espirituais nas religiões mundiais, pelo qual, sob a superfície das enormes diferenças entre elas, há uma corrente subterrânea de unidade, pelo qual o diálogo entre essas famílias religiosas é tão necessário e tão promissor, é a realidade do único Espírito Santo vivente e eficaz, anterior a Cristo e posterior a ele, que se encontra nas buscas e descobertas religiosas da humanidade. Esse Espírito Santo, lembra o papa a seus coirmãos cristãos, é cheio de surpresas, pois "sopra onde quer" (João 3,8).[3] Há diversas religiões, mas somente um Espírito Santo que busca frutificar em todas elas.

---

[1] Cf. Carta Encíclica *Ecclesiam Suam*. *Acta Apostolicae Sedis* 56 (1964), n. 655; e *Evangelii Nuntiandi* 53 (1975).

[2] Cf. DUPUIS, Jacques. *Rumo a uma teologia cristã do pluralismo religioso*. São Paulo: Paulinas, 1999. pp. 243.

[3] Carta Encíclica *Redemptoris Hominis* (1979) 11; cf. também a Carta Encíclica de João Paulo II *Dominus et Vivificatem* (1986).

TRÊS PASSOS ADIANTE

Se procurarmos examinar de perto o que o Vaticano tem proferido em suas declarações públicas, sob a liderança de João Paulo II, a respeito das demais religiões durante as últimas décadas, destacam-se três temáticas. Todas elas representam autênticos passos adiante no caminho aberto pelo Vaticano II.

1. As religiões podem ser consideradas "caminhos de salvação". Neste ponto, o Vaticano retirou o dique de entulho teológico resultante da controvérsia entre se o Vaticano considerava ou não as demais religiões como condutos autênticos da graça. O papa mesmo deu início ao processo em sua encíclica sobre o mandato missionário, *Redemptoris Missio* (A Missão de Cristo Redentor [*RM*]), ao falar a respeito do Espírito Santo como íntimo da "estrutura própria" da condição humana, e depois acrescentou que esse Sopro há de atingir "não apenas os indivíduos, mas também a sociedade, a história, os povos, as culturas e as religiões" (*RM* 28). Esse Espírito salvífico também habita as religiões. Ademais, nessa mesma encíclica o papa utiliza linguagem técnica para afirmar que Deus pode querer aproximar-se para atrair as pessoas ao eu profundo, à personalidade de Deus, através de "mediações participadas de diverso tipo e ordem" (*RM* 5). Essas "mediações" participam da função mediadora principal de Cristo, porém são *diferentes* da função de Cristo. Evidentemente, essas mediações são encontradas nas religiões.

Porém, ainda que para alguns não fique assim tão evidente que o papa esteja afirmando as demais tradições como veículos de graça salvífica, uma outra declaração, publicada logo após a encíclica em questão, eliminou essa ambigüidade. Em *Diálogo e Anúncio* (*DA*), documento publicado conjuntamente pelo Pontifício Conselho para o Diálogo Inter-Religioso e a Congregação para a Evangelização dos Povos em 1991, os porta-vozes da Igreja Católica falaram das demais crenças como nunca antes o fizeram. Reconheceram, explicitamente, "presença ativa de Deus mesmo através do seu Verbo, e também a ação universal do Espírito Santo", não só em pessoas de fora da Igreja mas também nas tradições religiosas a que elas pertencem. Portanto, "é através da prática daquilo que é bom nas suas próprias tradições religiosas [...] que os membros das outras religiões respondem afirmativamente ao convite de Deus e recebem a salvação". Ainda com menos ambigüidade, *DA* conclui que as tradições religiosas mundiais "desempenharam e ainda desempenham um papel providencial na economia divina da salvação" (*DA* 29, 17). "Respondem afirmativamente [...] economia divina [...]" — isso é linguagem teológica para dizer que *nas* outras religiões e *por meio delas*, de fato, as pessoas conseguem encontrar-se e conectar-se com Deus. Dando passos adiante, e fazendo-o de maneira ainda mais resoluta, a Comissão Teológica Internacional, entidade oficial do Vaticano, publicou em 1996 uma declaração acerca das religiões na qual o eminente organismo afirmava claramente terem as demais tradições uma "função salvífica" e, por conseguinte, poderem ser "um *meio* [no original, em italiano, *mezzo*] que promove a salvação de seus adeptos".[4]

Ao dar esse passo, a Igreja ensina que outras religiões podem ser veículos não somente de "verdade e bondade" mas também da presença salvífica do Espírito Santo.

2. A Igreja há de ser dialógica. A primeira temática, de que as outras religiões são de fato caminhos de salvação, é muito importante, porém ela é mais uma questão de esclarecimento teológico. Essa segunda temática diz respeito ao modo pelo qual os cristãos realizam essa busca de ser cristão. Com efeito, os líderes da Igreja Católica vêm dizendo a seus colegas que no rol de descrições de tarefas do cristão há um novo item: o diálogo com pessoas de outras crenças. Ser cristão exige buscar a convivência e o debate com pessoas que lhe são diferentes. A Igreja Católica, para ser católica, há de ser uma Igreja dialógica.

Já ouvimos aqui essa convocação ao diálogo no âmbito do Vaticano II. Porém, tratou-se então de uma "exortação" — algo que se poderia talvez fazer depois de cuidar do essencial. Nas recentes declarações, em especial as duas a que já nos referimos — *Redemptoris Missio* e *Diálogo e Anúncio* — o diálogo desloca-se da periferia para o centro. Esse deslocamento está incorporado nas duas palavras "diálogo" e "anúncio". Ambas as atividades, como agora se afirma aos católicos, são elementos intrínsecos à execução da "missão da Igreja". A palavra "missão" simboliza "finali-

---

[4] INTERNATIONAL THEOLOGICAL COMMISSION. Christianity and the world religions. *Origins: CNS documentary series* (August 14, 1997), pp. 84, 87.

dade" — o motivo por que a religião cristã realmente existe, o que ela tem obrigação de fazer no mundo. Essa missão é explicitada por duas atividades que, na verdade, são uma: os cristãos devem levar às pessoas a Boa-Nova de Deus e, ao assim fazê-lo, "transformá-las a partir de dentro, tornar nova a própria humanidade" (*DA* 8). (Atenção: a real finalidade da Igreja não é tomar para si a Boa-Nova e voltar-se para dentro, em comunidades calorosas e protegidas, mas assumi-la e voltar-se para o lado de fora, para mudar o mundo; se os cristãos agrupam-se no interior de suas comunidades, é tão-somente para poder sair rumo ao mundo.)

Ora, o que esses recentes documentos dizem é que, para levar a cabo essa missão e alcançar o objetivo, os cristãos não somente têm de anunciar, mas também precisam dialogar.[5] E eis algo autenticamente novo. Tanto o anúncio como o diálogo "são ambos considerados elementos componentes e formas autênticas" da única missão da Igreja (*DA* 2; *RM* 55). "Não se trata de escolher um e ignorar o outro"(*DA* 6). "Estão intimamente ligados, mas não são intercambiáveis" (*DA* 77). Para garantir que os católicos entendam o que é realmente essencial nessa novidade, a eles é lembrado que o anúncio "não é senão um aspecto" da missão evangelizadora da Igreja (*DA* 8). Se os cristãos, em outras palavras, apenas falam e nunca escutam, não são bons cristãos.

Essa nova mensagem faz-se ainda mais desafiadora quando olhamos mais de perto o que significa diálogo para o papa e para as congregações do Vaticano. Diálogo não é somente uma questão de conversa e convivência despreocupadas; tampouco há de ser um meio astucioso de amaciar a platéia com a finalidade de convertê-la. Mais exatamente:

- Diálogo é "método e meio para um conhecimento e *enriquecimento* recíproco" (*RM* 55; *DA* 9; o destaque é nosso). Atenção: o papa diz enriquecimento *recíproco*. Ambos os lados têm algo a aprender e ganhar.
- No diálogo, ambos os lados têm de estar prontos para ser "questionados", "purificados", de todo "desafiados" (*DA* 32, 49; *RM* 56).

---

[5] Ainda que nesse momento nos concentremos no documento *DA*, de cunho mais abrangente, essa inclusão do diálogo na missão essencial da Igreja foi primeiro proclamada na declaração de 1984, do então Secretariado para os não-Cristãos, *A atitude da Igreja perante os seguidores de outras religiões. Reflexões e orientações sobre diálogo e missão*.

Em outras palavras, para ser abalados. Diálogo não é conversa fiada.
- Tendo sido desafiados e questionados, os cristãos comprometidos no diálogo com outras pessoas de fé precisam também estar preparados para a mudança e prontos para "se deixar transformar pelo encontro" (*DA* 47).
- *Diálogo e Anúncio* dá um surpreendente passo adiante: a mudança ou transformação pode realmente levar à *conversão*. Os cristãos devem estar prontos para isso. Mas que tipo de conversão? Sim, "uma conversão mais profunda de todos para Deus". Mais ainda, porém: "nesse processo de conversão, pode nascer a decisão de deixar uma situação espiritual ou religiosa anterior, a fim de se dirigir para outra" (*DA* 41). Fala-se aqui sobre a possibilidade de não somente um budista tornar-se cristão mas também de um cristão tornar-se budista.

Isso é diálogo no mais pleno sentido do termo: um encontro de debate em que ambos os lados falam corajosamente mas também, tanto quanto, *escutam corajosamente* (nesse ponto, os cristãos talvez necessitem de alguma prática).

3. A Igreja está a serviço do Reino de Deus. O terceiro avanço nas abordagens católicas das demais religiões feito pelo Vaticano é mais indireto. Tem a ver com o papel da Igreja nas formas de Deus proceder para com a humanidade. Já aqui ouvimos como esse papel é compreendido. Ainda depois que o ensinamento católico oficial admitiu haver salvação fora da Igreja, continua o mesmo a falar da Igreja como sendo "necessária" à salvação. Deve-se isso, em grande parte, à maneira pela qual o ensinamento católico *identificou* a Igreja com o Reino de Deus. O "Reino" ou "Reinado" de Deus, dizem-nos os estudiosos acadêmicos especializados na Escritura, é o símbolo-mestre, ou o cerne, do entendimento mesmo de Jesus acerca de sua missão e mensagem. Ele representa o processo histórico de transformar este mundo e trazê-lo, centímetro a centímetro, mais para perto da visão profética de Jesus sobre como as pessoas hão de viver umas com as outras e construir cada sociedade quando, em verdade, assumir seriamente a mensagem de Deus. Onde quer que as pessoas de fato amem a Deus por amar a seu próximo como a si mesmas, ali se concretiza o Reino de Deus. E até a segunda metade do século passado, a teologia católica ensinara que tal só ocorre na Igreja; ela identificava o Reino com a Igreja. E por "Igreja" ela em geral queria dizer a "católica romana". (Até o Vaticano II, a Igreja Católica não reconhecia claramente que as Igrejas protestantes eram, de verdade, cristãs, isto é, Igrejas autênticas.)

No Vaticano II, as coisas começaram a mudar. Em muitos dos documentos conciliares, os bispos reconheceram que o Reino de Deus e a Igreja têm de ser distinguidos: não podem, simplesmente, ser identificados. Esse reconhecimento vai mais além de dizer que a "graça" opera fora dos muros da Igreja. Penso que não seria demais dizer que a Igreja ensina que as metas e o propósito do próprio Jesus — a missão específica que lhe foi dada por Deus — são levadas a termo nas demais religiões e por meio delas.

Todavia, esses recentes aprimoramentos no ensinamento oficial da Igreja vão ainda mais longe. Não somente reconhecem que o Reino de Deus é maior do que a Igreja; reconhecem também que o próprio Reino é *mais importante* do que a Igreja. Ou, para expressar-nos mais afirmativamente, a Igreja de Jesus é destinada a ser uma serva do Reino que Jesus proclamou e a que ele próprio serviu. "A Igreja está efetiva e concretamente ao serviço do Reino" (*RM* 20). A missão da Igreja é "fazer crescer 'o Reino de nosso Senhor e do seu Cristo', de que é serva" (*DA* 35, também 59). Assim, diz-nos o papa, "esta [a Igreja] não é fim em si mesma, uma vez que se ordena ao Reino de Deus, do qual é princípio, sinal e instrumento" (*RM* 18). Tudo isso faria entender que a finalidade primeira da Igreja é promover o Reino de Deus, não a si mesma. Como diz o papa, a Igreja é um "sinal" — um ponteiro voltado para o Reino de Deus, um sacramento seu. Porém, o Reino em si mesmo é maior. E toma forma em outros lugares, encontrando outros sinais também.

UM EQUILÍBRIO NECESSÁRIO

Se colocarmos esses aprimoramentos recentes da teologia católica das religiões em nossa gangorra simbólica do "universal" e do "particular", o lado universal do amor de Deus fica mais elevado do que jamais esteve antes em toda a história cristã. Pode-se dizer que nenhuma outra Igreja cristã afirmou de forma tão clara e oficial o valor positivo das outras religiões e a necessidade do diálogo com elas. Porém, a teologia católica não abandona as coisas por aí. Ela busca contrabalançar essa avaliação do valor das religiões e do diálogo, com o que os cristãos vivenciaram e creram que Deus fez em Jesus de Nazaré. Não fazê-lo seria perder o cerne da identidade cristã. O que Deus faz nas religiões tem de ser encarado em relação ao que Deus fez e faz em Jesus. O empenho em alcançar esse equilíbrio necessário é característico dos pronunciamentos católicos que temos recapitulado. Mais uma vez, podemos destacar três ingredientes.

1. Jesus é o único Salvador de toda a humanidade. Se for para alcançar um equilíbrio adequado, isso vai depender fundamentalmente de um entendimento adequado de Jesus e de seu papel. O papa e as congregações do Vaticano fazem eco ao que já ouvimos aqui sobre Karl Rahner e ao que elas percebem ter sido a fé viva dos cristãos a longo dos séculos:

- Se o amor salvífico de Deus supre abundantemente o universo, seu canal de suprimento é Jesus, somente Jesus. Nas palavras do papa: "Cristo é o *único* salvador de todos, o único capaz de revelar e conduzir a Deus [...] a salvação *só* pode vir de Jesus Cristo" (*RM* 5, 11; o destaque é nosso).
- Jesus, portanto, não somente é aquele que, "enquanto está na história, é o centro e o fim dessa mesma história" (*RM* 6; *DA* 22, 28) (isso soa-nos como a idéia de "causa final" de Rahner), mas também aquele que "reconcilia a humanidade" ou traz-lhe reparação "porque o pecado original tinha criado uma ruptura no relacionamento entre o Criador e sua criação" (ecos da "causa eficiente").[6]
- Devido a essa função, Jesus contém em si a *plenitude* do que Deus quer tornar conhecido à humanidade. "[Jesus] não só revela *completamente* o Pai e seu plano de salvação [...]; também revela *plenamente* o homem a si próprio [...] [Ele é] manifestação *definitiva* do mistério do amor do Pai por todos".[7]

---

[6] Citado a partir da Exortação Apostólica (novembro de 1999) *Ecclesia in Asia* 11.
[7] Ibid., 13-14; o destaque é nosso.

- Por conseguinte, se o papa pôde falar, como vimos, sobre outras "mediações" ou veículos do amor e da graça de Deus, estas "recebem significado e valor *unicamente* da [mediação] de Cristo, e não podem ser entendidas como paralelas ou complementares desta" (*RM* 5; o destaque é nosso). Como o "único Mediador entre Deus e os homens", há de se considerar Jesus o "único Redentor do mundo, distinguindo-o bem dos fundadores de outras grandes religiões".[8]

2. O diálogo precisa ter limites. A surpreendente abertura ao diálogo a que se obrigam os católicos tem igualmente de abrir espaço para esse papel excepcional de Jesus. Isso quer dizer que, embora o Vaticano tenha talvez posto em rebuliço não poucos missionários com sua proclamação de que tanto o anúncio quanto o diálogo são componentes essenciais da tarefa missionária, no final, o componente anúncio conserva uma "prioridade permanente" sobre o diálogo, pois constitui "o mandato [missionário] explícito" (*RM* 44, 34). Nessas condições, embora o anúncio e o diálogo sejam ambos necessários, não estão "no mesmo nível", uma vez que o diálogo há sempre "de conter [...] uma proclamação clara" (*DA* 77, 75). De maneira ainda mais transparente: "O diálogo deve ser conduzido e realizado com a convicção de que a Igreja é o caminho normal de salvação e que só ela possui a plenitude dos meios de salvação" (*RM* 55; também *DA* 19, 22, 58). Com tal convicção, o diálogo que os cristãos levam adiante com as demais pessoas de fé permanece tendo não somente de "conter uma proclamação clara" mas também de voltar-se para a *conversão*. Embora, como já vimos aqui, as declarações do Vaticano reconheçam que a conversão pode ser uma rua de mão dupla, João Paulo II deixa claro também que a conversão buscada pelos cristãos há de ser tal que resulte na formação de novas comunidades cristãs; e que isso significa uma conversão que conduz ao batismo. Isso, afirma claramente o papa, "é uma meta central e qualificativa da atividade missionária" (*RM* 47-49).

3. O Reino de Deus e a Igreja são distinguíveis mas não separáveis. Em *Redemptoris Missio*, o papa expressamente adverte que, se os cristãos

---

[8] Ibid., 2.

derem ênfase demais à nova distinção entre Reino de Deus e Igreja e tornarem seu entendimento de diálogo e missão por demais "ordenado ao Reino de Deus", correm o risco de perder o controle do sentido fundamental do papel da Igreja. Dessa maneira, o papa contrabalança o fato de ter ele reconhecido que o Reino de Deus é maior e mais importante do que a Igreja, com o lembrete de que, nesse caso, o que é *distinto* não deve ser *separado*. "O Reino de Deus [...] não pode ser separado de Cristo nem da Igreja" (*RM* 18). "O Reino é inseparável da Igreja, porque ambos são inseparáveis da pessoa e da obra de Jesus mesmo" (*DA* 34). Por conseguinte, ainda que a Igreja seja sempre serva do Reino, seu papel de serva é não somente *necessário* para que esse Reino verdadeiramente se concretize no mundo, mas também *sem igual* entre todos os demais servos do Reino. Sem a Igreja, assim como sem Jesus, nossas esperanças de verdadeiramente mudar o mundo no Reino de amor e justiça de Deus seriam desprovidos de fundamento e auxílio. Está bem, o Reino de Deus concretiza-se para além dos confins da Igreja, porém ali "essa realidade está, na verdade, em estado inicial; ela encontrará seu complemento no ser ordenado para o Reino de Cristo já presente na Igreja" (*DA* 35).

A última frase explica com clareza por que chamamos de Modelo de Complementação essa visão, ou modo de perceber as outras religiões. Karl Rahner, o Vaticano II, o Papa João Paulo II, todos eles fizeram inesperadas — alguns diriam revolucionárias — rupturas e avanços rumo a um relacionamento mais construtivo, mais dialógico entre cristãos e outras pessoas de fé. Todos eles reconheceram a realidade e a riqueza do Espírito Santo nessas religiões. Porém, por crer que Deus também fez algo extraordinário e especial em Cristo Jesus, querem eles somar-se à riqueza das demais tradições — e não negá-las ou delas subtrair alguma coisa. Essa soma será uma *completude* ou *consumação*: "Cristo é, portanto, a consumação dos anseios das religiões de todo o mundo e, como tal, sua única e definitiva completude" (*Tertio Millennio Adveniente* 6).

Recentemente, vários teólogos católicos têm buscado mover-se por entre as aberturas criadas por Rahner e pelo Vaticano, a fim de estender ainda mais longe o alcance do cristianismo até as demais religiões. Teólogos esses que, em geral, procuram evitar o termo "completude", a ele preferindo "diálogo", "testemunho" ou "relacionamento". No que se segue, vamos recapitular alguns dos esforços feitos por eles nesse sentido.

AMPLIANDO O DIÁLOGO

Na atualidade, muitos dos esforços por estender ainda mais longe o alcance da religião católica às demais crenças, sem romper as cordas salva-vidas atadas à tradição passada, são marcados por uma "guinada para o Espírito Santo". Percebe-se isso em dois dos mais proeminentes porta-vozes do debate teológico católico: Gavin D'Costa e Jacques Dupuis, sj.[9] Ambos querem seguir a liderança de João Paulo II e procuram demonstrar que, com o Espírito Santo como ponto de partida e centro de interesse, os cristãos podem não somente abrir-se mais ao outros, mas também ser mais fiéis ao Evangelho.

Uma guinada para o Espírito Santo: Gavin D'Costa

Nascido de pais indianos, criado no Quênia, educado e atualmente trabalhando na Inglaterra, Gavin D'Costa aporta uma sensibilidade multicultural ao trabalho que realiza como teólogo. Quando concentra o foco desse mesmo trabalho em outras religiões, duas preocupações parecem-no animar e orientar: mostrar os perigosos excessos dos chamados cristãos pluralistas (que parecem defender a igualdade das religiões) e valer-se do fértil, dialógico potencial da fé cristã tradicional. D'Costa sustenta que os pluralistas acabam por tratar inadequadamente tanto o cristianismo quanto as demais religiões. Nos esforços que eles fazem por afirmar todas as religiões, acabam por nivelá-las — isto é, não percebem as verdadeiras diferenças entre elas em geral e a verdadeira diferença do cristianismo em particular. (Ouviremos aqui tais

---

[9] Outros teólogos católicos para quem o Espírito Santo possui lugar-chave em suas abordagens das demais religiões são BARNES, Michael. *Christian identity and religious pluralism*. Nashville: Abingdon, 1989. pp. 135-159; DINOIA, Joseph. Christian universalism; the nonexclusive particularity of salvation in Christ. In: BRAATEN, Carl E.; JENSON, Robert W. (eds.). *Either/or*; the Gospel or neopaganism. Grand Rapids: Eerdmans, 1993. pp. 37-48.

críticas mais extensamente na Parte III, referente ao Modelo de Mutualidade.) Os pluralistas, diz-nos D'Costa, esquecem-se daquilo que é um fato da vida inter-religiosa, multicultural: jamais conseguimos escapulir de nossa própria pele cultural, religiosa, deixá-la para trás. Sempre consideramos "o outro" a partir de nossa própria perspectiva. Ou, trazendo até aqui a imagem que temos utilizado, mesmo quando algum cristão procura olhar por meio de um telescópio hindu, o que ele vê ainda está colorido pelo que se acostumou a ver com seu próprio telescópio cristão. (Essa insistência no condicionamento cultural de todo conhecimento constitui a plataforma de lançamento do Modelo de Aceitação que vamos examinar na Parte IV.)

D'Costa quer fazer da necessidade virtude. Se sempre consideramos as demais tradições por meio de nosso telescópio cristão, ele quer mudar-lhe o foco ou centro de interesse, a fim de podermos enxergar melhor. Mais exatamente, quer dar-lhe um centro de interesse trinitário. Os cristãos, lembra-nos ele, não são monoteístas exatamente do mesmo modo que o são os judeus ou os muçulmanos, pois crêem em um Deus que é trinitário — tríplice. Na vivência e na maneira cristãs de sentir, o Divino relaciona-se com o mundo de modos de fato diferentes — tão diferentes que temos de concluir que há diferenças dentro mesmo do Divino! São utilizados símbolos diferentes para esses relacionamentos diferenciados:

- Pai/mãe (ou Pai) para exprimir o Divino como criador, a fonte de tudo.
- O Verbo ou Filho para indicar o Divino como aquele que se faz próximo para comunicar a verdade e a força restauradora de Deus, especial e particularmente em Jesus de Nazaré, o Verbo encarnado e Filho de Deus.
- O Espírito Santo, o próprio sopro vital de Deus, que leva adiante a mensagem do Filho de Deus — Jesus —, mas que perpassa toda a criação com a energia vivificante de Deus.

D'Costa sugere que esse terceiro modo de relacionar-se com Deus — o Espírito Santo — deveria ser, por assim dizer, a lente dentro do telescópio que os cristãos utilizam para olhar as demais religiões e com elas dialogar. Ao contemplar os outros da perspectiva do Espírito Santo, os cristãos sabem que a realidade do Divino não se pode conter somente na atividade do Deus-Pai ou do Verbo-Salvador, mas que o Divino é também Espírito Santo que se infunde em outras religiões.[10]

Nessas condições, a crença especial que os cristãos têm no Espírito Santo leva-os a afirmar a universalidade de Deus em todas as culturas e religiões. E D'Costa admoesta os cristãos de que crer no Espírito Santo significa que devem estar prontos para surpresas e desafios. Não podem saber de antemão exatamente quais "frutos do Espírito Santo" irão encontrar crescendo nas árvores religiosas das demais culturas. Por causa de suas crenças no Espírito Santo, os cristãos estão predispostos a encontrar a verdade de Deus em outras religiões, mas não têm como predeterminar qual será essa verdade.

Porém, a predisposição é também uma obrigação. Ao crer na presença do Espírito Santo em outras tradições, os cristãos não somente vão admirá-las mas terão igualmente de ouvi-las e com elas aprender. Neste ponto, D'Costa injeta maior vigor na mensagem do Vaticano que aqui ouvimos — de que a Igreja cristã há de ser uma Igreja dialógica. É ainda mais contundente: sem dar ouvidos às demais religiões, a Igreja não pode ser, verdadeiramente, uma Igreja. "A Igreja encontra-se sob julgamento do Espírito Santo e, se o Espírito Santo age nas religiões mundiais, então as religiões mundiais são vitais para a convicção de fé cristã [...]. Sem ouvir esse testemunho [do Espírito Santo em outras religiões], os cristãos deixam de ser fiéis a seu chamado mesmo como cristãos, ao ser desatentos para com Deus."[11] Seria como dizer a um casal unido em casamento: para serem fiéis um ao outro, vocês precisam fazer-se amigos de outras pessoas. Essa necessidade que os cristãos têm de outras religiões não se dá somente a fim de que possam maravilhar-se com o que o Espírito Santo faz no interior das outras religiões. D'Costa destaca que as demais religiões são necessárias para ajudar os cristãos

---

[10] Para exposições concisas da teologia das religiões de D'Costa, que tem como base a Trindade/Espírito Santo, cf. seu livro *The meeting of religions and Trinity*. Maryknoll: Orbis Books, 2000. cap. 4.

[11] D'COSTA, Gavin. Christ, the Trinity, and religious plurality. In: _____ (ed.). *Christian uniqueness reconsidered*; the myth of a pluralistic theology of religions. Maryknoll: Orbis Books, 1990. p. 23; cf. também D'COSTA, *The meeting of religions and Trinity*, p. 114.

a porem-se eles mesmos em ordem interiormente — a proteger-se de "ideologias" (alguém fazer uso da religião em proveito próprio) e "distorções" (submeter a religião, tornando-a ferramenta para tirar proveito de outrem).

Em uma abordagem de outras religiões com base no Espírito Santo, acrescenta D'Costa, os cristãos têm de ser cuidadosos com a maneira pela qual empregam a palavra "completude". "Historicamente, completude não opera apenas em uma direção."[12] De fato, no diálogo com outras religiões, a "Igreja [cristã] põe-se em aberto à mudança, ao desafio e ao questionamento autênticos".[13] Assim, se os teólogos forem falar na expressão "completude", D'Costa prefere torná-la *completude mútua*. Parece-nos que, nesse ponto, ele não apenas acompanha mas também dá passos para além do que aqui ouvimos a partir do Vaticano.

Porém, uma vez que D'Costa alega enfaticamente a necessidade de uma teologia Trinitária das religiões e uma vez que os cristãos crêem que as três "pessoas" estão profundamente inter-relacionadas, esse mesmo autor precisa fazer um acréscimo à sua visão das demais pessoas de fé e cujo núcleo de interesse concentra-se no Espírito Santo. Esse Espírito livre de restrições, pleno de surpresas, não é inteiramente livre. O Espírito Santo está relacionado, de modo intenso e por sua própria natureza, ao Verbo em Cristo; relacionamentos sempre trazem consigo alguns tipos de restrições. E isso significa que aquilo que o Espírito fala em outras linguagens religiosas tem necessariamente de fazer-se consonante com o Verbo expresso em Jesus. Na frase seguinte, D'Costa procura contrabalançar o alcance universal do Espírito Santo com o conteúdo particular do Verbo em Jesus. "As riquezas do mistério de Deus são desveladas pelo Espírito, medidas e discernidas segundo sua conformidade a Cristo e à iluminação que dele possuem [...]. Jesus é o critério normativo de Deus, embora não exclua o permanente auto-desvelamento de Deus na história, por meio do Espírito."[14] O desvelamento do Espírito jamais pode ser velado; porém, tem de ser "medido"

---

[12] D'Costa, Revelation and revelations; the role and value of different religious traditions. *Pro dialogo* 85 (1994), p. 161.
[13] D'Costa, *The meeting of religions and Trinity*, p. 134.
[14] D'Costa, Christ, the Trinity and religious plurality, p. 23.

segundo sua "conformidade" ao Verbo de Deus em Jesus, uma vez que esse Verbo é "normativo" em relação a todos os demais verbos do Espírito Santo. Isso parece deixar subentendido que, embora o Espírito certamente alcance mais além de Jesus em *extensão*, não pode ir além de Jesus em *conteúdo*. Tais parecem ser as implicações da distinção que D'Costa faz: "Não há revelação independente por intermédio do Paráclito [outro nome para Espírito Santo], mas tão-somente uma aplicação da revelação de Jesus".[15]

Para alguns, talvez possa haver tensões no que D'Costa diz sobre como a atividade universal do Espírito relaciona-se ao Verbo particular de Deus em Jesus. Semelhantes tensões, diria D'Costa, são inevitáveis para o cristão.

Para além da completude

Jacques Dupuis, sj, trata dessas tensões de maneira diferente — e talvez mais coerente — do que o faz D'Costa. Dupuis, jesuíta belga que passou a maior parte de sua vida na Índia, é um dos teólogos católicos contemporâneos mais citados entre os que investigam o mundo das outras religiões. Em sua pesquisa, assim como em sua experiência concreta de diálogo na Índia, percebeu tensões em grande parte da teologia contemporânea das religiões. De fato, para Dupuis, as tensões não raro parecem ser contradições entre proposições inválidas. Para ele, os problemas provêm do programa vigente, de cunho completivo, da maioria das abordagens cristãs das demais crenças. Observa que, independentemente do quanto de "verdade e bondade" que se pode encontrar ao longo de outros caminhos, todos eles têm de conduzir à meta única do cristianismo: isto é, têm cada um de funcionar como uma espécie de preparação para algo mais. Na avaliação de Dupuis, tal atitude produziu três resultados infelizes. Primeiro, coloca limites naquilo que Deus talvez possa fazer nas demais religiões, uma vez que nestas somente permite aquele

---

[15] D'COSTA, *The meeting of religions and Trinity*, p. 122. Aqui, D'Costa cita C. K. Barrett. Em outra parte, D'Costa declara que a atividade do Espírito Santo em outras religiões "não confere legitimidade independente às outras religiões" — isto é, independente de Jesus Cristo (*The meeting of religions and Trinity*, p. 113).

tipo de verdade e bondade que pode ser completado na Igreja. Segundo, ele termina por fazer a Igreja mais importante do que Deus e também mais importante do que Cristo e sua visão profética do Reino de Deus. Terceiro, é um obstáculo ao verdadeiro diálogo, porque não leva em consideração o nivelamento do terreno em que se faz o jogo, como exige o diálogo. Se é dito às demais pessoas de fé — e, a propósito, se é dito aos cristãos — que por mais belas que sejam as cartas que Deus tenha talvez dado ao hinduísmo, ao budismo ou ao islamismo, Deus sempre guarda um trunfo infalível para o cristianismo, então o jogo não pode ser levado a sério. Dessa maneira, Dupuis em seu *Rumo a uma teologia cristã do pluralismo religioso*, um livro magistral e muito elogiado, procurou avançar para além da perspectiva completiva, para uma teologia que de fato levasse em conta um diálogo que permita liberdade ao Divino.

Desde o princípio, Dupuis claramente expressa o que está em jogo em seu esforço, e no de todos os demais, por elaborar uma nova teologia cristã do pluralismo religioso: "A credibilidade mesma da mensagem cristã para o futuro".[16] Em nosso imaginário, se os cristãos não alcançarem um melhor equilíbrio nessa balança da relação entre o universal e o particular, diz-nos Dupuis, as pessoas vão achar que o cristianismo não mais lhes fala à mente e ao coração. Para Dupuis, uma teologia das religiões que deseja inscrever-se como sendo "digna de confiança" tem de ser uma teologia que promova diálogo autêntico, que de fato respeite as demais religiões e lhes reconheça o real valor. E, para tal, os cristãos têm de avançar para além do Modelo de Complementação, que percebe as demais religiões somente como "pedras de espera", como "germes", ou como uma "preparação" para a meta, para o resultado final, o ato final — o cristianismo (pp. 287, 529).[17] Para Dupuis, a única teologia que terá credibilidade será aquela que der alicerce à possibilidade de uma real e autêntica complementaridade entre as pessoas de fé comprometidas no diálogo. E explicita de modo claro e corajoso aquilo a que

---

[16] Dupuis, Jacques. The Truth will make you free; the theology of religious pluralism revisited. *Louvain studies* 24 (1999), p. 261.
[17] Uma vez que a maioria das referências feitas nesta seção é de *Rumo a uma teologia cristã do pluralismo religioso*, de Dupuis, serão mostrados no texto os números das páginas da edição em português, publicada por Paulinas Editora.

exatamente se propõe: "'Complementaridade' não é entendida aqui no sentido da 'teoria da completude', segundo a qual a verdade cristã 'leva à realização' — com um processo unilateral — as verdades fragmentárias que encontra disseminadas fora dela" (p. 449). Repetindo, mas ultrapassando o que aqui acabamos de ouvir em D'Costa, Dupuis quer uma teologia que de fato, e não apenas em palavras, torne possível uma "complementaridade recíproca", um "enriquecimento e transformação mútuos" (p. 449) — em que o resultado final pretendido não seja a conversão de um lado ao outro, porém, mais exatamente, "uma mais profunda conversão de cada um a Deus" (p. 521).

O alicerce desses esforços de Dupuis por ultrapassar as compressões do Modelo de Complementação e por moldar uma teologia das religiões verdadeiramente dialógica é o Espírito Santo. Dupuis quer traçar o plano de uma teologia das religiões que os teólogos chamam de pneumatológica — ou com base no Espírito Santo.[18] Nesse ponto, ele está em harmonia com o papa e outros teólogos: o Espírito vive e age no decorrer da história, de modo especial nas comunidades religiosas, antes e depois de Cristo. Dupuis, porém, acrescenta aqui uma melodia que não se ouve tão nitidamente nas vozes dos demais teólogos — o que o Espírito Santo realiza nas outras religiões pode talvez ser realmente diferente daquilo que se encontra no Verbo de Deus manifesto em Jesus — jamais sendo *contraditório* com ele, mas de fato *diferente* dele. Afirmar o Espírito Santo nas demais culturas e religiões deixa, portanto, subentendido que Deus tem mais a dizer à humanidade do que Deus disse em Jesus. Eis por que Dupuis consegue tão prontamente concordar com Edward Schillebeeckx, em uma afirmação que aqui ouvimos no capítulo 1 — que "em toda a história das relações de Deus para com a humanidade, encontram-se mais verdade e graça do que aquelas que estão disponíveis simplesmente na tradição cristã" (p. 529).

---

[18] Devemos igualmente destacar que, embora o Espírito Santo ocupe lugar essencial na teologia das religiões elaborada por Dupuis, este autor mantém-se também fiel à contínua ação do Verbo de Deus, da segunda pessoa da Trindade, ao longo da história, para além da presença encarnada do Verbo na humanidade de Jesus (cf. DUPUIS, *Rumo a uma teologia cristã do pluralismo religioso*, pp. 337-340).

Para alguns católicos, tais conclusões fundamentadas no Espírito Santo parecem ir longe demais. Dupuis as alicerça na teologia clássica Trinitária, segundo a qual os cristãos insistem em que há distinções efetivas entre as três pessoas da Trindade (chamadas de "distinções hipostáticas"), o que significa que uma pessoa da Trindade não pode ser reduzida a outra, nem a ela subordinada. Para Dupuis, se há "diferenciação e pluralidade efetivas" entre o Verbo de Deus em Jesus e o Espírito de Deus em outras religiões, podemos esperar que as religiões deverão ter coisas "diferentes" e "novas" a dizer aos cristãos — coisas de que não ouviram ainda falar (e vice-versa, é claro) (pp. 289, 275-277). Os cristãos, por conseguinte, não "detêm o monopólio da verdade" (p. 521).

Dupuis dá um passo adicional que o faz avançar até um novo território. Tomando por base a presença permanente do Espírito Santo nas religiões, ele diz que os cristãos precisam reconhecer que esses outros caminhos têm uma "função permanente" e um "significado específico" naquilo que Deus espera alcançar com a humanidade (cf. p. 296). Em outras palavras, Deus não pretende que todas as pessoas encontrem a plenitude na Igreja cristã. As várias religiões existem não apenas como uma "questão de fato" mas também como uma "questão de princípio". A pluralidade reflete o modo de ser das coisas, a maneira que Deus quer que elas sejam (cf. p. 282). Tendo anunciado uma reivindicação audaciosa como essa, Dupuis ainda dá mais um passo adiante: isso quer dizer que, se for para os cristãos levar as demais religiões a sério e de maneira dialógica, eles têm de avançar para além do remanescente "eclesiocentrismo" (centralidade na Igreja) que obscurece toda teologia das religiões que elaboram. Dupuis adverte contra uma "inchação eclesiológica" que, dessa maneira, aumenta a necessidade de a Igreja cristã diminuir o valor das demais religiões ou não lhes fazer caso. Sem rodeios e com coragem, Dupuis reprova pontos de vista que usualmente os católicos hesitam em criticar: "Os limites [...] das perspectivas eclesiocêntricas da encíclica *Redemptoris Missio* devem ser, sem dúvida nenhuma, deplorados" (p. 505).

Porém, se Dupuis sustenta que a teologia precisa prevenir-se para não ser demasiado "centralizada na Igreja", ele admite e assegura que qualquer percepção cristã das outras religiões tem necessariamente de ser *cristocêntrica*. Se Deus e o Reino de Deus são o centro da vida cristã, é Jesus Cristo quem conduz a esse centro (cf. p. 267). E nesse ponto da nova teologia de Dupuis é que ele começa a sutil ação de equilíbrio que observamos no decorrer deste capítulo. Ele se dá conta de que a centralidade em Cristo levou ao mesmo tipo de inchação do cristianismo e de esvaziamento das demais crenças, bem como à centralidade na Igreja. E propõe uma compreensão mais dialógica de Jesus Cristo.

Por um lado, Dupuis põe claramente suas cartas na mesa: "A fé cristã não pode se manter sem reivindicar para Jesus Cristo uma unicidade constitutiva" (p. 420). "Unicidade constitutiva" significa que Jesus, e apenas Jesus, "dá acesso a Deus para todos os seres humanos" (p. 528). Isso, para Dupuis, é a medula dos ossos que constituíram o corpo cristão desde o início (cf. pp. 396-397, 408, 478-479). E o motivo pelo qual Jesus abre sozinho a porta do Divino a todas as pessoas é que, enquanto somos todos filhos de Deus, Jesus é o Filho de Deus como ninguém mais. Sua "identidade pessoal" é a do próprio Verbo de Deus, do Filho de Deus — a segunda pessoa da Trindade (cf. pp. 218-219, 409-412). E, portanto, os cristãos crêem, e precisam crer, que em Jesus, Deus conferiu a plenitude da Revelação.

Por outro lado, Dupuis quer assumir esses fundamentos da fé cristã e compreendê-los de tal modo a não diminuir a demais religiões e a levar em consideração um autêntico diálogo com elas. Para fazê-lo, ele traça algumas aguçadas distinções que exigem aguçada atenção da parte de seus leitores. A "plenitude" da verdade de Deus em Jesus é "qualitativa", e não "quantitativa". O que ele quer dizer com isso é algo tão cheio de nuanças que admite citação direta: "Esta plenitude [...] não é [...] uma plenitude de extensão e de total abrangência, mas de intensidade [...]. Ela não exaure — não pode exaurir — o mistério do Divino" (p. 346). Talvez uma outra maneira de exprimir o que Dupuis quer dizer é entender essa "plenitude da verdade" em Jesus não como algo que nos dá o quadro completo (quantitativo), mas como algo que concentra o foco no quadro que possuímos (qualitativo), cujo significado conhecemos e cujos acréscimos que se lhe seguem podemos entender. É antes uma plenitude de centro, convergência, intensidade, que de detalhe e totalidade.

Por conseguinte, Dupuis explicitamente admite que a plenitude da verdade de Deus em Jesus é "relativa" (isto é, limitada — uma palavra que poucos teólogos cristãos ousariam empregar); porém, ele prefere um adjetivo mais construtivo: "relacional". A plenitude daquilo que Deus quer tornar conhecido aos humanos tem seu foco concentrado em Jesus; porém, para aumentar a profundidade do quadro, os cristãos precisam *relacionar* o que possuem em Jesus ao que o Espírito Santo faz nas demais religiões. Com efeito, os cristãos não conhecem verdadeiramente a plenitude da mensagem de Deus em Cristo a menos que falem com outros.

Com tal entendimento da singularidade de Cristo, Dupuis sustenta que os cristãos podem abrir-se em diálogo autêntico com os outros — sem diminuir nem ameaçar quem Jesus é para eles e para o mundo. Dupuis consegue repetir, e verdadeiramente expressar, uma conhecida forma de linguagem cristã: entre os demais líderes religiosos Jesus mantém-se como "o mais profundo e decisivo envolvimento do próprio Deus nos destinos da humanidade" (p. 528). "Nenhuma revelação pode superar ou igualar, antes ou depois de Cristo, aquela que nos foi dada nele, o Filho divino encarnado" (pp. 346-347, cf. também pp. 438, 286-287).

Quanto à relação entre o que Deus fala em Jesus e o que Deus fala no Espírito Santo, muito embora Dupuis previna que um não deve subordinar-se ao outro, ele também esclarece: "Cristo, e não o Espírito Santo, ocupa a posição central como caminho para Deus". O que quer que Deus tenha a dizer no Espírito por intermédio das demais religiões, precisa ser compreendido "na perspectiva de" Cristo; não toma o lugar de Cristo (cf. p. 276). Nessas condições, dentro do enriquecimento e transformação recíprocos que Dupuis imagina como meta do diálogo, os cristãos podem talvez descobrir que as outras religiões perceberam "certas dimensões do Mistério Divino" com maior clareza do que os cristãos. E, em seu diálogo com os outros, os cristãos podem talvez perceber "em maior profundidade" aquilo que já possuem na plenitude da revelação cristã (cf. pp. 521, 528-529).

Desse modo, muito embora Dupuis queira traçar um percurso que afaste os cristãos das atitudes que consideram as demais religiões como "degraus" para chegar ao cristianismo, ele também procura ajustar esse percurso a fim de que Jesus, como o Cristo, conserve seu lugar no centro, como meta final de todo relacionamento de Deus com a humanidade. Ocasionalmente, ele emprega uma linguagem matizada por tonalidades completivas. Descreve, por exemplo, as demais religiões como "'faces' incompletas do Mistério Divino [...] que devem encontrar *realização* naquele que é 'a face humana de Deus' [Jesus]" (p. 385). Os outros caminhos religiosos são "partes da única história da salvação que atinge seu ápice no evento Jesus Cristo" (p. 419). Exatamente no final desse seu livro pioneiro, ele propõe que a "plenitude" ou "culminação" das outras religiões em Jesus terá lugar somente (ou por completo) no próprio fim da história, quando, segundo Efésios 1,10, o mundo criado, inclusive todas as religiões, encontrarão identidade e perfeição sob a autoridade de Jesus na qualidade de sua cabeça e coração (cf. p. 530). Enquanto isso, as religiões conservam sua identidade e validez, juntamente com o cristianismo.

Buscamos lançar um olhar o mais cuidadoso e completo possível no arrazoado que Dupuis faz em prol de uma nova teologia das religiões, uma vez que para muitos ele representa o mais longe que se pode ir e ainda permanecer dentro das fronteiras da ortodoxia. Em particular, ele procura impulsionar a fé cristã na centralidade de Jesus para além dos limites do Modelo de Complementação que caracteriza o ensinamento católico oficial. Na próxima seção, uma amostra seletiva mostra que outros teólogos católicos estão seguindo o caminho trilhado e mapeado por Dupuis — e buscando torná-lo mais suave e convidativo.

Outros pontos de vista católicos

Assim como Dupuis, outros teólogos católicos reconhecem que, se um cristão não mais põe Jesus no centro das pretensões de Deus em tudo na história, ele não mais é verdadeiramente um cristão. "A fé cristã desmorona se a reivindicação por Jesus for negada."[19] Assim o dizem

---

[19] HELLWIG, Monica. Christology in the wider ecumenism. In: D'COSTA, G. (ed.). *Christian uniqueness reconsidered*; the myth of a pluralistic theology of religions. Maryknoll: Orbis Books, 1990. p. 109.

porque, ao longo dos séculos, é isso que os cristãos conhecem em seu íntimo. Jesus situa-se no centro de suas vidas porque se situa no centro do plano de Deus; este "o agraciou com o Nome que é sobre todo o nome" (Filipenses 2,9); Jesus é tão especial que os cristãos ficam naturalmente desnorteados ou ofendidos quando ele é posto no mesmo nível de outros. Eis um motivo de cunho pastoral-pessoal pelo qual muitos teólogos e clérigos afastam-se, assustados, dos modos de perceber Jesus que deixam subentendido que ele talvez seja um entre vários salvadores. Nas palavras de Hans Küng, dizer tais coisas seria uma ofensa às pessoas que os cercam e os colocaria sob "o risco de separar-se de suas próprias comunidades de fé".[20]

Os teólogos salientam que o adjetivo "decisivo" é uma das palavras-chave na experiência pessoal de Cristo. Em sua vivência de Cristo, os cristãos sentem-se dotados de um poderio interior que lhes faz mudar de atitude, separar-se do que lhes arrastava para baixo ou refreava a esperança (é isso que significa *de-cidere* — "separar"). Foram capacitados a tomar posição firme, posição sobre a qual conseguem construir suas próprias vidas e perseguir o sonho de tornar este mundo um lugar melhor no qual viver e amar. Em outras palavras, em Jesus os cristãos sabem que Deus proveu uma palavra final e um lugar firme. Não importa quantas guerras, não importa quantos relacionamentos rompidos, não importa quanto ódio, não importa o quanto é doente o passado de cada um — em Cristo, no exemplo que ele estabelece e no Espírito que confere — cada um pode ter esperança e cada um pode agir sobre essa esperança.[21] Por conseguinte, como observa Monica Hellwig, embora tenha havido no decorrer dos séculos uma variedade de cristãos que negaram o entendimento da Igreja acerca da divindade de Jesus, "nenhum negou que Jesus Cristo, como salvador, faz a diferença definitiva".[22]

Outros teólogos católicos salientam, ademais, que a qualidade que Jesus tem de ser "definitivo" ou a "última palavra" faz-se necessária na experiência pessoal cristã não apenas para perseguir a visão profética

---

[20] KÜNG, Hans. *Global responsibility*; in search of a new world ethic. New York: Crossroad, 1991. p. 101.
[21] Cf., por exemplo, SCHILLEBEECKX, Edward. *The Church*; the human story of God. New York: Crossroad, 1990. pp. 26-27.
[22] HELLWIG, Christology in the wider ecumenism, p. 109.

de Jesus acerca de como o mundo pode ser, mas também para resistir aos males que se encontram tão arraigados no mundo como ele é. Para levantar-se em nome de Jesus contra quaisquer poderes que sejam, para ater-se firmemente aos valores do Reino de Deus, quando a maior parte do mundo vai em direção oposta, para conseguir ser um desses "bons sujeitos" que sempre terminam tudo por último ou acabam atropelados pelos outros, a pessoa precisa saber, afirmam esses teólogos, mais do que ser essa uma escolha entre muitas. A pessoa precisa saber que toma posição firme ali mesmo onde Deus tomou posição firme, onde Deus traçou o último limite decisivo. Eis o sentido das afirmações tradicionais de que Jesus é a palavra final de Deus. Como se lhe refere Hans Küng, somente com uma palavra tão convincente e segura a pessoa consegue permanecer *inabalável*.[23]

Porém, para fazer tal "diferença definitiva" e ser de fato convincente e segura, continuam os teólogos, a Palavra de Deus em Jesus precisa ser *singular*. Pois Deus haver dado várias "palavras finais" debilitaria a confiabilidade de todas elas. Eis exatamente o que capacita uma pessoa a comprometer-se de todo, e de aí persistir no compromisso, mesmo até o ponto da doação final: ela sabe ser essa a verdade que não pode ser questionada ou restringida por mais ninguém. Manter-se firme diante do carrasco, decidida a morrer tão-somente pela verdade de Deus, e ser-lhe dito que Deus proferiu outras verdades muito diferentes, porém igualmente válidas, não pode senão pôr em questão, e destarte enfraquecer, a decisão dessa pessoa. Como se lhe refere Karl-Josef Kuschel: "Caso houvesse, para além de Cristo ou fora dele, outras possíveis encarnações ou revelações de Deus exatamente tão completas como a de Cristo, então Deus permaneceria sendo em última análise um enigma impenetrável, cuja credibilidade estaria ainda indecisa".[24] Isso nos faz retornar ao que ouvimos de Karl Rahner — a necessidade humana natural de dar-se inteira e definitivamente àquilo que é verdadeiro e bom exige uma expressão plena e definitiva da verdade e do bem — ou o que Rahner chama de "um salvador absoluto". E absolutos vêm em singulares.

---

[23] Cf. Küng, *Global responsibility*, pp. 94-101.
[24] Kuschel, Karl-Josef. Christologie und interreligiöser Dialog; die Einzigartigkeit Christi im Gespräch mit den Weltreligionen. *Stimmer der Zeit* 209 (1991), pp. 398-399.

Porém, o que se disse até aqui foi dito por teólogos acerca de cristãos, para cristãos. Não é essa necessariamente a maneira pela qual os cristãos irão falar acerca de Cristo ou representar Cristo para seguidores de outras religiões. De fato, Kuschel insiste em que os cristãos podem e precisam dar testemunho de sua crença em Cristo de tal modo a comunicar "finalidade sem exclusivismo e sentido definitivo sem superioridade".[25] Como? Tudo depende de que maneira Jesus é dom "final e definitivo" de Deus. Ele é o Verbo derradeiro e insuperável sobre Deus porque é um Verbo do amor. Eis o que Jesus deixa claro: Deus é amor, e conhecemos Deus e somos um com Deus quando amamos. Porém, para verdadeiramente amar, diz-nos o exemplo de Jesus, temos de dar de nós mesmos, de nos esvaziar. Eis por que São Paulo tanto fala sobre Deus ter-se esvaziado a si mesmo em Cristo (*kénosis*) (cf. Filipenses 2,6-8). E eis como os cristãos vão falar de Jesus como comunicação plena e final de Deus: de uma maneira amorosa, verdadeiramente de si mesma esvaziada. Aqui há um paradoxo em jogo: Jesus, assim como os cristãos que procuram segui-lo, revela sua plenitude por meio do próprio vazio, sua singularidade por meio do próprio serviço, sua excelência por meio da própria humildade. Desse modo, se o cristianismo "completa" outras religiões, assim o faz mediante esse Verbo de amor que a si mesmo esvazia-se; e isso significa respeitando-as, acolhendo-as com zelo e aprendendo com elas.

Monika Hellwig faz uma sugestão prática de como os cristãos podem afirmar Jesus perante as demais religiões de maneira amorosa e esvaziada de si mesma — mediante o que ela chama de "desafio amigável". É uma aposta que, "com efeito, Jesus está no âmago do mistério da existência e do destino". Em outras palavras, os cristãos apostam que, em Jesus, Deus fez e ofereceu algo de verdadeiramente singular, algo que na verdade consegue revirar as coisas na vida atrapalhada das pessoas e das sociedades. Ao propor essa aposta, os cristãos não argumentam a partir do que a Bíblia diz, ou mesmo do que cada um deles sentiu em seu íntimo e em sua comunidade. De preferência, lançam mão "do que se pode observar naquilo que Jesus fez e de como ele in-

---

[25] Ibid., pp. 401, 396.

fluenciou e continua a influenciar as pessoas". Deitem com cuidado os olhos na mensagem de Jesus, para sua vida — e no que acontece quando as pessoas o levam a sério e vivem essa mensagem. Hellwig faz um resumo cuidadoso de por que julga ser essa uma "boa aposta" e por que outros podem talvez percebê-la do mesmo modo:

> Nós, na qualidade de cristãos, vemos a possibilidade de satisfazer a evidente necessidade humana de redimir-se do egoísmo, da opressão, da discriminação e da exclusão na pessoa de Jesus Cristo e por meio dela, em razão do começo por ele realizado e dos progressos ulteriores ocorridos entre seus mais dedicados seguidores. Sabemos, por nossa experiência acumulada, que onde são implementadas as possibilidades que ele nos abriu, há crescimento em direção a uma *vida, esperança, comunhão e felicidade mais plenas.*

Hellwig faz essa afirmação "como aposta amigável com todos que costumam dizer de modo diferente", mas imediatamente depois acrescenta: "Sem negar o papel efetivo ou potencial de outras representações de salvador".[26]

Essa é uma aposta que desafia tanto os fiéis de outras tradições religiosas como os próprios cristãos. Ela própria provar ser uma boa aposta vai depender não só de quem é Jesus mas igualmente do quanto os cristãos buscam viver bem sua mensagem.

Vozes apreensivas vindas da Ásia

Até aqui, nesta seção sobre esforços por ampliar o diálogo, ouvimos principalmente teólogos que procuram escutar e orientar as necessidades e perguntas da comunidade católica. Nesta seção final, vamos escutar diretamente a voz das Igrejas da Ásia, contidas nos pronunciamentos oficiais da Federação das Conferências de Bispos da Ásia (Federation of Asian Bishops' Conferences — FABC), nos trabalhos preparatórios para o sínodo dos bispos da Ásia em Roma, em abril de

---

[26] HELLWIG, Christology in the wider ecumenism, pp. 111-116.

1999, e nas reações por ele suscitadas.²⁷ Detectamos esforços maiores por ampliar o diálogo e que ultrapassam (talvez em posição de tensão com) aquilo que ouvimos do Vaticano e dos teólogos católicos das correntes dominantes.

Primeiro, os bispos da Ásia, no primeiro encontro da FABC, em 1970, deixaram claro que as Igrejas da Ásia precisam ser Igrejas de diálogo: "Empenhamo-nos em diálogo aberto, sincero e contínuo com nossos irmãos e irmãs das demais grandes religiões da Ásia, de modo a poder aprender uns com os outros como nos enriquecer espiritualmente e como juntos trabalhar mais eficientemente em nossa tarefa comum de desenvolvimento humano total".²⁸ Os bispos da Índia, em suas declarações preparatórias para o sínodo de 1999, foram ainda mais claros e enérgicos: "O diálogo não é meramente uma atividade eclesial entre muitas [...]; Depois do Vaticano II, ser Igreja significa ser uma comunidade-de-fé-em-diálogo".²⁹ Suprimir as possibilidades de diálogo com as religiões da Ásia é suprimir grande parte do ar que as Igrejas cristãs da Ásia respiram.

Ao pôr em prática esse necessário diálogo, os bispos da Ásia endossaram clara e repetidamente um entendimento da Igreja Católica o qual se quer "centralizado no Reino" — toda tarefa da Igreja consiste em servir a esse Reino de Deus mais abrangente, não em o controlar ou dominar.³⁰ Por conseguinte, a conversão à Igreja não se encontra à testa de seu programa de diálogo: "O diálogo autêntico e sincero não tem como objetivo a conversão do outro; uma vez que a conversão depende tão-somente do chamado interno de Deus e da livre decisão da pessoa [...]. Um diálogo que tem em mira 'converter' o outro à nossa própria fé e tradição religiosa é desonesto e contrário

---

[27] Os principais documentos da FABC encontram-se em ROSALES, Gaudencia B.; ARÉVALO, C. G. (eds.). *For all the peoples of Asia*; Federation of Asian Bishops' Conferences documents from 1970 to 1991. Maryknoll: Orbis Books, 1992. v. 1; EILERS, Franz-Josef (ed.). *For all the peoples of Asia*; Federation of Asian Bishops' Conferences documents from 1992 to 1996. Maryknoll: Orbis Books, 1997. v. 2.

[28] Citado em PAINADATH, Sebastian. Theological perspectives of the FABC on interreligious dialogue. *Jeevadhara* 27 (1997), p. 272.

[29] Citado no semanário católico independente norte-americano *The National Catholic Reporter* (April 10, 1998), p. 16.

[30] Cf. ROSALES; ARÉVOLO, *For all the peoples of Asia*, v. 1, p. 252.

à ética; não constitui caminho de harmonia".[31] A espécie de diálogo almejada pelos bispos pode melhor ocorrer no que eles chamam de "Comunidades Humanas de Base", em que pessoas de grupos religiosos diversos reúnem-se tendo por base a fé. Porém, aqui, "fé" inclui não apenas cristãos mas também gente de outras tradições religiosas. O que agrega essas comunidades e o que lhes constitui a substância de diálogo é a preocupação com o bem-estar de cada grupo religioso em suas comunidades mais amplas. O bem-estar de todos, em vez da conversão das demais religiões ao cristianismo, é o centro de interesse do diálogo na Ásia.[32]

Porém, como as Igrejas da Ásia equilibram essa audaz abertura de diálogo com a proclamação da singularidade de Jesus? Primeiro, os bispos deixam perfeitamente claro seu fiel e alegre endosso à tradição e àquilo em que o papa João Paulo II insistiu acerca da missão da Igreja — que Jesus Cristo é Salvador do mundo. *Que* assim o seja não constitui problema para as comunidades da Ásia. *Como* assim o é, ou *como* o deve ser anunciado aos seus amigos budistas, hindus e muçulmanos, eis um problema que elas sentem mais agudamente, insinuam, do que muitos bispos e teólogos do Vaticano. O que se tornou claro para os bispos é que a maneira tradicional de falar de Jesus como o único-e-exclusivo Salvador não funciona na Ásia. Por quê? Porque cria animosidade entre as muitas comunidades religiosas da Ásia. Assim, os bispos japoneses dizem: "Se enfatizarmos demasiado que 'Jesus Cristo é o único-e-exclusivo Salvador', podemos não ter nenhum diálogo, nenhuma convivência nem solidariedade com outras religiões". Os bispos do Sri Lanka disseram: "A singularidade de Jesus e da Igreja tem sido um problema perene e cria suas próprias e distintivas dificuldades para o diálogo autêntico".[33] "Quando diversos grupos religiosos fazem suas reivindicações absolutas da verdade, seguem-se-lhes a militância

---

[31] Ibid., p. 120; cf. também PAINADATH, Theological perspectives, pp. 280-282.
[32] Cf. DARMAATMADJA, Julius [Cardeal]. A new way of being Church in Asia. *Vidyajyoti* 63 (1999), pp. 887-891.
[33] As declarações contidas nesse parágrafo e no seguinte foram extraídas das respostas dos bispos da Ásia aos *lineamenta* ("propostas") do Vaticano que lhes foram enviadas em preparação para o sínodo. Elas podem ser encontradas, juntamente com as propostas do Vaticano, na *East Asian pastoral review* 35, n. 1 (1998).

agressiva e o proselitismo divisório, e, em seu rastro, virulentas divisões religiosas."[34]

Os bispos da Ásia prosseguem até perguntar: como se consegue compreender Jesus e falar sobre ele de maneira diferente de como ocorreu com as Igrejas da Europa e da América? Nesse ponto, os bispos da Ásia não têm respostas fáceis. Sugerem, em geral, que "na tradição do Extremo Oriente é característica a busca por uma harmonia criativa em vez de por distinções". A verdade é muito mais uma questão de "não só... mas também..." do que de "ou... ou...". Nessas condições, a verdade de Cristo precisa relacionar-se com outras verdades e incluí-las, em vez de as excluir ou absorver. Até mesmo, talvez, se Jesus é singular, assim o são os demais líderes religiosos. No tocante ao que é distintivo em Jesus, os bispos da Ásia ressaltam a mensagem do amor que a si mesmo se esvazia ou o serviço radical aos outros. Jesus está no centro precisamente porque a si mesmo "se descentra", se esvazia, se recusa a "dominar". Eis uma mensagem que as demais religiões conseguem escutar com alma e coração abertos.

Porém, ao enfatizar a qualidade distintiva de Jesus como o servo que a si mesmo se esvazia, os bispos da Ásia são ainda mais precisos — Jesus é, particularmente, o servo *dos pobres*. Seu exemplo de amor ao próximo decerto inclui a todos como próximos, porém inclui especialmente aqueles próximos de quem se tirou proveito, que foram marginalizados e, portanto, padecem a violência da pobreza. Eis a espécie de diálogo que os bispos da Ásia querem promover com particular urgência — um diálogo de libertação e de ação. Crêem que uma preocupação recíproca pelos pobres não somente pode tornar-se um tema de diálogo inter-religioso aceito por todos na Ásia, mas pode também provar a si mesma que é meio para levar adiante um diálogo mais profundo e recompensador do que foi possível no passado. Semelhante diálogo irá "em cada religião descobrir as forças criativas e redentoras" e "expressar com clareza o potencial libertador e unificador de cada religião".[35]

---

[34] ROSALES; ARÉVALO, *For all the peoples of Asia*, v. 1, p. 300.
[35] Ibid., v. 1, pp. 315, 300.

Desse modo, como destacou o Cardeal Julius Darmaatmadja ao dirigir-se ao papa, após o sínodo dos bispos da Ásia, os asiáticos preferem falar acerca de Jesus não como "único-e-exclusivo Filho de Deus e Salvador" mas sim como "Mestre de Sabedoria, o Restaurador, o Libertador, o Misericordioso Amigo dos Pobres, o Bom Samaritano".[36] Estes títulos apontam para a especial qualidade de Jesus sem necessariamente negar a especial qualidade de outros, e para a possibilidade de vir tanto a aprender desses outros como com eles cooperar.

LEITURAS ADICIONAIS

AMATO, A. The unique mediation of Christ as Lord and Savior. *Pro dialogo* 85-86 (1994), pp. 15-39.

CARR, Ann. Merton's East-West Reflections. *Horizons* 21 (1994), pp. 239-252.

CLOONEY, Francis K. The study of non-Christian religions in the post Vatican II Roman Catholic Church. *Journal of ecumenical studies* 28 (1991), pp. 482-494.

D'COSTA, Gavin. *The meeting of religions and the Trinity.* Maryknoll: Orbis Books, 2000. pp. 99-142.

____. Revelation and revelations; discerning God in other religions; beyond a static valuation. *Modern theology* 10 (1994), pp. 165-183.

DUPUIS, Jacques. *Rumo a uma teologia cristã do pluralismo religioso.* São Paulo: Paulinas, 1999. pp. 239-250. (Para os desenvolvimentos pós-Vaticano II.)

____. The truth will make you free; the theology of religious pluralism revisited. *Louvain studies* 24 (1999), pp. 211-263.

FABC THEOLOGICAL ADVISORY COMMISSION OF THE FEDERATION OF ASIAN BISHOPS' CONFERENCE. Seven theses on interreligious dialogue; an essay in pastoral theological reflection. *International bulletin of missionary research* 13 (1989), pp. 108-111.

JOÃO PAULO II. *Ecclesia in Asia* [Exortação apostólica pós-sinodal (1999)].

____. *Redemptoris Missio* (Carta encíclica sobre a validade permanente do mandato missionário) (1990). São Paulo: Paulinas, 1991.

____. *Tertio Millennio Adveniente* (Carta apostólica sobre a preparação para o ano 2000) (1992). São Paulo: Paulinas, 1992.

---

[36] DARMAATMADJA, A new way of being Church in Asia, p. 889.

King, Ursula. Teilhard's reflections on Eastern religions revisited. *Zygon* 30 (1995), pp. 47-72.

Knitter, Paul F. Catholics and other religions; bridging the gap between dialogue and theology. *Louvain studies* 24 (1999), pp. 319-354.

Küng, Hans. Christ, our light, and world religions. *Theology digest* 42 (1995), pp. 215-219.

_____. No peace in the world without peace among religions. *World faiths insight* (February 1989), pp. 3-22.

Lane, Dermot A. Vatican II, Christology, and the world religions. *Louvain studies* 24 (1999), pp. 147-170.

Lefebure, Leo D. Christianity and religions of the world. *Chicago studies* 33 (1994), pp. 258-270.

Painadath, Sebastian. Theological perspectives of the FABC on interreligious dialogue. *Jeevadra* 27 (1997), pp. 272-288.

Phan, Peter C. Are there "saviors" for other peoples?; a discussion of the problem of the universal significance and uniqueness of Jesus the Christ. In: Phan, Peter C. (ed.). *Christianity and the wider ecumenism*. New York: Paragon House, 1990. pp. 163-180.

Pontifício Conselho para o Diálogo Inter-religioso e Congregação para a Evangelização dos Povos. *Diálogo e anúncio*; reflexões sobre o diálogo inter-religioso e o anúncio de Jesus Cristo (1991). 4. ed. São Paulo: Paulinas, 2005.

Capítulo 6

O Modelo de Complementação: *insights* e questões

Depois dessa recapitulação do Modelo de Complementação, precisamos voltar atrás e buscar fazer algumas avaliações. Embora traçado e percorrido especialmente por católicos romanos, será que esse caminho possui algumas placas de sinalização que todos os cristãos fariam bem em seguir? Entre as muitas novas direções que o modelo toma, haveria algumas que podem ajudar todas as Igrejas cristãs a responder ao desafio do pluralismo religioso que esboçamos no capítulo 1? Ao mesmo tempo, faremos algumas perguntas críticas em relação a esse modelo. Ele conduz de fato aos objetivos que para si mesmo estabelece? Contribui para manter a gangorra igualmente equilibrada entre a particularidade do papel de Jesus e a universalidade do amor de Deus? Realmente segue do início ao fim os novos rumos a que se propõe, até atingir-lhes os objetivos lógicos?[1]

---

[1] Tendo feito todas essas perguntas, é importante lembrar aos leitores que, segundo a visão católica romana do assunto, os ensinamentos do concílio e dos papas não constituem meramente opiniões teológicas. Em vez disso, eles representam a verdade que necessita ser explicada, não imediatamente explicada.

INSIGHTS

Verdade e graça nas religiões

A única maneira, ou pelo menos a maneira mais fácil, de os cristãos verdadeiramente exprimirem o que querem dizer quando professam que Deus ama todas as pessoas é, assim parece, reconhecer que há não somente verdade nas demais religiões mas também graça — que há não somente revelação, como o Modelo de Substituição admite, mas também a possibilidade de salvação, como ouvimos dizer do Modelo de Complementação. Fomos testemunhas do quão lentamente, quase medrosamente, a teologia católica lutou em seu caminho para concluir que as religiões podem ser "caminhos de salvação, canais do amor salvífico de Deus". Se, como nos dizem os teólogos católicos, sempre houve um "desenvolvimento da doutrina" no decorrer da história cristã, esse é definitivamente um novo desenvolvimento. E que parece merecer um lugar permanente e honrado na fileira das crenças cristãs.

Pois, a não ser que os cristãos reconheçam que o Espírito de Deus consegue tocar a vida de pessoas que estão "do lado de fora da Igreja" (para os católicos) e "do lado de fora da pregação da Palavra" (para os protestantes), parece não haver nenhuma maneira de "dar ensejo" a que o amor de Deus abranja todas as pessoas, salvo mediante algumas das soluções "pós-morte" de que ouvimos falar mais no início — e que podem talvez parecer mais fruto de imaginação teológica do que de revelação divina. Ademais, a não ser que os cristãos reconheçam que o Espírito Divino consegue soprar em outras religiões, não permitirão que o Espírito seja o que se mostrou ser em Jesus — um Espírito sempre incorporado. O Espírito toca as pessoas mediante outras pessoas, mediante histórias, gestos, música e dança — e talvez pode fazê-lo mediante outras religiões.

Por conseguinte, os cristãos farão bem em seguir o exemplo do Modelo de Complementação e pôr o Espírito Santo no centro de qualquer teologia cristã das religiões. Isso vai ajudar a contrabalançar alguns dos *insights*, mas também alguns dos evidentes extremos do Modelo de

Substituição. Sim, carregamos uma "natureza decaída" e o mal/egoísmo é uma realidade que, se ignorada, é ainda mais destrutiva. Porém, dentro dessa constituição decaída, também aí sopra o Espírito de Deus, tornando nossa natureza, como se refere Rahner a ela, exatamente uma tão "agraciada natureza" — não, mais! — quanto decaída. Ignorar a presença e a persistente disponibilidade desse Espírito de graça pode ser ainda mais danoso para as esperanças da humanidade do que ignorar a realidade do mal. Segundo o relato cristão, se o primeiro Adão arrastou-nos para baixo, o Segundo Adão elevou-nos ainda mais alto, a nós todos.

Nesse sentido, se o Modelo de Substituição, preservando o espírito da Reforma, corretamente nos alerta para os perigos da religião e para a maneira pela qual a religião organizada tende a organizar-se até virar idolatria, os católicos, em compensação, fazem lembrar que as outras religiões e a Igreja não são apenas males necessários, mas são necessidades maravilhosas. O Espírito Santo, com efeito, utiliza-se das exterioridades da religião porque, evidentemente, as pessoas têm necessidade delas. Embora o toque do Espírito Santo ocorra na intimidade e no mistério do coração, ele é transferido, por assim dizer, por meio da comunidade e de suas palavras, rituais e símbolos. E assim como esse Espírito Santo dá seu toque mediante as palavras e os sacramentos da comunidade cristã, talvez pode do mesmo modo fazê-lo mediante as crenças e rituais de outras comunidades.

Poderia parecer que somente se os cristãos *tiverem a expectativa* de encontrar a verdade e a graça do Espírito Santo em outras comunidades é que vão conseguir ver e identificar que frutos do Espírito podem talvez estar crescendo nos jardins das demais religiões. Observamos anteriormente como os defensores do Modelo de Substituição pareciam não perceber a evidente santidade, compaixão e paz que resplandecem na vida de hindus, budistas ou muçulmanos. A seus olhos, tais qualidades positivas eram "obras humanas" — exemplos de pessoas em busca do que somente pode ser encontrado em Jesus. O Modelo de Complementação indaga se tais olhos não estariam vendados por uma teologia incapaz de admitir que o Espírito Santo precede Jesus e sopra onde quer.

Diálogo essencial para a vida cristã

Vimos como os recentes progressos ocorridos na Igreja Católica levaram os católicos a reconhecer o "dever do diálogo". Para ser um fiel seguidor de Jesus no mundo de hoje, cada cristão deve empenhar-se na convivência e debate coletivo com pessoas de outras crenças — uma discussão que, como ouvimos falar, se espera ser uma rua de mão dupla. O diálogo, disse o papa João Paulo II, é parte essencial da missão da Igreja — isto é, parte da maneira pela qual os cristãos relacionam-se com o mundo. Dois motivos evidentes e urgentes insinuam por que essa é uma "obrigação" que todos os cristãos têm de levar a sério:

- É do que o mundo precisa. Neste ponto, nos referimos de volta ao capítulo 1 e à nossa descrição de um mundo sacudido por formas de violência que não só são fomentadas pelas religiões mas que também, ao mesmo tempo, não serão de fato resolvidas sem a contribuição das comunidades religiosas. É preciso relembrar as sensatas palavras de Hans Küng: "Não há nenhuma paz entre as nações sem paz entre as religiões. E nenhuma paz entre as religiões sem um maior diálogo entre elas".

- Porém, diálogo é também aquilo de que os cristãos precisam. E dele precisam a fim de pôr em prática a lei mais fundamental do cristianismo — amar ao próximo como a si mesmo. O amor exige de nós não só fazer o "bem" aos outros, mas também os respeitar, assegurar, escutar e estar prontos a com eles aprender. Para amar aos outros de verdade, temos de nos manter prontos a deles receber tanto quanto esperamos dar-lhes. Se "fazer o bem" não for acompanhado de sentimento de respeito e de aceitação favorável para com o outro, então o amor torna-se gentileza condescendente. O que significa que não é mais amor. O amor requer relacionamentos de mútua aceitação em que há reciprocidade no dar e no receber, no ensinar e no aprender, no falar e no escutar. É disso que se trata o diálogo. "Amai vosso próximo" significa "dialogai com vosso próximo".

Pontos inegociáveis em todas as religiões

Ao longo de toda a Parte II, talvez tenhamos ficado um pouco tontos com as subidas e descidas de nossa gangorra imaginária. Toda vez que teólogos ou o papa levantam-se para reconhecer a verdade e bondade nas demais religiões, contrabalançam tal reconhecimento com um lembrete de que Jesus é a fonte e a medida de tudo. Se isso contribui para contrabalançar ou para confundir, é uma pergunta que faremos dentro em pouco. Porém, o fato de os cristãos necessitarem voltar a Jesus para contrabalançarem ou confirmarem tudo quanto dizem parece demonstrar que algo caracteriza não apenas o cristianismo mas todas as religiões. Cada religião tem seus pontos inegociáveis. Eis aqui uma outra importante lição para todos os cristãos no momento em que entram em diálogo mais profundo com outros.

Parece haver certas convicções, valores ou crenças situados no mais íntimo interior do coração de todas as pessoas religiosas, os quais elas simplesmente não são capazes de pôr na mesa de diálogo para um possível questionamento. Muito embora talvez queiram fazê-lo, não o conseguem. Ainda que com seu intelecto digam a si mesmas que o diálogo exige pôr tudo em discussão, em seu íntimo sabem que certas coisas ocupam lugar especialmente protegido e que não podem ser tocadas. Estamos falando de convicções e envolvimentos interiores que definem a identidade da pessoa religiosa. Questioná-los é questionar o que a pessoa é e o que deseja ser. A maioria de nós não é capaz de fazer isso, se formos honestos conosco mesmos.

Para os cristãos, esses pontos inegociáveis têm a ver com Jesus. Ao buscar expor, da maneira mais abrangente possível, como Jesus é inegociável, podemos notar três convicções cristãs acerca de Jesus:

- Em Jesus, Deus fez algo de muito especial, algo que não foi feito e que não será feito em nenhum outro lugar.
- Por causa desse algo especial, Jesus pode talvez ter bastante em comum com outras figuras religiosas, porém sempre permanecerá diferente, irredutivelmente diferente. A diferença que Jesus faz precisa ser preservada.

- Esse algo especial que Deus fez em Jesus é importante — muito importante — não somente para os cristãos mas para todas as pessoas.

Admitindo-se essas convicções acerca de Jesus, os cristãos que seguem o Modelo de Complementação estão abertos para descobrir, em outras religiões, verdades sobre Deus e a humanidade que talvez em Jesus não tenham recebido. Ainda assim, não conseguem imaginar-se concordando com nada que contradiga o que aprenderam em Jesus. O Espírito Santo talvez possa ter mais a dizer do que foi dito em Jesus; porém, o Espírito Santo nunca poderia opor-se a Jesus.

Questões

O Modelo de Complementação de fato permite o diálogo?

Sem dúvida, testemunhamos em todos os teólogos e representantes oficiais da Igreja com quem travamos conhecimento nesta parte do livro um sincero e genuíno desejo de dialogar com pessoas de outras religiões. Porém, poderíamos talvez também perguntar se eles conseguem levar a cabo essa sua sinceridade. Ouvimos, e com isso ficamos talvez surpresos, João Paulo II e representantes oficiais do Vaticano convocar os cristãos para um diálogo no qual podem ser "beneficiados", "transformados", talvez até "convertidos". D'Costa e especialmente Dupuis foram ainda mais vigorosos em insistir na necessidade de haver "complementação recíproca" no diálogo. Porém, aquilo que depois chegam a dizer acerca de Jesus parece neutralizar essas intenções altissonantes. A que grau de profundidade consegue exatamente chegar esse benefício, desafio ou conversão, quando os cristãos estão convencidos de que em Jesus possuem o Verbo pleno, final e consumado de Deus? Mesmo a distinção restritiva que Dupuis faz de que a plenitude de Jesus é somente "relativa", uma plenitude "qualitativa, não quantitativa", soa mais como uma questão de palavras do que de realidade, quando ele chega a declarar que Jesus é o Salvador único-e-exclusivo em quem a única salvação destinada a todas as pessoas constitui-se e faz-se verdadeiramente conhecer. A abordagem "centralizada no Espírito Santo" que Dupuis e outros defendem não parece, em última análise, permitir ao Espírito Santo dizer algo *verdadeiramente* diferente do que foi dito em Jesus. Vimos como não só D'Costa mas também Dupuis continuaram a insistir em que "Cristo, e não o Espírito Santo, ocupa a posição central como caminho para Deus".[2] Isso significa, como já ouvimos falar, que independentemente do que os cristãos possam talvez aprender a partir do Espírito Santo que habita em outros, isso sempre será essencialmente apenas um esclarecimento, um aprofundamento do que já conhecem em Jesus. Não estará Dupuis afinal de contas, ao contrário de suas intenções, subordinando o Espírito Santo ao Verbo em Jesus?

A muitos parece, por conseguinte, que o esforço dos teólogos católicos por dar mais um passo além da perspectiva completiva do Vaticano II não funciona, porque não permite o mesmo nivelamento do terreno em que se dá o jogo, como exige o diálogo em mão dupla. Como se lhe referiu um crítico do Modelo de Complementação, em um diálogo em que os cristãos sustentam possuir "a verdade definitiva de Deus [...], o que temos, de fato, é um diálogo entre o elefante e o camundongo".[3]

Isso não quer dizer que cristãos, atuando a partir do Modelo de Complementação, ajam necessariamente como elefantes ou tratem as pessoas de outras crenças como camundongos. Por parte da maioria dos católicos, é sincero o desejo de um intercâmbio de verdadeira aceitação mútua, que não utilize o diálogo para jogar a isca da conversão. E nos níveis mais populares de paróquias e comunidades locais, os cristãos *estão* vivenciando o que pode significar o diálogo. Estão aprendendo coisas que antes desconheciam. Estão sendo transformados como cristãos porque conversaram com budistas e outros. Porém, parece que uma teologia do diálogo que atua a partir do Modelo de Complementação não se sustenta pela própria teologia das religiões que ela, supostamente, deveria endossar. A prática do diálogo está indo além da teologia oficialmente ensinada pelo Magistério. Talvez se poderia dizer que os católicos não estão pregando o que praticam.

---

[2] DUPUIS, Jacques. *Rumo a uma teologia cristã do pluralismo religioso*. São Paulo: Paulinas, 1999. p. 276.
[3] MAURIER, Henri. The Christian theology of non-Christian religions. *Lumen vitae* 21 (1976), pp. 59, 66, 69, 70.

Compromisso exige certeza?

Já ouvimos falar de como se dá o caso de nós, seres humanos, que na qualidade de pessoas e de comunidade de nações necessitamos de algo como o "Salvador absoluto" de Rahner — uma norma indiscutível dada por Deus, uma segurança bem definida, uma palavra final, uma meta suprema, de modo a conseguirmos achar nosso caminho através do labirinto de problemas e trilhas que compõem a vida de uma pessoa e a história humana. Sem uma verdade indiscutível que não tolera curvar-se a outras verdades não conseguimos, assim o dizem, de fato nos comprometer; tampouco conseguimos tomar posição firme para viver segundo o que sustentamos ser verdadeiro e sagrado, e morrer por isso. Talvez se poderiam replicar essas afirmações com duas perguntas: tais "normas absolutas" ou "verdades finais" são de fato necessárias? São de fato possíveis?

Elas parecem ser impossíveis, se estiver correta nossa chamada consciência pós-moderna — de que toda verdade é limitada porque toda verdade é historicamente condicionada ou socialmente construída. Mesmo os teólogos da época admitem-no acerca de Jesus. Se a verdade Divina encarna-se na história de um determinado ser humano, isso significa que o Divino limita-se. Encarnação quer dizer limitação. São Paulo chamou isso de esvaziamento (*kénosis*). Dupuis esforçou-se por expressá-lo quando admitiu que, embora Jesus outorgue a plenitude da revelação de Deus, esta é uma plenitude "relativa". O afirmar a necessidade de uma verdade final ou insuperável não poderia porventura estabelecer uma meta que, em última análise, há de frustrar-nos quando não a encontramos ou de criar-nos perigosas ilusões quando a julgamos ter encontrado?

Isso suscita a próxima pergunta. São necessárias verdades absolutas ou definitivas para que se assumam compromissos absolutos e definitivos? Para seguir algo plenamente e até para morrer por ele, tenho de saber que esse algo é a verdade superior e última? Parece que não. Se perscrutarmos mais a fundo nossa dinâmica psicológica, afigura-se que o que leva alguém ao compromisso é a crença em algo ser *de fato* verdade, não em ser a verdade *única* ou *definitiva*. Comprometo-me com minha esposa por estar convencido de que ela é a pessoa que se mostrou ser, não por eu estar convencido de não existir outra mulher como ela ou de não existir nenhuma outra mulher com quem eu poderia possivelmente me casar.

Quando julgamos ou percebemos que algo é de fato certo ou verdadeiro, esse algo apodera-se de nós. E não necessariamente esse poder se enfraquece se também sabemos que talvez haja outras verdades que se apoderam de outras pessoas de maneira igualmente forte — ou, ainda, que talvez haja outras verdades que no futuro possam apoderar-se de nós. Cremos que tais outras verdades não vão contradizer a verdade com que agora estamos comprometidos. Os compromissos religiosos exigem a convicção de que Deus *verdadeiramente* chamou a pessoa em Cristo, não que esse seja o *único* chamado que Deus lançou à humanidade.

Como Jesus salva?

Ao longo dessa recapitulação do Modelo de Complementação, temos observado cristãos procurando afirmar as próprias convicções, embora se mostrando ao mesmo tempo capazes de estabelecer diálogo. O problema, contudo, pareceu ser que a particularidade de Jesus tendia a contrabalançar a universalidade do amor de Deus — conferindo aos cristãos a última palavra em qualquer diálogo. Novamente percebemos que o desafio da teologia cristã das religiões é como compreender a particularidade de Jesus; ou como compreender como Jesus salva, como Jesus transforma vidas e as preenche com a paz e o poder da presença de Deus.

Neste ponto, podemos levantar uma questão que prepara o cenário para a Parte III: será que as Igrejas e os teólogos levaram verdadeiramente até as últimas implicações sua compreensão de Jesus (e da Igreja) como *sacramento*? Vimos como Rahner entendia Jesus não como aquele que conserta o que está quebrado mas sim como aquele que revela o que já está dado e, todavia, não está ainda evidente. Nesse sentido, Jesus não constrói a ponte que nos possibilita estabelecer uma relação com Deus (ou a Deus de fazê-lo conosco). Antes, em sua mensagem e em sua pessoa, ele nos mostra que já estamos nessa relação. Os sacramentos tornam real o que já está posto, mas que de fato não conseguimos perceber nem sentir sem a força do sacramento para revelá-lo.

As diferenças entre essas duas percepções de como Jesus salva — reunir o que está dividido ou revelar o que está presente — conduzem a importantes diferenças em teologia das religiões. Compreender e vivenciar Jesus como aquele que revela, simboliza e representa o amor de Deus que já está dado poderia supor ou mesmo exigir a existência de outros sacramentos. Talvez haja várias maneiras pelas quais o Espírito de Deus poderia encontrar expressão em culturas diferenciadas, em períodos históricos diferenciados.

Se semelhante compreensão sacramental de Jesus é fiel ao testemunho do Novo Testamento, se ela pode sustentar a vida cristã e conduzir a um diálogo autêntico são perguntas importantes. Com elas nos vamos defrontar nos capítulos vindouros.

Parte 3
O Modelo de Mutualidade: "várias religiões verdadeiras convocadas ao diálogo"

Parte 3

Capítulo 7
A ponte filosófica

"Estou convencido de que, nas Igrejas cristãs de correntes dominantes na América do Norte, há milhões de membros para quem a afirmação de que o cristianismo *não* é a única religião verdadeira seria uma 'Boa-Nova' [...]. Vivemos em uma época em que muitos cristãos começam a abrir mão das pretensões exclusivistas [leia-se Modelo de Substituição] e absolutistas [leia-se Modelo de Complementação]."[1] Essa declaração de Marcus Borg, estudioso e acadêmico especializado no Novo Testamento, ele próprio membro e ministro da ala progressista de uma comunidade cristã de corrente dominante, exprime não só a motivação mas também a direção do que chamamos de Modelo de Mutualidade. Nos cristãos em que esse modelo tem ressonância, também têm ressonância as questões levantadas a partir dos modelos prévios. Por sua própria e íntima intuição cristã, eles percebem que os telescópios teológicos tradicionais — que mostram que as outras religiões têm, em última análise, ou de ser substituídas ou levadas à completude pelo cristianismo —, na verdade não mostram o que está ali posto, tanto nas outras religiões como no Evangelho de Jesus. Esses modelos estabelecidos não estão funcionando para tais cristãos. Por essa razão, os seguidores de Jesus estão em busca de caminhos que, partindo

---
[1] BORG, Marcus. Jesus and the Buddhism; a Christian view. *Buddhist-Christian studies* 19 (1999), p. 96.

daquilo que um estudioso chama de um entendimento "absolutista" de Cristo e do cristianismo (em que Cristo é o único Salvador e Palavra final), faça-os chegar a um entendimento que seja mais "modesto" — o que isso significa precisamente é o que os cristãos e teólogos do Modelo de Mutualidade estão buscando resolver.[2]

Nesta parte, por conseguinte, podemos esperar que o sobe-e-desce da gangorra vá ser diferente do que experimentamos na parte precedente. Se o Modelo de Complementação assentava-se mais pesadamente no lado da particularidade de Jesus, neste Modelo de Mutualidade o maior peso recairá no lado do amor universal e na presença de Deus em outras religiões. Ambos os modelos buscam o equilíbrio. Qual deles faz isso melhor é uma discussão permanente entre cristãos.

TRÊS QUESTÕES

Antes de entrarmos em nossa recapitulação e análise desse modelo, será proveitoso ter primeiro um sentido de para onde estamos indo. O Modelo de Mutualidade quer responder a três questões. Perguntas estas que lhe conferem não só vigor mas também direção.

1. Como podem os cristãos comprometer-se em um diálogo mais autêntico com pessoas de outras crenças? Para sermos inteiramente honestos e diretos acerca desse modelo, temos de reconhecer que sua preocupação fundamental é como promover o genuíno diálogo com outras religiões. Para os cristãos seguidores desse modelo, essa preocupação não é menos profunda e nem menos fundamental do que a preocupação em seguir Jesus e permanecer fiel a seu Evangelho. Uma preocupação tem de sustentar a outra. Esses cristãos não conseguem imaginar-se seguindo Jesus sem conviver e debater coletivamente com pessoas de outras crenças — e vice-versa. Para esses cristãos, o diálogo com outras religiões é um imperativo, um imperativo ético. Assim o é pelas várias das razões que ponderamos em nossa primeira parte. Porém, ele é também um imperativo porque, para esses cristãos, o diálogo parece ser parte essencial do

---

[2] Cf. WILDMAN, Wesley J. *Fidelity with plausibility*; modest christologies in the twentieth century. Albany: State University of New York Press, 1998.

imperativo de amar ao próximo; como vimos na parte precedente, não se ama verdadeiramente uma outra pessoa a não ser que se esteja pronto para ouvi-la, respeitá-la e dela aprender. Isso é diálogo.

Por conseguinte, quando tais cristãos contemplam o amplo terreno das outras tradições religiosas, não percebem apenas a diversidade, mas *parceiros potenciais de diálogo*. Querem incentivar não apenas a multiplicidade e a identidade de outras religiões, mas também, e em especial, a convivência e o debate coletivo entre elas. É por isso que o chamamos de Modelo de Mutualidade em vez de Modelo Pluralista, nome (enganoso) que mais freqüentemente lhe é atribuído. Para esse modelo, o relacionamento é mais importante do que a pluralidade. E tem de ser um relacionamento de mutualidade — isto é, um relacionamento, uma convivência dialogal que de fato se dê em ambas as direções, no qual ambos os lados de fato falem e ouçam, no qual ambos os lados realmente se abram para aprender e mudar. Para esse modelo, tudo o que ameaça a reciprocidade do diálogo é altamente suspeito, para dizer o menos.

2. Como podemos criar um terreno nivelado para praticar o jogo do diálogo? Essa pergunta vem a ser uma conseqüência necessária da primeira. Tanto o substantivo ("terreno") quanto o adjetivo ("nivelado") são decisivos para compreender aquilo que a pergunta procura. "Nivelado" exprime aonde o Vaticano II queria chegar ao dizer que, para um diálogo funcionar, há que se dar "entre iguais". Se um dos participantes entra em campo com um equipamento melhor do que o do outro, ou com um "relacionamento especial" com os árbitros ou juízes, o intercâmbio não vai ser justo. Por conseguinte, os proponentes desse modelo pressupõem o que um deles chamou de "equivalência prévia" entre as religiões.[3] Isso não quer dizer que todas as religiões sejam semelhantes ou que sejam iguais em todos os aspectos. Porém, com efeito, quer dizer que todas têm "direitos iguais" de falar e de serem ouvidas, com base no valor inato de cada uma. Dessa maneira, esse modelo sente-se desconfortável com qualquer pretensão — e busca evitá-la — de alguma

---

[3] Cf. GILKEY, Langdon. Plurality and its theological implications. In: HICK, John; KNITTER, Paul F. (eds.). *The myth of Christian uniqueness*; toward a pluralistic theology of religions. Maryknoll: Orbis Books, 1987. pp. 37-50.

religião ter uma superioridade pré-concedida (especialmente se concedida por Deus), em relação a todas as demais, e que a torna "final", "absoluta" ou "insuperável" sobre todas as outras.

Porém, além de "nivelado", precisamos também de um "terreno para praticar o jogo", em que possa ter lugar o diálogo autêntico. E para tornar isso possível, os cristãos adeptos da mutualidade, ou mutualistas, se assim pudermos cunhar esse termo, querem misturar dois ingredientes necessários que não parecem misturar-se facilmente: (*a*) querem preservar a real *diversidade* e as reais *diferenças* entre as religiões, uma vez que sem diferenças, por que uma conversar com a outra? O Modelo de Mutualidade quer, portanto, evitar qualquer discussão superficial acerca de todas as religiões serem basicamente semelhantes ou de, na verdade, falarem da mesma coisa. (*b*) Porém, ao mesmo tempo — e esse "porém" é capcioso — é preciso haver algo que as religiões tenham em comum e que, para começar, torne possível o jogo do diálogo. Alguém talvez pudesse dizer que teriam todas elas de pôr-se a jogar futebol. Se uma religião, por assim dizer, joga "basquete" e a outra "beisebol", elas não vão ser capazes de jogar uma com a outra. As religiões têm de ter algo em comum que as possibilite fazer a travessia do evidente abismo de suas diferenças. O que seria esse "algo", como veremos, não é fácil de determinar ou expor com concisão.

3. Como podemos chegar a um entendimento mais claro da singularidade de Cristo, e que há de sustentar o diálogo? Mais uma vez, essa pergunta provém da anterior. Um dos principais motivos pelos quais muitas pessoas, tanto cristãos como seguidores de outras religiões, sentem que jamais poderá haver um terreno nivelado em que se possa pôr em prática o jogo do diálogo com o cristianismo tem a ver com as reivindicações que os cristãos fazem acerca de Jesus. Se os cristãos começam o jogo do diálogo insistindo em que Jesus é o único Salvador para toda a humanidade e que nele a Palavra de Deus é a palavra final de Deus para todos, então por mais toma-lá-dá-cá que haja durante o jogo, quando soar o último apito — ou ao término dos jogos decisivos finais (escatológicos) — o cristianismo tem sempre de ganhar. Estendendo mais essa nossa analogia, as outras religiões podem marcar gols esplêndidos, porém, no fim (da partida ou da história), somente a equipe de Cristo pode vencer. Isso significa que, muito embora os cristãos consigam aprender muito acerca da maneira de jogar das demais equipes, eles na verdade nunca se preocupam em perder — o que significa que nunca conseguem aprender algo realmente importante. Em outras palavras, parece que se Deus fez somente de uma personalidade e de uma religião o funil para o amor de Deus e a graça salvífica para todos os demais, então um verdadeiro *diálogo de efetiva mutualidade* entre religiões, em que cada participante mantém-se pronto para aprender tanto quanto qualquer outro, não é possível.

É isso, então, o que parece aos cristãos que escolhem tentar algo como um Modelo de Mutualidade para compreender outras religiões. Para eles, afigura-se que as maneiras tradicionais de compreender Cristo e a Igreja lançam obstáculos *doutrinais* à obrigação *ética* de empenhar-se em diálogo autêntico com os demais. Algo está errado. Algo precisa ser reexaminado e reapercebido interiormente. Por essa razão, estão eles relendo a Bíblia à luz de sua nova experiência com outras religiões e buscando novas maneiras de compreender Jesus que lhes possibilitem ser tanto abertos às demais religiões quanto são profundos no compromisso com ele. Não querem diluir o que torna Jesus singular, porém tampouco querem diluir a singularidade que Deus prodigalizou às demais personalidades e caminhos religiosos. Vamos examinar e sopesar diversas propostas de como isso pode ser feito. Uma vez mais, outra equipe de teólogos busca equilibrar a gangorra.

Neste ponto, devemos acrescentar que aquilo que o Modelo de Mutualidade diz acerca da necessidade de criar um terreno nivelado para que se dê o jogo do diálogo, e dos obstáculos a isso, não se aplica somente ao cristianismo. Outras religiões que entram no jogo do diálogo reivindicando ou crendo que são a equipe escolhida por Deus destinada a ganhar de todas as demais no final (alguns estudiosos acadêmicos sustentam que todas as religiões fazem-no de uma forma ou de outra) vão causar problemas semelhantes. Quer elas admitam tais problemas ou possam fazer algo a respeito, não é da conta dos cristãos. A discussão que buscamos incentivar neste livro é para cristãos, entre cristãos.

E o debate cristão acerca do que chamamos de Modelo de Mutualidade está avançando e esquentando. Há poucas décadas, os especialistas referiam-se a esse modelo como sendo uma opinião minoritária entre as Igrejas e teólogos. Todavia, perto do final do século passado, um reconhecido manual de teologia católica fez a seguinte afirmação, para muitos surpreendente: "Posições pluralistas [leia-se de mutualidade] que se propõem como as explicações teológicas mais abertas e apropriadas do fato empírico da diversidade de religiões [...] parecem estar substituindo o inclusivismo [leia-se o Modelo de Complementação] como a posição teológica cristã de maior preferência".[4] Nem todo o mundo concordaria com essa afirmação — ou com esse "de maior preferência".

Porque o Modelo de Mutualidade parece ocupar o centro da tempestade e da agitação que perturbam os cristãos quando estes se atracam com o desafio do pluralismo religioso, vamos despender com esse modelo um pouco mais de tempo em expor-lhe tanto o conteúdo quanto as críticas, do que o fizemos com relação aos demais. Para vencer a tempestade, os leitores vão precisar de tantos dados quanto possíveis.

TRÊS PONTES

Uma imagem favorita, empregada por alguns proponentes do Modelo de Mutualidade para expor as implicações de seu projeto, é a da "travessia do Rubicão"; esse modelo convida os cristãos a fazerem um movimento que, como o de César, vai lançá-los em um novo terreno cheio de novas possibilidades, assim como de novas incertezas. Se essa imagem narra os fatos tão bem quanto exprime o sentimento de vaidade dos teólogos, isso fica aberto à discussão. Seja qual for o caso, embora esse modelo talvez não esteja a exigir algo inteiramente novo (que requeira do cristão o abandono de sua antiga morada), ele explora algo realmente novo (que torna necessário fazer nela certa

---

[4] BEINERT, Wolfgang; SCHÜSSLER FIORENZA, Francis. *Handbook of Catholic theology*. New York: Crossroad, 1995. p. 95. Um pouco antes, e de modo nenhum mais oportuno, Carl Braaten fez uma afirmação semelhante ao admitir que uma teologia das religiões pluralista ou de ação mútua "venceu sem esforço dentro dos departamentos de estudos religiosos em universidades e escolas de teologia. Está rapidamente fazendo incursões nos seminários das várias denominações liberais e de tendência dominante" (The Triune God; the source and model of Christian unity and mission. *Missiology* 18 [1990], p. 419).

reforma radical). A fim de melhor distinguir e avaliar os diversos caminhos que os cristãos buscam para perfazer esse movimento, vamos descrever três pontes diferentes, embora complementares, que acenam para os cristãos, chamando-os a fazer a travessia para o Modelo de Mutualidade.
1. A *ponte filosófico-histórica*. Ela repousa principalmente sobre três colunas: as limitações históricas de todas as religiões e a possibilidade (ou probabilidade) filosófica de haver uma Realidade Divina por trás de todas elas.
2. A *ponte místico-religiosa*. Essa ponte é sustentada por aquilo com que muitas pessoas de fé concordariam: o Divino tanto situa-se além de toda experiência vivida por qualquer religião como não obstante está presente na experiência mística de todas elas.
3. A *ponte ético-prática*. Os materiais de construção empregados nesta ponte também parecem encontrar-se entre a maioria das religiões: o reconhecimento de que as necessidades e sofrimentos que afligem a humanidade e o planeta são de comum interesse de pessoas de todas as tradições. Tais sofrimentos são um chamado dirigido a todas as famílias religiosas e que, se levado a sério, há de capacitá-las para cumprir um diálogo ainda mais eficaz umas com as outras.

Em nossa caminhada por cada uma dessas pontes, teremos geralmente um teólogo específico como guia, embora chamaremos atenção para outros companheiros de viagem. Em certo sentido, o Modelo de Mutualidade é mais ecumênico do que os outros: enquanto as principais vozes ativas do Modelo de Substituição eram protestantes evangélicos, e as vozes ativas que ouvimos no Modelo de Complementação eram especialmente católicas, as vozes ativas que nos falam neste modelo contribuem para uma polifonia de Igrejas cristãs. É de lembrar, também, que essas pontes constituem caminhos diferentes de procurar chegar ao mesmo destino. Levam em consideração múltiplas travessias em ocasiões diferentes. A depender da bagagem que a pessoa traz para sua viagem, ou do clima cultural-pessoal com que se confronta, talvez certa ponte possa contribuir mais do que outra para um andar mais suave.

A PONTE FILOSÓFICO-HISTÓRICA

Nosso principal guia na travessia dessa ponte é um dos primeiros teólogos cristãos contemporâneos que a cruzaram e insistiram com outros para que os seguissem. John Hick é um teólogo britânico — embora tenha passado muitos anos nos Estados Unidos — cujo próprio caminho de experiência espiritual e intelectual traçou uma rota familiar para muitos outros cristãos. Esmagado pela sensação de "infinito tédio" que experimentou com relação a grande parte do cristianismo institucional na Inglaterra, Hick foi em busca de outras formas de discipulado mais dinâmicas e cativantes. Passou por uma "conversão espiritual" que o eletrificou e transformou em "um cristão de tipo decididamente evangélico e mesmo fundamentalista". Chegou a pessoalmente sentir que Jesus era seu "senhor e salvador vivo", "Deus-Filho encarnado", salvador de toda a humanidade. Hick nasceu de novo e decidiu tornar-se pastor da Igreja Presbiteriana. Porém, à medida que seguia seus estudos acadêmicos de religião, à medida que conheceu e veio a trabalhar com pessoas de outras crenças, particularmente na multirreligiosa Birmingham, sua cidade natal, Hick ficou abalado pela "diversidade de evidentes revelações". Sua âncora evangélica foi abalada. Passou por uma outra conversão, não com referência a seu profundo comprometimento com Jesus, mas à sua teologia de Jesus, ao cristianismo e à religião em geral. No início da década de 1970, Hick fez ouvir seu apelo em prol do que denominou de revolução copernicana no cristianismo. Desde então, esse apelo vem-se aprimorando e ressoando por entre os muros de universidades e Igrejas.[5] Na qualidade de filósofo e teólogo, Hick faz seu apelo de modo cuidadoso, com graça, mas com rigor. Ele tem muitos críticos, muitos deles bons amigos seus.

Um novo mapa de religiões

Para Hick, os indícios da necessidade de uma revolução copernicana e de "um novo mapa para o universo das crenças" vinham aumentando de modo persistente ao longo do século passado. Porém, ele

---

[5] Cf. HICK, John. *God has many names*. London: Macmillan, 1980. pp. 1-5.

percebe que as Igrejas têm sido temerosas de enfrentar esses indícios de maneira realista. A inquietude e as modificações havidas na teologia cristã das religiões, e que reexaminamos nos capítulos precedentes — da Substituição à Completude, de "pagãos" a "cristãos anônimos", da *não*-salvação a *certa* salvação fora da Igreja, da treva absoluta nas religiões aos "lampejos da verdade" —, são para Hick sinais de que os cristãos estão buscando encarar os indícios da presença de Deus nas demais crenças. Porém, ele considera que os esforços teológicos por julgar as outras religiões como "cristãos anônimos" ou como "preparação para o Evangelho" são "tentativas simpáticas". A argumentação de Rahner, segundo a qual as demais religiões são "caminhos de salvação" que conduzem à completude ou plenitude em Cristo, é para Hick uma "ponte psicológica entre a percepção mais antiga, não mais aceitável, e a nova percepção que está a surgir". E acrescenta: "Mais cedo ou mais tarde haveremos de sair da ponte e chegar ao outro lado".[6]

De fato, em 1973, Hick foi decididamente adiante até o outro lado e propôs sua revolução copernicana em teologia. Esta reflete o modelo de universo elaborado por Copérnico:

> [Ela] implica uma [...] transformação radical em nossa concepção do universo de crenças e do lugar que nossa religião aí ocupa [...]. [Ela requer] uma mudança de paradigma de um modelo centrado no cristianismo ou centrado em Jesus, para um modelo do universo de crenças centrado em Deus. Passamos então a encarar as grandes religiões de presença mundial como diferentes repostas humanas à única Realidade Divina, que incorpora diferentes percepções formadas em diferentes circunstâncias históricas e culturais.[7]

Aí temos aquilo que Hick julga ser uma revolução nas atitudes e sentimentos dos cristãos: o centro do universo religioso, ao menos para os seres humanos neste planeta, não é mais a Igreja, não é mais Jesus,

---

[6] HICK, John. Whatever path men choose. In: HICK, John; HEBBLETHWAITE, Brian (eds.). *Christianity and other religions.* Philadelphia: Fortress Press, 1980. pp. 180-181.

[7] HICK, John. *God and the universe of faiths.* New York: St. Martin Press, 1973. Posteriormente Hick deu à sua perspectiva pluralista uma apresentação e uma fundamentação mais elaboradas no livro *An interpretation of religion*; human responses to the Transcendent. New Haven: Yale University Press, 1989.

mas sim Deus. Mais tarde, à medida que as críticas recebidas ajudaram Hick a afinar mais o sentido de sua revolução, ele deixou de empregar a palavra "Deus" como referência a esse centro. Ao dar-se conta de que a imagem de Deus com demasiada freqüência carrega consigo a etiqueta de "fabricado no cristianismo", ao dar-se conta de que religiões como o budismo sequer falam de Deus ou de *um* Ser Divino, Hick passou a empregar expressões como "o Real" ou o "Real Verdadeiro". O que buscava não era um nome, mas um ponteiro; buscava um termo que demonstrasse não o que estava no centro, mas que há um centro, muito embora jamais os seres humanos hão de conhecer clara e plenamente o que ali está contido.

Um só Real, várias expressões culturais

Porém, como pode Hick estar seguro de que há somente um centro, uma fonte ou uma meta para todas as religiões? Não o pode estar — ao menos não na qualidade de filósofo. Eis por que ele propôs essa sua percepção revolucionária como uma *hipótese*. É a melhor maneira de extrair sentido dos dados que a história religiosa da humanidade fornece. Segundo o Hick filósofo, embora não se possa provar a existência do Divino e a necessidade da fé, podem-se expor argumentos sólidos segundo os quais a decisão de crer na existência de uma Realidade Divina na fonte e no âmago do universo faz bom sentido e contribui para uma vida feliz, saudável. (Tais argumentações estão em seus livros sobre filosofia da religião.[8]) Ora, se alguém faz tal escolha religiosa, então faz ainda mais sentido adotar a hipótese de que a própria Realidade Divina — lembrem-se, estamos indicando, não nomeando — constitui o âmago de todas as diferentes religiões. Por quê? Antes de mais nada, tal hipótese atende a finalidades práticas de comunicação e cooperação entre as religiões. Se não houver uma fonte ou meta comuns para as religiões, então com efeito não somente elas falam línguas diferentes, mas também vão em direções

---

[8] Cf. HICK, John. *The philosophy of religion*. 4. ed. Englewood Cliffs: Prentice Hall, 1990; cf. também HICK, *An interpretation of religion*, pp. 210-230.

diferentes; ou, para lançar mão de uma imagem anterior, jogam jogos diferentes. As regras de uma não se aplicam à outra; as preocupações de uma são totalmente diferentes das preocupações das demais. A comunicação não apenas entra em colapso; ela sequer consegue ter início. Para uma Inteligência Criadora que tenha disposto as coisas de tal maneira, isso não deporia a favor nem a criatividade nem a inteligência.

Além dessas razões práticas, Hick também encontra provas internas em seu estudo da história religiosa. Pelo menos desde a época do chamado Período Axial (em alemão, *Achsenzeit*)* — de 800 a 200 a.C. — ele detecta um plano ou agenda comum, por assim dizer, relacionado à maioria das tradições religiosas que começaram a tomar forma naquele período: de uma maneira ou de outra, todas elas procuram aperfeiçoar a condição humana neste mundo; e buscam consegui-lo instigando as pessoas a mudar ou "converter-se" de um modo de vida autocentrado para um modo de vida centrado no Outro ou centrado na Realidade. Talvez seja essa a razão por que, apesar das diferenças de crenças e rituais de forte efeito sobre a mente, aqueles indivíduos que são considerados "santos" ou "pessoas sagradas" em cada religião são muito parecidos entre si. São pessoas que estão em profunda paz consigo mesmas e que procuram viver em paz com os outros. Um filósofo poderia talvez concluir que árvores muito diferentes que geram tais frutos éticos em comum muito provavelmente possuem raízes comuns.

Ademais, Hick encontra em todas as tradições religiosas uma distinção, "tanto antiga como muito difundida", que também possui bom sentido teológico: todas elas fazem distinção "entre, de um lado, a Divindade em todos os seus níveis de profundidade para além da experiência e compreensão humanas, e, do outro, a Divindade assim como é finitamente vivenciada e assumida pela humanidade". Em outras palavras, todas as religiões parecem reconhecer que a Divindade ou o Real que de fato vivenciam e assumem é mais do que elas vivenciam

---

* Termo cunhado pelo filósofo alemão Karl Jaspers (1883-1969) para referir-se às novas e revolucionárias formas de pensamento que, segundo ele, teriam surgido na China, na Índia e no Ocidente durante o aludido período. (N.T.)

e assumem. Esse "mais" é o que, segundo a hipótese de Hick, seria a energia geradora de todas as religiões.⁹

Para tentar tirar um sentido mais claro dos dados que encontra na história religiosa, Hick volta-se para o entendimento que o filósofo Immanuel Kant tem sobre como funciona nossa mente ao habilitar-nos a "conhecer" algo. Segundo Kant, nunca vivenciamos ou experimentamos algo diretamente, do mesmo modo como uma imagem é imediatamente refletida a partir de um espelho. Mais exatamente, todos os dados sensíveis que se despejam em nosso mecanismo mental são aceitos, processados e filtrados pela constituição desse mecanismo. E nosso mecanismo é grandemente influenciado pelo tempo e lugar, pela sociedade e cultura em que vivemos. Como afirma Hick, toda experiência é portanto "experimentar de certo modo". Jamais fazemos uma captura imediata, precisa, do objeto em si mesmo (*das Ding an sich* — a coisa em si). Mais exatamente, o que pretendemos conhecer é tão-somente uma imagem do objeto — uma imagem formada pela maneira pela qual o aporte ou dado sensível foi processado e configurado pela mente cognitiva de cada um de nós. Em termos filosóficos, que pode ou não ser útil para quem não é filósofo, o que conhecemos é sempre o *fenômeno* da coisa — a imagem resultante da maneira pela qual ela se apresenta e da maneira pela qual nossa mente a processa. Nunca de fato, ou nunca de modo pleno, conhecemos o *númeno* — a coisa em si.

Aplicando tudo isso à sua hipótese do Real que estaria atrás de todas as religiões, Hick argumenta que, embora as pessoas religiosas, com efeito, na verdade *vivenciem e assumam* o Real, conhecem-no somente na forma ou feitio de suas categorias históricas, sociais e psicológicas determinadas. Não fazem jamais uma captura direta, imediata do Real. Conhecem os "fenômenos" do Real, mas não conseguem nunca apoderar-se do Real-em-si, do seu *númeno*. Hick não afirma isso com a autorização de Kant, mas porque pensa que Kant irradia mais luzes sobre o que ele acha que dizem todas as religiões — que o Divino é tão real quanto misterioso, que é verdadeiro aquilo que as religiões julgam

---

⁹ Cf. HICK, John. *Problems of religious pluralism*. London: Macmillan, 1985. pp. 28-45; cf. também HICK, *An interpretation of religion*, pp. 343-359.

e proclamam ser o Divino, mas que a verdade é infinitamente maior do que o conhecido. Portanto, as várias religiões da humanidade "constituem maneiras diferentes de *experimentar, conceber,* e *viver* relativamente a uma Realidade Divina suprema que transcende todas as variadas versões que lhe damos".[10]

Para Hick, as partes do quadro que as religiões com efeito possuem são sempre vivamente representadas por símbolos, mitos e metáforas. Uma vez que o tema do quadro é o misterioso, o eternamente Real, não há outro modo pelo qual ele pode nos tocar ou pelo qual podemos tentar conversar sobre o que nos tocou. Pretender que podemos falar em conceitos e definições rigorosas acerca do Real seria tolamente pensar que conseguimos nos livrar de nosso corpo e pôr de lado nossa maneira corporificada de conhecer; seria pretender um encontro direto, imediato, face a face com o Divino. Os filósofos diriam que isso é impossível (a não ser que se seja um anjo). As religiões chamariam isso de blasfêmia. Por essa razão, se toda experiência do Real Divino for, como toda experiência humana, uma questão de "experimentar de certo modo", então os símbolos e metáforas preenchem os espaços em branco que estão atrás do "certo modo": vivenciamos e assumimos o Divino como Pai, como Mãe, como Espírito, como Fogo, como Caminho, como Força. Todos esses símbolos e as histórias e mitos em que eles habitualmente se alojam dizem-nos *de fato*, ou *podem* dizer-nos, algo verdadeiro sobre o Divino. Porém, no fim, segundo Hick, eles realmente dizem-nos mais acerca de nós mesmos do que acerca do Real — de como fomos afagados pelo Divino e de como decidimos viver com o Divino, em vez de como na verdade o Espírito Divino é. Uma vez mais, os símbolos insinuam, em vez de definir.

Hick prossegue para nos lembrar de que, se aquilo que é simbolizado — o Real — é único, os símbolos pelos quais é percebido e exprimido hão de ser vários. Um *númeno* divino, vários fenômenos religiosos. Vários, precisamente. Isso porque o Real Divino é tão versátil e inesgotável em suas maneiras de sinalizar presença para os seres humanos; é também porque os símbolos religiosos, por meio dos quais se

---

[10] Hick, *An interpretation of religion*, pp. 14, 235-236; o grifo é nosso.

captam esses sinais, são modelados em tamanha diversidade de culturas humanas. É tal a diversidade que as várias religiões e seus símbolos conseguem tanto ser diferentes como até contraditórios. O Real, por exemplo, é simbolizado tanto por formas pessoais como impessoais — Pai ou Mãe, Shiva ou Krishna — mas também como Vazio, Caminho ou Força. Da mesma forma, o ser humano é compreendido em algumas religiões como um eu interior individual, um si mesmo, que há de viver por toda a eternidade; em outras tradições, a pessoa é concebida como uma confluência de energias que vão encontrar seu verdadeiro ser ao perder-se a si mesmas, em última análise, no oceano do Real. Hick diz-nos que não devemos necessariamente nos surpreender, ou nos confundir, com tais estonteantes diferenças. Aquilo que deixa o cérebro humano perplexo como sendo uma contradição pode talvez ser um convite para investigar mais profundamente a riqueza do Real. Talvez haja razões, tanto em nossa natureza humana como no próprio Real, pelas quais podemos, e devemos, vivenciar e assumir o Real por ser ele tanto Pai amoroso como Força indescritível, ou nós mesmos por sermos tanto pessoas que duram para sempre como partes que perdem sua identidade no quadro maior.

Semelhantes contradições, se lhes perscrutarmos as profundezas, talvez possam muito bem ser complementares, ou ao menos não exclusivistas, em vez de contraditórias. Para fortalecer essa possibilidade, Hick destaca que tais diferenças entre símbolos religiosos e crenças, até mesmo quando parecem contraditórios, normalmente não contribuem para fazer grandes diferenças no produto final de todas as religiões. As religiões parecem ser igualmente eficazes, ou ineficazes, no estímulo e na orientação de seus seguidores para mudarem a direção de suas vidas, desde o autocentramento até o centramento no Outro, seja pelo emprego de símbolos pessoais ou impessoais em se tratando do Real ou em se tratando do fim supremo da humanidade. Um cristão santo que crê que o Real é o Pai e um budista consagrado que crê que o Real é o Vazio podem ambos alcançar formas de vida semelhantes de paz consigo mesmos e de compaixão pelos outros. Semelhanças em ética insinuam que as diferenças em doutrina talvez possam não ser assim tão importantes.

Evitando as escorregadias ladeiras do relativismo

Porém, se há um único Real por trás ou por dentro das diversas religiões, isso não quer dizer que, apesar de suas diferenças evidentes e características, todas elas no fundo são de igual valor? Embora usem ferramentas diferentes, não acabam executando o mesmo trabalho? Ou, para usar uma imagem bem conhecida: não são caminhos diferentes que conduzem ao cume da mesma montanha? Não importa qual o caminho que se escolhe, ele não vai finalmente nos levar ao cume? A maioria dos proponentes do Modelo de Mutualidade responderia que não. Eles têm consciência dos perigos de seu modelo. Ampliando a imagem que utilizamos, qualquer um que defende haver um único cume para todos os diferentes caminhos religiosos precisa tomar precauções especiais para não rolar "pelas escorregadias ladeiras do relativismo" abaixo. O relativismo é o escuro vale no qual as diferenças não importam — ou no qual não se consegue ver bastante claramente para fazer julgamentos de valor entre as crenças e práticas religiosas. Um relativista afirma que todos os caminhos religiosos, por mais estranhos ou esquisitos que pareçam, conduzem *para o alto*. Ao fim e ao cabo, vão chegar ao cume da montanha. Desse modo, qualquer que seja o caminho em que se esteja, basta continuar andando!

Porém, Hick e seus colegas de travessia pela ponte filosófica rebatem: as diferenças têm, com efeito, importância. Nem todos os caminhos necessariamente conduzem caminho acima até o cume da montanha. Isso é evidente para qualquer um que já folheou o livro da história das religiões. Ninguém pode negar quantos estragos as religiões fizeram — pessoal, social e internacionalmente. Em nome da religião, pessoas foram psicologicamente traumatizadas; grupos foram explorados; travaram-se guerras. Alguns dos piores pecados da humanidade foram cometidos porque "Deus assim o quer", porque "Deus está do nosso lado" ou porque "Deus fala por meio de mim". Como se referiu um teólogo, há muitas coisas tanto na história da religião como em sua prática atual que são simplesmente intoleráveis — como as Cruzadas, o apartheid, a tortura, as viúvas queimadas em fogueiras, a clitoridectomia.[11] Em termos

---

[11] Cf. GILKEY, Plurality and its theological implications, pp. 44-46.

simples: se há muito de bom na religião, há também muito de mau. E tem-se de conseguir revelar a diferença. Há que se conseguir distinguir entre os caminhos religiosos que conduzem para o alto e os que conduzem para baixo ou que se perdem em desvios.

Hick admite isso. Sustenta que "é por si mesmo evidente, ao menos desde o Período Axial, que nem todas as pessoas, práticas e crenças religiosas são de igual valor".[12] Mas então, de surpresa, surge imediatamente a pergunta: como podem ser distinguidas as diferenças em valor? Quais os critérios para avaliar o verdadeiro e o falso, o bom e o mau, nas diferentes religiões e no diálogo entre elas? Hick argumenta que as próprias religiões fornecem esses critérios. Se todas elas, com suas diferentes crenças e práticas, perseguem a meta de redirecionar as energias do coração humano de si mesmo para o Outro/outro, do eu para o nós, então o critério para determinar o valor de uma religião é bastante evidente: ela incentiva "uma preocupação de auto-sacrifício pelo bem dos demais"? Ela fomenta "uma renúncia voluntária ao egocentrismo, uma autodoação ao Real ou um perder-se no Real" que vai gerar "aceitação, compaixão, amor por toda a humanidade ou mesmo pela vida em sua totalidade"? Por conseguinte, para sopesar o valor ou a verdade de uma religião, a pessoa precisa examinar se e como essa religião incentiva "aquela melhor e ilimitada qualidade da existência humana que tem lugar na transição do autocentramento para o centramento na Realidade".[13] Para Hick, e para muitos teólogos que se movimentam nessa direção, os postes de sinalização que vão ajudar-nos a evitar as escorregadias ladeiras do relativismo, assim como os critérios pelos quais podemos avaliar as religiões, são critérios éticos em vez de doutrinais ou vivenciais. Pelos frutos as conheceremos.

Não obstante, Hick nos adverte que jamais as conheceremos *plenamente*. Com tais critérios éticos, conseguimos avaliar determinadas doutrinas, práticas ou movimentos dentro de uma religião, mas na verdade não podemos nunca classificar "as grandes religiões mundiais como totalidades". Por quê? Porque as religiões, na amplidão de seus sistemas de crenças e de suas histórias, são por demais diversas, complexas e labirín-

---

[12] Hick, *An interpretation of religion*, pp. 89, 299.
[13] Ibid., p. 325.

ticas. Ninguém pode jamais captar um quadro inteiro ou reunir todos os dados necessários para de fato comparar os frutos éticos, digamos, do cristianismo e do budismo. Dessa maneira, enquanto ainda lutamos para galgar as encostas da montanha, enquanto ainda não alcançamos a visão a partir do cume, não podemos dizer que um caminho, em sua totalidade, é melhor que outro. Não podemos dizer que a visão total que o cristianismo tem do Real e da maneira de com ele viver em harmonia é superior à do hinduísmo ou à do budismo. Se uma religião qualquer supera todas as demais, isso só pode ser conhecido quando a caminhada tiver fim, quando o cume for atingido, quando a história tiver se aprimorado em ordem a seu término. O Hick filósofo sustenta que o debate entre ateus e pessoas de fé só vai de fato resolver-se "escatologicamente" — apenas no fim da vida de cada um ou no fim da história. O mesmo é verdadeiro com referência à pergunta sobre se uma religião supera as demais. Dessa maneira, o que tão-somente pode conhecer-se no fim não deveria desviar-nos a atenção durante a caminhada. Por ora, devemos manter-nos em marcha firme — caminhando juntos e ajudando-nos uns aos outros, ao longo de nossos caminhos diferentes.

O que dizer de Jesus?

Os proponentes dessa ponte histórico-filosófica admitem que muitos de seus companheiros cristãos vão achar que tal ponte está-lhes fechada. Por quê? Porque, como ouvimos dizer no Modelo de Substituição e no Modelo de Complementação, sempre os cristãos acreditaram que Jesus é o único conduto entre Deus e a humanidade. É Filho Único de Deus e único Salvador. Hick e seus colegas desejam ajudar a esses cristãos traçando-lhes um quadro de Jesus com base no conjunto disponível de conhecimentos acadêmicos sobre o Novo Testamento e na experiência religiosa cristã concreta, o qual há de afirmar o eminente *status* de Jesus sem rebaixar o de outros líderes religiosos.

Hick não convoca os cristãos a abandonarem sua maneira tradicional de falar a respeito de Jesus; quer apenas que eles compreendam qual tipo de linguagem utilizam. Não é linguagem científica, que tem por alvo externar fatos rigorosos e traçar quadros claramente delineados.

É antes linguagem poética que opera com símbolos e metáforas. O que semelhante linguagem procura exprimir não é algo do qual se possa traçar um quadro definido; é antes alguma coisa que a gente sente, percebe, algo tão real em nossos sentimentos quanto impossível de descrever em palavras. É esse o tipo de linguagem empregada em se tratando de Jesus, no Novo Testamento e ao longo de toda a história — Messias, Salvador, Verbo de Deus, Filho do Homem, Bom Pastor, e, em especial, Filho de Deus. Os primeiros cristãos empregaram todos esses vocábulos e imagens para referir-se a Jesus não porque houvessem pesquisado tudo o que ele dissera e fizera e, diante disso, houvessem racionalmente concluído por uma definição de quem ele era; antes, eles procuraram pôr em palavras aquilo que, nele e por meio dele, se haviam eles deixado vivenciar e intimamente assumir. Procuraram expressar o modo pelo qual ele tanto os influenciara. Falaram de coisas do coração, não conclusões do intelecto. Destarte, fizeram uso da linguagem da poesia, não da linguagem da filosofia ou da ciência.

E foram encontrar essa linguagem, com seus símbolos, metáforas e imagens, nas culturas em que foram criados — primeiro o judaísmo e, depois, o mundo mais amplo da Grécia e de Roma. Um dos símbolos fundamentais, muito embora não o mais primitivo, que os primeiros seguidores de Jesus adotaram está centralizado na encarnação: Jesus era o Verbo de Deus encarnado, o Filho de Deus. Para entender como isso se deu e o que significou, Hick destaca que há um consenso geral entre os estudiosos acadêmicos especializados em Sagrada Escritura de que o próprio Jesus jamais falou desse modo. Ele nunca a si mesmo se chamou de Filho de Deus. Esse foi um título que seus seguidores lhe deram, em razão das poderosas vivências interiores que dele receberam durante sua vida terrena e, em especial, após sua morte. Para tentar dizer quem esse homem deve ter sido — e ainda é — para assim lhes haver preenchido a vida com a presença do poder de Deus, voltaram-se para a imagem de "Filho de Deus", um título empregado com freqüência na tradição judaica para designar uma pessoa que, de modo extraordinário, era próxima de Deus e usada por Deus. Indicava uma qualidade especial, não exclusividade.

Porém, à medida que a comunidade primitiva adentrava mais fundo no mundo greco-romano, a imagem de Filho de Deus comprimiu-se até chegar à idéia de encarnação e de deificação singular, sem par. Para Hick, isso é de todo compreensível: "Idéias de divindade corporificada na vida humana [eram] [...] difundidas no mundo antigo [...], de modo que nada há de minimamente surpreendente na deificação de Jesus naquele ambiente cultural".[14] Por essa razão, temos no Evangelho de João o muito belo, mas também muito grego, retrato de Jesus como Verbo de Deus feito carne em um ser humano. O Evangelho de João, com sua imagem da encarnação, foi um dos últimos livros do Novo Testamento a ser escrito. Não obstante, essa metáfora de Jesus como Filho de Deus encarnado assumiu lugar no palco principal na história cristã subseqüente — e desde então aí permaneceu. Durante os primeiros concílios da Igreja, diz-nos Hick, essas imagens poéticas da encarnação do Filho de Deus foram engastadas na pedra da filosofia grega. Tornaram-se definições estritas, rígidas, assentadas e defendidas com a linguagem filosófica de "natureza", "pessoa" e "substância". A poesia do Novo Testamento "enrijeceu-se até virar prosa e cresceu sucessivamente de um metafórico Filho de Deus para um Deus-Filho físico, da mesma substância do Pai, interior à Divindade Trina". E, é claro, em semelhante prosa filosófica, ser filho de Deus significava ser o *único* Filho de Deus.

Hick nos adverte para não pensarmos que tais desdobramentos foram erros, como se eles conduzissem as pessoas para longe do que Jesus significa. Mais exatamente, foi natural que a comunidade cristã primitiva talvez procurasse exprimir sua experiência ou vivência interior com Jesus "em linguagem de absolutos". Compreender Jesus como o Filho de Deus consubstancial ao Pai foi para esses cristãos greco-romanos "uma maneira eficaz, dentro desse meio cultural, de exprimir a significação de Jesus como aquele por meio de quem homens e mulheres haviam, em um sentido transformador, encontrado a Deus". Porém, o que era então eficaz e sem problemas, acrescenta Hick, talvez não o seja hoje. A maneira literal, racional, quem sabe ingênua, pela qual a encarnação e o título "Filho de Deus" são hoje compreendidos não somente cria problemas filosóficos insolúveis para muitos (como podem duas naturezas existir em uma pessoa, como dispôs o Concílio de Cal-

---

[14] HICK, John. Jesus and the world religions. In: _____ (ed.). *The myth of God incarnate*. London: SCM, 1977. p. 174.

cedônia, em 451?), mas também dá origem ao tipo de linguagem acerca de Jesus como "único-e-exclusivo" que bloqueia o diálogo e ofende aos seguidores de outras religiões.

Desse modo, a solução proposta por Hick não é suprimir a crença na encarnação e em Jesus como Filho de Deus, mas compreender tais crenças como aquilo que elas são: poesia, simbolismo, metáfora. E isso quer dizer que entendemos esses credos fundamentais do cristianismo *não literalmente, mas seriamente*. É esse um outro aspecto provocador e controvertido da "revolução copernicana" que propôs Hick — avançar para além do literalismo nas crenças cristãs acerca de Jesus, exatamente como as Igrejas avançaram para além do prévio literalismo em suas crenças acerca da criação. A expectativa de Hick é de que "o cristianismo [...] vai superar em crescimento seu fundamentalismo teológico, suas interpretações literais da idéia da encarnação, como amplamente superou em crescimento seu fundamentalismo bíblico".[15] Exatamente como muitos cristãos não mais crêem que Deus literalmente produziu o mundo em seis dias, assim também não mais crerão que Deus é literalmente um Pai que literalmente gera somente um único Filho.

Porém, se os cristãos não compreendem a imagem de "Filho de Deus" literalmente como um fato, o que significa levá-la a sério como um símbolo? Para começar, Hick continua, significa que a declaração "Jesus é o Filho de Deus" na verdade diz mais acerca de nós mesmos (ou acerca dos antigos cristãos) do que acerca de Jesus. Símbolos e poesia são destinados não para fornecer-nos dados "empíricos, metafísicos" mas, antes ainda, para exprimir ou estimular atitudes, sentimentos, convicções, reações. Diante disso, quando os primeiros cristãos passaram a chamar Jesus de Filho de Deus — e quando os cristãos continuaram a fazê-lo ao longo dos séculos —, não foi porque Deus ou Jesus lhes disseram que assim o é, mas porque haviam sentido que, por meio desse homem Jesus, Deus falava-lhes, tocava-os, inspirava-os. Perceberam que encontrar-se com Jesus era encontrar-se com Deus. Deus havia entrado tanto em suas vidas por meio de Jesus, que ficou difícil distinguir entre os dois. Como falar sobre isso? Como contar às pessoas até que ponto

---

[15] Ibid., pp. 183-184.

Jesus havia agido sobre a vida deles e que ele poderia fazer o mesmo por elas? Os judeus sempre haviam falado acerca de filhos de Deus. Os gregos haviam acreditado em "homens divinos". Ora, é isso que Jesus foi, mas assim o foi notavelmente. Ele era divino, o Filho de Deus.

Diante disso, muito embora Hick ressalte que a linguagem metafórica de "Deus Encarnado" ou "Filho de Deus" diz-nos mais acerca dos cristãos do que acerca de Jesus, ela *de fato* também nos diz algo bastante verdadeiro acerca de Jesus. Para tentar exprimir o que significa para nós hoje a linguagem simbólica de Jesus como o Filho de Deus, Hick sugere que os cristãos façam maior uso da cristologia do Espírito Santo (ou ordenada à inspiração), que também se encontra no Novo Testamento, em vez da cristologia do Verbo (ou ordenada à encarnação) que dominou as Igrejas a partir dos concílios dos séculos IV e V. Em uma cristologia do Espírito, Jesus é tido por divino não porque Deus literalmente desceu do céu e literalmente fecundou a mãe de Jesus, mas porque Jesus era completamente cheio do Espírito Santo que a todos é dado, e a esse Espírito ele reagia de maneira tão sensível e total. Uma cristologia do Espírito entende simbolicamente o relato de Maria concebendo do Espírito Santo; a narrativa diz-nos que a presença do Espírito era inerente a Jesus desde o primeiro momento de sua existência.

De acordo com tal compreensão de Jesus encarado como sendo cheio do Espírito Santo, o que nele está encarnado não é a noção abstrata, filosófica de uma natureza divina, mas a realidade dinâmica do amor de Deus. Neste quadro, o Divino não é considerado como uma espécie de substância ou algo que de alguma maneira torna-se Jesus; antes ainda, o Divino é compreendido como uma atividade dotada de um propósito — a energia de amor que a todos acolhe pressurosamente e que a todos chama a acolherem-se uns aos outros. Porque Jesus reagia plena e sensivelmente a esse Espírito, ele veio a ser — poder-se-ia mesmo dizer: *literalmente* veio a ser — o amor de Deus que ama no mundo. Hick chega até a sustentar que há uma "identidade numérica" entre o amor de Deus e Jesus. "O *agápe* [amor] de Jesus não é uma representação do *agápe* de Deus; é aquele *agápe* operando de um modo finito; é o *agápe* divino e eterno feito carne".[16] Como os cristãos souberam disso?

---

[16] HICK, *God and the universe of faiths*, pp. 148-158.

Porque é o que vivenciaram e admitiram em seu relacionamento com Jesus durante a vida dele e, ainda, após sua morte — que travar conhecimento com Jesus ao longo das estradas da Palestina ou nas páginas do Evangelho e continuar encontrando-se com ele na partilha do pão é sentir o próprio amor de Deus a envolvê-los e a exigir-lhes seguir adiante no amor pelos outros.

Nessa perspectiva da maneira pela qual Jesus é divino, coisas magníficas são ditas acerca de Jesus — sem eliminar a possibilidade de que, de maneira semelhante, coisas magníficas possam ser ditas acerca de outras figuras religiosas. Com base em sua tradição e na experiência ou vivência interior adquiridas nos tempos atuais, os cristãos conseguem dizer que Jesus *de fato* corporifica e expressa o amor de Deus, porém vão mostrar-se hesitantes em dizer que ele assim o faz *de modo exclusivo* ou *pleno*. Hick, na qualidade de filósofo, admite que "é inteiramente possível que o divino *agápe* tenha sido mais plenamente corporificado nesta vida [a de Jesus] do que em qualquer outra". Porém, ele sustenta que essa é uma possibilidade que teríamos de estabelecer "somente com base em informações históricas" acerca de Jesus e também acerca de outras figuras religiosas; não obstante, jamais seríamos capazes de reunir tais informações suficientemente para sabermos com toda a certeza. É melhor, portanto, abandonar qualquer conversa sobre uma maneira "única" ou "plena" e passar a falar acerca daquilo que os cristãos de fato sabem: "que o misericordioso e exigente amor de Deus foi tão poderosamente corporificado no amor de Jesus, que nós mesmos somos por ele tomados nos dias de hoje, cerca de dezenove séculos depois".[17]

O último limite decisivo da compreensão de Hick acerca da singularidade de Jesus pode ser resumido em um fraseado de elegante clareza, com palavras latinas, mas que perde um pouquinho de sua elegância na tradução: perante seus irmãos e irmãs que se encontram em outras religiões, os cristãos podem e devem continuar a anunciar que Jesus é *totus Deus* — totalmente Deus. Porém, não podem e não devem pretender que ele seja *totum Dei* — a totalidade de Deus. Tudo que ele

---

[17] HICK, John. Evil and incarnation. In: GOULDER, Michael (ed.). *Incarnation and myth*; the debate continued. Grand Rapids: Eerdmans, 1979. pp. 83-84.

foi e tudo que fez e disse foi transfundido com o Espírito Divino e foi destarte expressão deste. Porém, tudo que o Espírito Divino é e faz não pode estar confinado em Jesus, ou em qualquer encarnação humana do Divino. Isso não é apenas uma formulação filosófica. Segundo numerosos especialistas em Novo Testamento, ela também reflete o que Jesus pensava acerca de si mesmo: "Ao contrário das teologias mais tardias (e geralmente heréticas), Jesus tal como é retratado nos Evangelhos e nas epístolas do Testamento mais recente, não deseja ser considerado (por assim dizer) todo o Deus do Deus que há".[18] O que deixa aberta a possibilidade de outros líderes e personalidades religiosas talvez serem *totus Deus*, ou "totalmente Deus".[19]

Se a ponte filosófica para a compreensão das outras religiões, segundo o Modelo de Mutualidade, for demasiado estreita ou exigente para cristãos de tendência menos racional, há outras formas de travessia, como veremos no próximo capítulo, que se podem talvez revelar mais largas e suaves.

LEITURAS ADICIONAIS

APCZYNSKI, John V. John Hick's theocentrism; revolutionary or implicitly exclusivist? *Modern theology* 8 (1992), pp. 39-52.

COBB, John B., Jr. Beyond "pluralism". In: D'COSTA, Gavin (ed.). *Christian uniqueness reconsidered*; the myth of pluralistic theologies of religions. Maryknoll: Orbis Books, 1990. pp. 81-95.

D'COSTA, Gavin. The new missionary; John Hick and religious plurality. *International bulletin of missionary research* 15 (1991), pp. 66-70.

____. Whose objectivity? Which neutrality?; the doomed quest for a neutral vantage point to judge religions. *Religious studies* 29 (1993), pp. 79-96.

DUFFY, Stephen J. The stranger within our gates; interreligious dialogue and the normativeness of Jesus. In: MERRIGAN, T.; HAERS, J. (eds.). *The myriad Christ*; plurality and the quest for unity in contemporary Christology. Leuven: Leuven University Press, 2000. pp. 3-30.

---

[18] HALL, Douglas John. *Why Christian?*; for those on the Edge of Faith. Minneapolis: Fortress/Augsburg, 1998. p. 33.
[19] HICK, *God and the universe of faiths*, p. 159.

FREDERICKS, James. *Faith among faiths*; Christian theology and non-Christian religions. New York: Paulist Press, 1999. pp. 37-54; cf. também pp. 79-118.

GILKEY, Langdon. Plurality and its theological implications. In: HICK, John; KNITTER, Paul F. (eds.). *The myth of Christian uniqueness*; toward a pluralistic theology of religions. Maryknoll: Orbis Books, 1987. pp. 37-50.

GILLIS, Chester. Radical theologies?; an analysis of the christologies of John Hick and Paul Knitter. In: MERRIGAN, T.; HAERS, J. (eds.). *The myriad Christ*; plurality and the quest for unity in contemporary Christology. Leuven: Leuven University Press, 2000. pp. 521-534.

HEIM, S. Mark. *Salvations*; truth and difference in religions. Maryknoll: Orbis Books, 1995. cap. 1.

HICK, John. *A Christian theology of religions*; the rainbow of faiths. Louisville: Westminster/John Knox Press, 1995. caps. 4-6.

____. *An interpretation of religion*; human responses to the transcendent. New Haven: Yale University Press, 1989. pp. 21-55, 233-251, 299-361.

____. A religious understanding of religion; a model for the relationship between traditions. In: KELLENBERGER, J. (ed.). *Inter-religious models and criteria*. New York: St. Martin's Press, 1993. pp. 21-36.

____. Straightening the record; some responses to critics. *Modern theology* 6 (1990), pp. 187-196.

INSOLE, Christopher J. Why John Hick cannot, and should not, stay out of the jam pot. *Religious studies* 36 (2000), pp. 25-33.

KAUFMAN, Gordon D. Religious diversity, historical consciousness and Christian theology. In: HICK, John; KNITTER, Paul F. (eds.). *The myth of Christian uniqueness*; toward a pluralistic theology of religions. Maryknoll: Orbis Books, 1987. pp. 3-15.

MERRIGAN, Terrence. The historical Jesus and the pluralist theology of religions. In: ____; HAERS, J. (eds.). *The myriad Christ*; plurality and the quest for unity in contemporary Christology. Leuven: Leuven University Press, 2000. pp. 61-82.

____. Religious knowledge in the pluralist theology of religions. *Theological studies* 58 (1997), pp. 686-707.

MIN, Anselm K. Christology and theology of religions; John Hick and Karl Rahner. *Louvain Studies* 11 (1986), pp. 3-21.

NETLAND, Harold A. Professor Hick on religious pluralism. *Religious studies* 22 (1986), pp. 249-262.

OGDEN, Schubert M. Problems in the case for a pluralistic theology of religions. *Journal of religion* 68 (1988), pp. 493-507.

RACE, Alan. *Interfaith encounter*; the twin tracks of theology and dialogue. London: SCM, 2001. pp. 65-123.

SCHILLEBEECKX, Edward. *The Church*; the human story of God. New York: Crossroad, 1990. pp. 1-14, 144-186.

TWISS, Sumner B. The philosophy of religious pluralism; a critical appraisal of Hick and his critics. *Journal of Religion* 70 (1990), pp. 533-567.

WILDMAN, Wesley J. Pinning down the crisis in contemporary Christology. *Dialog* 37 (1998), pp. 15-21.

Capítulo 8
As pontes mística e profética

A PONTE MÍSTICO-RELIGIOSA

Talvez se poderia dizer que a principal diferença entre o que chamamos de ponte místico-religiosa e de ponte filosófico-histórica tem a ver com onde elas se iniciam. Os filósofo-historiadores começam com o ser humano, com a argumentação de que nenhuma religião pode pretender possuir a verdade plena, final, insuperável acerca do Divino, porque todo conhecimento humano é historicamente condicionado ou socialmente construído e, por conseguinte, limitado. Os seguidores da abordagem místico-religiosa começam com o Divino e exaltam o que consideram ser evidente para todas as pessoas de fé — que o que se acha no âmago de cada religião é algo que excede infinitamente tudo que um ser humano, ou comunidade, consegue sentir e exprimir. A partir daí, surge a mesma conclusão: nenhuma religião pode conferir-nos a verdade plena e final. Dessa maneira, enquanto os filósofos dão ênfase à finitude de todos esses rádiorreceptores que são as religiões, os místicos dão ênfase à infinitude da Mensagem enviada.

Não obstante, essas variações não chegam a alcançar a maior diferença existente entre as duas pontes. Para os cristãos que caminham por uma ponte místico-religiosa, o que de fato importa não é que o Divino seja infinito (todos o admitem), mas que o mesmo Mistério ou Realidade Divina é vivenciado e assumido no interior mesmo das várias diferentes religiões. Há uma experiência mística essencial a pulsar no íntimo das tradições religiosas e que perdura através dos séculos. E, se há uma essencial vivência ou percepção mística, há uma essencial Realidade Mística no íntimo de todas elas. Bem, cada pessoa e comunidade religiosa vai escutar essa Realidade mediante suas antenas "socialmente construídas", e, por conseguinte, há, sim, entre as religiões diferenças — muitas vezes parecidas a contradições — que atrapalham o entendimento. Os que viajam por essa ponte de modo algum querem negligenciar as espantosas diferenças entre as comunidades de fé. Não obstante, apesar dessas diferenças, apesar das tensões entre Deus encarado como sendo pessoal e Deus encarado como sendo suprapessoal, ou mesmo Deus encarado como sendo nada ou nenhuma coisa, aqueles que tomam o caminho místico para compreender o pluralismo religioso afirmam que as diferenças não secam inteiramente a corrente divina mais profunda que alimenta todas as fontes religiosas.

Como eles sabem disso? Em que bases fazem uma afirmação que parece desafiar abertamente diferenças contraditórias? Embora se utilizem de argumentações filosóficas e de comprovações históricas que chamam a atenção para semelhanças estarrecedoras dentro das estarrecedoras diferenças entre as religiões, ainda assim o motivo principal para alguém se manter fiel a um núcleo místico em todas as religiões é a vivência ou percepção mística em si mesma. A pessoa a conhece quando a tem. Ou, como se lhe refere um teólogo: "Há decerto uma unidade [entre as religiões], mas essa unidade pode [...] de fato ser percebida somente no nível místico".[1] Nível este que é deveras profundo. Os proponentes dessa ponte mística percebem que quanto mais profundamente uma pessoa entra na experiência religiosa que lhe é possibilitada pela determinada religião que segue, mais há de ter consciência de que aquilo que ela vivencia e assume não pode limitar-se a essa sua religião — e maior abertura e sensibilidade ela terá para reconhecer o mesmo Mistério em outras religiões. Quanto mais profundamente se mergulha na fonte própria da religião, mais se perceberá o único rio subterrâneo que a todas alimenta.

---

[1] WILFRED, Felix. Some tentative reflections on the language of Christian uniqueness. *Vidyajyoti* 57 (1993), p. 666.

Talvez seja por isso que a maioria dos guias que nos conduzem na travessia dessa ponte sejam asiáticos. É uma ponte construída para místicos e por eles — e a flor da mística, como o admitem os especialistas, floresceu mais abundantemente no solo religioso asiático do que no Ocidente. Dessa maneira, os teólogos cristãos que podem ajudar-nos a atravessar essa ponte ou vivem na Ásia ou receberam influência de suas culturas asiáticas de origem — Stanley Samartha, Michael Amaladoss, Sebastian Painadath, Felix Wilfred, Francis D'Sa, Seiichi Yagi; e temos condição de acrescentar um ocidental bem conhecido e que aprendeu muito com o Oriente: Thomas Merton.[2] Porém, para este capítulo, nosso guia primordial vai ser um dos mais bem conhecidos, mais provados, eruditos, desafiantes pioneiros do diálogo inter-religioso no século passado: Raimon Panikkar.

Uma unidade divino-humano-cósmica

Raimon Panikkar encontrou para sua vida finalidade e deleite em transpor e juntar mundos imensamente diferentes. Nascido na Espanha (catalão) de mãe católica e pai indiano hindu, tendo passado a maior parte de sua vida profissional acadêmica a ir e vir entre universidades norte-americanas e indianas, ele nos últimos anos a si mesmo se descreveu desta maneira: "Eu 'parti' como cristão, 'encontrei a mim mesmo' como hindu e 'retornei' como budista, sem ter deixado de ser cristão". Sempre tomou por base de suas investigações inter-religiosas uma espantosa amplitude de saber acadêmico — possui títulos de doutorado

---

[2] Cf. AMALADOSS, Michael. *Making all things new*; dialogue, pluralism, and evangelization in Asia. Maryknoll: Orbis Books, 1990; ____. The mystery of Christ and other religious; an Indian perspective. *Vidyajyoti* 63 (1999), pp. 327-328; D'SA, Francis. The interreligious dialogue of the future; exploration into the cosmotheandric nature of dialogue. *Vidyajyoti* 61 (1997), pp. 693-707; ____. The universe of faith and the pluriverse of belief; are all religions talking about the same thing? *Dialogue and alliance* 11 (1997), pp. 88-116; PAINADATH, Sebastian. Spiritual dynamics of dialogue. *Vidyajyoti* 60 (1996), pp. 813-824; SAMARTHA, Stanley J. *One Christ, many religions*; toward a revised Christology. Maryknoll: Orbis Books, 1991. WILFRED, Felix. Towards a better understanding of Asian theology. *Vidyajyoti* 62 (1998), pp. 890-915; SEIICHI, Yagi. What can claim absoluteness?; the uniqueness of Jesus and the universality of the Self. *Journal of Asian and Asian American Theology* 1 (1996), pp. 28-42; ____. "I" in the words of Jesus. In: HICK, John; KNITTER, Paul F. (eds.). *The myth of Christian uniqueness*; toward a pluralistic theology of religions. Maryknoll: Orbis Books, 1987. pp. 117-134.

em química, filosofia e teologia; fala cerca de doze línguas e escreve em pelo menos seis delas; e publicou mais de trinta livros e trezentas dissertações acadêmicas. Não obstante, o fundamento último e decisivo de seus cuidadosos estudos textuais e de doutrinas comparadas é a experiência ou vivência interior mística que ele persegue de perto em sua própria prática, e que ele pôde identificar nas várias tradições religiosas e delas aprender. Como sacerdote ordenado e "católico praticante", é também adepto da ioga e da meditação. Ele percebe e fala não somente a partir de sua erudição, mas também, e principalmente, do silêncio.

E o que ele percebe a partir dessa vantajosa posição da experiência ou vivência mística é algo que alimenta tanto a prolífica variedade como a mais profunda unidade de todas as religiões. Ao que ele chamou de "o fato religioso fundamental". É um fato que "não se situa no domínio da doutrina [, mas] pode talvez estar bem presente em toda parte e em cada religião".[3] É algo que só pode ser conhecido pela experiência interior, porém, uma vez experimentado ou vivenciado, diz-nos algo de muito verdadeiro sobre o mundo e sobre nós mesmos. Como experiência interior, inspira-nos com uma sensação de estarmos em harmonia, em relação, em união, em participação. E isso com o qual estamos em harmonia não é somente um Mistério divino ou transcendente: é Mistério também imanente, bem aqui presente, como parte do mundo finito. Segundo Panikkar, é um Mistério que se vivencia como se estivesse ele mesmo em harmonia com os seres humanos e com o mundo material. Dessa maneira, há três componentes, por assim dizer, da experiência mística e daquilo que nela se revela: o Divino, o ser humano e o mundo. Todos três estão de tal modo inter-relacionados que têm seu próprio ser um no outro; não podem existir sem relacionar-se um com o outro. Decerto, o Divino é muito diferente do ser humano, e o ser humano do mundo material; Panikkar não está falando de reduzir um ao outro. E, não obstante, há tanta prodigalidade de vida no relacionamento entre eles quanto há entre o fogo e o oxigênio que o nutre.

---

[3] PANIKKAR, Raimon. The category of growth in comparative religion; a critical-self-examination. *Harvard Theological Review* 66 (1973), pp. 115, 131; _____. *The intrareligious dialogue*. New York: Paulist Press, 1978. pp. 2-23.

No empenho em encontrar palavras para algo que se estende para além de toda descrição verbal, Panikkar estende a linguagem e fala sobre a experiência mística como uma "experiência cosmoteândrica" e de tudo que existe como uma "realidade cosmoteândrica". Em grego, *kósmos* = o mundo; *theós* = o Divino; *anér* = o ser humano. Estes três: "O divino, o humano e o terrestre — como quer que prefiramos chamá-los — são as três dimensões irredutíveis que constituem o real, isto é, qualquer realidade na medida em que ela é real".[4] Os místicos sabem — muito embora talvez possam não empregar as mesmas palavras, ou mesmo quaisquer palavras — que, seja lá o que for o Divino, ele respira no interior do ser humano e da matéria. E o que quer que sejamos nós seres humanos, se não temos consciência do Divino que tem seu ser dentro de nós e do barro que nos enforma, não sabemos quem somos. E o que quer que seja o barro, se não conseguimos perceber sua sacralidade e unidade conosco, jamais o compreenderemos ou com ele nos importaremos de modo adequado. Igualmente, essa condição inter-relacional entre Divino/ser humano/matéria não é simplesmente uma realidade estática, dada. Está viva, a crescer e a mudar — e depende da maneira pela qual o ingrediente humano tem consciência do Divino e do terrestre e faz-se sensível a eles. Panikkar oferece-nos um pouco de poesia filosófica que nos provoca e instiga:

> Homem e Deus não são nem dois nem um [...]. Não há duas realidades: Deus *e* homem/mundo; mas tampouco há uma: Deus *ou* homem/mundo [...]. Deus e homem estão, por assim dizer, em íntima colaboração constitutiva com a construção da realidade, com o desdobramento da história e com a continuação da criação [...]. Deus, homem e mundo empenham-se em uma aventura singular, e esse empenho constitui a realidade verdadeira [...]. O cosmoteandrismo é, paradoxalmente (pois não se consegue falar de outro modo), o infinito do homem/mundo [...] e a finitude de Deus.[5]

Desse modo, são essa experiência e essa realidade cosmoteândricas que nos habitam o íntimo e que se nos põem ao alcance mediante as vá-

---

[4] PANIKKAR, Raimon. *The cosmotheandric experience*; emerging religious consciousness. Maryknoll: Orbis Books, 1993. cap. ix.
[5] PANIKKAR, Raimon. *The Trinity and the religious experience of man*. Maryknoll: Orbis Books, 1973. pp. 74-75.

rias correntes religiosas do mundo. Constituem-se em uma experiência ou vivência mística pela qual as pessoas percebem sua unidade com o Divino e com todos os seres também criados, humanos ou outros — uma experiência que convoca a pessoa a viver todo esse relacionamento de maneiras cada vez mais profundas e vivificantes, a fim de, como se lhe refere Panikkar, fomentar "o desdobramento da história e a continuação da criação". Os místicos hão de ter essa sensação, acredita ele. E porque o fazem, hão de conhecer a mais profunda unidade das religiões que lhes fundamenta a espantosa diversidade. Igualmente, conseguirão valorizar sua própria religião e, ao mesmo tempo, estar livres delas: Panikkar afirma haver "ex-católicos, ex-marxistas, ex-budistas [...], mas não conheço nenhum ex-místico".[6]

Uno e Vário

Porém, se para Panikkar há o único "fato religioso" que fundamenta a unidade das religiões, ele insiste em que essa unidade é precisamente tão vária quanto é una. Entre os teólogos adeptos da mutualidade, ou mutualistas, ou ainda entre os pluralistas, que começamos a conhecer nesta parte, ele destaca-se como o mais resolutamente pluralista. De fato, ele pensa que muitos de seus colegas que querem incentivar um diálogo geral entre as religiões deixam-se tomar por tantos cuidados com o que há de comum ou de unificador dentro das religiões que se esquecem do quanto elas são diversas e hão de para sempre assim permanecer. Dessa maneira, Panikkar delicadamente repreende amigos como John Hick por este propor um ascético denominador comum (como "Realidade" ou *númeno* divino) que vá unificar todas as religiões. Para Panikkar, não existe tal denominador comum ao qual possam reduzir-se as equações religiosas.[7] Panikkar faz lembrar a Hick e aos demais que, se eles verdadeiramente afirmam o pluralismo das religiões, então, por assim dizer, têm de agüentar com ele. Religiões são como peças de diferentes quebra-cabeças — jamais alguém vai conseguir juntá-las e formar uma

---

[6] PANIKKAR, Raimon. *The unknown Christ of Hinduism*. Maryknoll: Orbis Books, 1981. p. 22.
[7] Cf. PANIKKAR, Raimon. God of life, idols of death. *Monastic studies* 7 (1986), p. 105.

gravura bonita ou um sistema definitivo. Para ampliar essa proposição, Panikkar volta-se para a linguagem do pós-modernismo. "Precisamos aceitar que algumas tradições religiosas são incomensuráveis mutuamente".[8] Isso significa que não se pode medir uma pela outra, ou todas elas por uma régua-padrão de uso geral. Se há alguma unidade no mundo das religiões, ela está cercada por um muro de diversidade. Não se pode encontrar a unidade sem a diversidade. Por que é assim?

Para Panikkar, o "Mistério" no interior das religiões é uma realidade que não existe "em si mesma" — isto é, sem os seres humanos e o mundo. Panikkar faz um volteio brusco, mas esclarecedor, com relação à conhecida imagem do cume da montanha, um volteio que se tem de avaliar para percebê-lo:

> Não é que simplesmente haja vários caminhos que levam até o cimo, mas que o próprio cume ruiria se todos esses caminhos desaparecessem. Em certo sentido, o cimo é o resultado das encostas que levam até ele [...]. Não é que essa realidade [o Mistério Supremo] *tenha* muitos nomes, como se houvesse uma realidade de fora dos nomes. Essa realidade *é* esses muitos nomes, e cada nome é um novo aspecto.[9]

Em outras palavras, Deus ou o Divino é, ele próprio, tão diverso como são as religiões! Eis o que proclama Panikkar. O Divino deleita-se na diversidade, a inclui e nela existe. Os místicos percebem isso. Pensar de outra maneira — sustentar que o Divino é uma única coisa — seria restringir a liberdade do Divino e encurralar Deus: "O Deus vivo que fala por meio das pessoas, que sofre, que grita, canta ou dança não é um denominador comum. A experiência de 'Deus' vivida mediante Cristo não é a mesma que a experiência vivida por um vixnuíta [hindu] mediante Krishna. Deus é sem igual — por conseguinte, incomparável".[10] Para Panikkar, no que diz respeito a Deus ou à religião, o Espírito, que é livre em seu agir, que é imprevisível, estará sempre um passo à frente da Razão ou Logos. Jamais conseguiremos, com nossa mente, envolver o Espírito e a trama de sua ação. Está bem que a razoabilidade, a clareza

---

[8] Ibid., p. 109.
[9] PANIKKAR, *The unknown Christ of Hinduism*, pp. 24, 29.
[10] PANIKKAR, God of life, idols of death, p. 110.

e a unidade são características de Deus, mas a Razão, por assim dizer, toma para si a iniciativa que é própria do Espírito, que sempre há de "soprar onde e ir aonde quer", sem um plano ou roteiro bem arrumado. Eis por que, uma vez mais, para Panikkar, a diversidade de religiões sempre terá vantagem sobre a unidade. Portanto, tomem cuidado com "teologias da religião" (como este livro?) que são demasiado bem-arrumadas: "O pluralismo [isto é, a diversidade de religiões ou do Divino] não toma em consideração um sistema universal. Um sistema pluralista seria uma contradição em termos. A incomensurabilidade de sistemas supremos é instransponível. Essa incomensurabilidade é não um mal menor [...] mas sim uma revelação da natureza da realidade".[11] E se não há um sistema supremo, não há religião suprema. Todas as religiões precisam "desistir de qualquer pretensão de ter o monopólio daquilo que a religião representa".[12] A diversidade não pode ser reduzida à expressão mais simples da finalidade. O vário não vai jamais ceder ao uno.

Fecundação mútua

Não obstante, parar neste ponto não faria justiça à percepção que Panikkar tem da religião. Se, na função de místico, ele deleita-se na diversidade do Divino que resplandece por meio das diferentes religiões, seu conhecimento místico também lhe diz que o Espírito Divino não há de permitir que as religiões, em sua esplêndida diversidade, existam em esplêndido isolamento e ignorâncias umas das outras. Uma vez que esse Espírito, embora vivendo em diversidade, é também único. Dentro das incomensuráveis diferenças entre as religiões, Panikkar também reconhece, paradoxalmente, o fato religioso único. O que ele percebe no mundo das religiões é uma pluralidade quase esmagadora. (Para Panikkar, pluralidade significa ser muito, ser vário em situação de dispersão e desconexão). Porém, como ele acredita que há o Espírito único

---

[11] PANIKKAR, Raimon. The Jordan, the Tiber and the Ganges; three kairological moments of christic self-consciousness. In: HICK, John; KNITTER, Paul F. (eds.). *The myth of Christian uniqueness*; toward a pluralistic theology of religions. Maryknoll: Orbis Books, 1987. pp. 110.

[12] PANIKKAR, Raimon. Have "religions" the monopoly on religion? *Journal of ecumenical studies* 11 (1974), p. 517.

que gera esse vário e que nele vive, também acredita na possibilidade e na necessidade de serem feitas conexões entre o muito e o variado, ou de neles se criarem relacionamentos. Por conseguinte, dentro da pluralidade pode haver unidade. Dessa maneira, Panikkar explicitamente declara que não basta haver uma espécie de "coexistência pacífica" entre as religiões para que elas se dêem conta de quem verdadeiramente são. Mais exatamente, ele entrevê uma "fecundação mútua" entre as diferentes comunidades religiosas, um enriquecimento que vai permitir-lhes crescer mais profundamente para tornarem-se aquilo que são. Mediante a relação de umas com as outras, todas vão descobrir e ampliar suas próprias identidades.

É essa a visão de diálogo que Panikkar adota. Ele compara-a ao que os teólogos gregos dos primeiros séculos chamavam de "a dança conjunta" (*perichorésis*) da Trindade. Assim como as três pessoas do Deus trino recebem, mantêm e aprofundam suas diferenças exatamente por estarem a dançar e a entrar e sair umas das outras, assim também as tradições religiosas do mundo podem pôr-se a dançar e a entrar em diálogo umas com as outras e, assim, crescerem tanto em diferença como em sentido de conjunto. Paradoxalmente, as próprias incomensurabilidades entre as experiências ou vivências religiosas tornam-se oportunidades para que se liguem umas às outras e para que aprendam umas com as outras.

Como isso precisamente funciona, Panikkar admite não conseguir dizer. Porém, ele com efeito convoca todas as pessoas de fé a despertarem ou criarem uma *confiança cósmica* em que tal diálogo entre diferenças absolutas pode funcionar e de fato assim o faz. Tal confiança alimenta-se da vivência mística que as pessoas têm do fato religioso que percebem em seu íntimo. Tal confiança assegura às pessoas de fé que, em última análise, suas diferenças não contribuem para a cacofonia, mas para a harmonia. Não obstante, não há de ser uma harmonia perfeita, em que todas as diferentes notas perdem sua identidade no arrebatado ímpeto de uma sinfonia final. Mais exatamente, Panikkar emprega a imagem mística da "concórdia discordante" para entrever os resultados do diálogo. Está bem que as religiões podem achar um sentido de ligação e de unidade profunda cada vez maior, porém a unidade vai sempre permanecer confusa, incompleta. A concórdia, por mais bela que talvez possa ser, há de permanecer discordante. Diálogo entre religiões é essencial e felizmente uma sinfonia inacabada.[13]

Para tornar tal diálogo possível, para perceber o Uno no vário e não obstante permitir ao Uno sempre permanecer vário, a convivência e o debate entre pessoas de fé precisam ser postos em prática no nível da experiência interior, da fé, da partilha mística. Está bem que o estudo é essencial; cada um aprender a língua do outro e avaliar-lhe os textos é importante; porém, a não ser que a lanterna dos místicos nos guie em todo o nosso estudo e convivência dialogal, não veremos de fato a vida nem a luz que unem nossas diferenças. Dessa maneira, Panikkar é decididamente crítico em relação aos estudiosos e especialistas acadêmicos que defendem que, para adentrar a casa de uma outra religião, temos de deixar nossa própria experiência de fé na soleira da porta. Ao contrário: será nossa própria experiência ou vivência religiosa que vai possibilitar-nos reconhecer a de nossos próximos e dela aprender. No verdadeiro diálogo inter-religioso, o coração fala ao coração. Somente dessa maneira, pessoas de diferentes tradições conseguem "ouvir-se" de fato umas às outras. Somente dessa maneira, a experiência e a compreensão religiosa de cada uma delas conseguem transformar-se durante o processo de diálogo.[14]

O que dizer de Jesus?

Como todas as pontes para uma teologia das religiões baseada na mutualidade, essa abordagem místico-religiosa exorta os cristãos a mudar o enfoque de seu entendimento acerca de Jesus. Tal mudança de enfoque faz-se necessária, na opinião de Panikkar e de outros teólogos asiáticos, por causa da maneira pela qual muitos cristãos, ao longo dos séculos e em especial durante o período colonialista, transformaram Jesus em um "Deus tribal" — destinado a conquistar ou sujeitar todos o demais deuses. Para Panikkar, este é o desafio do novo milênio: "Ao

---

[13] Cf. PANIKKAR, Raimon. *The invisible harmony*; a universal theory of religion or a cosmic confidence in reality? In: SWINDLER, Leonard (ed.). *Toward a universal theology of religion*. Maryknoll: Orbis Books, 1987. p. 145.
[14] Cf. PANIKKAR, *The unknown Christ of Hinduism*, pp. 58-61.

terceiro milênio cristão está reservada a tarefa de superar uma cristologia tribal mediante uma cristofania que permita aos cristãos perceber a obra de Cristo em toda parte, sem pressupor que eles tenham a melhor posse ou o monopólio desse Mistério que lhes foi revelado de uma maneira sem igual".[15] Abrindo o pacote dessa declaração e separando-lhe as partes, temos os ingredientes essenciais da "cristofania" ou "cristologia autenticamente universal" de Panikkar — a qual dá ensejo a que Cristo se manifeste em resplendor a partir de todas as religiões (Cristofania = Cristo que se manifesta) sem privilegiar ou conceder monopólio a nenhuma delas. Tal entendimento a respeito de Jesus, assim o crêem teólogos como Panikkar e o jesuíta indiano Michael Amaladoss, há tanto de aprimorar o acabamento e revivificar crenças tradicionais acerca de Jesus, como, ao mesmo tempo, de desfazer-se de alguns acréscimos de índole monopolista.

Essa cristologia mais bem acabada depende do modo pelo qual Panikkar e Amaladoss compreendem o termo "Cristo". Essencialmente, eles empregam o termo Cristo como sinônimo da imagem que retrocede até o Evangelho de João e que foi empregada extensa e criativamente pelos Padres da Igreja: Verbo ou Logos. Uma vez que os cristãos crêem que o Verbo, ou anelo autocomunicativo de Deus, foi incorporado em Jesus o Cristo. Panikkar permuta "Cristo" por "Verbo". Porém, ao assim fazê-lo, ele emprega o termo "Cristo" como maneira cristã especial de falar acerca da Realidade Universal reconhecida por todos os místicos: a maravilhosa, inefável unidade entre o Divino, o humano e o cósmico. "Cristo é [...] um símbolo vivo da totalidade da realidade: humana, divina, cósmica."[16] Ou, de forma mais acurada, Cristo simboliza o vínculo dinâmico, a corrente unificadora que ata o Divino ao humano e ao cósmico. Toda vez que, em uma experiência místico-religiosa, os seres humanos percebem algo que os tira de si mesmos para fazê-los adentrar um Mistério que, ao mesmo tempo, liga-os com outros seres humanos e demais coirmãos também criados por Deus, eles experimentam ou vivenciam aquilo que a linguagem do cristianismo chama de "Cristo".

---

[15] PANIKKAR, *The invisible harmony*, p. 122.
[16] PANIKKAR, *The unknown Christ of Hinduism*, p. 27.

Porém, qual então é o relacionamento desse Cristo universal com o próprio Jesus? Essa, talvez se possa dizer, é a pergunta teológica central que desafia toda teologia das religiões. Panikkar lutou para respondê-la. Na primeira edição de *The unknown Christ of Hinduism* [O Cristo desconhecido do hinduísmo], de 1964, ele afirmou que "se exige uma plena fé cristã para aceitar [...] a identidade" entre Cristo e "Jesus, o filho de Maria". Isso torna o cristianismo "o lugar onde Cristo é plenamente revelado, o fim e a plenitude de toda a religião".[17] Porém, na edição de 1981 da mesma obra e em escritos subseqüentes, ele não só muda o tom mas dá uma meia-volta: "Quando chamo esse vínculo entre o finito e o infinito pelo nome de Cristo, não estou pressupondo sua identificação com Jesus de Nazaré". Eis como Panikkar explicita as implicações dessa declaração: "Embora um cristão acredite que 'Jesus é o Cristo [...]', essa frase não é idêntica a 'o Cristo é Jesus'".[18] O que se segue é a versão de Michael Amaladoss para a mesma asserção: "Jesus é o Cristo, mas o Cristo é mais que Jesus. O mistério de Cristo inclui todas as demais manifestações de Deus na história [...]. Não podemos reivindicar nenhum monopólio sobre Cristo. Não possuímos a Cristo".[19] Simplesmente: os cristãos podem e devem continuar a proclamar que Jesus todo é o Cristo; mas não podem dizer para outrem, ou para si mesmos, que o Cristo todo é Jesus. Isso confirma Jesus, mas abre as portas para confirmar outros também.

Porém, Panikkar e os teólogos asiáticos querem *com efeito* afirmar Jesus. Pensar que não querem fazê-lo seria mal interpretá-los profunda e perigosamente. (A ortodoxia está em jogo.) A respeito dessa questão do debate, Panikkar emprega palavras que alegrariam o coração de qualquer cristão evangélico: "Ninguém, por causa do diálogo, tem o direito de confundir a questão [da importância de Jesus] mediante a minimização de Jesus ou o descuido da afirmação cristã fundamental do Senhorio de Jesus". Essas palavras Panikkar as diz não somente por-

---

[17] PANIKKAR, Raimon. *The unknown Christ of Hinduism*. London: Darton/Longman/Todd, 1964. p. 24; ____, *The Trinity and the religious experience of man*, p. 55.
[18] PANIKKAR, *The unknown Christ of Hinduism* (1981), pp. 14, 27; *The Trinity and the religious experience of man*, p. 53.
[19] AMALADOSS, Michael. The pluralism of religions and the significance of Christ. *Vidyajyoti* 53 (1989), pp. 412 [401-420]; ____, The mystery of Christ, pp. 335, 337.

que crê que tudo que é universal (como o Cristo ou o Logos) somente consegue tocar-nos por meio de alguma pessoa ou objeto determinado e concreto (como Jesus), mas também porque crê, como já vimos, que o Divino tem seu ser nessas determinações particulares. Lembrem-se da imagem que ele nos dá referente ao cume da montanha: os caminhos ou trilhas não somente conduzem até o cume da montanha, mas fazem-na ser o que ela é. Se perdermos um desses determinados caminhos, perdemos uma parte da montanha. Se dissolvemos o Jesus particular e determinado, diluímos o Divino.[20]

No entanto, o mesmo se pode dizer a respeito de Buda. Panikkar chama de "Supernome" o nome "Cristo" — que Paulo denomina "o Nome que é sobre todo o nome" (Filipenses 2,9) — porque é um nome que pode e deve assumir muitos nomes. Panikkar afirma explicitamente que pelo nome de "Cristo" podem também atender outros nomes históricos, tais como "Rama, Krishna, Isvara, Purusha, Tathagata". Rejeitar ou rebaixar qualquer um desses nomes significa também perder uma parte sem igual do Divino. Dessa maneira, Panikkar consegue em uma frase demonstrar a singularidade de Jesus e, ao mesmo tempo, a singularidade de outras religiões e figuras religiosas: "Jesus [...] seria um dos nomes do princípio cosmoteândrico, o qual recebeu praticamente tantos nomes quanto há formas autênticas de religiosidade e o qual, ao mesmo tempo, encontra uma epifania historicamente *sui generis* (singular) em Jesus de Nazaré".[21]

Porém, se há muitos nomes para o Cristo — para o querer Divino alcançar a todas as criaturas —, por que o Novo Testamento quase esmaga seus leitores com tamanho transbordamento de linguagem exclusiva para falar acerca de Jesus? Por que de modo tão persistente o Novo Testamento insiste em que *não há outro nome* e em que Jesus é o *único* Filho de Deus e Salvador? Ouvimos essa linguagem repetida ao longo dos capítulos precedentes, especialmente no Modelo de Substituição. Outros teólogos que se põem do lado de Panikkar ofe-

---

[20] Cf. PANIKKAR, Raimon. Christianity and world religions. In: ____. *Christianity*. Patiala: Punjabi University Press, 1969. p. 114.
[21] PANIKKAR, *The Trinity and the religious experience of man*, pp. 53-54; *The unknown Christ of Hinduism*, pp. 27, 48; Christianity and world religions, p. 101.

recem-nos uma resposta quando fazem uma contrapergunta: mas que tipo de linguagem é essa afinal? São da opinião de que não é o tipo de linguagem que os cristãos muitas vezes pensaram que ela fosse: não é uma maneira teológica ou doutrinal de falar acerca de Jesus. Quando os primeiros cristãos empregaram esse tipo de linguagem de único-e-exclusivo, não falavam a partir de sua inteligência, buscando dar uma definição conceitual, filosófica de Jesus. Mais exatamente, falavam a partir do coração, buscando exprimir o que sentiam sobre Jesus e o que este significava para eles. Empregaram aquilo que os especialistas chamam de linguagem "confessional". Estavam confessando o que o coração lhes dizia sobre Jesus. Melhor, pode-se chamá-la de *linguagem de amor*, a linguagem que alguém emprega para falar da pessoa que lhe transformou a vida e em cujo centro permanece: "Para mim tu és o único-e-exclusivo. Como tu não há mais ninguém".

Emprega-se tal linguagem em um relacionamento pessoal e acerca dele. Por exemplo, quando, num momento de intimidade, um homem diz à sua esposa: "Você é a mulher mais bonita do mundo. Não há no mundo outra mulher para mim", ele está falando sério; sua fala é, sem dúvida, verdadeira. Porém, se pudermos imaginar que, por algum motivo, esse homem tivesse de comparecer no dia seguinte a um tribunal, e o juiz lhe pedisse para jurar que sua esposa era a mulher mais bonita do mundo e que não existia outra mulher com que ele poderia ter-se casado, ele não poderia fazer esse juramento. Por quê? Porque perante o juiz ele empregaria uma linguagem científica, ou jurídica — outra espécie de linguagem. O que é verdadeiro como linguagem amorosa não é verdadeiro como linguagem filosófica ou doutrinal. Temos de compreender a linguagem e empregá-la segundo a espécie de linguagem que ela é — nesse caso, ou a linguagem confessional/amorosa, ou a linguagem teológica/científica.

A diferença entre a linguagem amorosa de único-e-exclusivo do Novo Testamento e a mesma linguagem que se poderia empregar com relação à esposa é que os primeiros cristãos falavam como comunidade, e falavam para outras comunidades. Proclamavam Jesus como aquele que talvez pudesse comover e transformar outras comunidades e tornar-se-lhe único-e-exclusivo. Ainda assim, Panikkar e outros teólogos mutualistas, ou adeptos do Modelo de Mutualidade, seriam da opinião de que assumir a linguagem amorosa ou confessional de único-e-exclusivo que o Novo Testamento emprega acerca de Jesus e empregá-la como linguagem científica que exclui os demais ou rebaixa-os é empregar de maneira inadequada a mensagem do Novo Testamento acerca de Jesus. Proclamar Jesus como "o filho único de Deus" tinha por fim dizer algo positivo acerca de Jesus; não tinha por fim dizer algo negativo acerca de Buda.[22]

Panikkar e os teólogos que o acompanham reconhecem que tal "cristologia universal" há de ser novidade e talvez um abalo inesperado para muitos cristãos, especialmente no Ocidente — embora o conhecido teólogo asiático Felix Wilfred pense que ela aparecerá de maneira natural para os cristãos asiáticos.[23] Quer seja um abalo inesperado, quer seja algo agradável, semelhante entendimento de Jesus, afirmam esses teólogos, é tão fiel aos entendimentos tradicionais, mas amiúde desprezados, sobre Cristo, quanto é aberto à nova experiência ou vivência que o cristianismo está tendo da presença do Espírito Santo nas outras religiões. Como veremos, tal afirmação provocou muita discussão e controvérsia.

A PONTE ÉTICO-PRÁTICA

Os cristãos que preferem fazer a travessia ético-prática para uma teologia das religiões baseada na mutualidade decerto não o fazem por discordar daqueles que caminham pelas duas outras pontes. Eles também costumam admitir as limitações de todas as religiões históricas, assim como admitem um núcleo místico para todas as religiões, que constantemente transborda de diversidade. Porém, preferem outro caminho para materializar o diálogo de mutualidade entre as religiões por acreditarem que esse outro caminho é não só mais urgente mas também mais promissor. Admitindo-se o presente estado do mundo dominado pela dor e coberto de conflitos, as religiões têm uma tarefa a cumprir,

---

[22] Cf. KNITTER, Paul F. *Jesus and the other names*; Christian mission and global responsibility. Maryknoll: Orbis Books, pp. 68-70.
[23] Cf. WILFRED, Some tentative reflections.

uma tarefa que todas compartilham. O fato de juntas assumirem tal tarefa vai-lhes possibilitar um melhor conhecimento umas das outras. Para essa ponte, as questões éticas e a responsabilidade ética são os pilares que vão sustentar uma nova espécie de intercâmbio entre as crenças. Um termo essencial nesta abordagem do pluralismo e do diálogo é, por conseguinte, *responsabilidade global*: sendo responsáveis por nosso planeta e por todos os seus habitantes, as religiões novas têm oportunidade de compreender não só a si próprias mas também umas às outras. No que se segue, buscaremos resumir o significado de tal diálogo globalmente responsável e como ele funciona.

Pelos seus frutos os conhecereis

Para aqueles que seguem esse caminho ético-prático, um princípio diretor, não só para avaliar atitudes cristãs anteriores para com outras religiões mas também para formular novas atitudes, é o de "pelos seus frutos os conhecereis". Se uma determinada teologia das religiões ou cristologia produz a espécie de frutos éticos de que não teríamos orgulho de colher e levar para um Deus de amor e justiça, então algo está errado com nossa teologia. Isso significa que os cristãos, na busca por elaborar as próprias atitudes para com outras religiões, têm de ser dirigidos não apenas pelo que a Bíblia diz, ou pelo que concílios passados declararam (por mais indispensáveis que sejam essas diretrizes), mas também por qual espécie de ações específicas resultam das atitudes específicas para com os outros. As doutrinas ou crenças têm de comparecer ao tribunal da ética antes de poderem ser admitidas nas Igrejas e escolas do cristianismo. O que, por conseguinte, torna "ortodoxa" uma determinada crença ou teologia não é apenas aquilo que tem base na Escritura e reflete a tradição passada, mas também o que possibilita aos cristãos pôr em prática o que Jesus mostrou como sendo a lei das leis: amar ao próximo. Se uma teologia de fiéis seguidores de outras crenças não incentiva um amor verdadeiro pelos fiéis seguidores das outras crenças, então há algo de profundamente disfuncional com essa teologia — por mais bíblica que pareça ser.

E para os cristãos que procuram achar uma teologia das religiões nova, de mutualidade, o boletim escolar das teologias passadas, no que se refere à ética, não lhes dá motivo de orgulho. As notas baixas, em geral, parecem resultar da maneira pela qual as teologias de substituição ou de complementação conduziram à degradação ou pelos menos toleraram-na, ou mesmo conduziram à exploração de outros povos e culturas "não cristãs". As vozes mais ativas — e que dão a essas teologias as notas mais baixas — encontram-se entre os cristãos que vivem no que outrora foram as colônias da Europa e dos Estados Unidos. Com seus dedos feridos, esses cristãos acusam a maneira pela qual as convicções de superioridade cultural e de "destino manifesto",* ou as tentativas de menosprezar ou demonizar crenças religiosas, ou mesmo a justificação da exploração econômica, foram baseadas na mais profunda convicção, ou foram por ela legitimadas, de que o cristianismo era o destino manifesto de todas as nações porque Cristo era o único salvador de todos os povos. Samuel Rayan, um teólogo jesuíta indiano, faz incisivamente uma pergunta que não só indianos mas também indígenas americanos, africanos e filipinos endossariam: "As missões imperialistas projetaram Cristo como um novo Júlio César religioso, desejando ardentemente conquistar [...]. Nós [pessoas de países colonizados] perguntamos sobre a ligação subterrânea entre a concepção ocidental da singularidade e autoridade de Cristo por um lado, e o projeto ocidental de dominação do mundo por outro".[24] Palavras ríspidas, mas elas levantam uma questão que muitos cristãos e teólogos percebem que não pode ser displicentemente posta de lado.

Palavras ainda mais ríspidas, talvez, são ouvidas pelos cristãos tentando conseguir dialogar com os judeus durante a segunda metade do século passado, desde os horrores do holocausto. Os irmãos e irmãs judeus chamaram a atenção para aquilo que percebem que devia ter sido óbvio: que as chamas de anti-semitismo que se inflamaram na Alemanha nazista (e ao longo da história européia) foram alimentadas, se não causadas, por convicções de que Jesus era o Messias destinado a conduzir os judeus do Antigo Testamento para o Novo Testamento.

---

* Em inglês, *manifest destiny*: doutrina política do século XIX que justificava o direito e o dever de os Estados Unidos expandirem-se pelo continente da América do Norte e adjacências. (N.T.)

[24] RAYAN, Samuel. Religions, salvation, mission. In: MOJZES, Paul; SWINDLER, Leonard (eds.). *Christian mission and interreligious dialogue*. Maryknoll: Orbis Books, 1990. p. 134.

Os judeus que recusaram esse convite eram considerados culpados nos tribunais celestiais — por conseguinte, também nos tribunais civis. Por essa razão, a teóloga católica Rosemary Radford Ruether anunciou seu conhecido veredicto sobre a teologia cristã: "Teologicamente, o antijudaísmo desenvolveu-se como a mão esquerda da cristologia. O antijudaísmo foi o lado negativo da afirmação cristã de que Jesus era o Cristo".[25] Se Jesus for compreendido como sendo a substituição ou a completude do judaísmo — e de todas as demais religiões —, então todos aqueles que ainda não o conheceram, e decerto todos aqueles que lhe viraram as costas e são adeptos de seus "antigos" testamentos e caminhos, são subdesenvolvidos para dizer o menos — ou, nas palavras da antiga liturgia católica da Sexta-feira da Paixão, "pérfidos".

Mesmo que a exploração e a difamação de outras culturas e religiões em nome de Cristo, o único Salvador, tenham-se baseado no uso impróprio e na má compreensão do nome de Cristo, permanece ainda o fato histórico de que os cristãos ocidentais foram capazes de tão freqüente e facilmente empregar mal sua crença. Para aqueles que seguem uma abordagem ética das outras religiões, isso significa que os cristãos têm não simplesmente um bom motivo mas também uma imperiosa obrigação de reexaminar a crença de que Jesus é o único Salvador e de que o cristianismo é a religião destinada a levar todas as demais à plenitude. Isso não quer dizer que tais crenças devam ser simplesmente deitadas fora. Mas significa buscar reinterpretá-las de tal modo a preservar-lhes o sentido essencial ao mesmo tempo em que lhes são mudadas as expressões perniciosas. Se a água do banho está suja, ela pode ser lançada fora sem que se perca o bebê. Isso é o que o Modelo de Mutualidade, em geral, procura fazer.

Problemas comuns = fundamento comum

Como as outras pontes que examinamos, a ponte ético-prática procura descobrir o que as religiões de presença mundial têm em comum. Porém, em vez de procurar *dentro* ou *debaixo* das diversas tradições reli-

---

[25] RUETHER, Rosemary Radford. *To change the world*; Christology and cultural criticism. New York: Crossroad, 1981. p. 31.

giosas a experiência comum que todas elas partilham, ou a fonte subterrânea única que a todas alimenta, esses teólogos práticos procuram *em redor* das religiões aquilo que está defronte de todas elas. Os defensores dessa ponte insistem em que há algo que se põe de frente a todas as tradições religiosas do mundo, algo que elas não podem negar, algo que lhes é mais identificável, imediato e premente do que o "Real verdadeiro" de Hick ou o "fato religioso único" de Panikkar (sem negar a realidade do Real nem a do fato único). Essa realidade universal que invade a todas as religiões pode ser indicada com uma única palavra: *sofrimento*.

Há uma quantidade espantosa de sofrimento em nosso mundo hoje. Se não há mais sofrimento do que jamais houve, parecemos estar mais conscientes dele. Ademais, ele parece-nos mais ameaçador ou perturbador que nunca antes. Estamos falando, antes de mais nada, do sofrimento humano. As dores que afligem milhões de pessoas assumem uma variedade de rostos diferentes, porém relacionados entre si:

- *Pobreza*. Ouvimos a cada ano, nos Relatórios das Nações Unidas, estatísticas que flutuam um pouco mas que continuamente indicam grandes parcelas da raça humana — um quarto ou um quinto — que não dispõem dos bens do mundo o suficiente para prover os próprios filhos de alimentação, moradia e assistência médica necessárias para uma vida humana digna. A pobreza desumaniza, e imensas parcelas da raça humana estão desumanizadas dessa maneira.
- *Vitimação*. Essa dor resulta do fato não somente de ser pobre mas também de ter sido feito e mantido pobre por outros seres humano. Ter sido ludibriado e posto em situação de desvantagem por outros, ser excluído por outros, ser subjugado por outros — isso talvez machuque mais do que a persistente dor da fome.
- *Violência*. Em si mesma a pobreza já é violência, assim como é vitimação. Compreensivelmente, então, são elas causa ou contexto de violência entre cônjuges, classes sociais e grupos étnicos. A despeito da "nova ordem" após o colapso do comunismo, a despeito do crescimento econômico do mercado global, a violência física e militar continua a afligir nosso planeta. Crescem a produção e a comercialização internacional de armas, para a

devastação de muitos e enriquecimento de poucos. E ao mesmo tempo em que atualmente talvez haja em termos numéricos menos armas nucleares, sua capacidade de destruir o planeta permanece a mesma e sua acessibilidade foi facilitada.
- *Patriarcado*. Admitindo-se as estatísticas sobre feminização da pobreza, violência doméstica, crescente tráfico sexual, estupro como arma de guerra, parece que as mulheres carregam um fardo desproporcional de sofrimento humano. A realidade do patriarcado — dominação do macho sobre as fêmeas — embora hoje vista mais claramente e mais amplamente criticada, continua viva e forte. Em todo o mundo, em alguns países e culturas mais do que em outros, as mulheres são consideradas — se não definidas — como inferiores. E o que é inferior é usado e maltratado em vez de respeitado e valorizado.

Além dos sofrimentos da humanidade, há também os sofrimentos da Terra e de suas criaturas. Da maneira pela qual o número cada vez maior de seres humanos usa essa Terra, especialmente em virtude do tipo de crescimento e de consumo que se tornou necessário para manter o estilo de vida do chamado Primeiro Mundo, a espécie humana está causando danos à capacidade do planeta de dar e sustentar a vida, ele que é o lar de todas as espécies. Essa é uma forma de sofrimento que a todos ameaça. Enquanto a dor dos pobres pode ser mantida a certa distância no outro lado da cidade ou do mundo, o buraco na camada de ozônio ou o aquecimento global é igualmente uma enorme ameaça para os habitantes de bairros ricos e para os moradores das favelas. E a ameaça é não apenas para nós mas também, e em especial, para as gerações que, esperamos, hão de vir e poder haurir vida da Terra.

A realidade angustiada e angustiante de tal sofrimento, em sua dor e em sua ameaça, atravessa todas as fronteiras religiosas. Ela cerca todas as comunidades religiosas. Se há aqueles pós-modernos que põem em dúvida a realidade de uma fé disposta em todos ou de uma experiência mística disposta em todas as tradições religiosas do mundo, seria difícil duvidar da presença de uma experiência interior de sofrimento comum a todas as pessoas de fé. E essa experiência interior constitui um chamado e um desafio para todas elas. Se uma religião nega essa experiência e recusa esse desafio do sofrimento humano generalizado, então, segundo os defensores dessa abordagem prática do diálogo, tal religião perdeu sua pertinência, se não também a própria validez. Se uma religião nada tem a dizer sobre as formas de sofrimento que acabamos de expor, qualquer coisa a mais que diga ou é destituída de interesse ou é para confundir a atenção.

Se o sofrimento humano constitui uma experiência interior comum a todos, disponível em todas as religiões, talvez de modo ainda mais evidente e imperioso, a Terra ameaçada, exposta ao perigo, forneça o fundamento comum sobre o qual todas podem pôr-se de pé — e tomar uma posição comum a todas. Aos críticos pós-modernos que insistem em que não há como transpor as enormes diferenças e "incomensurabilidades" entre as religiões, os cristãos que caminham pela ponte ética respondem: Mas ora, há sim! A Terra. Se há muitas religiões, muito diferentes, há uma única Terra, bela porém muito ameaçada. Por mais diferentes que sejam as maneiras pelas quais as religiões compreendem as origens e a natureza dessa Terra, todas se encontram sobre ela e todas conseguem percebê-la a estremecer e a esgotar-se com a devastação que nela é feita com afinco. O fundamento, comum a todas, do planeta ameaçado fornece às religiões uma agenda em comum. Como se refere Thomas Berry, um dos mais importantes propositores da espiritualidade e do diálogo centralizados na Terra: "A preocupação com o bem-estar do planeta é a única preocupação que, esperançosamente, fará mudar o rumo das nações [e das religiões] do mundo rumo a uma comunidade inter-nação [e inter-religiosa]".[26]

O fato de as diferentes comunidades religiosas do mundo serem juntamente convocadas a defrontarem-se com uma tarefa ética em comum fica claro a partir do que ouvimos dizer anteriormente: a necessidade de uma ética global. Conforme não apenas filósofos e visionários mas também cientistas sociais e até mesmo líderes políticos começam a reconhecer se a humanidade há de conseguir encontrar algum tipo de solução para os sofrimentos e conflitos que se nos apresentam, as nações do mundo hão de agir em conjunto como nunca

---

[26] BERRY, Thomas. *The dream of the earth*. San Francisco: Sierra Club Books, 1988. p. 218.

antes. Porém, esse agir em conjunto vai exigir algum tipo de base ética comum a todas sobre a qual deliberar e cooperar. Uma ética global, como ouvimos dizer, não seria um rol de mandamentos imutáveis, mas haveria de incorporar um consenso de valores éticos acerca da dignidade da pessoa, da integridade da Terra, da disposição comunitária e co-responsável que nos une a todos, e da necessidade de justiça e compaixão solidária. Porém, tal consenso de valores, tal ética global entre nações e pessoas será extremamente difícil, se não impossível, de concretizar sem a cooperação das religiões — não apenas de cada religião mas de todas elas juntas. A necessidade de um diálogo inter-religioso voltado para a formulação de uma ética global foi reconhecida e suscitou reações no Parlamento Mundial das Religiões em 1993 e 1999. A construção de uma ponte ética para o diálogo está avançando — e o tráfego aumentando.

O fato de interesses éticos em pobreza, justiça e ecologia cada vez mais virarem temas de diálogo inter-religioso em todo o mundo — não só em nível parlamentar, mas também popular — é talvez a melhor resposta àqueles que temem que tal agenda ética seja uma imposição sobre algumas religiões. A despeito das alegações por parte de alguns estudiosos acadêmicos de que nem todas as religiões preocupam-se com semelhantes "questões temporais" como pobreza e redução de ozônio, o fato é que há membros de todas as religiões mundiais (o que não quer dizer todos os membros de cada religião) que realmente se preocupam com tais assuntos. E essa preocupação é inspirada e dirigida por suas crenças e valores religiosos. Ademais, os apelos que ouvem daqueles que estão sofrendo impulsiona-os a conversar com membros de outras tradições que ouvem os mesmos apelos. Um diálogo inter-religioso, ético está tendo lugar e ganhando velocidade. Ele parece insinuar, se não comprovar, que no interior de todas as religiões há preocupação em melhorar o destino dos seres humanos neste mundo, o que significa melhorar este mundo. Seja qual for o significado que possam ter "salvação", "iluminação" ou *moksha** com relação à vida interior da alma ou

---

* Em sânscrito, "libertação"; no hinduísmo, significa o fim do ciclo de morte, renascimento e sofrimento decorrente da existência corporal/terrena, e que é alcançado mediante o estado de consciência de plena cessação de desejo (*Nirvana*). (N.T.)

com a vida pós-morte, também se destinam a fazer uma diferença na vida nesta Terra.²⁷ Pelo menos, assim o parece.

Falar depois de agir é falar melhor

Dessa maneira, para os cristãos que caminham por essa ponte prática rumo a uma teologia das religiões baseada na mutualidade, a agenda ética fornecida pelo sofrimento humano e ecológico é uma necessidade. Porém, dizem eles, ela é também uma oportunidade — oportunidade de um diálogo religioso mais frutuoso entre pessoas de tradições diferentes. Um diálogo *ético* compartilhado, por assim dizer, há de abrir portas e tomar a frente de um diálogo *religioso* mais eficaz. Se pessoas religiosas primeiro despenderem seu tempo a agir conjuntamente para aliviar o sofrimento eco-humano, com mais sucesso conseguirão conversar acerca de suas experiências e crenças religiosas. Assim, falar depois de agir contribui para falar melhor.

Michael Amaladoss, sj, relata como semelhante diálogo baseado na prática pode funcionar a partir de sua experiência de como aconteceu na Índia.²⁸ Conta-nos de como membros de diferentes (e na Índia, muitas vezes conflitantes) comunidades religiosas — hindus, muçulmanos, cristãos — acham-se reunidos por um chamado que lhes vem a todos a partir de fora de suas comunidades religiosas imediatas: o chamado dos sofredores e marginalizados. À medida que eles percebem e respondem positivamente a esse chamado, cresce-lhes a sensação de proximidade como pessoas humanas e religiosas. "O princípio de união é exatamente a práxis [prática] da libertação." E à medida que conversam acerca dos problemas que enfrentam — a situação dos párias e excluídos, o combate inter-religioso (na Índia, chamado de "comunitarismo"), os governos corruptos — dão-se conta de que cada um(a) deles(as), ao reagir ao problema ou desafio a partir de seus recursos espirituais, tem algo a

---

²⁷ Cf. KNITTER, Paul F. *One earth and many religions*; multifaith dialogue and global responsibility. Maryknoll: Orbis Books, 1995. cap. 6.
²⁸ A argumentação e as citações nos parágrafos seguintes são tiradas de AMALADOSS, Michael. Liberation as an interreligious project. In: WILFRED, Felix (ed.). *Leave the temple*; Indian paths to human liberation. Maryknoll: Orbis Books, 1992. pp. 158-174.

oferecer. Dão-se conta de que cada uma de suas tradições percebe que pode prover algo da "inspiração, profecia, desafio, esperança" que são necessários para levar adiante a luta por transformar situações de injustiça e cobiça em situações de solicitude e igualdade. Ao proporcionar tal coragem, visão profética e vigor para a luta, cada religião vale-se de suas próprias profundezas espirituais, do núcleo de sua vivência religiosa ou mística. Desde já, há a sensação de que tal partilha em nível prático é também partilha em nível mais profundo de espiritualidade.

Porém, continua Amaladoss, tal diálogo prático-ético entre pessoas religiosas exige que, juntas, elas consigam sujar as mãos. O local do diálogo — a ambientação física, socioeconômica — e a classe social dos participantes agora assumem uma crucial importância. "Isso significa que o diálogo inter-religioso tem de descer do nível dos especialistas para o das pessoas comuns — os pobres — que lutam juntos por libertação e realização. Ele há de mostrar-se mais em símbolos, gestos e atividades comuns a todos, em vez de em discussões abstratas. Será um diálogo de vida e de luta." Os participantes de semelhante diálogo ético não mais podem ser somente os estudiosos acadêmicos, os santos e os líderes religiosos; as próprias pessoas vitimadas — e os que estão nas trincheiras lutando junto com elas ou com a Terra vitimada e em favor delas — também precisam ter voz ativa. E essa há de ser uma voz necessária não somente para analisar o problema ou a forma específica de sofrimento com que se defrontam, mas também para interpretar aqueles ensinamentos ou contribuições de cada religião e que se propõem a lançar luzes sobre o problema ou a resolvê-lo. Os estudiosos acadêmicos e líderes religiosos precisam ouvir as pessoas vitimadas e com elas aprender.

Visto que semelhante encontro ético de debate e cooperação entre religiões, orientado para o problema, penetra de maneira mais íntima e pessoal na dor e nas lutas das vítimas que suscitaram o diálogo, há uma mudança de enfoque sobre o que de fato importa e o interesse que na verdade está em jogo. Um diálogo em que o sofrimento reúne pessoas religiosas, em que a intenção básica é alimentar crianças famintas, ou impedir que sejam marcadas a ferro em brasa as esposas recém-casadas que não conseguem pagar seu dote, ou fazer a paz entre grupos religiosos que se matam uns aos outros, ou salvar rios poluídos — em tal diálogo, o mais importante não é que "nossa equipe vença". A preocupação básica não é mais mostrar que minha religião é a completude da sua, que minha idéia do divino é superior à sua, que meu "Salvador" é maior que o seu, ou mesmo que minha solução para resolver o problema mais próximo é mais eficiente do que a sua. O que mais importa é as pessoas serem de fato ajudadas, alimentadas, educadas, que recebam medicamentos, que a violência e a guerra sejam evitadas e que o meio ambiente seja salvo e protegido. Seja qual for ou de quem for a verdade ou o Deus, ou o Salvador que puder ajudar a concretizar esses objetivos, que todos os ouçam e com eles aprendam.

Por essa razão, a abordagem ética para compreender outras religiões possui também seu corrimão para protegê-la contra as escorregadias ladeiras do relativismo. Paras os cristãos que participam de um diálogo religioso em escala global, em que cada parte se sente responsável pela outra, o que decide entre o que é verdadeiro ou falso, bom ou mau, melhor ou pior entre as diferentes crenças e práticas não é se os seguidores de uma religião crêem em um só Deus, ou se reconhecem Jesus como Salvador ou dão mostras de algum batismo de desejo, mas sim se uma determinada crença ou prática religiosa é capaz de ocasionar maior paz, justiça e unidade no mundo. Tão importante como as demais questões em debate, temos aqui a vara de medição mais útil e prontamente disponível em se tratando da verdade e bondade religiosas.

Os defensores dessa espécie de diálogo de imediato acrescentam que as melhores pessoas para ajudarem a aplicar essa vara de medição são os próprios pobres e oprimidos, pessoas comuns que lutam por tornar seu mundo melhor. Mais uma vez, para decidir se uma crença ou prática religiosa é pertinente ou verdadeira, os pontos de vista das pessoas vitimadas, os daqueles que lutam nas trincheiras, têm especial peso e devem necessariamente ser ouvidos pelos especialistas e representantes religiosos oficiais. Realmente, quando surgem diferenças e desacordos entre os especialistas acerca de se uma determinada crença religiosa consegue deveras transformar e libertar o mundo, aqueles que precisam de libertação e lutam por ela podem servir de árbitros. Que sua experiência e testemunho sirvam de mediadores entre os especialistas. Na linguagem da teologia cristã, a voz dos pobres e dos vitimados é uma "voz privilegiada" em questões teológicas e dialógicas. Essas vozes podem contar aos líderes e profissionais religiosos coisas que por si mesmos não conseguem saber.

Porém, segundo Amaladoss, há um passo, ou um nível que vem em seguida nesse diálogo religioso em escala global, em que cada parte se sente responsável pela outra. Se esse diálogo começa por questões concretas de sofrimento humano ou ecológico, se ele procura valer-se de diferentes contribuições religiosas para analisar e resolver a causa do sofrimento, ele não pára aí. As pessoas religiosas que "comprometem-se conjuntamente a promover a justiça" hão de reconhecer-se elas mesmas com desejo de "compartilhar [...] perspectivas de fé", até mesmo de "buscar uma convergência no nível de fé". O diálogo prático conduz, natural e talvez necessariamente, a um diálogo explicitamente religioso. Tendo lutado para proteger direitos humanos, restaurar terras, pôr fim à prostituição, restringir práticas industriais nocivas ao meio ambiente, os participantes de diferentes comunidades de fé vão reconhecer-se como amigos. Tendo trabalhado juntos, interiormente vivenciado e conhecido juntos a resistência daqueles que estão no poder, tendo sofrido juntos, talvez ido juntos para a cadeia, eles vão sentir os vínculos que os relacionam em nível mais profundo — sim, em nível místico. Hão de naturalmente querer ouvir de seus colaboradores e amigos de luta aquilo que, na fé religiosa destes, os inspira, dirige e faz seguir adiante. Talvez possam até querer rezar juntos, ou sentar juntos em meditação silenciosa, a fim de possibilitar que aquilo que os inspira em suas diferentes religiões venha a todos eles comover no silêncio ou na oração.

E nessa espécie de partilha religiosa entre os que lutaram por justiça e bem-estar, as pessoas vão provavelmente descobrir que têm "novos ouvidos com que ouvir" o que o amigo de outra religião está dizendo. Os vínculos pessoais de relacionalidade — novamente podemos chamá-los de vínculos místicos — que se formam na ação ética conjunta tornam-se condutos pelos quais o movimento para trás e para a frente na co-participação religiosa pode fluir mais fácil e eficazmente. Mais concretamente, um cristão que ficou ao lado de um budista na oposição às práticas corruptas do governo estará mais apto para ouvir e compreender seu amigo budista quando este fala de como a iluminação ou experiência interior do "não-eu" convoca-o a fazer algo a respeito do sofrimento humano. E inversamente, o budista estará mais apto para compreender o cristão quando este explica como Jesus, com sua visão profética do Reino de Deus, o anima e orienta. Essa abordagem ética do diálogo sugere que, em essência, os participantes de crenças religiosas vindos de tradições imensamente diferentes e que atuam juntos estarão mais aptos para rezar juntos e juntos compartilhar.

Em tal abordagem ética do diálogo, as religiões da Ásia começaram a formar o que está sendo chamado de *Comunidades Humanas de Base*. Em sua maneira de operar e no que estão descobrindo, elas assemelham-se às Comunidades Eclesiais de Base que se desenvolveram na América Latina nas décadas de 1970 e 1980. Essas Comunidades Eclesiais de Base vivenciaram e conheceram uma renovação religiosa mediante reuniões de pequenos grupos e o estudo dos Evangelhos com base na luta compartilhada pela superação da pobreza e da injustiça. Mediante a escuta da Palavra de Deus com ouvidos de pobre, elas ouviram coisas que jamais antes haviam ouvido e chegaram a um novo entendimento de si mesmas como comunidades religiosas. De modo semelhante, pessoas de diferentes religiões na Ásia estão reunindo-se para formar uma nova espécie de comunidade religiosa — comunidade esta em que, mediante a ação conjunta para primeiro superar o sofrimento humano ou ecológico, as pessoas estão aptas, segundo o enfoque dessa experiência, para cada uma compreender as Escrituras das outras e cada uma valorizar as crenças das outras, como jamais antes. Tais Comunidades Humanas de Base, como são chamadas, estão dando à luz não a uma nova religião mas a uma nova comunidade de religiões, comunidade esta em que a solicitude e a cooperação compartilhadas por pessoas humanas são o jardim em que crescem o entendimento e o aprendizado religioso.

Jesus, o Libertador

O pilar de sustentação mais decisivo e mais difícil de construir, com referência a todas essas pontes conducentes ao Modelo de Mutualidade, é aquele que trata do papel de Jesus: como afirmar as convicções tradicionais do cristianismo sobre a importância de Jesus sem diminuir a importância universal de outras tradições e líderes religiosos? Vimos como os que seguem pela ponte filosófica enfatizam a natureza simbólica de toda maneira de falar sobre Jesus, com especial preferência pelo simbolismo de Jesus como cheio do Espírito Santo, enquanto aqueles que escolhem a ponte mística compreendem o Jesus pessoal como apenas uma expressão — ainda que essencial — do Cristo universal disponível para todas as religiões. Para os que caminham pela ponte prático-ética, a abordagem de Jesus, poderíamos talvez dizer, é também mais prática, terra-a-terra, imediata. Talvez mais do que todas as outras versões do Modelo de Mutualidade, essa ponte prático-ética busca fundamentar sua percepção de Jesus naquilo que nos diz o atual saber acadêmico do Novo Testamento acerca do Jesus histórico.

Alguns poderiam talvez imediatamente advertir que semelhante abordagem induz a construir sobre fundações de areia, pois nem sempre fica claro o que exatamente nos diz o "atual saber acadêmico acerca do Jesus histórico". Isto é verdadeiro: de modo frustrante, os debates entre especialistas sobre o Jesus histórico podem ser segmentados e controvertidos. E não obstante, em meio ao nevoeiro das interpretações divergentes, há algumas poucas conclusões acerca de Jesus que inspiram um nítido, até mesmo sólido, consenso. Uma delas é que o núcleo da mensagem de Jesus, o "símbolo mestre" de sua visão profética, foi o Reino de Deus. O tema principal da pregação de Jesus — e, podemos presumir, a ardente preocupação que tinha no coração — foi anunciar, iniciar e incentivar o Reino de Deus. Foi com isso, para início e fim de conversa, que Jesus se ocupou. Como se lhe refere um estudioso acadêmico: "Tudo o que Jesus diz e faz inspira-se, desde o início até o fim, em seu compromisso pessoal com o advento do Reino de Deus neste mundo. O horizonte de controle da missão e do ministério de Jesus é o Reino de Deus".[29] Desse modo, no Evangelho de Marcos, as próprias primeiras palavras que Jesus emprega para anunciar sua "Boa-Nova" são: "Cumpriu-se o tempo, e o Reino de Deus está próximo" (Marcos 1,15).

---

[29] LANE, Dermot. *Christ at the centre*; selected issues on Christology. New York: Paulist Press, 1991. p. 11.

Porém, o que queria ele exprimir com esse "símbolo mestre"? Nesse ponto, as opiniões dos especialistas movem-se em direções diferentes, mas normalmente complementares. Elas nos dizem que em razão de o Reino de Deus ser a metáfora-chave daquilo com que Jesus se ocupou, nunca conseguiremos extrair-lhe o significado plenamente; realmente, seu poder de impulsionar as pessoas no seguimento de Jesus vai crescer e mudar de enfoque de uma época para outra. Porém, há algo acerca do Reino de Deus com que concordam os especialistas. Isso está contido na oração que Jesus ensinou a seus seguidores e que é repetida milhões de vezes de um lado a outro do mundo todos os dias: "Venha a nós o vosso Reino, seja feita a vossa vontade assim *na Terra* como no Céu". Jesus muito ansiou, esperou e consumiu sua força vital para que o Reino de Deus pudesse concretizar-se na Terra, neste mundo, na sociedade.[30] Certamente, o Reino estende-se para além dos limites da vida terrena, porém, antes de assim o fazer, tem em mira influir sobre a vida terrena e transformá-la. E por ser o Reino — isto é, a visão profética e presença poderosa — de um Deus de compaixão e justiça, o mundo da cultura, da sociedade e da política que se concretiza no interior desse Reino será um mundo em que os seres humanos amam e fazem justiça uns para com os outros e para com toda a criação de Deus. Edward Schillebeeckx, um dos teólogos cristãos mais completos e respeitados do século passado, resume o quadro do Reino de Deus que ele estabelece a partir de seus abrangentes estudos acerca do Jesus histórico:

> O Reino de Deus é a presença salvífica de Deus, atuante e encorajadora, ao mesmo tempo em que ela é afirmada e bem-vinda entre homens e mulheres. É uma presença salvífica [...] que assume forma concreta sobretudo na justiça e nas relações pacíficas entre pessoas e povos, no desaparecimento das doenças, da injustiça e da opressão, na restauração da vida de tudo o que estava morto e agonizante.[31]

---

[30] Isso vai de encontro à percepção prevalente anterior de que Jesus esperava que o fim do mundo viesse durante o curso de sua vida ou pouco depois. Como observa Marcus J. Borg: "o consenso a respeito da expectativa que Jesus tinha sobre o fim do mundo desapareceu. A maioria dos estudiosos acadêmicos não mais pensa que Jesus esperava a vinda do fim do mundo em sua geração" (*Jesus*; a new vision. San Francisco: HarperSanFrancisco, 1987. p. 14).

[31] SCHILLEBEECKX, Edward. *The Church*; the human story of God. New York: Crossroad, 1990. pp. 111-112.

Se o símbolo do Reino de Deus constitui o centro de interesse da pregação de Jesus, o que nos diz esse símbolo acerca de quem era Jesus? Talvez o título favorito referente a Jesus, entre aqueles que defendem uma ponte ética para o diálogo, seja o de *libertador* — Jesus é aquele que realiza a libertação e a transformação das pessoas e de seu mundo social. Porém, esse é um modo atual de falar. A versão bíblica para "libertador" é *profeta*. Jesus assumiu seu lugar na longa seqüência e na história dos profetas judeus — pessoas que foram sensíveis ao sofrimento das vítimas e que convocaram o povo judeu para mudar a posição de sua fé em um Deus de amor e justiça, tirando-a das palavras vazias e praticando-a realmente. Ao se fazerem sensíveis à dor da maioria, os profetas normalmente tornavam-se um aborrecimento para os poucos que detinham o poder — e eram com freqüência "removidos" pelos poderosos. Entre os muitos títulos que foram subseqüentemente dados a Jesus por seus seguidores, um dos mais antigos, e que melhor capta talvez como Jesus era percebido pelas pessoas e talvez até mesmo como ele se percebia a si próprio, foi o de profeta. É um título inteiramente judaico. Com demasiada freqüência os cristãos esquecem-se de que Jesus era inteiramente judeu, desde o nascimento até a morte.

Porém, para contrabalançar o quadro de Jesus traçado no Novo Testamento, os proponentes de uma teologia das religiões baseada na ética gostam de acrescentar uma frase adjetiva a essa imagem central de Jesus como profeta: ele foi um profeta "cheio do Espírito Santo". Na qualidade de profeta, Jesus foi um libertador — poder-se-ia até dizer um militante de movimento social. Porém, seu compromisso com a libertação e a ação decorria da profunda experiência religiosa interior que tinha com o Espírito Santo, a qual lhe assegurava que Deus era seu Abba ou Pai/Papai, assim como de todas as pessoas. Essa energia é que lhe impulsionava a esperança e a coragem proféticas. Essa era a fonte da paz pessoal para a qual podia retirar-se durante a noite, quando suas energias enfraqueciam-se e suas esperanças eram postas à prova. Quanto mais seu espírito estava em consonância com o Espírito Divino, mais ele chegava-se aos pobres e sofredores — e vice-versa.

É esse, então, o Jesus que, segundo essa abordagem ético-prática das outras religiões, os cristãos devem trazer para o diálogo — Jesus, o libertador místico-profético. Certamente, outros títulos tradicionais de Jesus não serão negados ou postos de lado — Jesus como Filho de Deus, Messias, Verbo de Deus, Salvador. Porém, se a imagem e as implicações de Jesus, o Libertador, cheio do Espírito Santo não iluminarem e inspirarem essas outras imagens, então estará faltando algo de essencial àquilo que Jesus era e de que se ocupava. Se a divindade de Jesus não é compreendida e apresentada às outras pessoas de fé em termos de seu papel como profeta social, então a figura de Jesus não apenas estaria incompleta mas também poderia ser perigosa. Há o perigo de ele tornar-se somente uma divindade a ser adorada e exaltada acima das demais, em vez de um exemplo a ser seguido e compartilhado com as outras.

De fato, essa compreensão ético-profética de Jesus há de permitir aos cristãos enxergar com maior clareza as outras religiões e com elas relacionar-se mais facilmente. Ela vai, por assim dizer, prover os cristãos das mesmas prioridades que orientaram Jesus:

- Como ouvimos dizer, para Jesus o profeta cheio do Espírito Santo, o centro de interesse de sua vida e das relações que estabelecia era o Reino de Deus. Isso significava que ele não era — como freqüentemente o foram seus seguidores — *centralizado na Igreja*. Sua preocupação básica não era aumentar o quadro de membros de seu próprio movimento ou comunidade. Mais exatamente, era transformar o coração das pessoas a fim de transformar a sociedade.
- Além disso, ele não era *autocentralizado* — ou *centralizado em Jesus*. O fim último de sua pregação não era fazer as pessoas reconhecerem-lhe a autoridade e a de ninguém mais, mas sim seguirem-no em seu movimento de renovar a maneira de as pessoas conviverem.
- Em certo sentido, também é preciso dizer, segundo o teólogo da libertação Jon Sobrino, sj, de El Salvador, que Jesus na verdade não era *centralizado em Deus*. O Deus que preenchia e inflamava o coração de Jesus era o Deus que queria estabelecer um Reino, uma nova sociedade de amor e justiça no mundo. Falar de "Deus somente" — isto é, Deus sem o Reino de Deus — teria sido para Jesus falar de um falso Deus, um ídolo vazio e perigoso.

(E, naturalmente, falar do Reino sem Deus teria sido para Jesus como determinar uma meta sem a energia para alcançá-la.)
- Dessa maneira, no fim, a melhor descrição de Jesus e de suas prioridades é a de que ele era *centralizado no Reino*. Tudo mais se orientava para a concretização dessa nova sociedade e em certo sentido a isso subordinava-se, a esse novo ordenamento do mundo em que a vontade de Deus seria feita e todos teriam vida, e vida em abundância. A comunidade e o movimento renovador que Jesus formou em torno de si mesmo (que mais tarde veio a tornar-se a Igreja), seu chamado para homens e mulheres nele crerem e a ele seguirem, seu anúncio de que Deus é realmente um Abba para todos nós — todos esses ingredientes essenciais de sua Boa-Nova (Igreja, Cristo, Deus) eram destinados a fomentar o Reino de Deus.[32]

Dessa maneira, os proponentes dessa abordagem ético-prática das outras crenças tiram suas conclusões: se Jesus era centralizado no Reino, é preciso também que uma teologia cristã das religiões seja centralizada no Reino. Semelhante centro de interesse não somente vai estabelecer prioridades mas também prover a energia para um encontro cristão de debate com pessoas de outras crenças. O primeiro item da agenda quando cristãos reunirem-se com seguidores de outras crenças não será o de abrandá-los para receber a palavra correta que os trará para a comunidade cristã (como no Modelo de Substituição); tampouco a preocupação básica será a de identificar em seus ensinamentos e práticas o Cristo "oculto" ou "anônimo" que busca completude na Igreja (como no Modelo de Complementação); tampouco o interesse condutor será o de descobrir o "Real" ou a "fonte mística" que percorre todas as religiões (como nas pontes filosófica e mística do Modelo de Mutualidade). Mais exatamente, para os cristãos seguidores de Jesus,

---

[32] Cf. SOBRINO, Jon. *Spirituality of liberation*; toward a political holiness. Maryknoll: Orbis Books, 1988. pp. 82-84 (ed. bras.: *Espiritualidade da libertação*; estruturas e conteúdo. São Paulo: Loyola, 1992); ____. *Jesus the liberator*; an historical-theological reading of Jesus of Nazareth. Maryknoll: Orbis Books, 1994. p. 69 (ed. bras.: *Jesus, o Libertador*; I – A história de Jesus de Nazaré. Petrópolis: Vozes, 1994); ____. *Christ the liberator*; a view from the victims. Maryknoll: Orbis Books, 2001 (ed. bras.: *A fé em Jesus Cristo*; ensaio a partir das vítimas. Petrópolis: Vozes, 2000).

o Libertador, a primeira tarefa a cumprir em uma teologia e diálogo de religiões será a de indagar onde e como essas outras comunidades religiosas podem estar procurando concretizar aquilo que os cristãos chamam de Reino de Deus — onde elas tentam conseguir substituir um mundo de sofrimento e injustiça humana por uma sociedade de compaixão e igualdade.

Onde quer que seja e todas as vezes que os cristãos testemunharem semelhantes frutos éticos, semelhantes "sinais do Reino de Deus" em outras comunidades religiosas, podem ficar seguros de ter bastante "em comum" com essas outras pessoas de fé para haver um diálogo frutuoso. Todas as vezes que virem outras religiões mostrando-se sensíveis à difícil situação dos pobres e que buscam promover maior igualdade, justiça e amor entre as pessoas, os cristãos sabem que o que entendem por "Deus", por "Espírito Santo" ou por "graça" já está vivo e ativo no seio dessas outras comunidades. Na ponte ético-prática para o diálogo, os cristãos conseguem encarar outras pessoas religiosas não como "cristãos anônimos" mas como "verdadeiros colaboradores" na construção do Reino de Deus neste mundo.

A singularidade de Jesus redescoberta

Esta é talvez um das inconfundíveis conquistas e contribuições da ponte ético-prática para uma teologia das religiões: ela possibilita aos cristãos não somente descobrir as riquezas de outras crenças, mas também redescobrir qual é a singular riqueza da sua própria. Esses cristãos têm uma resposta clara e vigorosa à crítica que freqüentemente se ouve ao Modelo de Mutualidade — que ele dilui a singularidade de Jesus em uma rala sopa inter-religiosa. "Ao contrário", sustentam aqueles cristãos seguidores do Jesus libertador. Se entendermos a idéia de "singularidade" como aquilo que não só caracteriza mas também distingue algo ou alguém, então os cristãos podem falar a seus irmãos e irmãs de outras religiões acerca de uma qualidade de Jesus de Nazaré que tanto define aquilo que ele faz como também parece não se encontrar de maneira tão clara e poderosa na maioria das outras religiões e líderes religiosos. Aloysius Pieris, um jesuíta do Sri Lanka que talvez seja o primeiro proponente e principal arquiteto dessa ponte ética para o diálogo, explica da seguinte forma.

Com base em sua experiência do seguimento de Jesus em diálogo com as religiões da Ásia, Pieris revela algo acerca da mensagem de Jesus e de sua experiência interior de Deus sem o qual Jesus "dificilmente pode ser encontrado e menos ainda proclamado"; porém, é também algo que, na opinião de Pieris, está "de maneira patente ausente das Escrituras das demais religiões", em especial as da Ásia. Esse algo acha-se na maneira pela qual Jesus proclama e incorpora aquilo que Pieris chama de *"a irrevogável aliança entre Deus e os pobres"*. Ao levar adiante e intensificar a mensagem dos profetas judeus e, depois, ao incorporá-la em sua morte na cruz, *"Jesus é a aliança entre YHWH [Deus, o divino] e as não-pessoas do mundo"*.³³ O Deus que Jesus chegou a conhecer e sentir em suas próprias experiências místicas ou cheias do Espírito Santo é um Deus que tem especial amor e solicitude para com as pessoas que foram vitimadas, exploradas e tornadas impotentes por outras pessoas. Não é que esse Deus não ame as outras pessoas, incluindo os opressores, porém esse Deus, como pai ou mãe interessados e cuidadosos, quer achegar-se de modo especial, está bem, preferencial, àqueles filhos de Deus que sofrem mais porque sofrem como vítimas.

Por conseguinte, para conhecer e aceitar o Deus que Jesus anuncia, cada um precisa não só escolher ser pobre, no sentido de ser desprendido da cobiça egoísta (é algo que todas as religiões exigem); cada um precisa também optar por aqueles que não escolheram, mas foram forçados a serem pobres, e pôr-se a seu favor. Se as pessoas que se dizem religiosas não estão de alguma maneira querendo achegar-se às vítimas que estão nesta Terra e/ou à própria Terra que é vitimada, algo de essencial está faltando em sua experiência religiosa. Pieris ressalta esse ponto ao jogar com o antigo axioma católico "fora da Igreja não há salvação". Ele sugere que, se quisermos empregar semelhante linguagem de efeito dramático, seria melhor dizer: "Fora da aliança de Deus com os pobres não há salvação".³⁴

---

³³ PIERIS, Aloysius. *Fire and water*; basic issues on Asian Buddhism and Christianity. Maryknoll: Orbis Books, 1996. pp. 150-151; cf. também _____. *God's reign for God's poor*; a return to the Jesus formula. Sri Lanka: Tulana Research Centre, 1998. cap. 4.

³⁴ PIERIS, Aloysius. Christ beyond dogma; doing Christology in the context of the religions and the poor. *Louvain studies* 25 (2000), p. 220.

A partir desse ângulo, Pieris consegue identificar para os cristãos o que é verdadeiramente singular acerca da encarnação de Deus em Jesus. A encarnação em si mesma — isto é, o Divino que se torna humano — não constitui, lembra-nos Pieris, nada singular ou surpreendente. Afinal de contas, "Tudo o que Deus criou era bom; a criação inteira é corpo de Deus. Deus não julgou degradante ser humano. Deus poderia ter-se tornado uma flor sem rebaixar-se". O que há de verdadeiramente sensacional em Jesus é que Deus, o Todo-Poderoso e Transcendente, encarnou-se como "um escravo de tiranos humanos". Em Jesus, Deus não simplesmente tornou-se humano; Deus tornou-se pobre, uma vítima, um dos oprimidos. Está aí a verdadeira surpresa, até mesmo o escândalo. Dessa maneira, em Jesus, o Divino identifica-se não só com o bom e o belo na humanidade, mas também — e especialmente — com aquilo que os seres humanos em geral tendem a descartar ou ignorar. "A humanidade é bela porque é a mais primorosa criação de Deus, o fruto do amor. Porém, a escravidão é feia, porque é uma criação da cobiça humana, o fruto do pecado."[35] Jesus nos diz que é na fealdade da escravidão e opressão que devemos encontrar o Divino e ouvir sua voz a chamar-nos para uma nova vida e compromisso.

Por conseguinte, em seu diálogo com os demais, os cristãos têm algo de distintivo ou singular com que contribuir. Além de tudo que há para os cristãos aprenderem com os outros — e há muito —, eles têm também de chamar seus parceiros de diálogo a reconhecerem algo que talvez não poderiam encontrar de maneira tão clara em seus próprios tesouros religiosos: que vivenciar e assumir o Divino, ser iluminado, ser um com o Supremo, é também ser chamado à solicitude para com as vítimas deste mundo. Se os cristãos não trouxerem essa parte específica de sua experiência interior para o diálogo inter-religioso, estarão omitindo uma parte decisiva de sua própria identidade; talvez se poderia dizer que estarão sendo "infiéis" à singularidade de Jesus.

Porém, Pieris acrescenta, a partir de sua própria experiência, que tal anúncio, tal insistência na singularidade de Jesus, não vai chegar até as outras pessoas de fé assim como lhes chegou a insistência dos cristãos

---

[35] PIERIS, Aloysius. Whither new evangelism? *Pacifica* 6 (1993), p. 333.

do passado na singularidade de Jesus. Asseverar que Jesus é inigualável porque é o único Salvador e o único Filho de Deus soou para os outros como arrogância e deu impressão de imperialismo. Porém, o propósito de localizar a singularidade de Jesus em sua convocação a compartilhar o amor especial de Deus e o envolvimento com as pessoas vitimadas no mundo foi recebido pelos companheiros budistas e hindus de Pieris como "Boa-Nova". "Eles não renunciaram a sequer uma vírgula do budismo para concordarem com essa explicação da singularidade de Jesus. Antes, foram profundamente tocados por essa teologia e levados a refletir acerca de nossa obrigação como pessoas religiosas na sociedade contemporânea."[36] Não ter de renunciar ao que se é, mas ser "profundamente tocado" e, dessa maneira, mudado — eis um maravilhoso exemplo do que pode acontecer em um diálogo autêntico.

LEITURAS ADICIONAIS

ALEAZ, K. P. Paul Knitter's proposal for a relational uniqueness of Jesus. *Vidyajyoti* 63 (1999), pp. 491-503.

AMALADOSS, Michael. The mystery of Christ and other religions; an Indian perspective. *Vidyajyoti* 63 (1999), pp. 327-338.

____. "Who do you say that I am?"; speaking of Jesus in India today. *East Asian pastoral review* 34 (1997), pp. 211-224.

FORTE, Bruno. Jesus of Nazareth, history of God, God of history; Trinitarian Christology in a pluralistic age. In: MERRIGAN, T.; HAERS, J. (eds.). *The myriad Christ*; plurality and the quest for unity in contemporary Christology. Leuven: Leuven University Press, 2000. pp. 99-120.

HAIGHT, Roger. *Jesus, símbolo de Deus*. 2. ed. São Paulo: Paulinas, 2005. cap. 14.

JANTSEN, Grace M. Can there be a mystical core of religion? *Theology today* 47 (1990), pp. 59-72.

JENSEN, David H. *In the company of others*; a dialogical Christology. Cleveland: Pilgrim Press, 2001. caps. 1, 2, 5.

---

[36] PIERIS, Aloysius. Carta pessoal a Philipp Gibbs, svd. Pieris também admite que ele não trouxe tal entendimento da singularidade para o diálogo. Foi realmente no diálogo — mediante os comentários de budistas e hindus — que ele se deu conta de isso ser de fato algo inconfundível a respeito de Jesus e de sua mensagem.

KAROKARAM, Anto. Raymond Panikkar's theology of religions; a critique. *Vidyajyoti* 58 (1994), pp. 663-672.

MOLNAR, Paul D. Some dogmatic consequences of Paul Knitter's unitarian theocentrism. *The thomist* 55 (1991), pp. 449-496.

O'LEARY, Joseph S. *Religious pluralism and Christian faith*. Edinburgh: University of Edinburgh Press, 1996. cap. 7.

PANIKKAR, Raimon. The crux of Christian ecumenism; can universality and chosenness be held simultaneously? *Journal of ecumenical studies* 26 (1989), pp. 82-89.

____. The dialogical dialogue. In: WHALING, Frank (ed.). *The world religious traditions*; current perspectives in religious studies. Philadelphia: Westminster Press, 1984. pp. 201-221.

____. The Jordan, the Tiber, and the Ganges; three kairological moments of christic self-consciousness. In: HICK, John; KNITTER, Paul F. (eds.). *The myth of Christian uniqueness*; toward a pluralistic theology of religions. Maryknoll: Orbis Books, 1987. pp. 89-116.

PIERIS, Aloysius. Christ beyond dogma; doing Christology in the context of the religions and the poor. *Louvain studies* 25 (2000), pp. 187-231.

____. Interreligious dialogue and theology of religions; an Asian paradigm. *Horizons* 20 (1993), pp. 106-114.

SAMARTHA, Stanley J. The Cross and the rainbow; Christ in a multirreligious culture. In: HICK, John; KNITTER, Paul F. (eds.). *The myth of Christian uniqueness*; toward a pluralistic theology of religions. Maryknoll: Orbis Books, 1987. pp. 69-88.

SMITH, Wilfred Cantwell. Idolatry; in comparative perspective. In: HICK, John; KNITTER, Paul F. (eds.). *The myth of Christian uniqueness*; toward a pluralistic theology of religions. Maryknoll: Orbis Books, 1987. pp. 53-66.

TEASDALE, Wayne. The interspiritual age; practical mysticism for the Third Millennium. *Journal of ecumenical studies* 34 (1997), pp. 74-91.

WILFRED, Felix. Some tentative reflections on the language of Christian uniqueness. *Vidyajyoti* 57 (1993), pp. 652-672.

WOLZ-GOTTWALD, Eckard. Mysticism and ecumenism; on the question of religious identity in the religious dialogue. *Journal of ecumenical studies* 32 (1995), pp. 25-34.

YAGI, Seiichi. "I" in the words of Jesus. In: HICK, John; KNITTER, Paul F. (eds.). *The myth of Christian uniqueness*; toward a pluralistic theology of religions. Maryknoll: Orbis Books, 1987. pp. 117-134.

Capítulo 9

O Modelo de Mutualidade: *insights* e questões

INSIGHTS

De todas as novas idéias e propostas que o Modelo de Mutualidade propõe para uma teologia das religiões, as que são mais inovadoras e controvertidas têm a ver com sua concepção acerca de Jesus. Vimos como cada uma das pontes que investigamos nesta parte terminava com uma imagem ou representação do Jesus que ela seguia. Agradáveis para alguns cristãos, essas imagens podem também ser perturbadoras para outros. Por conseguinte, os *insights* ao modelo que aqui apresentamos vão concentrar seu foco em Jesus e empenhar-se em resumir as implicações ou desafios comuns a todas as várias figuras de Jesus com que nos deparamos nesta parte. Esse resumo tem a pretensão de fornecer aquela espécie de lucidez que há de ajudar os leitores a fazerem sua própria avaliação.

Na maneira pela qual o Modelo de Mutualidade compreende Jesus, podemos apontar quatro questões-chave ou desafios: (1) a necessidade de novas respostas; (2) Jesus como sacramento em vez de reparação; (3) uma cristologia do Espírito Santo; e (4) aquilo que poderíamos chamar de uma cristologia da mutualidade.

A necessidade de novas respostas

Este é o primeiro e, talvez, o mais contundente dos desafios propostos pelo Modelo de Mutualidade. Hoje, a pergunta que Jesus fez a seus discípulos e que eles ainda tentam responder, "Quem dizem os homens que eu sou?" (Marcos 8,27), exige verdadeiramente novas respostas — respostas que hão ser tão corajosas ao enfrentarem as novas perguntas como são decididamente fiéis à visão profética original que a comunidade tinha de Jesus. Essa necessidade de algo verdadeiramente novo é percebida pelos cristãos em todos os modelos que até agora recapitulamos. Mesmo os chamados cristãos conservadores do Modelo de Substituição e os cristãos das Igrejas de correntes dominantes, cobertos pelo Modelo de Complementação, sentem a tensão entre, de um lado, a necessidade que têm de respeitar, amar e dialogar com outras pessoas de fé e, do outro lado, as tradicionais pretensões cristãs de que Jesus é o único-e-exclusivo Filho de Deus e Salvador. Algo aí não se ajusta inteiramente. Há uma distorção entre o que os cristãos *vivenciam e percebem* nas outras religiões (os nítidos sinais da graça em outras crenças) e o que se espera que *creiam* acerca de Jesus (que ele é a única fonte de graça salvífica).

Os seguidores do Modelo de Mutualidade insinuam a seus companheiros cristãos que eles não vão conseguir lidar com essas tensões salvo se estiverem dispostos a rever aquilo que muitos pensaram ser completamente impossível de ser revisto criticamente — a reivindicação de que Jesus é a única fonte da salvação de Deus e a palavra final sobre o que Deus pretende para a humanidade e o mundo. Esse é o desafio que Deus parece estar lançando aos cristãos — um desafio que provém da própria voz do Espírito de Deus que os cristãos ouvem em outras religiões. Um defensor de semelhante revisão crítica afirma, de modo notável, que essa questão de se Jesus é o único-e-exclusivo Salvador é o tema de debate em que a credibilidade do cristianismo será decidida para muitas pessoas, tanto cristãos como não-cristãos. "É a linha de fratura no atual conflito da cristologia; debates acerca da encarnação ou da autoconsciência de Jesus [...] são debates secundários."[1] Outras

---

[1] WILDMAN, Wesley J. Pinning down the crisis in contemporary Christology. *Dialog* 37 (1998), p. 20.

demandas por revisão crítica são menos notáveis, mas não obstante bem claras: "Quanto mais escutamos aqueles outros [nas religiões] em seus próprios termos, mais a pretensão de que Deus é plena e definitivamente revelado apenas em Jesus parece necessitar ser revista criticamente [...]. Precisamos ir ao encontro das outras religiões com a segurança de termos um Salvador, mas também com indagações sobre seu lugar no horizonte inter-religioso".[2]

Por mais radical que tal revisão crítica possa parecer, os cristãos que a defendem também sustentam que, na verdade, ela não é nada nova. Ao longo dos séculos, especialmente na Igreja primitiva, houve mudanças marcantes — algumas delas abalos sísmicos — nos entendimentos que os cristãos tinham acerca de Jesus, tanto de sua pessoa como de sua obra. Mover-se de uma imagem de Jesus como último profeta para uma de Jesus como Senhor, ou de Jesus como novo Moisés para uma imagem de Jesus como Filho Único de Deus, não constituiu um pequeno passo para as comunidades cristãs primitivas. Sempre houve "muitas cristologias", muitas maneiras de compreender Jesus — diferentes flores quando a mesma semente de fé é plantada em diferentes solos culturais. No Novo Testamento, os entendimentos mais antigos acerca de Jesus (por exemplo, a visão de Marcos acerca de Jesus como servo sofredor) parecem ter sido mais "modestos", ao passo que aqueles que vieram mais tardiamente (por exemplo, a imagem de João referente a Jesus como Logos e Filho Único) eram mais exclusivos. Porém, isso não significa que o mais antigo foi suplantado pelo mais tardio.

É por isso que alguns teólogos propõem que o avanço, hoje, rumo ao que eles chamam de uma visão mais modesta acerca do papel de Jesus será na verdade um retorno aos entendimentos originais, mais antigos, acerca de Jesus nas comunidades primitivas. Não é verdadeiro, dizem-nos eles, que precisamente desde o princípio os cristãos persistiram em um entendimento "absolutista" ou de tipo "único-e-exclusivo" acerca do papel de Jesus. "A princípio não foi em todo lugar, sempre e com todo o mundo que a cristologia absolutista ganhou crédito." Nas comunidades mais primitivas, a pergunta sobre se Jesus era o Salvador

---

[2] O'LEARY, Joseph. *Religious pluralism and Christian truth.* Edinburgh: University of Edinburgh Press, 1996. pp. 205, 207.

único-e-exclusivo que eliminava todos os demais era "um não-problema, uma questão fora da temática própria". Um entendimento "absoluto" ou exclusivo de Jesus "talvez tem início em meados do século II; não atinge o auge provavelmente até o século V".³

Se Jesus foi exposto para ser o único-e-exclusivo precisamente desde o início do movimento de Jesus ou não, muitos cristãos hoje, como vimos nesta parte, alegam enfaticamente não que as imagens bíblicas tradicionais de Jesus como "Filho Único de Deus" ou "único mediador" sejam lançadas fora, mas que o significado delas, especialmente suas implicações, seja compreendido de maneira diferente. Como vimos, alguns sugerem que toda conversa a respeito de "único-e-exclusivo" seja considerada linguagem amorosa cuja intenção é afirmar o significado de Jesus, não negar o dos outros. Outros cristãos compreendem semelhante linguagem de "único-e-exclusivo" como uma indicação daquilo que é especial acerca de Jesus — isto é, daquilo que Deus revelou mais poderosa e provocativamente em Jesus do que em outras figuras (por exemplo, a especial solicitude de Deus para com as pessoas vitimadas); tal entendimento leva em consideração que Buda é expressão única-e-exclusiva de outras verdades universais que ele descobriu mais claramente do que outros místicos o fizeram (por exemplo, a interconectividade de todas as coisas). A partir dessa perspectiva, pode haver, de modo paradoxal, muitos "únicos-e-exclusivos" — muitas expressões singulares da verdade divina, muitas revelações específicas e distintivas nas diferentes religiões. Todas elas seriam diferentes umas das outras, mas todas conseguiriam falar umas com as outras, realçar, esclarecer, equilibrar e, está bem, desafiar e corrigir umas às outras. Essa é a substância do diálogo — um diálogo de muitos "únicos-e-exclusivos".

Se essas maneiras determinadas de reinterpretar a singularidade de Jesus são válidas e aceitáveis para a comunidade cristã, isso não é, no

---

³ WILDMAN, Wesley J. *Fidelity with plausibility*; modest christologies in the Twentieth Century. Albany: State University of New York Press, 1998. pp. 267, 153-154. Wildman prossegue para fortalecer a defesa de seus argumentos: "A própria tradição cristã oferece antigas alternativas cristológicas, biblicamente fundamentadas, à cristologia absolutista, as quais são também mais sólidas conceitualmente, fazem-se mais sensíveis à história, são mais fiéis à tradição da crença e mais viáveis eticamente". Há muitos "recursos que normalmente passam despercebidos dentro da própria tradição cristológica clássica" para uma compreensão de Jesus que evita insistir em ele ser o único-e-exclusivo ou o Verbo final de Deus (p. 171).

momento, a questão em pauta. O que essa primeira percepção ou desafio peculiar ao Modelo de Mutualidade recomenda com insistência é que todas as Igrejas cristãs aceitem que *alguma espécie de reinterpretação* da linguagem tradicional cristã acerca de Jesus como o único-e-exclusivo ou o Salvador e revelador final é necessária. E terá que ser uma interpretação que verdadeiramente forneça novas respostas sobre como os cristãos podem continuar a anunciar a singularidade de Jesus sem menosprezar nem eliminar as possibilidades de diálogo com a singularidade de Buda, de Krishna ou de Maomé. Essas novas respostas talvez não possam ainda ser encontradas. Porém, os cristãos não podem fugir da tarefa de continuar a procurá-las. De outro modo, a linha de fratura pode talvez tornar-se uma fenda na qual muitos percam sua fé.

Jesus como sacramento

Parece também haver um consenso entre os proponentes do Modelo de Mutualidade acerca da direção geral que semelhante "nova resposta" talvez possa tomar: os seguidores de Jesus estariam em melhor situação se compreendessem (e sentissem) Jesus mais como um *sacramento* do amor de Deus do que como uma *reparação* devida à justiça de Deus. Na linguagem técnica com que já nos deparamos, a maneira pela qual Jesus "salva" — isto é, a maneira pela qual ele adentra a vida das pessoas e põe-nas em contato com Deus — pode ser mais bem compreendida como uma *causa representativa* em vez de como uma *causa constitutiva*. Mais simplesmente: Jesus "salva" as pessoas não por reparar algo, porém por mostrar algo. Ele não tem de reparar ou reconstruir a ponte entre Deus e a humanidade sendo sensível e reagindo à exigência que Deus faz de reparação pela pecaminosidade da humanidade. Antes ainda, sua tarefa é revelar ou mostrar à humanidade que o amor de Deus já está posto, pronto para acolher com zelo e conferir poder interior, por mais freqüentemente que os seres humanos tenham perdido seu caminho no egoísmo e na estreiteza de mentalidade. Em outras palavras, Jesus mostra que a "ponte", ou o relacionamento entre Deus e os seres humanos, já existe; eles simplesmente não sabem onde encontrá-lo ou não são capazes de confiar em que ele possa ser encontrado.

Essa é a maneira pela qual os cristãos, em especial os católicos, sempre compreenderam os sacramentos — como eles funcionam e por que são necessários. Os "sacramentos", que é a palavra cristã para "símbolos", são poderosos porque nos dizem algo e fazem-nos sentir algo que já é verdadeiro ou já está posto, mas que talvez ainda não tão presente e atuante em nossas vidas como poderia. Dou uma rosa ou um anel à minha esposa não para criar (ou constituir) meu amor por ela, mas para mostrá-lo — e dessa maneira torná-lo de fato real. Meu amor já está ali posto sem a rosa, porém, em certo sentido, ele precisa da rosa para estar verdadeiramente ali. Isso é diferente da compreensão que se tem de Jesus como uma oferta de reparação a Deus, como uma maneira de consertar ou construir uma ponte.[4]

Não devemos pensar que esse entendimento do Jesus sacramento é um produto novo em folha na prateleira das crenças cristãs. Ele sempre esteve por perto, porém ele ficou juntando poeira porque, por assim dizer, não foi anunciado suficientemente. Os cristãos sempre compreenderam Jesus como um sacramento porque sempre perceberam que Jesus incorpora, revela e capacita-os a sentir algo que lhes transforma a vida. Semelhante entendimento sacramental de como Jesus salva está contido, em especial, nos escritos do Novo Testamento atribuídos a João, que salienta ser Jesus a Luz do Mundo e Verbo de Deus que nos capacita a ver e sentir quem Deus verdadeiramente é. Ele está também presente em uma das mais antigas imagens que o Novo Testamento empregou para Jesus: ele é uma expressão, até mesmo um filho, da Sabedoria divina — a mesma Sabedoria que se encontra em todo o mundo, desde exatamente os primeiros momentos da criação. E não devemos nos esquecer de que além do entendimento que Anselmo (1109) teve acerca da morte de Jesus como uma "reparação pela infinita ofensa do pecado" (e que se tornou o modelo dominante para a maioria das Igrejas), houve também a visão de Abelardo (1142), que identificava o poder salvífico de Jesus na maneira pela qual ele revelava a realidade e a persistência do amor de Deus para com todos, mesmo para com os pecadores. Ambas essas visões são como correntes no rio em permanente mudança das

---

[4] Cf. HAIGHT, Roger. *Jesus, símbolo de Deus*. 2. ed. São Paulo: Paulinas, 2005. pp. 414, 479.

crenças cristãs. Os cristãos adeptos da mutualidade querem mudar de volta para essa antiga, porém negligenciada, corrente que compreende Jesus Salvador como Jesus sacramento.

Ao fazerem isso, os seguidores de Jesus conseguirão não só agarrar-se com firmeza naquilo que ele significa para eles mas também, ao mesmo tempo, reconhecer o que Deus talvez possa estar dizendo em outras tradições. Os tipos bem diferentes de recompensa obtida no diálogo inter-religioso com as visões sacramental-representativa e reparatório-constitutiva acerca de Jesus são, segundo os defensores do Modelo de Mutualidade, bastante claras. Se entendemos Jesus como alguém que pagou um preço que de outra maneira não poderia ser pago, ou que reparou uma rachadura que de outra maneira não poderia ser reparada, vamos entender a origem da salvação (isto é, das corretas relações entre Deus e os seres humanos) como um *acontecimento único*. O que uma vez já foi pago não precisa ser repago; o que foi consertado não necessita ser reconsertado. Se, por outro lado, sustentamos que Jesus nos salva por ele manifestar poderosamente a realidade e o amor de Deus, podemos supor — ou pelo menos estar abertos para a possibilidade — a existência de outras, até mesmo muitas, manifestações desse amor. A fim de tornar-se real nas várias e diferentes culturas da humanidade, o Espírito universal e amoroso de Deus precisa falar em uma variedade de revelações. Dessa maneira, na qualidade de Salvador sacramental, Jesus pode ficar ao lado de outros; na qualidade de Salvador reparador ou constitutivo, ele precisa ficar sozinho. É verdadeiro que esse modo de entender Jesus como sacramento, por si mesmo, não implica necessariamente que outras figuras religiosas estejam no mesmo nível de Jesus; mas ele possibilita, até mesmo exige, que os cristãos estejam abertos para essa possibilidade. Isso é um grande passo.

Uma cristologia do Espírito Santo

Um desafio adicional inerente ao entendimento de Jesus segundo o Modelo de Mutualidade, brota dessa visão de Jesus como o sacramento da salvação: a razão por que Jesus manifesta-se de maneira tão poderosa, mas não esgota toda a força do amor de Deus universalmente dada, é ele ter sido tão cheio do Espírito Santo. Assim como ouvimos dizer com Hick, os defensores do Modelo de Mutualidade insistem em que seus companheiros cristãos utilizem as ricas possibilidades de uma cristologia do Espírito Santo que iria contrabalançar, e talvez corrigir, os excessos daquilo que se chama a dominante cristologia do Logos. Em uma cristologia do Logos, ou do Verbo, a divindade de Jesus é explicada segundo o modo pelo qual o Verbo de Deus, ou segunda pessoa da Trindade, une-se à humanidade de Jesus. Essa união compõe-se de duas naturezas — humana e divina — que se juntam em uma única pessoa; e geralmente se entende que a única pessoa é o Verbo, ou segunda pessoa da Trindade. Semelhante compreensão da divindade de Jesus tem raízes no Evangelho de João, porém ela teve seu pleno e intricado florescimento durante os primeiros concílios da Igreja, quando bispos e teólogos se esforçaram por traduzir as crenças cristãs para a linguagem da cultura e filosofia gregas. Apesar da precisão e riqueza dessa visão de Jesus, para muitas pessoas atualmente ela permanece não só difícil de entender mas também mais difícil ainda de com ela se estabelecer uma relação. Igualmente, ela tende a menosprezar a humanidade de Jesus ao substituir o núcleo humano ou a pessoa de Jesus pela segunda pessoa divina; como Karl Rahner costumava dizer, isso conduz à visão de Jesus como "o Deus que passeia em trajes de homem". Ademais, ela tende a pôr Jesus sozinho em uma categoria na qual seus seguidores não se sentem verdadeiramente capazes de imitá-lo (afinal de contas, ele era divino e nós não o somos), e nenhuma outra figura religiosa pode de fato comparar-se a ele, uma vez que a encarnação do Verbo é um acontecimento único.

Com uma cristologia do Espírito Santo, os cristãos podem contrabalançar as desvantagens de compreender unicamente Jesus como encarnação do Verbo. Se a divindade de Jesus fosse entendida mais em termos de concessão de poder pelo Espírito Santo, seria mais fácil para os cristãos comuns entenderem de que maneira ele era tanto divino como humano e por que são chamados a imitá-lo. O Espírito Santo não substitui a pessoa humana de Jesus, mas sim confere poder — isto é, guia, fortalece e ilumina — ao homem Jesus. E esse é o mesmo Espírito Santo que, segundo a tradição cristã, está presente por todo o mundo, procurando conferir poder a todo homem e mulher. Os cristãos acreditam que Jesus incorpora esse Espírito Santo de uma maneira especial ou distintiva por ele ter sido tão plenamente aberto ao Espírito Santo e harmonizado com ele. Jesus é um ideal, uma segurança, para todas as pessoas.

Porém, é com relação às outras religiões que uma cristologia do Espírito Santo consegue proporcionar especial ajuda para os cristãos. Roger Haight, um dos mais expressivos defensores desse tipo de cristologia, provê-nos com clareza e exatidão:

> Por um lado, [uma cristologia do Espírito Santo] justifica a normatividade [o desafio e o significado] de Jesus para a humanidade em geral. Pois Jesus, a quem Deus conferiu poder como Espírito, oferece uma salvação que é verdadeira, universalmente relevante e portanto normativa. Por outro lado, como atestam as Escrituras judaicas e cristãs, Deus como Espírito está presente e atuante no mundo em prol da salvação humana desde "o princípio", sem nexo causal com a manifestação histórica de Jesus [...]. Uma cristologia do Espírito, ao reconhecer que o Espírito é operante externamente à esfera cristã, está aberta a outras mediações de Deus. O Espírito se expande, e não é necessário pensar que Deus como Espírito possa encarnar-se apenas uma vez na história.[5]

Quando Haight afirma que o Espírito Santo atuou e atua em todo o mundo "sem nexo causal com a manifestação histórica de Jesus", não está negando um relacionamento especial entre o Espírito Santo universal e o Jesus particular; mas deixa entender que aquilo que o Espírito Santo faz no mundo e em outras religiões tem certa independência de Jesus; o programa de ação do Espírito Santo não pode contradizer, mas pode ir além de Jesus, ou ao menos ser de fato diferente dele. Michael Amaladoss, sj, falando sempre a partir de sua experiência na Índia, ressalta esse ponto de interesse ainda mais vigorosamente que Haight. Ele adverte que desenvolver uma cristologia do Espírito Santo e falar da presença salvífica universal do Espírito Santo em outras religiões não vai nos levar muito longe se os cristãos imediatamente retrocederem e insistirem em que o Espírito Santo só pode ser o Espírito de Cristo (como parecem fazer Gavin D'Costa e Jacques Dupuis [ver capítulo 5]).

---

[5] Ibid., p. 523.

Insistir em que tudo quanto diz ou faz o Espírito fora do cristianismo já está, ao menos implicitamente, contido no que Jesus disse ou fez "tende a subordinar o Espírito Santo a Jesus".[6]

Os cristãos não podem imaginar que aquilo que o Espírito Santo faz e torna conhecido fora de Jesus possa jamais contradizer Jesus de modo gritante. Porém, isso não quer dizer que o Espírito Santo não possa ir além de Jesus e ter coisas a dizer em outra religião que não são ditas no cristianismo. Diante disso, Haight tira uma conclusão que exprime sucintamente o que os cristãos do Modelo de Mutualidade propõem: se entendemos que o adjetivo "normativo" significa uma verdade que reivindica algo de nós, que nos desafia, então uma cristologia do Espírito Santo habilita os cristãos a proclamar Jesus ao mundo como sendo "normativo", porém, ao mesmo tempo, ela habilita-os a reconhecer que "outras mediações da salvação de Deus são ou podem ser universalmente normativas e, por conseguinte, sê-lo também para os cristãos, mesmo como Jesus Cristo é universalmente normativo". Ou: "Outras mediações da salvação de Deus [outras religiões ou figuras religiosas] são ou podem estar 'em igualdade de condições' com Jesus Cristo".[7]

Uma cristologia da mutualidade

Experimentar e sentir Jesus como o sacramento pleno do Espírito Santo, sacramento do dom de amor de Deus e de sua convocação à justiça, não só vai habilitar os cristãos a reconhecer a presença do Espírito em outras pessoas de fé, mas vai também exigir-lhes escutar esse Espírito Santo, dele aprender e, assim, com ele comprometer-se em diálogo. O que significa dizer que o quadro de Jesus traçado pelos defensores do Modelo de Mutualidade contribui para uma autêntica cristologia de mutualidade — um Jesus que convoca seu povo para conversar com outro povo. Na instigante declaração de John Cobb Jr.: "Cristo é o Caminho que se abre para outros Caminhos". Douglas John Hall exprime

---

[6] AMALADOSS, Michael, Listen to the Spirit; "The Father is greater than I am" (Jo 14,28). *Vidyajyoti* 63 (1999), p. 689; ____. The pluralism of religions and the significance of Christ. *Vidyajyoti* 53 (1989), p. 413.
[7] HAIGHT, *Jesus, símbolo de Deus*, pp. 485, 460, 464.

a mesma convicção de maneira mais pessoal: "Posso dizer sem nenhuma sombra de dúvida que sou muitíssimo mais aberto a judeus, muçulmanos, sikhs e humanistas e a toda espécie de outros seres humanos, inclusive os autodeclarados ateus, *por causa* de Jesus do que jamais teria sido se estivesse *separado* dele".[8] Por conseguinte, se os cristãos podem corretamente anunciar ao mundo que Jesus é o Verbo de Deus, eles precisam também lembrar a si mesmos que ele é um Verbo que pode ser compreendido somente na convivência e debate coletivo com outros Verbos de Deus. Assim como o significado de uma palavra somente pode ser de fato compreendido em uma frase — isto é, em relação com outras palavras —, assim o Verbo de Deus em Jesus somente pode ser compreendido dentro de todas as frases que compõem a história das maneiras de Deus lidar com a humanidade.[9]

Porém, isso significa que aqueles cristãos que crêem que o Verbo de Deus em Jesus é "absoluto" ou "definitivo" têm de reconhecer que, paradoxalmente, é uma condição de absoluto ou uma condição de definitivo que "precisa" de outros e que consegue ser aquilo que ela é somente quando humildemente escuta os outros e com eles aprende. Conseqüentemente, para continuar o paradoxo, se os cristãos podem anunciar para si mesmos e para os outros que em Jesus "habita corporalmente toda a plenitude da divindade" (Colossenses 2,9), há de ser uma plenitude que os abre para a plenitude de Deus possivelmente encontrada em outros. Se os cristãos possuem essa plenitude, podem-na compreender, apreciar e viver somente ao relacioná-la com a plenitude em outrem. Para aguçar esse paradoxo e torná-lo ainda mais dialógico: está bem, os cristãos *verdadeiramente* se deparam com a plenitude do amor salvífico e do poder de Deus em Jesus, o Cristo; porém, não podem afirmar que essa plenitude encontra-se *somente* em Jesus.

"Verdadeiramente" — mas não "somente" — isso pode talvez servir como uma descrição mais pessoal, como último fator decisivo, da visão que o Modelo de Mutualidade tem acerca de Jesus. Deus verda-

---

[8] COBB, John B. Beyond pluralism. In: D'COSTA, Gavin (ed.). *Christian uniqueness reconsidered*; the myth of a pluralistic theology of religions. Maryknoll: Orbis Books, 1990. p. 91; HALL, Douglas John. *Why Christian?*; for those on the edge of faith. Minneapolis: Fortress/Augsburg, 1998. p. 34.

[9] Cf. O'LEARY, *Religious pluralism*, p. 244; cf. também pp. 242, 253.

deiramente fala com uma plenitude, finalidade e conclamação universal em Jesus; mas Deus talvez possa não fazê-lo somente em Jesus. Daí a necessidade de testemunhar e de ser testemunhado. Essa é a substância do diálogo.

Porém, como veremos agora, ela é também a substância da controvérsia.

QUESTÕES

Imperialismo crescente?

A principal crítica ao Modelo de Mutualidade é que, em última análise, sua ação não é exatamente mútua. A preocupação central do modelo em incentivar a *mutualidade* leva freqüentemente seus proponentes a negligenciar, ou mesmo violar, a *diversidade*. Os cristãos que seguem essa abordagem concentram de tal modo o interesse no diálogo e na boa convivência com os outros que não vêem como cada um desses outros é na verdade diferente. Talvez se pudesse dizer que os cristãos, por assim dizer, mutualistas estão tão absortos em alimentar uma floresta de religiões que não percebem, ou até cortam, algumas árvores isoladas. Em outras palavras, esses cristãos, ao buscarem promover o diálogo, acabam como imperialistas que, ao contrário de suas boas intenções, tiram proveito das outras religiões em favor das suas próprias intenções nobres, mas que servem apenas a si mesmas. Um crescente imperialismo contamina o Modelo de Mutualidade de duas maneiras: na maneira pela qual seus defensores insistem em descobrir o fundamento comum que julgam ser necessário para o diálogo; e na maneira pela qual definem e estabelecem as regras para o diálogo.

1. Aqueles que apóiam esse modelo estão tão convencidos da necessidade de algum tipo de fundamento comum para o diálogo que não conseguem abrir sequer uma fresta em suas mentes para a possibilidade de talvez, apenas talvez, as religiões serem de fato tão diversas que não existe nenhum fundamento comum entre elas. Como um crítico, William Placher, se lhe refere: "Eles não conseguem aceitar a possibilidade de que talvez simplesmente haja religiões diferentes, até mesmo

conflitantes, e nenhum ponto a partir do qual avaliá-las, exceto de dentro de uma ou outra tradição".[10] Em outras palavras, as religiões do mundo, naquilo que elas buscam e nas maneiras pelas quais o buscam, talvez possam ser na verdade maçãs e laranjas, e não maçãs de cores diferentes. O que os devotos do Modelo de Mutualidade recusam-se a admitir é a simples possibilidade, porém de ilimitadas conseqüências, de que as religiões, como tantas das "coisas" deste mundo, são na verdade muito mais diversas do que semelhantes. Toda tentativa de reunir as coisas em algum tipo de fundamento ou princípio comum resultará em dano para a diversidade. O lema *E pluribus unum*[*] ("do muito, um") faz exatamente isto: o vário perde-se no uno.

Porém, os críticos fazem valer seu conjunto de argumentos ainda com mais persistência: mesmo que haja um fundamento comum que ligue as várias religiões, os teólogos que estudamos neste capítulo esquecem-se de que não há maneira de alcançá-lo, vê-lo ou avaliá-lo "a não ser a partir de dentro de uma tradição ou outra". Mais uma vez, são aqueles telescópios. Todos nós contemplamos e tentamos compreender o mundo que nos cerca e o Divino que habita em nós por meio dos telescópios cultural-religiosos que nos foram dados. Não existe um olhar desnudo da verdade. Para mudar um pouco as analogias, todos nós usamos óculos, e os óculos através dos quais olhamos, lembram-nos os críticos, não somente nos capacitam a ver, mas eles também *determinam* aquilo que vemos. É nesse ponto que a analogia, em certo sentido, fracassa, pois as lentes culturais pelas quais vemos o mundo realmente tornam-se parte do que vemos. Não conseguimos separar nitidamente "o que vemos" das "lentes culturais pelas quais o vemos".

É isso que muitos dos defensores do Modelo de Mutualidade parecem não reconhecer (talvez não queiram reconhecê-lo). Depois que John Hick, por exemplo, admite que toda experiência é "experimentar de certo modo" — isto é, ela é observada mediante nossos telescópios culturais ou

---

[10] PLACHER, William. *Unapologetic theology*; a Christian voice in a pluralistic conversation. Louisville: Westminster/John Knox Press, 1989. p. 144; cf. também HEIM, Mark S. *Salvations*; truth and difference in religion. Maryknoll: Orbis Books, 1995. p. 103.

[*] Em latim, um dos primeiros lemas nacionais dos Estados Unidos, adotado em 1776 no início da Revolução Americana (*E* = de, desde; *pluribus* = o vário, muito; *unum* = o um), em referência à futura integração das treze colônias independentes em um único país. (N.T.).

religiosos —, ele prossegue para falar acerca da "única Realidade" dentro de todas as religiões, como se essa não mais fosse algo que é "experimentado de certo modo", como se agora ele se elevasse acima de todas as maneiras de "experimentar de certo modo" e visse a coisa única que todos experimentam — sem um telescópio. Porém, não se consegue "elevar-se acima". Não se consegue pôr o telescópio de lado. E não se consegue utilizar mais de um telescópio de cada vez. Dessa maneira, se sempre se tem de utilizar um telescópio, e se só se pode utilizar um de cada vez, sempre cada um vê a chamada Realidade universal ou fundamento comum a todos mediante seu *próprio* telescópio. Isso significa que o fundamento que se afirma ter sido identificado para todos é muito mais *seu* do que *comum a todos*. Cada vez que se procura localizar o centro universal de todas as crenças, se está situado no centro de uma crença. Esquecer-se disso — tentar falar do centro universal a partir do centro universal e não a partir de um centro determinado — é impor, quer se queira quer não, uma determinada perspectiva sobre todos os demais.

É essa a acusação que tão freqüentemente se levanta contra a perspectiva de mutualidade ou pluralista: ela impõe seu próprio ponto de vista a todos os demais em nome da universalidade. E é isso que transforma o Médico em Monstro[*] — razão por que os mutualistas tornam-se imperialistas. Lesslie Newbigin, um dos mais afiados críticos desse modelo, não tem papas na língua: "Toda proposta de unidade atribuída ao ser humano, e que não especifica o centro [isto é, que não reconhece seu próprio ponto de vista específico] tem a si mesma como seu centro não reconhecido". S. Mark Heim concorda com isso quando destaca que, se aqueles que apresentam "Deus" como o absoluto para todas as religiões não especificarem de quem é o Deus sobre o qual falam, vão eles mesmos transformar-se em Deus.[11] Esses críticos pedem aos teólogos mutualistas que abram o jogo e reconheçam que todas as religiões têm início a partir de alguma posição absoluta dada por Deus, ou divinamente revelada, da

---

[*] No original, "transforma o Dr. Jekill em Mr. Hyde", em alusão ao título inglês *The strange case of Dr. Jekill and Mr. Hyde* da clássica novela (1886) do escritor escocês Robert Louis Stevenson. (N.T.)

[11] Cf. NEWBIGIN, Lesslie. Religion for the market place. In: D'COSTA (ed.), *Christian uniqueness reconsidered*, p. 139; HEIM, S. Mark. *Is Christ the only way?*; Christian faith in a pluralistic world. Valley Forge: Judson, 1985. p. 144.

qual elas encaram as outras religiões e fazem suas reivindicações universais. Não admiti-lo, ou não estar consciente disso, é instituir uma versão própria da "verdade absoluta" e depois impô-la aos outros.

2. Uma segunda maneira pela qual esse mesmo imperialismo — a imposição de minha verdade sobre a sua ingenuamente ou com um sorriso — cresce dentro do Modelo de Mutualidade está no modo pelo qual seus proponentes estabelecem o campo de diálogo. Como ouvimos dizer, eles crêem que um terreno nivelado para que se dê o jogo do diálogo exige não apenas um fundamento comum a todos, mas também regras comuns a todos. Essas regras, pensam eles, vão "naturalmente" afirmar-se e ser aceitas por todas as pessoas autenticamente religiosas e de sã consciência. Alguns cristãos muito entusiastas do diálogo chegaram mesmo a desenvolver um "decálogo para o diálogo", mandamentos evidentes por si mesmos e aceitáveis para todos: ninguém deve ser excluído; todos vão querer aprender tanto quanto querer ensinar; todos vão reconhecer que sempre há mais a aprender; e, por conseguinte, ninguém vai lançar na mesa afirmações absolutas, definitivas ou exclusivas.[12] Nesse ponto, intervêm os críticos, os teólogos mutualistas novamente agem — alegre mas perigosamente — inconscientes do quanto tais "regras" ou tal "decálogo" resultam de suas próprias perspectivas religiosas ou filosóficas. Por exemplo, quando os mutualistas exigem que para chegar à mesa de diálogo todas as pretensões de verdade exclusivas ou definitivas tem de ser deixadas na porta, não parecem estar cônscios do quanto tais exigências ofendem muitas pessoas de fé. A maioria das religiões começa com certas verdades que são percebidas como lhes tendo sido dadas por Deus; tais verdades são percebidas como superiores a todas as outras, ou pelo menos constituem a barreira sob a qual todas a outras verdades religiosas precisam passar. Toda religião tem seus "ciúmes" ou seus "pontos inegociáveis" que nunca pode abandonar ou propor para o debate inter-religioso.[13]

---

[12] Cf. SWIDLER, Leonard. *After the absolute*; the dialogical future of religious reflection. Minneapolis: Augsburg/Fortress, 1990. pp. 42-46; cf. também KNITTER, Paul F. *No other name?*; a critical survey of Christian attitudes toward the world religions. Maryknoll: Orbis Books, 1985. pp. 207-213.

[13] Cf. DINOIA, J. A. Pluralist theology of religions; pluralistic or non-pluralistic? In: D'COSTA, (ed.), *Christian uniqueness reconsidered*, pp. 120ss.

Com aguçada percepção, William Placher pede que seus amigos, entre os teólogos mencionados neste capítulo, ponderem sobre como eles, ao excluírem do diálogo as pretensões exclusivistas, tornam-se eles próprios exclusivistas. Fecham-se àqueles que se fecham aos outros. "Anuncio que quero levar a sério seu ponto de vista. Se você não quiser fazer o mesmo, então sou 'aberto' e você é 'fechado', e assim resulta que não tenho de levar seu ponto de vista a sério". Dessa maneira, depois de os teólogos mutualistas anunciarem um diálogo aberto a todos porque ninguém vai ter pretensões exclusivas ou absolutas, "termina que cristãos evangélicos, judeus hassídicos, muçulmanos tradicionais e assim por diante não são verdadeiramente pretendentes aceitáveis para unirem-se ao diálogo, porque não se dispõem a aceitar as regras propostas para o jogo, regras que parecem emergir de uma tradição acadêmica ocidental, moderna".[14]

Estas últimas palavras indicam um aspecto mais profundo da agenda imperialista que se esconde por trás do rosto benigno do Modelo de Mutualidade. Os cristãos mutualistas decerto não querem ser missionários cujo propósito condutor é converter todas as religiões às verdades "evidentes por si mesmas" do Iluminismo do século XVIII. Quando os críticos do Modelo de Mutualidade examinam as pedras fundamentais de todas as três pontes que estudamos nesta seção, descobrem que todas elas trazem a marca "fabricada na Europa ou nos Estados Unidos". Todas fazem parte daquilo que é chamado de "modernidade" — as convicções culturais que foram moldadas quando Immanuel Kant e outros pensadores do Iluminismo submeteram todas as religiões ao cinzel da "razão rigorosa" e da "análise histórica". A maioria dos teólogos ocidentais (com exceção dos fundamentalistas/evangélicos) aceitara essas já admitidas convicções da modernidade. E agora, talvez sem se darem conta, eles exigem que todas as outras religiões aceitem-nas igualmente, se tais religiões quiserem fazer parte do diálogo "autêntico".[15]

Quais são algumas dessas verdades já admitidas da modernidade ocidental e que os missionários mutualistas exigem que todas as religiões aceitem? Arrolar algumas delas é talvez sacudir esses "pensa-

---

[14] PLACHER, *Unapologetic theology*, pp. 64, 146.
[15] Cf. HEIM, *Salvations*, p. 103.

dores modernos" até fazê-los darem-se conta de que nenhuma dessas "verdades evidentes por si mesmas" podem de fato ser provadas — e por esse motivo têm de ser aceitas com base na fé:
- que se há um Infinito, ele está disponível para todas as religiões, porém por nenhuma delas pode ser captado de maneira plena ou final;
- que toda linguagem religiosa é simbólica e mítica;
- que o tempo é linear e que a história procede por evolução;
- que, para algo ser verdadeiramente real, precisa estar fundado na história;
- que os direitos humanos individuais têm precedência sobre todos os demais direitos;
- que a democracia tem precedência sobre todos os demais sistemas;
- que a "ação correta" (ortopráxis) tem precedência sobre a "crença correta" (ortodoxia);
- que todas as religiões haverão de promover a justiça e o bem-estar humano e ecológico.

As duas últimas verdades nesse rol, que são as pedras fundamentais da ponte ética para o diálogo, são especialmente destacadas pelos críticos como uma típica manobra de especialistas da área acadêmica a fim de arrebanhar todas as religiões para dentro do curral do Ocidente. Gavin D'Costa, que juntamente com S. Mark Heim é uma das vozes mais enérgicas na advertência dos perigos do Modelo de Mutualidade, é claro: nas novas concepções que convocam todas as religiões a trabalhar para uma ética global, "prioriza-se um imperativo ético universal sobre a metafísica e as religiões [...]. Todas as pessoas estão sujeitas a esse 'dever', anterior à formação recebida no interior das comunidades religiosas, e o valor de sua formação em tais comunidades é julgado pela capacidade que elas têm de mostrarem-se sensíveis a esse imperativo ético".[16] Imperativo ético este que é normalmente explicitado em termos de justiça. Porém, John Milbank, outro filósofo-teólogo que põe a nu os perigos de todas as manobras mutualistas ou pluralistas, defende que a idéia de justiça é tão decididamente influenciada pela cultura ju-

---

[16] D'Costa, Gavin. *The meeting of religions and the Trinity*. Maryknoll: Orbis Books, 2000. p. 30.

daico-cristã, que empregá-la como contexto do diálogo inter-religioso é ocidentalizar toda convivência e debate coletivo. Isso força-nos a voltar à pergunta: "Sobre a justiça *de quem* estamos falando?".[17] O que dizer de tradições como o budismo, que não têm uma idéia clara de justiça ou uma preocupação com ela?

Esses temores de um imperialismo sorrateiro movendo-se no cerne do Modelo de Mutualidade tornam-se pesadelos concretos quando alguns críticos vão mais adiante e salientam que o evangelho pregado pelos adeptos da mutualidade, ou mutualistas, às outras religiões pertence não só ao Ocidente, mas também àquelas culturas e nações que, em sua maioria, já são dominantes na maior parte do mundo. A essa altura, o perigo é que, ao pregarem os valores e concepções culturais das potências dominantes no mundo, esses cristãos tão sinceramente decididos a um diálogo entre iguais podem talvez estar inconscientemente incentivando o *status quo* da dominação. Tal possibilidade cresce no sentido de tornar-se uma probabilidade quando alguém observa, talvez para seu próprio horror, como a mensagem do Modelo de Mutualidade é semelhante à mensagem que provém das capitais e das salas de diretoria empresariais das chamadas nações do Primeiro Mundo: todas as nações, em toda a sua diversidade, são convocadas a acolher um mercado global, em que a todas são prometidas oportunidades iguais de alcançar vantagens iguais. Ou todas as culturas são chamadas a utilizarem de uma rede global de comunicação por meio de mídias cada vez mais sofisticadas (especialmente a rede mundial — a Web), de modo que todas consigam fazer com que se lhes ouçam a própria voz e percebam suas contribuições peculiares. E, não obstante, temos de perguntar: quem controla o mercado global, os meios de comunicação — e talvez mais notadamente, quem controla o poderio militar supostamente destinado a "proteger" o funcionamento uniforme do sistema global? Quem, na realidade, está colhendo os principais benefícios econômicos?

---

[17] MILBANK, John. The end of dialogue. In: D'COSTA (ed.), *Christian uniqueness reconsidered*, pp. 174-191; MACINTYRE, Alaisdair C. *Whose justice? Whose rationality?* Notre Dame: Notre Dame University Press, 1988 (ed. bras.: *Justiça de quem? Qual racionalidade?* São Paulo: Loyola, 1991).

Por conseguinte, há críticos que nos advertem de que os novos apelos em favor de um diálogo de autêntica mutualidade podem facilmente conduzir à "McDonaldização" do diálogo. Kenneth Surin é o mais expressivo. Ele compara o novo tipo de diálogo entre religiões ao sanduíche "Big Mac". É esse um tipo de alimento que se vale de algo comum a todas as culturas, algo de que todas podem gostar e desfrutar, algo que vai ligar todas elas entre si. "O hambúrguer do McDonald's é o primeiro alimento universal", reconhece Surin, mas imediatamente acrescenta: "Porém, as pessoas — sejam de La Paz, de Bombaim, do Cairo ou de Brisbane — que comem o hambúrguer do McDonald's consomem também o modo de vida norte-americano".[18] Ao consumirem o modo de vida norte-americano, elas perdem contato com seu próprio modo de vida e acabam por contribuir, talvez involuntariamente mas, não obstante, de modo real, para a dominação cultural de uma nação sobre as outras. Um projeto universal — quer seja ele um mercado global, uma ética global ou um diálogo global — que busca trazer diferentes participantes para o interior de um relacionamento de igualdade e de mutualidade, mas que se baseia em uma distribuição desigual de poder entre esses participantes, vai geralmente terminar como ferramenta nas mãos dos poderosos, para manter as coisas como estão.

Eis por que as pessoas ou grupos no poder amam o diálogo. É geralmente o diálogo deles mesmos; conseguem-no controlar:

> Um meio primordial pelo qual grupos privilegiados mascaram sua hegemonia é via uma linguagem de contribuição e uma moldagem cooperativa comuns a todos; à medida que tais grupos conseguem convencer todos os parceiros do diálogo público de que cada porta-voz contribui igualmente, nessa mesma medida a convivência e o diálogo coletivo com efeito desviam a atenção da distribuição de poder que lhes é subjacente.[19]

Ou para demonstrar esse mesmo intento com um provérbio tradicional: "'Cada um por si e Deus por todos', disse o elefante enquanto

---

[18] SURIN, Kenneth. A politics of speech. In: D'COSTA (ed.), *Christian uniqueness reconsidered*, p. 201.
[19] WILLIAMS, Raymond. *Marxism and literature*. New York: Oxford University Press, 1977. p. 112.

dançava entre as galinhas". Enquanto alguns forem elefantes e outros galinhas, apelos em favor de uma dança de igualdade sob um Deus, "uma realidade" ou "justiça social" não hão de funcionar. Destarte esses críticos, em seu limite decisivo, advertem os cristãos de que todos os apelos em favor de um diálogo de mutualidade, praticado em terreno nivelado, não hão de funcionar a não ser que questões de distribuição desigual de poder entre nações, e entre religiões, sejam também (ou em primeiro lugar) decididamente tratadas. O fato de a maioria dos cristãos que clamam por convivência e diálogo coletivo viver em nações e culturas detentoras de maior poder — econômico e militar — do que a maioria das outras torna isso um desafio ainda mais desconfortável e premente.

Relativismo crescente?

Entre as críticas feitas ao Modelo de Mutualidade, há uma que está situada no lado avesso dessas advertências de imperialismo: o relativismo. Os cristãos que recomendam enfaticamente essa nova forma de diálogo não apenas impõem aos outros seus próprios valores e programas de ação ocidentais, mas também acabam praticando um diálogo esgarçado e enfadonho! É enfadonho porque seus defensores estão tão decididos a fazer com que todos concordem sobre o que têm em comum, que perdem toda possibilidade de realmente discordarem sobre o que os faz diferentes. O fundamento comum a todos que eles propõem torna-se tão macio e cambiante que consegue acomodar ou absorver praticamente qualquer coisa — como areia movediça. Esse é o tipo de fundamento em que o relativismo cresce e viceja. Os relativistas são pessoas para quem a idéia de verdade ou é tão ampla, tão diversificada, ou tão distante, que jamais conseguem confiar em si mesmos até o ponto de saber se eles, ou alguém, de fato possui a verdade. Os relativistas vivem em uma espécie de mundo crepuscular onde todos os gatos são pardos.

Ao examinarem com mais cuidado o fundamento que seria comum a todos e que cada uma das três pontes propõe para uma teologia da mutualidade, os críticos denunciam a maneira pela qual este torna-se uma espécie de areia movediça que absorve tudo o que nela pisa. O

"Real" de John Hick que se esconde no interior de todas as religiões é decerto tão vago e amorfo quanto poderia talvez ser real. Ele pode servir a quase qualquer imagem do Divino ou de Deus que a imaginação humana porventura consiga apresentar. Essa idéia do "*númeno* divino" como situado fora do alcance de qualquer fenômeno religioso com que nos deparamos na história está tão fora de alcance que consegue adaptar-se a qualquer coisa com que talvez venhamos a nos deparar. Afinal de contas, o próprio Hick consegue abrir espaço em seu "Real" tanto para interpretações pessoais do Supremo como para as impessoais, ou para concepções que tanto afirmam ser este mundo real como para as que dizem que ele existe meramente em nossa imaginação. Há alguma imagem do Divino ou do mundo com que o Real de Hick não se poderia conciliar?

Raimon Panikkar, ainda que de todo consciente dos perigos do imperialismo, é julgado pelos críticos como inteiramente culpado de relativismo. Ao insistir que o vário não pode jamais ser posto sob o controle do uno, ao defender que o Mistério revelado em todas as religiões não se encontra no cume da montanha, mas constitui-se de todos os caminhos que conduzem ao cume, ao levar em conta que "o Cristo" possui tantos nomes quantos se podem encontrar nas diversas tradições religiosas do mundo, Pannikkar nada diz sobre como alguém poderia afirmar se um caminho não conduz ao cume, ou se uma denominação religiosa poderia na verdade não se ajustar às principais características do Cristo. É ele tão generoso em afirmar a validade de todos os místicos, que mais parece perder a capacidade de discernir e apartar os impostores. Parece que Panikkar e aqueles que seguem sua abordagem mística vivem no meio de um entendimento da experiência religiosa que faz todos os místicos mostrarem-se bastante cinzentos.

Esse perigo de rolar pelas escorregadias ladeiras do relativismo nota-se também entre aqueles que utilizam a ponte ética — aqueles que em especial se acham comprometidos em tomar posições fortes, não relativistas, sobre questões de justiça e bem-estar ecológico e humano. Novamente, o que essa abordagem ética esquece é que mesmo nobres preocupações tais como "justiça", "bem-estar" e "responsabilidade global" não são termos evidentes, universais. Por si mesmos — isto é, antes de serem compreendidos dentro de algum sistema ou religião — eles podem, como um camaleão, assumir muitas cores e significados diferentes. Mesmo a realidade humana do sofrimento vai gerar diferentes interpretações e reações, segundo as diferentes lentes religiosas que as pessoas estiverem usando. Desse modo, achar que alguém pode utilizar esses ideais e preocupações como fundamento comum sobre o qual tomar decisões éticas é, na melhor das hipóteses, ingênuo. Gavin D'Costa tira sua conclusão: "Por conseguinte, promover o bem-estar das pessoas é um denominador comum inútil [para o diálogo inter-religioso] visto que ele nada especifica em particular até que cada tradição volte sua atenção para o que se quer significar por 'humano' e por 'bem-estar' das pessoas [...]. [Mesmo] o 'Reino de Deus e sua justiça' é uma frase vazia se não lhe for dado algum conteúdo normativo, seja ele cristão, junguiano ou budista".[20]

Porém, tudo isso parece pôr os cristãos adeptos da mutualidade, ou mutualistas, em um dilema. A fim de evitar o relativismo, têm eles de dar a seu fundamento comum algum conteúdo *normativo* específico. Não obstante, tão logo o fazem, assumem o papel de um imperialista ao imporem o conteúdo normativo a outras religiões. Há alguma saída para esse dilema?

Há sim. Como veremos na próxima seção, os críticos do Modelo de Mutualidade propõem um lembrete simples, que é igualmente uma solução para o dilema: todos os participantes do diálogo inter-religioso são sempre, em certo sentido, imperialistas — e isso é bom! Essa solução tem suas raízes em um fato fundamental que freqüentemente passa despercebido: *todos* os praticantes do diálogo interpretam os demais a partir das suas próprias vivências interiores e crenças religiosas. Por conseguinte, todos eles "impõem" suas concepções aos demais porque todos encaram os demais por intermédio de suas lentes religiosas específicas. Ademais, os participantes do diálogo têm de reconhecer um outro fato: o de que todos eles, porque levam a sério sua religião pecu-

---

[20] D'COSTA, Gavin. The Reign of God and a Trinitarian ecclesiology; an analysis of soterio-centrism. In: MOJZES, Paul; SWIDLER, Leonard (eds.). *Christian mission and interreligious dialogue*. Lewiston: Edwin Mellen Press, 1990. pp. 57, 59.

liar e nela fundamentam a própria vida, trazem para o diálogo certos pontos inegociáveis, certas convicções que eles crêem ser — explícita ou implicitamente — superiores, normativas, um lugar firme onde pôr o pé. Com base nessas convicções ou normas, conseguem assumir posições claras e declarar que aquilo em que de fato eles crêem é verdadeiro ou falso, certo ou errado. Tais convicções não são de modo algum areia movediça; são rocha firme.

Assim, nesse modo de entender o diálogo, todos comparecem à mesa prontos para ouvir os demais, mas tendo igualmente aceito dois pontos frontais a colocar na mesa: (*a*) que todos os participantes expressam-se a partir de suas próprias comunidades, de suas próprias vivências interiores e convicções religiosas, e sob a direção do Deus ou da verdade com que se depararam em suas tradições e escritos sagrados peculiares; e (*b*) que todos crêem que o que aprenderam de seu Deus vai proporcionar o efetivo fundamento comum, a palavra final que vai trazer todas as religiões para uma nova espécie de unidade nunca antes vivenciada e assumida, nem talvez concebida. Nesse tipo de diálogo, as *diferenças* entre as religiões acabam por ser mais importantes do que um fundamento ou um núcleo místico comum. Porquanto é pelo encontro ou diálogo entre diferenças — desde que esse diálogo seja posto em prática de modo aberto, honesto, compassivo e não violento — que podemos esperar descobrir qual das diferentes religiões traz consigo a mensagem que talvez possa esclarecer, avaliar e unificar todas as demais. Desse modo, certamente, um terreno nivelado para a prática de semelhante diálogo é necessário, porém não porque todas as religiões sejam igualmente boas e válidas, mas porque o jogo do diálogo inter-religioso tem de ser jogado de maneira justa e honesta, de forma que cada religião consiga verificar por si mesma aquilo que cada uma das outras experimenta em seu íntimo e em sua história — que é ela a equipe vencedora.

Semelhante compreensão do diálogo pode ser prontamente apoiada, por diferentes motivos, por cristãos que seguem o Modelo de Substituição bem como pelos que escolhem o Modelo de Complementação. Na Parte IV, vamos investigar outro modelo que igualmente consegue abranger esse tipo de diálogo, mas que busca evitar as impropriedades de todos os demais modelos.

Será isso efetivamente cristão?

As perguntas finais referentes ao Modelo de Mutualidade tratam daquilo que muitos cristãos consideram como o defeito mais evidente e perigoso deste — a imagem revista ou corrigida que apresenta de Jesus Cristo. Essas preocupações recaem efetivamente sobre três perguntas: a nova concepção de Jesus como "verdadeiro porém não único" — verdadeiramente um Salvador, porém não o único Salvador — constitui um rompimento com a tradição cristã, em vez de uma renovação dela? Pode essa concepção na verdade sustentar a espiritualidade cristã? E ela consegue preservar a prática de seguir a Jesus, o profeta?

1. Essa concepção constitui um rompimento com a tradição? As tentativas dos teólogos mutualistas de decifrar a forma de linguagem "único-e-exclusivo" do Novo Testamento como "linguagem amorosa" que significa afirmar Jesus e não classificá-lo, suas alegações de que imagens como "Filho único" ou "único mediador" são símbolos que têm de ser levados a sério, porém não literalmente, ou sua insistência enfática em que Jesus hoje em dia é mais bem compreendido como profeta de Deus, em vez de como Filho único de Deus — todas essas interpretações chocam-se contra a muralha daquilo que os seguidores de Jesus sempre *disseram* sobre ele e pelo que *queriam significar* com aquilo que diziam. Ao levarem a sério sua "linguagem amorosa" e seus "símbolos" acerca de Jesus — ao chamarem-no de Filho único de Deus e para ele rezarem como o único mediador, o único caminho para o Pai, o nome que está acima de todos os nomes —, os primeiros cristãos não exprimiam apenas seu amor por Jesus; não declaravam apenas quem ele era para eles, não estavam apenas contratando colaboradores para o Reino de Deus. Também davam a Jesus um lugar especial, central, decisivo, final no qual acreditavam estar o relacionamento de Deus com a humanidade. Está bem, eles *estavam* classificando Jesus! E a classificação era a mais alta que podiam imaginar. Asseguravam que todas as demais atuações de Deus na história e em outras religiões eram relacionadas a Jesus, fundamentadas nele, e tinham de ser avaliadas segundo o que Deus fizera em Jesus. É por isso que há um tema constante percorrendo toda a polifonia e variedade da cristologia do Novo Testamento: por mais diferentes que fossem as muitas imagens de Jesus, todas enunciavam não apenas "verdadeiramente" mas também "único".[21]

E os cristãos empregaram semelhante linguagem, com todas as suas implicações "classificatórias" de Jesus, em um mundo onde pululavam outras religiões. Os cristãos mutualistas parecem esquecer-se disso. Dar a entender que se os primeiros cristãos tivessem nossa "consciência" das muitas demais crenças, eles teriam, por assim dizer, "vigiado a linguagem que empregavam" é pôr-se muito distante do referencial histórico. Eles com efeito tinham tal consciência, e não vigiavam a linguagem que empregavam. Como a provocação que fez um crítico aos seus companheiros cristãos adeptos da mutualidade, ou mutualistas: "Acho irônico que hoje em dia as pessoas façam objeções à proclamação do Evangelho cristão porque tantas outras crenças se acotovelam na soleira da porta da aldeia global. O que há de novo? A variedade de crenças na antiguidade foi ainda maior do que é hoje. E os primeiros cristãos, ao fazerem, como fizeram, reivindicações extremas, defrontaram-se cara a cara com o problema das outras crenças desde o início". Outro crítico espicha a provocação até o ponto de ela tornar-se uma afronta: "A reivindicação exclusiva do Evangelho foi desde o início contracultural. Era loucura para os gregos e permanece um escândalo do qual muitos cristãos helenizados contemporâneos passaram a envergonhar-se".[22] Os cristãos mutualistas (helenizados) de hoje envergonham-se do que os cristãos do século I corajosa e amorosamente proclamavam.

O que as novas interpretações mutualistas sobre a singularidade de Jesus omitem ou suprimem é que o significado e a contribuição do cristianismo para o diálogo das religiões não se acham apenas em sua mensagem, mas na *pessoa* que não só transmitiu mas também foi essa mensagem. "O cristãos não proclamam simplesmente uma mensagem ou um modo de vida humanitário do qual Jesus é um modelo. Os cristãos proclamam uma *pessoa* como sendo uma só coisa e o mesmo que o

---

[21] Cf. KÜNG, Hans. *Global responsibility*; in search of a new world ethic. New York: Crossroad, 1991; GEFFRÉ, Claude. Christian uniqueness and interreligious dialogue. In: MOJZES; SWIDLER (eds.), *Christian mission and interreligious dialogue*, p. 67.

[22] GREEN, Michael. *Acts for today*; first-century Christianity to twentieth-century Christians. London: Hodder/Stroughton, 1993. p. 38; BRAATEN, Carl E. Hearing the other; the promise and problem of pluralism. *Currents in theology and mission* 24 (1997), p. 398.

ato salvífico de Deus [...]. O que os cristãos reivindicam como verdade suprema é uma pessoa não uma proposição."[23] É por isso que as sugestões dos teólogos mutualistas de encarar Jesus como sacramento em vez de como reparação podem talvez ser boas, porém são também perigosamente inadequadas. Por causa da identificação entre mensagem e pessoa no cristianismo, Jesus não só simboliza ou "representa" a verdade do amor de Deus e da convocação à justiça; ele *é* essa verdade. Constitui-na. Sem a realidade histórica que ele traz, ela mesmo não existiria e certamente não pode ser conhecida em seu total esplendor sem ele. É por isso, conforme vimos no capítulo 5, que o papa João Paulo II adverte contra o fato de separar Cristo de Jesus; se os cristãos podem anunciar que "Jesus é o Cristo", eles podem, e precisam, igualmente anunciar que "o Cristo é Jesus". Sem Jesus, não haveria Cristo nenhum. Embora possam talvez o Cristo e o Espírito Santo serem atuantes para além de Jesus em outras religiões, jamais perdem seu ponto de origem e seu ponto de retorno em Jesus.

Porém, até aqui, essas preocupações são todas teológicas ou históricas. As perguntas mais desconfortáveis vêm de pastores e educadores religiosos. Se, conforme reconhecem todos os teólogos, a prova da boa teologia, como o teste do bom pudim, está em comê-lo e consumi-lo, os líderes cristãos temem que essas novas percepções acerca de Jesus como um entre muitos não vão desempenhar-se muito bem entre os cristãos comuns. Simplesmente, tais modos de perceber "vão demasiado longe". Hans Küng, claramente um teólogo que não tem medo de sacudir e torcer a comunidade cristã, admite que "esperar que os próprios cristãos [...] abandonem a convicção de fé na Palavra de Deus normativa e definitiva dada com Jesus Cristo e convocada pelo Novo Testamento, em favor de uma identificação de Jesus Cristo com outros portadores de revelação e instauradores de salvação", exporia qualquer teólogo ao "risco de separar-se de sua própria comunidade de fé".[24] E um teólogo que se separa de sua comunidade de fé corta a ligação necessária para nutrir e orientar seu trabalho como teólogo.

---

[23] HEIM, Is Christ the only way?, pp. 54, 56; GRIFFITHS, Paul. The uniqueness of Christian doctrine defended. In: D'COSTA (ed.), *Christian uniqueness reconsidered*, p. 170.
[24] KÜNG, *Global responsibility*, p. 101.

2. Essas novas concepções acerca de Jesus conseguem sustentar a espiritualidade cristã? Na afirmação anterior de Hans Küng, reparem que ele descreveu a crença da comunidade de que Jesus é o Verbo definitivo de Deus como uma "convicção de fé". Desse modo, o motivo pelo qual essas novas percepções não vão empolgar as grandes maiorias dominantes no cristianismo não é só porque elas parecem contradizer o que o Novo Testamento e o catecismo dizem, mas também — e principalmente — porque não entram em consonância com o que os cristãos sentem no coração sobre Jesus. Neste ponto, assumimos a delicada e arriscada tarefa de examinar o disco rígido emocional de uma pessoa que decidiu ser uma seguidora de Jesus. Que circuitos são carregados, que mensagens são recebidas, os quais levam uma pessoa a levantar-se e seguir Jesus — e a confiar em que esse seguimento pode realmente fazer diferença em sua própria vida e no mundo?

Os teólogos mutualistas de que ouvimos falar nesta seção respondem dizendo que quando um cristão escolhe seguir Jesus assim o faz porque descobriu que Jesus é *verdadeiramente* o Verbo de Deus, mas não necessariamente porque sentiu que ele é o *único* Verbo. Isso pode talvez ser verdadeiro. Porém, os críticos do Modelo de Mutualidade querem abrir mais o pacote deste "verdadeiramente". E, ao fazê-lo, descobrem que aquilo que os cristãos sentem no coração sobre Jesus não é bem que ele é verdadeiramente a revelação de Deus, mas que é verdadeiramente a voz decisiva e definitiva de Deus em suas vidas. "Decisivo" e "definitivo" são termos abstratos que procuram atingir sentimentos claros e irresistíveis. Vivenciar e assumir Jesus é experimentar um chamado ou um poder que *decide* e *define* a vida da pessoa; que exige dela agir e viver de certa maneira, uma maneira que vai "cortar, separar inteiramente" (esse é o significado do latim *de-cidere*) e "assinalar limites" (o sentido de *de-finire*) quanto a outras atitudes ou visões de mundo. Jesus situa-se como um ponto crucial, uma bifurcação na estrada, uma fonte de novos começos. Os escritores do Novo Testamento chamaram isso de conversão. Desse modo, o Verbo de Deus em Jesus é vivenciado e assumido na vida cristã como sendo decisivo: corta fora muitas coisas, mas abre a porta para muitas mais.

Há mais um ingrediente naquilo que os cristãos sentem quando experimentaram de verdade a presença de Jesus em suas vidas: Jesus é decisivo e definitivo não apenas para eles, mas para *todas as pessoas*. Esse, também, é um elemento que a pessoa encontra quando abre o pacote da experiência de Jesus como verdadeiramente Verbo de Deus e Salvador. Tudo quanto é decisivo é naturalmente também percebido como sendo universal. Tem significado e poder não apenas para mim, ou para a comunidade cristã, mas para todas as comunidades humanas. Mônica Hellwig oferece uma descrição sucinta dessa experiência: ser um seguidor de Jesus significa sentir que ele "faz uma *definitiva diferença* nas possibilidades para as pessoas e para a história humana como um todo" e que onde quer que "as pessoas implementem as possibilidades por ele abertas, há crescimento rumo a vida, esperança, sentimento de comunhão e felicidade mais plenas". Jesus dá esperança às pessoas — a estarrecedora esperança de que, a despeito de todas as evidências em contrário, este mundo pode realmente ser diferente do que é no presente. "Porém, a esperança cristã da plenitude de redenção está diretamente ligada à definitiva diferença que Jesus faz nas possibilidades de nossa história". Em Jesus, os cristãos percebem que se abrem novas possibilidades. E não parecem encontrar essas possibilidades em nenhum outro lugar.[25]

Isso quer dizer que, sem Jesus, o que os cristãos chamam de Reino de Deus não pode verdadeiramente vir a tornar-se tudo a que estava destinado. Está bem, muitos outros, muitas religiões, talvez estejam trabalhando na direção dessa visão profética; mas sem Jesus algo essencial fica faltando. Desse modo, Edward Schillebeeckx, que, como vimos, deseja afirmar a validade de outras religiões e curar os cristãos da doença do imperialismo, também concorda com Hellwig: "Acreditar em Jesus como o Cristo significa, em seu aspecto mais profundo, admitir [...] que Jesus tem uma significação *permanente e constitutiva* para a abordagem do Reino de Deus e, por isso, da ampla restauração dos seres humanos [...]. Para os cristãos, por conseguinte, Jesus é a revelação decisiva e definitiva de Deus".[26]

---

[25] Cf. HELLWIG, Monica. Re-emergence of the human, critical, public Jesus. *Theological studies* 50 (1989), p. 480; _____. Christology in the wider ecumenism. In: D'COSTA (ed.), *Christian uniqueness reconsidered*, p. 115.

[26] SCHILLEBEECKX, Edward. *The Church*; the human history of God. New York: Crossroad, 1990. p. 121 (o grifo é nosso).

Desse modo, quando os cristãos vivenciam e assumem que Jesus é verdadeiramente o Verbo salvífico de Deus, também vivenciam e assumem que ele é o Verbo *decisivo e definitivo* de Deus. Isso é algo que o Modelo de Mutualidade parece não reconhecer.

3. *Com essas novas concepções, os cristãos conseguem seguir a Jesus como profeta?* Essa questão indaga especialmente se aqueles cristãos mutualistas que defendem Jesus como profeta e libertador conseguem mesmo encontrar musculatura e energia necessárias para segui-lo. Imitar Jesus significa tomar posições firmes e claras a respeito de práticas ou atitudes que seriam intoleráveis para Jesus — por exemplo, a existência de pobreza em meio ao crescimento econômico, a violência contra as mulheres, o recrutamento militar de crianças, a destruição do meio ambiente. E tais posições firmes precisam ser suscitadas de modo culturalmente transversal, inter-religioso, em face de outras afirmações de que "em nosso mundo" tais práticas podem ser toleradas. Há males neste mundo que, poderíamos talvez dizer, são males absolutos — são tão nocivos, tão injustos, tão desumanos que simplesmente não podem ser tolerados. Para levar a sério o Evangelho profético de Jesus, os cristãos têm de não somente discordar com os males que encontram no mundo; têm de opor resistências a tais males, por mais que uma cultura talvez os possa endossar ou permitir, não importa que tipo de sanção religiosa tais práticas possam ter. Semelhante resistência será sempre amorosa e não violenta, porém será também clara e inabalável.

Sim, porque há o que poderíamos talvez chamar de "intoleráveis absolutos" no mundo da política, da economia e das religiões, intoleráveis estes que têm de ser enfrentados com posições firmes e absolutas de resistência. Porém, posições firmes exigem locais de apoio absolutos. E é onde, segundo o entendimento de muitos críticos, o Modelo de Mutualidade tropeça. Ele convoca os cristãos a assumir posições firmes, resolutas diante do mal; mas não fornece fundamento consistente para essas posições. Se isso que prego como a verdade do Reino de Deus sempre fica precisando de um possível esclarecimento ou correção à luz de outras verdades, como posso ter certeza de que isso me capacita a proferir um não absoluto ao mal?

É por isso que Gregory Braum, decerto uma voz profética e ativa na comunidade cristã da geração passada, recusa-se a alinhar-se com o Modelo de Mutualidade. "A concepção liberal do pluralismo religioso subestima o poder do mal."[27] Hans Küng e Jürgen Moltmann, veteranos proponentes de um diálogo ético entre as religiões, advertem os seguidores do Modelo de Mutualidade de que foram particularmente aqueles cristãos que insistiam em que Deus fala mediante numerosas formas de expressão os que também foram incapazes de tomar uma decidida posição profética contra o Nacional Socialismo e suas reivindicações de ser a voz de Deus dirigida ao povo alemão. O poder do mal é tal que, se não houver um ponto de reunião claro que forneça às pessoas — todas as pessoas — o conhecimento e o poder espiritual certos e necessários para agüentar e resistir, a bagunça em que se encontra nosso mundo irá somente piorar cada vez mais. É esse o desafio e a tarefa com que se defrontam todas as religiões. "É uma questão em aberto se alguma religião terá a requerida firmeza para essa exigente tarefa, a menos que em algum momento ela reivindique ser significativamente diferente e insuperavelmente verdadeira."[28] Tradicionalmente, o cristianismo fez essa reivindicação. Porém, é uma reivindicação que os mutualistas parecem estar demolindo.

O Reino de Deus destina-se a todos, e para ele todos podem contribuir. Porém, se não houver um plano mestre, ou um arquiteto-mor, os construtores vão muitas vezes reconhecer-se trabalhando com finalidades opostas. Proclamar Jesus coerente e consistentemente como profeta libertador requer que a gente também o defenda como esse arquiteto-mor.

Se admitimos a validade de todas essas críticas ao Modelo de Mutualidade, isso significa que, para mostrarem-se sensíveis a elas, os cristãos devem necessariamente retornar ou para o Modelo de Substituição ou para o Modelo de Complementação? Como veremos na parte seguinte, há cristãos que julgam haver ainda outra alternativa.

---

[27] BAUM, Edward. "Introdução" a: RUETHER, Rosemary Radford. *Faith and fratricide*; the theological roots of anti-Semitism. New York: Seabury, 1974. p. 15.
[28] LINDBECK, George. *The nature of doctrine*; religion and theology in a postliberal age. Philadelphia: Westminster Press, 1984. p. 127.

Parte 4
O Modelo de Aceitação: "várias religiões verdadeiras: assim seja"

Parte 4

Capítulo 10
Fazendo as pazes com a diferença radical

O modelo que examinamos nesta parte, talvez se poderia dizer, é o mais jovem de todos eles. Ele cresceu durante as duas últimas décadas do século XX, tanto como um "filho de seu tempo" quanto como uma reação às inadequações dos demais modelos referentes a uma teologia cristã das religiões. Desse modo, é uma abordagem das outras crenças que se percebe conseguindo repercutir melhor a maneira pela qual as pessoas atuais compreendem a si mesmas e ao mundo em que estão e, ao mesmo tempo, ajustar aqueles aspectos das teologias anteriores que não parecem funcionar muito bem. Com referência às demais teologias, esse modelo, mais uma vez, esforça-se por atingir um melhor equilíbrio daquela gangorra em que estamos montados do começo ao fim deste livro — entre a universalidade e a particularidade. Como observamos no final do capítulo precedente, os modelos referentes a uma teologia das religiões que perscrutamos até agora parecem ou dar tanta ênfase à particularidade de uma religião, de modo que a validade de todas as demais fica ameaçada (Modelo de Substituição e Modelo de Complementação), ou dar ênfase à validade de todas elas, de maneira a obscurecer-lhes as efetivas diferenças específicas (Modelo de Mutualidade). O que chamamos de Modelo de Aceitação julga conseguir desempenhar melhor essa tarefa de alcançar um equilíbrio.

E, como veremos, ele assim o faz não pela defesa da superioridade de uma religião qualquer, nem pela busca daquele algo em comum que torna todas elas válidas, mas pela aceitação favorável da real diversidade de todas as crenças. As tradições religiosas que o mundo apresenta são mesmo diferentes, e temos de *aceitar* essas diferenças — esse, talvez se possa dizer, é o resumo desse modelo em uma única frase.

Ele é também uma mensagem que reflete a consciência geral, ou as atitudes, da época em que vivemos — a época pós-moderna, como é chamada. Ouvimos freqüentes alusões a "pós-modernismo" ou "pós-modernidade" do começo ao fim destas páginas. Para esse modelo, mais do que para todos os demais, precisamos ter um quadro nítido do que isso significa exatamente. Podemos então começar oferecendo uma vista aérea, geral, do pós-modernismo.

O CONTEXTO: NOSSO MUNDO PÓS-MODERNO

A primeira coisa a dizer acerca de uma "vista aérea" do pós-modernismo é que, segundo os pós-modernistas, isso é impossível. Não há tal coisa como uma vista aérea da pós-modernidade porque não há tal coisa como uma vista aérea de nada. Jamais conseguimos elevar-nos acima do lugar onde nos situamos — ou transcendê-lo — com a finalidade de ver todos os outros lugares. Sempre olhamos para os demais lugares a partir de *algum lugar*. Isso quer dizer que estamos presos a um lugar.

É disso que nosso mundo "moderno" parece ter-se esquecido. E tal esquecimento tem raízes na poderosa influência que o período histórico do Iluminismo exerceu em todo o pensamento ocidental do começo ao fim do período moderno. É por isso que o pós-modernismo tem o nome que tem. Embora seja difícil, até o ponto de causar certa frustração, atribuir-lhe uma definição concisa, segura, é relativamente fácil qualificá-lo negativamente. A pós-modernidade é uma reação contra o otimismo sobranceiro do Iluminismo — o movimento que se iniciou no século XVIII, que se convenceu de que rompia as barreiras e avançava para o inenarrável progresso da humanidade. As barreiras que o movimento buscava derrubar haviam sido construídas por aqueles que tentaram impor à mente humana princípios exteriores de autoridade — princípios de autoridade como tradição em geral ou a Igreja em particular. Se conseguirmos remover as barreiras da autoridade exterior, se pudermos entregar à razão humana as rédeas da imaginação, para que ela busque a verdade sem restrições, então, falando com toda honestidade, a humanidade, assim julgavam os libertadores iluministas, haveria de se emancipar e revigorar para construir um tipo de progresso em entendimento e bem-estar entre os seres humanos jamais antes concebido na história de nossa espécie. Assim pensavam eles. Assim o exigiam. E em seguida vieram os horrores de duas atrozes guerras mundiais, a que se somou um colonialismo explorador e conducente dos frutos do Iluminismo às culturas "primitivas" da África e da Ásia.

Os pós-modernistas, para falarmos de maneira bem concisa, anunciam que o Iluminismo e o mundo moderno que dele nasceu não estão funcionando direito. É por isso que eles descrevem-se como *pós*-modernos. São os que vêm, ou o movimento que se dá, depois da modernidade. Os pós-modernistas podem talvez não ter muita clareza quanto ao que procuram, mas são bastante seguros quanto à maneira pela qual *não querem* alcançá-lo. Aqueles aspectos do mundo moderno ou "esclarecido" contra os quais os pós-modernistas são mais precavidos podem talvez resumir-se como se segue:

Uma excessiva confiança no poder da razão. Os pós-modernistas advertem que a razão não é aquela luz nítida, pura, à prova de falhas que vai conduzir-nos à verdade uma vez que está livre da coerção da autoridade. Por quê? Principalmente por dois motivos: (*a*) a própria razão pode ser contaminada e manipulada ou explorada, e (*b*) a razão pode significar coisas diferentes em culturas diferentes.

O primado e a confiabilidade de dados empíricos. Os modernos parecem pensar que se conseguimos obter apenas fatos e "nada a não ser fatos", então a razão há de analisar esses fatos e conduzir-nos a uma clareza que todos poderão perceber e afirmar. Os pós-modernistas retrucam: não existe isso de "nada a não ser fatos". Fatos sempre se apresentam com diferentes roupagens culturais.

A exclusão das visões mítico-místicas do mundo. Desde o Iluminismo, a ciência, com seu método empírico e sua lógica prático-realista, tem sido convocada como o árbitro decisivo sobre a maneira pela qual as coisas realmente são. Se houver qualquer dúvida, que se consultem os biólogos, os físicos ou os químicos. Eles praticam ciência *rigorosa*. Os pós-modernistas sugerem que há outras maneiras de saber como funciona o mundo e qual é nosso lugar nele, maneiras que não se podem pôr em fórmulas — como os mitos e a experiência mística.

A busca de verdades universais. Desde o Iluminismo, os modernos vêm tentando avançar para além dos limites de concepções estreitas, localizadas, para alcançar o quadro mais largo daquilo que somos realmente. Querem verdades e formas de entendimento que se apliquem a todos e sejam por todos reconhecidas, de maneira que todos possam estar de acordo e conviver com todos os demais. Advertem os pós-modernistas que semelhantes esforços não são apenas impossíveis; são perigosos. As pessoas e as respectivas culturas de cada um são mais diferentes do que parecidas. *Vive la différence*! Se as diferenças florescem, assim também as pessoas humanas.

Este último pormenor da diferença — isto é, que as verdades universais são perigosas e as diferenças são vivificantes — talvez possa ser rotulado como a coluna mestra das atitudes pós-modernas. Ela é certamente a coluna pós-moderna que sustenta as várias expressões do Modelo de Aceitação que vamos examinar nesta seção. Essa coluna ou afirmação básica pode ser inscrita em uma simples frase: *a dominância da diversidade*. Se alguém fala sobre átomos, moléculas, plantas, animais, seres humanos — ou sobre verdades —, esse alguém não consegue escapar impune da diversidade. "O vário" não se pode reduzir ao "uno". Bem, coisas diferentes podem ser inter-relacionadas, ligadas e postas em relacionamentos que unificam, mas nunca até o ponto de perder a diversidade. A diversidade sempre vai, por assim dizer, quicar de volta, ou de novo crescer. Ela sempre tem a última palavra — ou melhor, a palavra adicional — acima da unidade. A diversidade domina a unidade, e podemos estar contentes que ela assim o faça. Porquanto do contrário, a vida e sua evolução não só ficariam enfadonhas, mas murchariam de todo. Retira-se a diversidade, retira-se a vitalidade.

Dizem-nos os arautos da pós-modernidade que isso é especialmente verdadeiro em se tratando da verdade. A verdade são sempre as verdades. Sempre toma formas diferentes e assume identidades diferentes — até o ponto de "ela" não mais ser uma, mas muitas. Se existe algo como "única verdade absoluta", jamais a conheceremos, pelo menos em nossa atual condição humana. Se uma pessoa ou uma cultura julgam possuir a verdade unificadora que há de abarcar todas as demais, essa não será uma verdade que os outros conseguem perceber, mas uma verdade que será forçada sobre eles. Desse modo, a verdade é, também, dominada pela diversidade, e assim o é por dois motivos que já surgiram em diversos momentos neste livro. A verdade é plural e não singular porque (*a*) toda experiência humana e todo conhecimento humano são filtrados, e (*b*) os filtros são inacreditavelmente diversos. Exatamente como não há maneira de conseguirmos escapulir de nossa própria pele, deixá-la para trás, e ainda continuarmos a ser quem somos, assim também não há maneira de descartarmos os filtros culturais e históricos pelos quais percebemos o mundo e de ainda sermos as pessoas que somos. É por isso que Ludwig Boltzmann pôde fazer uma declaração que fez muita gente estacar nas trilhas mentais que habitualmente percorriam: "Em minha opinião, não podemos pronunciar uma simples afirmação que seja um *fato puro de experiência*". O físico Niels Bohr explica por quê: "Qualquer experiência [...] apresenta-se dentro do quadro de nossos pontos de vista costumeiros".[1] "Pontos de vista costumeiros" = "filtros".

Os arquitetos do pós-modernismo oferecem-nos o que se pode chamar de incitamentos ou desafios mentais, para nos fazer sentir o argumento de que toda vez que julgamos possuir um apanhado do quadro inteiro ou uma verdade que seja verdade absoluta evidente para todo o mundo, podemos olhar com mais cuidado e achar o filtro mediante o qual percebemos ou imaginamos essa verdade. O filósofo Willard Van Orman Quine certa vez comparou a pergunta "Quais frases na teoria física são definições?" (isto é, "Quais são as verdades fundantes, absolutas, para uma determinada ciência rigorosa?") com a frase "Que lugares em Ohio são lugares de partida?". Toda "teoria", quer seja ela uma visão filosófica de mundo ou um sistema científico, tem um ponto de partida determinado em vez de outro. E o lugar de onde a pessoa parte determinará, em grande medida, a estrada que ela vai seguir e aonde

---

[1] Como citado em PLACHER, William. *Unapologetic theology*; a Christian voice in a pluralistic conversation. Louisville: Westminster/John Knox Press, 1989. p. 28.

acabará chegando. Ludwig Wittgenstein, um dos filósofos favoritos dos pós-modernistas, foi ainda mais instigante em seu desafio: "Quando encontramos os *fundamentos*, acaba que eles são *sustentados pelo resto da casa*". O que julgamos ser os fundamentos inquestionáveis, absolutos, que sustentariam todas as casas ou culturas, acabam por ser fortes somente porque fazem parte de nossa casa e cultura.[2] Toda verdade "universal" é universal somente em relação a seu filtro específico. Isso significa que a particularidade anula a universalidade.

E os pós-modernistas insistem em que os filtros específicos não são apenas muitos; eles são de fato diferentes. Essa é a razão para as persistentes advertências sobre a maneira pela qual os pensadores modernos exaltam a razão, como se a razão fosse alguma espécie de instrumento universal concedido a todos os povos de todos os tempos, mediante o qual poderiam construir a casa da verdade comum a todos. Por causa de nossos filtros culturais, lembram-nos os pós-modernos, a razão é compreendida diferentemente em diferentes culturas. Em algumas culturas, a razão não é a ferramenta principal para compreender nosso mundo. A imaginação, ou os sentimentos, talvez possa receber uma classificação até mais elevada. Ao coração talvez possa ser concedida a palavra final, acima da inteligência — e não só em questões pessoais, mas também nas de política e de "ciência". Desse modo, podemos melhor compreender por que os pós-modernistas tanto se previnem para não exaltar a ciência como o último tribunal de apelação. Não é simplesmente uma questão de a ciência mesma ter seus próprios "pontos de partida" ou filtros, como nos fez lembrar Quine; mas também, em algumas culturas, o chamado método inflexível, empírico da ciência não pesa muito fortemente quando se trata de compreender de onde veio o mundo, ou de como devemos nele viver. Para algumas culturas, as antigas histórias conseguem contar-nos mais acerca do universo do que o telescópio Hubble. Isso não significa que um filtro é melhor do que outro. Antes de começarmos a considerar essa questão, temos de primeiro reconhecer que todos temos nossos filtros (científicos ou míticos) e que são filtros realmente diferentes.

---

[2] Cf. ibid., p. 41.

Isso conduz-nos a um outro ingrediente-chave da consciência pós-moderna que os teólogos do Modelo de Aceitação vão tomar a sério: as diferenças entre nossos filtros religioso-culturais são tão vastas que, em sua maioria, são "incomensuráveis". É essa uma palavra trabalhosa para uma afirmação trabalhosa, complicada. E cuja mensagem principal é que, pelo fato de cada um de nós olhar o mundo (e o Divino) por meio de nossos próprios óculos culturais e religiosos, e porque, como nos dizem os historiadores e antropólogos, esses óculos são muito, muito diferentes; e porque também se afigura impossível a qualquer um aparecer com uma receita de par de óculos que todos iriam precisar e poder usar — então não se pode julgar uma visão de mundo à luz de outra. Não se pode medir um pelo sistema de medida de outro. Ou, se pudéssemos traduzir para um versículo bíblico o que os pós-modernistas querem dizer com incomensurabilidade: "Não julgueis para não serdes julgados" (Mateus 7,1). Nesse ponto, os pós-modernistas talvez possam contar com Jesus a seu lado, pois ele se deu conta de que nenhum ser humano consegue ver o coração de outro ser humano. Somente Deus o pode. Somente Deus possui a "vista aérea", geral. Por conseguinte, somente Deus pode julgar. Procurar assumir o papel de julgar outras culturas é tentar transformar-se em Deus.

É por isso que os pós-modernistas são tão precavidos contra pretensões universais de verdade. O termo que empregam para "verdades universais" é "metanarrativas" — isto é, uma narrativa que está acima de todas as culturas e aplica-se a todas, uma supernarrativa, talvez se possa dizer. Pois bem, para os pós-modernos, "metanarrativa" é um palavrão, ou pelo menos uma palavra perigosa. Qualquer narrativa — quer seja ela uma verdade religiosa (por exemplo, Deus criou o mundo), um sistema econômico (por exemplo, o capitalismo), uma ordem política (por exemplo, a democracia) ou uma maneira de investigar o mundo (por exemplo, a ciência) — que se afirma como "meta", ou verdadeira para todos, é perigosa. É perigosa porque é sempre a imposição do filtro de uma cultura sobre outra cultura, e normalmente conduz à exploração de uma cultura pela outra. Porque os pós-modernistas estão conscientes de semelhantes perigos e porque estão decididos a removê-los, eles têm sido também chamados de "desconstrucionistas".

No jargão pós-moderno oficial: cada vez que um pós-modernista encontra uma metanarrativa, ele ou ela vai buscar desconstruí-la. Isso significa, ele/ela vai buscar conseguir dissecá-la e mostrar que a narrativa que pretende ser universal é na verdade a visão de um filtro cultural determinado, finito. Desse modo, para os pós-modernistas, narrativas ou pretensões de verdade não devem nunca ser universais. Antes, como as flores, devem florescer mil vezes mais, cada uma em seu próprio solo cultural.

Tendo em mente essa visão geral (que, devemos acrescentar, é somente a vista aérea, geral, "de um único pássaro"), podemos agora iniciar nossa exploração do Modelo de Aceitação referente a uma teologia cristã das religiões. Vamos distinguir três expressões diferentes, porém muito relacionadas entre si, desse Modelo:

1. *Fundamentos pós-liberais.* Nesta seção, vamos recapitular o trabalho inicial de escavação de terreno e assentamento de fundações, por parte de um teólogo em particular, George Lindbeck, que por assim dizer lançou esse modelo e logo atraiu uma ampla adesão de outros teólogos e fiéis cristãos comuns.

2. *Várias religiões = várias salvações.* Essa é uma elaboração adicional do convite feito por Lindbeck, e que impulsiona a diversidade ainda mais adiante do que muitos talvez consigam imaginar. O principal impulsionador nessa direção é S. Mark Heim.

3. *Teologia comparada.* Essa expressão do Modelo de Aceitação não depende do alicerce pós-liberal de Lindbeck e Heim. Ela convoca cristãos e teólogos a deixarem de lado as preocupações filosóficas e teológicas para simplesmente mergulharem no estudo e acolhimento zeloso das outras religiões.

Em todas essas diferentes versões do que chamamos de Modelo de Aceitação, vamos freqüentemente ouvir ecoar as perspectivas pós-modernas que tentamos resumir. Esses ecos teológicos acabam por ser mais construtivos do que todos os avisos e advertências acerca da inevitabilidade dos filtros e dos perigos dos universais. Para os teólogos do Modelo de Aceitação, a ênfase está no construtivo: a beleza, o valor e as oportunidades da diversidade. A diversidade não domina: ela convida e diverte. Os teólogos adeptos da aceitação favorável que vamos conhecer querem reverenciar as diferenças. Para eles, as diferenças são mais interessantes, frutíferas e vivificantes do que as semelhanças.

Fundamentos pós-liberais

Um dos primeiros teólogos cristãos a dar ouvidos à mensagem do pós-modernismo e, depois, repassá-la de modo claro e corajoso à teologia foi George Lindbeck. O pequeno livro em que ele fez isso em 1984, *The nature of doctrine: religion and theology in a post-liberal age* [A natureza da doutrina: religião e doutrina em uma era pós-liberal],³ sacudiu os fundamentos — talvez se possa mesmo dizer que ateou fogo por dentro — das confortáveis casas de muitos dos pensadores cristãos. Um teólogo luterano moderadamente tradicional, que leciona na Universidade de Yale e tem especial interesse em ecumenismo cristão, Lindbeck encarou os princípios pós-modernistas que acabamos de recapitular não apenas como um despertar, mas como um *fecundo* despertar para os cristãos. O "fogo" que ele acendeu limpa o terreno para algo de novo. Fogo que proporciona aos cristãos a oportunidade de não só alterar o enfoque e reafirmar a identidade distintiva do cristianismo, que fora incessantemente desgastada pelos ventos da modernidade, mas também de esclarecer e valorizar o caráter distintivo das demais religiões. E que foi uma oportunidade e um estímulo para levar a cabo aquilo com que mais se preocupou a própria tradição cristã de Lindbeck — *a reforma*. Ele chamou esse movimento reformador de *teologia pós-liberal*. Conforme aconteceu com o mais abrangente "pós-modernismo", o movimento chegou depois da teologia liberal que havia predominado na maioria das Igrejas cristãs desde o Iluminismo. Tendo vindo depois, trouxe consigo a esperança de corrigir os excessos dos liberais. O modo pelo qual essas distinções entre "liberal" e "pós-liberal" funcionam de fato torna-se claro quando recapitulamos o modo pelo qual Lindbeck busca reformar a própria noção de religião.

---

³ Cf. LINDBECK, George. *The nature of doctrine*; religion and theology in a postliberal age. Philadelphia: Westminster Press, 1984.

Religião: palavras antes da experiência

Fazendo uso da percepção ou consciência pós-moderna, Lindbeck descobriu entre os teólogos e filósofos três formas bastante diferentes de compreender a religião. Todas elas têm a ver com a maneira pela qual se constrói o vínculo entre linguagem e religião. Todos estes três modos de compreensão ou entendimento podem ser encontrados ocultos nos diferentes modelos referentes a uma teologia das religiões que até aqui recapitulamos.

1. Lindbeck primeiro identifica o modo de entendimento *proposicional-cognitivo* da religião. Nessa visão ou concepção, a religião é principalmente uma questão de conhecer (portanto "cognitiva") a verdade acerca de Deus ou do Divino mediante declarações (portanto "proposicionais") claras e compreensíveis. O pressuposto oculto por trás de tal perspectiva é que o que é verdadeiro pode ser captado com pensamentos e palavras. Esse é o modo de entendimento por "encaixe exato" de como os seres humanos chegam a conhecer algo. (Em jargão filosófico, é chamado de "teoria da verdade como adequação".) Há um ajuste nítido, correto entre o conceito na inteligência da pessoa e a coisa que ela percebe. Depois, o conceito faz-se traduzir em palavra — e, *voilá*, a verdade. Talvez se possa descrever esse ponto de vista como "o que se percebe é o que se conhece". Assim, nessa perspectiva, religião autêntica é pôr em ordem as palavras e doutrinas da pessoa. Uma vez que se tenha a verdade determinada pelas idéias certas e palavras certas, pode-se viver segundo ela pela vida afora. É por isso que, para os cristãos que seguem esse modo de entendimento da religião, Deus deu-nos a Bíblia. Ela contém as palavras certas. Interpretá-las literalmente, fielmente, é estar no caminho certo. É evidente que muitos cristãos que seguem o Modelo de Substituição das religiões costumam também endossar esse modelo proposicional-cognitivo da verdade.

Para Lindbeck, isso é um erro, pois essa percepção esquece-se do quanto os filtros determinam o que conhecemos. Ela igualmente parece julgar que podemos capturar a infinita maravilha e riqueza do Divino na linguagem humana. Isso é a mesma coisa que tentar identificar Deus com um ídolo.

2. O segundo modo de entendimento da religião que Lindbeck identifica é aquele que dá cor às atitudes dos fiéis e ao pensamento dos teólogos na maioria das Igrejas cristãs das correntes dominantes, ou liberais. Ele a chama de noção *vivencial-expressiva* da religião. Aqueles que adotam essa abordagem talvez possam persistir na teoria do entendimento por "encaixe exato" quando se trata de objetos concretos, finitos — como pedras e árvores e, talvez, até mesmo pessoas. Porém, quando trata-se de uma questão relativa a Deus ou ao Divino, então conhecemos principalmente por meio das experiências, vivências ou sentimentos dentro de nós. Primeiro vem a experiência ou vivência, depois a expressão. Primeiro o sentimento, depois a palavra. Ou: primeiro a palavra interna, depois a palavra externa. Para algumas pessoas religiosas, essa experiência ou vivência interior vem-lhes por meio da atividade do próprio Divino — o Espírito que nos toca e conosco se comunica. Para outras, aquelas pessoas que adotam a abordagem psicológica (como Jung), a experiência talvez possa já estar implantada em nosso subconsciente, ocultando-se no que alguns chamam de arquétipos, comuns a todos os seres humanos. Esses arquétipos adormecidos ou sensibilidades implantadas podem então ser despertados ou incitados por símbolos ou palavras. Porém, primeiramente, estão ali.

Está claro que, a partir dessa perspectiva experiencial-expressiva, é um passo fácil, talvez necessário, concluir que exatamente como o Divino é único, assim também o é a experiência ou vivência interior em todas as religiões do mundo. As linguagens e expressões talvez possam variar, porém todas elas alimentam-se da mesma experiência religiosa, e à qual procuram dar voz ativa. Ouvimos falar sobre versões de semelhantes afirmações no Modelo de Complementação — naqueles cristãos, como o papa João Paulo II ou Karl Rahner, que afirmam uma presença oculta ou anônima de Cristo em todas as religiões, independentemente das palavras que elas utilizam. Porém, a pretensão de uma experiência comum por trás de todas as diversas linguagens religiosas faz-se ainda mais claramente presente nos representantes do Modelo de Mutualidade, especialmente em opiniões como a de John Hick e seu "Real único", ou a de Raimon Pannikkar e sua noção de um Mistério composto de todos os diferentes caminhos religiosos.

Para Lindbeck, semelhantes concepções perdem-se, todas elas, no caminho principalmente porque se esquecem ou não estão conscientes do papel fundamental que a linguagem desempenha em toda experiência e conhecimento humano. O filtro da linguagem não *se segue* à experiência; ele precede a experiência. É por isso que propõe uma terceira visão ou concepção de religião, a dele próprio — a concepção pós-liberal.

3. A essa terceira perspectiva da religião ele dá o nome de *cultural-lingüística*. Neste ponto, há uma frase que busca afirmar sucintamente o que Lindbeck quer dizer: "A religião pode ser encarada como uma espécie de estrutura ou ambiência lingüística que molda a totalidade da vida e do pensamento".[4] Ao procurar abrir o apertado pacote que essa frase contém, podemos dispor à vista as muitas asserções inter-relacionadas:

- Por mais estranho que talvez nos possa parecer ou dar a impressão, quanto ao modo pelo qual julgamos que as idéias são produzidas, a seqüência não é: primeiro a idéia e depois a articulação em palavras. Antes ainda, são as palavras e imagens a nós trazidas por nossa religião que dão forma a nossos pensamentos e convicções religiosas. Na realidade, são as palavras que em primeiro lugar nos possibilitam ter pensamentos! Ninguém consegue pensar, por assim dizer, de modo nu. O ato de pensar está sempre vestido de algumas imagens e palavras. Sem roupa, não há pensamentos. Sem palavras religiosas, não teríamos sentimentos religiosos. Como Lindbeck se refere, temos de primeiro dispor de "palavras externas" que nos são dadas por nossa religião e cultura, antes de podermos dispor de palavras internas na mente e no coração de cada um de nós.[5]

- Porém, isso significa que a linguagem religiosa por nós recebida de nossa cultura perfaz e molda a própria experiência religiosa que temos. Reparem: tanto *perfaz* quanto *molda*. Sem linguagem, realmente a experiência não se torna possível de

---

[4] Ibid., p. 33.
[5] Cf. ibid., p. 34.

modo algum. E é a linguagem que dá à experiência sua forma determinada. Nos termos mais técnicos que Lindbeck emprega: "Sistemas simbólicos comunicativos são pré-condição [...] para a possibilidade da experiência".[6]

- Por conseguinte, quem nós somos, mais precisamente nossas identidades individuais, não são em verdade de modo algum *individuais*. Está bem, quem nós somos depende da herança genética que fisicamente recebemos quando nascemos. Porém, igualmente — talvez até mais ainda — quem nós somos é determinado pela visão de mundo comunitária e religiosa em que nascemos. Nossa identidade religiosa não é apenas, nem primordialmente, uma questão de nossa escolha e determinação individual; nossas escolhas nos são dadas, nos são especificadas, pela família da qual fazemos parte. Nas palavras de Lindbeck: "Como uma cultura ou uma língua, ela [a religião] é um fenômeno comunitário que molda as subjetividade dos indivíduos, em vez de ser primordialmente uma manifestação dessas subjetividades".[7]

- Esse entendimento pós-liberal da religião, por conseguinte, diz muito mais do que aquilo que, do começo ao fim deste livro, temos ouvido falar acerca de "filtros". Lindbeck e seus amigos informam-nos não apenas que precisamos de filtros ou lentes a fim de percebermos e compreendermos o mundo, mas que essas lentes *determinam* o que percebemos. As lentes não somente identificam o significado, elas *dão* sentido ao que percebemos. Não apenas fazem mediação, elas criam. É por isso que Lindbeck, juntamente com Hans Frei, seu antigo colega em Yale, fala sobre nossa linguagem e narrativas religiosas como se estas *criassem* o mundo em que vivemos. As palavras de nossa religião, como o Verbo de Deus no Gênesis, produzem nosso mundo e fazem-no bom, confortável, valioso — um mundo em que podemos habitar.

---

[6] Ibid.
[7] Ibid., p. 33.

Nenhum fundamento comum

Admitindo-se esse modo de entendimento da linguagem cultural em geral e da linguagem religiosa em particular, é evidente por que os cristãos pós-liberais tanto se previnem, para dizer o menos, contra qualquer conversa sobre o que todas as religiões têm em comum. Realmente, eles sugerem que não há nada que possa verdadeiramente proclamar-se "comum" a todas as religiões. Se nossa linguagem cria os mundos em que habitamos, e se nossas linguagens são diferentes, então os mundos em que habitamos hão de ser diferentes, sem nenhum fundamento comum entre eles. Lindbeck é de todo explícito a esse respeito quando declara com vigor: "Diferentemente de outras perspectivas, essa abordagem [cultural-lingüística] não propõe nenhuma estrutura em comum". Para aqueles que levam a sério a linguagem e a cultura, é impossível, ou pelo menos é muito difícil, imaginar que há "uma única essência experiencial genérica ou universal" dentro de todas as diferentes religiões. Isso seria como afirmar que há uma linguagem genérica sendo falada dentro de todas as diferentes línguas do mundo. "Consegue-se [...] ser tão religioso em geral, quanto se consegue falar em uma língua em geral".[8]

Na declaração fundamental a seguir, Lindbeck passa da asserção negativa de não haver experiência ou vivência comum a todas as religiões, para o avesso construtivo de cada religião ter uma experiência ou vivência diferente. Ele rejeita

> uma vivência interior de Deus comum a todos os seres humanos e a todas as religiões. Não pode haver um núcleo experiencial porque [...] as experiências que as religiões evocam ou moldam são tão variadas quanto os esquemas interpretativos que elas incorporam. Os adeptos de diferentes religiões não tematizam diversamente a mesma experiência, *antes de mais nada eles têm experiências diferentes*. A compaixão budista, o amor cristão, e [...] a *fraternité* revolucionária francesa não são modificações de uma única humana e fundamental consciência, emoção, atitude, ou de um sentimento de iguais características, porém são maneiras radical-

---

[8] Ibid., pp. 49, 23.

mente (isto é, desde a raiz) distintas de vivência interior e de orientação em direção ao eu profundo de cada um, ao próximo e ao cosmo.[9]

E a partir da diversidade de experiências, Lindbeck dá o próximo passo lógico e pós-moderno para concluir no sentido da *incomensurabilidade*. Não se consegue na verdade compreender uma linguagem religiosa mediante a tentativa de traduzi-la para outra linguagem religiosa. De fato, é essa a palavra que Lindbeck emprega para exprimir a lacuna entre as religiões, a qual não é possível preencher: elas são "intraduzíveis". Se é possível traduzir do alemão para o inglês com um pouco de acuidade, não é possível, segundo esse ponto de vista pós-liberal, do mesmo modo traduzir do "budista" para o "cristão".[10] Como observa Paul Griffiths, compatriota de Lindbeck: "O bilingüismo é possível, mas o bidevocionismo não é".[11] Desse modo, mesmo se as mesmas palavras aparecem em várias religiões — digamos, "amor" ou "Deus" —, tais palavras terão significados realmente diferentes, porque cada uma tem significado somente dentro do sistema mais amplo de uma linguagem diferente. O termo técnico que Lindbeck emprega para essa afirmação é "intratextualidade". Palavras religiosas e experiências religiosas podem ser compreendidas e são "verdadeiras" somente dentro dos *textos* ou dos sistemas de linguagem admitidos naquela religião determinada. Palavras religiosas podem ser compreendidas apenas em seus próprios textos. A palavra "compaixão" tem seu significado somente nos textos budistas. Em textos cristãos, seu significado é imensamente diferente.

Desse modo, Lindbeck lembra-nos de que dizer que todas as religiões falam de "amor" ou de "Deus" "é uma banalidade tão desinteressante quanto o fato de que todas as línguas são faladas".[12] O esforço por traduzir o que uma religião "de fato diz" em outra linguagem religiosa sempre resultará no que Lindbeck chama de "tagarelice" — muito em-

---

[9] Ibid., p. 40.
[10] Cf. LINDBECK, George. The Gospel's uniqueness; election and untranslatability. *Modern theology* 13 (1997), pp. 423-450.
[11] GRIFFITHS, Paul J. The properly Christian response to religious plurality. *Anglican theological review* 79 (1997), p. 11.
[12] LINDBECK, *The nature of doctrine*, p. 42.

bora os tradutores possam julgar que se comunicam. Ele propõe-nos um outro exemplo para defender seu argumento: traduzir uma palavra ou conceito de uma religião para a linguagem de outra é como tomar uma fórmula matemática e utilizá-la em poesia. A fórmula vai assumir "função e significado imensamente diferentes" no poema do que os que possuía em seu ambiente matemático original. Dessa maneira, "Deus" em cristão e "Deus" em hindu hão de ter funções e significados imensamente diferentes.[13]

Lindbeck propõe uma razão adicional de por que as religiões são intraduzíveis de uma para outra, ou imensuráveis uma pela outra. Cada religião, observa ele, apresenta "uma estrutura totalmente abrangente, uma perspectiva universal" a partir da qual os seguidores daquela religião compreendem *tudo* — o mundo, a si próprios, a Origem de tudo isso. Tudo ajusta-se nessa estrutura, mas a estrutura não pode, por definição, ajustar-se à qualquer outra estrutura. É essa a total finalidade da religião — dar às pessoas um ponto de vista, ou um relato, o qual, em certo sentido, explica tudo e fornece-lhes um significado supremo. Pois bem, se cada religião propõe uma perspectiva que tudo abarca ou apreende, e não pode ser apreendida por uma perspectiva ainda mais suprema, então isso quer dizer que nenhuma religião vai permitir ser apreendida — isto é, explicada — por outra. Conclusão: nenhuma religião pode ser medida por outra.

Temos de lembrar a nós mesmos que Lindbeck e outros cristãos pós-liberais insistem na ausência de um fundamento comum a todas elas e na impossibilidade de uma religião verdadeiramente compreender e julgar outra, não porque eles queiram construir muralhas entre religiões, mas porque querem preservar, honrar e proteger as efetivas diferenças entre as crenças. Os teólogos pós-liberais talvez possam ser comparados a guardas de segurança que se põem de pé na porta de cada religião para assegurarem-se de que a identidade e a integridade de cada uma não sejam violadas por outra.

---

[13] Cf. ibid., p. 49.

Diálogo: uma política de boa vizinhança

Contudo, tais teólogos permitem mesmo que as religiões conversem umas com as outras? O que pensam os teólogos que aprovam o Modelo de Aceitação a respeito do diálogo inter-religioso? Certamente, são muitíssimo favoráveis a ele. Porém, também eles querem reconhecer, realisticamente, não apenas os benefícios que o modelo traz mas igualmente suas limitações — e seus perigos.

Para expor exatamente como Lindbeck e o Modelo de Aceitação encaram as corretas relações entre as religiões, podemos fazer uso da imagem da "política de boa vizinhança". As religiões têm de ser boas vizinhas umas para com as outras. Porém, para fazê-lo, cada uma delas precisa reconhecer que, realmente, "boas cercas fazem bons vizinhos". Cada religião possui seu próprio quintal. Não há "algo em comum" que todas elas compartilham. Para serem boas vizinhas, então, que cada religião cuide de seu próprio quintal, mantendo-o limpo e arrumado. Ao falar com um vizinho religioso — e é isso que os bons vizinhos fazem uns com os outros —, recomenda-se assim fazê-lo pela cerca dos fundos, sem tentar pisar no quintal um do outro para descobrir o que por ventura houver de comum entre si.

Os teólogos pós-liberais insistem enfaticamente nessa espécie de política de boa vizinhança, não só porque, como vimos, eles sabem como é fácil violar a identidade de um vizinho ao querer que seu quintal se pareça exatamente com nosso. Também o fazem porque os pós-liberais dão-se conta de que basear um diálogo naquilo que julgamos ser comum a todos os nossos quintais é correr o risco de perder nossa própria identidade. Segundo William Placher, que compartilha as concepções pós-liberais de Lindbeck, procurar por "critérios gerais" que poderiam ser aplicados a todas as religiões ou afirmar uma "experiência comum" ocorrendo em todos os quintais pode facilmente conduzir a "retalhar e aparar o Evangelho para ajustá-lo às categorias e pressupostos de uma determinada posição filosófica e cultural". Em outras palavras, ao procurar adaptar a mensagem cristã ao que julgamos ser uma mensagem comum a todos os nossos vizinhos religiosos, podemos facilmente perder a qualidade distintiva do que Cristo tem a dizer. E "isso inevitavelmente distorce a fé". Porém, isso talvez possa ser também tratar a menor ou enganosamente as demais religiões e a cultura em geral, uma vez que aquilo que nosso mundo confuso, sofredor pode precisar dos cristãos (e de cada religião) não é de uma voz que *se ajuste* mas de uma voz que *perturbe* e proponha uma visão alternativa. Placher exagera um pouco para defender um argumento prático, ético: "Em um mundo cheio de nazistas, pode-se justificar que alguém seja adepto de Karl Barth". Em um mundo repleto de horríveis males e malfeitores, precisamos de pessoas, como o cristão Karl Barth, que se levantem e digam, categoricamente, "Isto está errado!"[14]

Desse modo, em uma vizinhança de religiões, o primeiro passo para sermos bons vizinhos será o de não retirar as cercas e não procurar construir áreas em comum, mas tentar ser quem somos tão autenticamente quando possível, e deixar nossos vizinhos ver quem somos à medida que conversamos junto às nossas cercas. "Uma autodescrição cristã" — não uma busca pelo "Cristo anônimo", pelo centro místico compartilhado ou pelo único Real em outras religiões — é a primeira ordem do dia. Que nossos vizinhos religiosos percebam quem somos nós, seja o que for que pensem de nós, como quer que reajam a nós, sejam quais forem as semelhanças que talvez possam detectar em nós — é essa a base para sermos bons vizinhos. Porém, fazê-lo exige que de fato vivamos segundo o Evangelho, que o tomemos a sério, de maneira que nossos vizinhos consigam perceber quem somos pela vida que levamos, não apenas por nossas palavras.[15]

Essa maneira de tratar os outros religiosos que nos são próximos é, defende Lindbeck, o fundamento melhor possível para qualquer que seja o diálogo que venha a ocorrer depois. Ele reconhece que o Modelo de Aceitação pós-liberal não entusiasma tanto as pessoas para o diálogo quanto o Modelo de Mutualidade, com seu anúncio de que todas as religiões têm um núcleo em comum ou que buscam alcançar uma meta geral. "A falta de um fundamento comum a todas é uma fraqueza" que o Modelo de Aceitação traz para o diálogo, "porém, ela

---

[14] PLACHER, *Unapologetic theology*, p. 169; cf. também pp. 160, 19-20.
[15] Cf. ibid., p. 19.

é também uma força". Por quê? Porque os cristãos de linha pós-liberal não pressupõem conhecer o que está no âmago de todas as religiões. Por conseguinte, não partem da medição de cada religião segundo o quanto cada uma delas demonstra possuir desse âmago em comum. Porque não pressupõem conhecer o que faz cada religião palpitar por dentro, eles conseguem abordar cada religião como sendo "simplesmente diferentes, e assim conseguem ir adiante e investigar-lhes os pontos de concordância e de discordância, sem necessariamente se empenharem nas injustas comparações que o pressuposto de um núcleo experiencial comum [como no Modelo de Mutualidade] torna tão tentador". Se dou início à convivência e debate coletivo afirmando primeiro que somos mesmo diferentes, consigo mais prontamente levar essas diferenças a sério. E, desse modo, Lindbeck conclui que muito embora seu Modelo de Aceitação não produza o mesmo "entusiasmo e calorosos sentimentos de companheirismo" em prol do diálogo, como o faz o Modelo de Mutualidade, "ele não exclui o desenvolvimento de bases racionais teológicas em favor de um compromisso sóbrio e, na prática, eficaz, com o debate e o diálogo inter-religioso".[16]

Desse modo, se o diálogo entre religiões começa por diferenças concretas, semelhantes a cercas, e com cada religião pondo à mostra tão clara e autenticamente quanto possível aquilo que é e o que representa, então quais são os próximos passos para a convivência e debate coletivo? Os seguidores do Modelo de Aceitação realmente não o dizem, porque percebem que não podem fazê-lo. Cada religião terá de dizer o que julga ser o próximo passo, qual ela julga ser a razão para conversar com outras religiões. Terão elas de, então, escutar umas às outras, e aí talvez a convivência e debate coletivo possa começar. Porém, não há regras predeterminadas para essa convivência e debate, não há "decálogo para o diálogo", nenhum item indispensável (como justiça social ou meio ambiente) que tenham de constar no plano de ação para o diálogo. A convivência e debate coletivo, e a relação entre pessoas adeptas de crenças religiosas vão simplesmente acontecer, se acontecerem.

---

[16] LINDBECK, *The nature of doctrine*, p. 55.

William Placher descreve esse diálogo como uma "busca afável, liberal e um tanto atabalhoada de seguir adiante". Fazemos o melhor que podemos com os materiais de que dispomos e com as pessoas defronte de nós. Ele compara as pessoas religiosas em diálogo com o *bricoleur* francês — um faz-tudo que junta todo tipo de ferramentas e materiais e está pronto a usá-los diferentemente em situações diferentes; cada serviço é um novo serviço que será executado segundo sua necessidade e situação determinadas.[17] Cada diálogo vai desenrolar-se de acordo com as pessoas envolvidas e as preocupações que trazem. É por isso que os seguidores desse modelo alegam enfaticamente que o diálogo inter-religioso deve sempre ser um diálogo *ad hoc*, um diálogo segundo "os interesses do dia"; conversamos sobre o que, neste determinado momento, surge ou parece-nos a todos ser importante ou interessante.[18] Talvez se poderia dizer que, para o Modelo de Aceitação, o diálogo é uma questão de as religiões "trocarem relatos" sobre o que sentem ser importante e depois verem o que acontece. Nenhuma regra. Simplesmente ingenuidade e confiança.

Porém, ao empreender o diálogo dessa forma descontraída, com cada um segundo seu ponto de vista próprio, um efetivo intercâmbio, um efetivo aprendizado e uma efetiva cooperação podem ocorrer. Não que sempre ocorrerão, mas podem ocorrer. E quando assim for, há de ser uma convivência e um debate coletivo pluralista, porque cada um vai perceber que fala a partir de sua própria identidade e que todos respeitam as identidades e diferenças de cada um. Ademais, em semelhante diálogo, posso descobrir que falar com alguém totalmente diferente de mim levou-me a compreender minha própria "identidade" de um modo diferente, e a mudar algumas coisas dentro mesmo de meu quintal. Como o próprio Wittgenstein admitiu com contentamento, os jogos de linguagem conseguem estender-se para além de sua mera sobreposição; a tentativa de conversar com alguém que fala uma linguagem religiosa diferente pode estender minha própria linguagem mais além. Ou, como se refere um autor: "Embora não possamos sair de

---

[17] Cf. PLACHER, *Unapologetic Theology*, pp. 115-117, 67.
[18] Ibid., pp. 167-168; WERPEHOWSKI, William. Ad hoc apologetics. *Journal of Religion* 66 (1986), pp. 282-301.

nossos próprios sistemas, o que está fora deles pode não obstante atingir-nos com contundência suficiente para abrir entalhes nesses mesmos sistemas".[19] Nesse esforço por conversarmos junto às cercas que dividem nossos quintais, damo-nos conta de que embora os sistemas religiosos em que estamos de fato nos definam, eles não nos confinam totalmente. Porém, como isso tem lugar, e até que profundidade esse entalhe aberto pode chegar, somente podemos sabê-lo no processo de convivência e debate coletivo.

Apologia da apologética

Porém, há algumas pessoas atuantes na equipe do Modelo de Aceitação que exigem um diálogo-jogo entre as religiões mais intenso, talvez se possa até mesmo dizer agressivo. Desse modo, Paul Griffiths faz sua apologia da apologética.[20] Ele concorda com Lindbeck que todo ponto de vista ou pretensão religiosa é, por sua própria natureza e autodefinição, *abrangente*, incluindo e explicando tudo mais, porém sendo incapaz de deixar-se incluir ou ultrapassar por nada mais. Além de ser abrangente, para todas as pessoas a religião (se for mesmo levada a sério) há de ser também *fundamental* — isto é, o pivô da vida da pessoa, o qual possibilita a tudo mais girar e seguir em frente, a mais importante posse que ela tem. Pois bem, Griffths conclui com evidente lógica que, uma vez que semelhante abrangência e índole fundamental parecem aplicar-se não apenas à própria pessoa de fé e a seu grupo, mas a todas as demais, então adeptos de crenças religiosas vão encetar um relacionamento — ou diálogo — com adeptos de outras crenças segundo a necessária pretensão de que sua religião ultrapassa todas as demais. Falando sem disfarces mas com sinceridade, Griffiths salienta que cada adepto de uma crença religiosa, no fundo de seu coração, se não sempre na superfície mesmo das palavras que profere, defende que sua religião é a melhor. Desse modo, quando um desses adeptos de crença religiosa

---

[19] HOLMES III, Rolson. *Religious inquiry*; participation and detachment. New York: Philosophical Library, 1985. p. 244.
[20] Cf. GRIFFITHS, Paul. *An apology for apologetics*; a study in the logic of interreligious dialogue. Maryknoll: Orbis Books, 1991.

encontra um outro adepto que defende algo contrário à sua própria crença, terá ele de dizer, de maneira educada, respeitosa, porém firme e claramente, que a outra pessoa de fé está errada.[21]

É isso, segundo Griffiths, que torna a religião, a convivência e debate coletivo tão importantes, proveitosos e, está bem, agradáveis. Em assuntos religiosos, lidamos com afirmações ou pretensões de absoluto — isto é, abrangentes, insuperáveis. "É precisamente essa tendência para o sentido de absoluto que faz as pretensões de verdade religiosas adquirirem tamanho interesse e dá-lhes tamanho poder; ignorá-la é destripá-las, prestar-lhes o desserviço de torná-las outra coisa que não aquilo que elas próprias entendem ser."[22] Desse modo, todo diálogo inter-religioso deve também ser uma apologia inter-religiosa, "apologia" em seu sentido primeiro,* como está dicionarizado: discurso de "defesa" ou de "justificação formal" da verdade que se afirma. Em outras palavras, no diálogo, cada participante tenta conseguir mostrar exatamente por que sua concepção religiosa é mais "abrangente" do que todas as demais. Não devemos entender erradamente Griffiths e outros. As pessoas religiosas empenham-se em semelhante apologia não como alguma espécie de competição, pelo prazer de nocautear os outros oponentes. Antes de mais nada, é uma questão de dever ético, uma vez que, se creio que a verdade religiosa abrangente, salvífica a mim concedida não é apenas para mim, mas pode e deve transformar a vida de todos, quero compartilhá-la. E isso significa mostrá-la ser a poderosa, maravilhosa verdade que ela é — mediante o raciocínio, a argumentação e a contraposição (isto é, mediante a apologética).

Na verdade, se cada pessoa religiosa se empenhasse em semelhante apologética, se durante o diálogo manifestasse suas diferenças e apresentasse as razões pelas quais a própria posição por ela adotada se sobressai em relação às outras, todos iriam descobrir-se mais resoluta e alegremente na estrada da verdade. Hegel e Marx estavam certos: essa é a maneira pela qual a busca da verdade funciona — dialeticamente,

---

[21] Cf. GRIFFITHS, The properly Christian response to religious plurality, p. 19.
[22] GRIFFITHS, *An apology for apologetics*, pp. 14-17.
* Em inglês, o cognato correspondente a "apologia" (*apology*) adquiriu um segundo sentido (admissão de erro, pedido de desculpa) inexistente em português. (N.T.).

mediante idéias que se opõem ("tese" e "antítese") e mentes que se entrechocam. Se todos forem demasiadamente gentis uns com os outros e evitarem o confronto, todos vão estagnar-se em sua polidez. Realmente, o debate apologético, observa Griffiths, é o *modus operandi* na maioria das ciências — propõem-se, contrastam-se, diferentes hipóteses, argumenta-se a favor delas; as pessoas não hesitam em dizer que seus colegas estão errados, sempre acrescentando por que estão errados. E assim avançam as ciências. Não é esse o caso, afirma Griffiths, do diálogo inter-religioso patrocinado pelo Conselho Mundial de Igrejas ou pelo Vaticano. Aqui, o primeiro mandamento parece ser o de que todos sejam gentis uns com os outros e enfatizem as semelhanças em vez de as diferenças, o fundamento comum em vez de o fundamento diferente. Semelhantes reuniões e discussões coletivas podem talvez ser socialmente agradáveis, porém não são religiosamente produtivas. Por essa razão: "Semelhante diálogo é também uma prática que deveria cessar; não traz benefícios perceptíveis, mas muitos efeitos negativos, e baseia-se em um radical mal-entendido da natureza e significação dos compromissos religiosos".[23] Por conseguinte, Griffiths faz valer sua "apologia da apologética" — sua argumentação em favor da argumentação.

Porém, precisamos tomar cuidado para não carregar em demasia nas tintas desse caráter argumentativo do diálogo, compreendido como apologética. Se nesse tipo de diálogo as pessoas religiosas impõem firmemente seus argumentos, também o fazem religiosamente; quer dizer, com compaixão, sensibilidade, e, está bem, com polidez. Igualmente, Griffiths admite que um cristão, por exemplo, pode talvez chegar a aprender algo que não conhecia, pela convivência dialogal com outras pessoas religiosas; tal percepção espontânea e peculiar a essa convivência não iria contradizer a crença cristã, mas somar-se a ela. Griffiths também reconhece que um diálogo apologético não significa que a pessoa não tenha nunca de mudar de idéia; é possível, no toma-lá-dá-cá da convivência dialogal, que um cristão admita onde está errado e que a outra pessoa de fé está certa. Esse é um dos benefícios do diálogo que se quer intransigente. E, não obstante, embora talvez haja algum

---

[23] GRIFFITHS, Paul. Why we need interreligious polemics. *First things* 44 (1994), p. 32.

aprendizado e autocorreção mútua nessa forma apologética de diálogo, quando toca a campainha final, só pode haver um vencedor. E é isso que anima os participantes. Uma vez que cada religião reclama para si a abrangência — isto é, que ela possui a concepção que exclui todas as demais concepções —, por conseguinte: "Pode haver qualquer número de reclamantes [...], mas o ganhador do prêmio mantém-se sozinho. A idéia de uma perspectiva verdadeiramente abrangente define um grupo de, no máximo, um só elemento [...]. Nessas condições, de todas as *Weltanschauugen* que aspiram a abarcar sem serem abarcadas, em última análise apenas uma, se tanto, consegue ter bom êxito".[24] Desse modo, que as apologias prossigam, que as diferenças cresçam e entrem em choque — com cada pessoa de fé tendo o coração confiante de que seu caminho religioso há de ser o vencedor desejado por Deus.

O lugar de Cristo

Como em todos os modelos que até aqui examinamos, chegamos finalmente à questão do papel de Jesus. No caso do Modelo de Aceitação, a resposta à pergunta é bastante clara: "Simplesmente ouçam o que diz a minha boca" — isto é, simplesmente ouçam o que os cristãos sempre disseram ou escreveram acerca de Jesus. O fundamento ou ponto de partida desse modelo, como vimos, é a afirmação mais filosófica ou antropológica de que as palavras vêm primeiro: primeiro a palavra, depois a idéia, a sensação ou a experiência. Ora: as crenças desencadeiam as sensações que precisam sempre acompanhar as crenças. Por conseguinte, para saber aquilo com que uma religião mais se preocupa, é preciso olhar para suas crenças mais centrais — para as palavras que nutriram e orientaram sua experiência ou vivência interior através dos tempos. No caso do cristianismo, não resta dúvida de que, entre as "palavras" ou crenças mais fundamentais e de maior poder de controle, talvez as mais persistentes e coerentes foram capturadas em duas palavras latinas, *solus Christus* — "somente Cristo". Como repetidamente ouvimos dizer do começo ao fim destas páginas, temos aqui *palavras* que faziam parte do

---

[24] LINDBECK, The Gospel's uniqueness, p. 430.

vocabulário cristão precisamente desde o início e ao longo de toda a caminhada histórica dessa religião: Jesus Cristo é o filho único de Deus, único Salvador enviado por Deus para toda a humanidade.

Para os defensores do Modelo de Aceitação, por conseguinte, as palavras "somente Cristo" são um dado cristão que é por eles aceito sem perguntas, não somente porque são cristãos que querem levar a sério o que a tradição lhes transmitiu, mas também porque são filósofos sabedores de que, se a pessoa não leva a sério as palavras centrais de uma religião, a pessoa provavelmente está fabricando uma concepção própria da religião. Assim, Lindbeck, sempre falando na qualidade de estudioso e especialista acadêmico, declara de modo indireto, porém cauteloso, que somente "se pode falar de forma autêntica acerca do fundamento do ser, da finalidade da história e da verdadeira qualidade humana" na "linguagem específica" do cristianismo, isto é, no "relato bíblico" de Jesus Cristo. Em outras palavras, não há salvação sem Cristo. O teólogo católico romano Joseph DiNoia é mais direto: "Uma convicção fundamental da fé cristã é que sempre que ocorre a salvação — sempre que se atinge o verdadeiro propósito da vida —, é sempre mediante a graça de Jesus Cristo". Griffiths, que prefere a franqueza da apologética, põe claramente na mesa as cartas cristãs que tem em mãos: "Somente ouvindo e se dedicando a Cristo, os seres humanos conseguem descobrir a própria finalidade e receber a capacidade para tornarem-se o que devem ser. Essas afirmações são características inegociáveis de nosso relato; abandoná-las seria como o abandono das regras que regem a concordância verbo-substantivo para alguém que escreve em latim". Desse modo, se os cristãos renunciarem ao "somente Cristo", ou diminuírem essa restrição, estariam falando uns com os outros por meio de um balbucio ininteligível, em que os substantivos não mais se ajustariam aos verbos.[25]

Porém, como vimos antes no Modelo de Complementação, semelhante insistência na salvação somente por Cristo não quer dizer que os cristãos têm de anular as outras religiões. Como Lindbeck se refere de modo conciso, o que ele quer é "preservar o *Christus solus*, e não negar

---

[25] Cf. LINDBECK, *The nature of doctrine*, p. 61; DINOIA, Joseph A. *The diversity of religions*; a Christian perspective. Washington D.C.: The Catholic Press of America, 1992. p. 166; GRIFFITHS, The properly Christian response to religious plurality, p. 21.

aos não cristãos a possibilidade de salvação". Ele e DiNoia reconhecem que, muito embora Cristo seja o único canal que conduz à salvação ou à plena união com Deus, as outras religiões talvez possam ser afluentes importantes e surpreendentes que alimentam esse canal. Elas podem talvez oferecer "verdades e realidades altamente importantes, das quais o cristianismo ainda nada sabe e pelas quais poderia ser grandemente enriquecido". Isso significa que essas outras tradições tão diferentes do cristianismo talvez possam ser "antecipações, desejadas e aprovadas por Deus, de aspectos do reino vindouro" e ter "suas próprias contribuições específicas, que talvez possam ser de todo diferentes da cristã, para a preparação da Consumação [...]. A tarefa missionária dos cristãos [por conseguinte] às vezes pode ser a de encorajar [...] judeus e muçulmanos a tornarem-se melhores judeus e muçulmanos, e budistas a tornarem-se melhores budistas". Dessa maneira, as contribuições específicas de outras crenças para aquilo que Deus revelou "somente em Cristo" hão de reluzir com mais brilho.[26]

E essas outras crenças vão reluzir com mais brilho *por sua própria conta*. Ao reconhecerem que o "somente Cristo" não anula os valores existentes em outras religiões, os seguidores do Modelo de Aceitação não querem explicar ou interpretar esses valores por meio de lentes cristãs. Eles decididamente se afastam assustados de qualquer alusão à teoria do "cristão anônimo" com que travamos conhecimento no Modelo de Complementação, a qual defende que qualquer "lampejo da verdade" em outras religiões faz realmente parte do Sol que os cristãos têm em Jesus. Se outras tradições conseguem apresentar "suas próprias contribuições específicas" à música salvífica que vem somente de Cristo, é por causa do próprio dom e mérito internos que elas possuem, não por causa de alguma misteriosa ou oculta presença de Cristo nelas e que as torna cristãs sem nome. Como verdadeiros pós-modernos que são, os defensores do Modelo de Aceitação não querem impor sua própria e grandiosa teoria aos outros. As metanarrativas continuam a ser tabu.

Porém, se as outras religiões estão, por assim dizer, acompanhando cada uma a cadência de seus próprios tambores, como vão, em última

---

[26] Cf. LINDBECK, *The nature of doctrine*, pp. 54-56, 61; DiNoia, *The diversity of religions*, pp. 75-82.

análise, marchar até chegar à salvação final? Se toda salvação dá-se "somente por meio de Cristo", elas de algum modo têm de conectar-se com ele e ouvir a música que ele toca, a fim de alcançar a suprema completude em Deus. Os teólogos a quem temos dado atenção nesta seção concordam com isso. Porém, todos eles reconhecem que não podem dizer com certeza exatamente como isso acontece. DiNoia recorre a Tomás de Aquino e à tradição católica romana para admitir a possibilidade de Deus nos tocar e salvar por meio de nossas escolhas morais, mesmo quando tais escolhas ocorrem dentro do quadro geral de uma "falsa religião"; seguir sinceramente a própria consciência é mostrar-se sensível ao Espírito de Deus. Porém, DiNoia propõe aquilo que ele percebe ser uma solução mais limpa e arrumada para a questão da salvação de não-cristãos: a tradicional doutrina católica do purgatório. Se não a interpretarmos literalmente, ela tem sentido satisfatório: o purgatório é o lugar onde aqueles que morreram, mas que não estão de todo prontos para vivenciar e assumir a plenitude do amor de Deus, podem passar por preparações e pela purificação final. Pois bem, podemos tomar essa crença e estendê-la um pouco mais, para exprimir a possibilidade de haver um processo pós-morte, "que pode ser pensado como instantâneo e coincidente com a morte", no qual as outras pessoas de fé tomam conhecimento da graça conquistada por Cristo e com ela têm contato. Por conseguinte, "a doutrina do purgatório permite à teologia cristã uma larga medida de confiança acerca da salvação dos não-cristãos [...] sem subestimar os objetivos distintos que eles perseguiram em vida".[27]

Lindbeck propõe uma solução escatológica ou de pós-morte semelhante, embora, como bom luterano, não a baseie em termos de purgatório. "O lance final de dados é feito para além de nosso espaço e tempo." Podemos esperar que no momento da morte, "quando uma pessoa perde seu enraizamento neste mundo e adentram a inexprimível transcendência que ultrapassa todas as palavras, imagens e pensamentos", todos os não-cristãos vão receber uma "oferta explícita de redenção" em Cristo. E, visto que semelhante oferta há de ser tão clara

---

[27] DiNoia, *The diversity of religions*, pp. 104-107; ____. Varieties of religious aims; beyond exclusivism, inclusivism, and pluralism. In: Marshall, B. D. (ed.). *Theology and dialogue*. Notre Dame: Notre Dame University Press, 1990. pp. 264-269.

quanto atraente, "devemos confiar e desejar ardentemente, embora não possamos sabê-lo, que nesse tremendo e não obstante assombroso fim e clímax da vida ninguém vai se perder".[28]

Para Paul Griffiths, que mistura a lógica rigorosa à sua apologética rigorosa, todas essas especulações são exatamente isso — especulações. Mais ainda: todas elas "tem baixa probabilidade de serem verdadeiras". Ele prefere a forma de linguagem clara que, com efeito, possuímos: a salvação vem somente por meio de Cristo, e, não obstante, Deus ama e deseja salvar todas as pessoas. O modo de juntar essas duas crenças centrais encontra-se além de nossa compreensão humana. "Em resumo, quanto às pessoas que lhes são religiosamente estranhas, os cristãos devem primeiro dizer que, na medida em que elas não se dedicam a Cristo, não podem tornar-se o que Deus deseja que sejam, o que é dizer que não podem ser salvas. Segundo: que o conhecimento quanto à salvação de determinadas pessoas ou grupos, cristãos ou outros, é-nos em princípio inacessível".[29]

Desse modo, temos aqui os alicerces do Modelo de Aceitação (talvez também o primeiro e o segundo andares). É uma teologia que insiste em que as religiões de presença mundial são mesmo diferentes e que os relacionamentos entre elas devem necessariamente ser construídos sobre a aceitação dessas diferenças, a atenção carinhosa e, talvez, o aprendizado com elas. No capítulo seguinte, veremos como outras pessoas estão adicionando mais andares a essa estrutura, nos quais há maior espaço ainda para as diferenças.

LEITURAS ADICIONAIS

BENDLE, Mervyn Frederick. The postmetaphysics of religious difference. *Pacifica* 11 (1998), pp. 1-26.

DiNoia, Joseph A. Christian universalism; the nonexclusive particularity of salvation in Christ. In: BRAATEN, Carl E.; JENSON, Robert W. (eds.). *Either/or*; the Gospel or neopaganism. Grand Rapids: Eerdmans, 1995. pp. 37-48.

---

[28] LINDBECK, *The nature of doctrine*, pp. 58-59.
[29] GRIFFITHS, The properly Christian response to religious plurality, pp. 23-24.

DiNoia, Joseph A. The Church and dialogue with other religions; a plea for the recognition of differences. In: LaVerdiere, Eugene (ed.). *A Church for all peoples*; missionary issues in a world Church. Collegeville: Liturgical Press, 1993. pp. 75-88.

____. Jesus and the world religions. *First things* 45 (1995), pp. 24-28.

____. Varieties of religious aims; beyond exclusivism, inclusivism, and pluralism. In: Marshall, B. D. (ed.). *Theology and dialogue*. Notre Dame: Notre Dame University Press, 1990. pp. 249-274.

Griffiths, Paul J. *An apology for apologetics*; a study in the logic of interreligious dialogue. Maryknoll: Orbis Books, 1991. caps. 1 e 5.

____. The properly Christian response to religious plurality. *Anglican theological review* 79 (1997), pp. 3-26.

____. Why we need interreligious polemics. *First things* 44 (1994), pp. 31-37.

Lindbeck, George. The Gospel's uniqueness; election and untranslatability. *Modern theology* 13 (1997), pp. 423-450.

____. *The nature of doctrine*; religion and theology in a postliberal age. Philadelphia: Westminster Press, 1984. pp. 30-72.

Lints, Richard. The postpositivist choice; Tracy or Lindbeck? *Journal of American academy of religion* 56 (1993), pp. 655-677.

Miller, Ed L.; Grenz, Stanley J. *Fortress introduction to contemporary theologies*. Capítulo 13: Theology in a postliberal age: George Lindbeck. Minneapolis: Fortress Press, 1998. pp. 200-216.

Slater, Peter. Lindbeck, Hick, and the nature of religious truth. *Studies in religion/sciences religieuses* 24 (1995), pp. 59-76.

Stell, Stephen. Hermeneutics in theology and the theology of hermeneutics; beyond Lindbeck and Tracy. *Journal of the American academy of religion* 56 (1993), pp. 679-703.

Tracy, David. Lindbeck's new program for theology; a reflection. *The thomist* 49 (1985), pp. 460-472.

Wainwright, Geoffrey et alii. George Lindbeck's "The nature of doctrine". *Modern theology* 4, n. 2 (1988). Todo esse número da publicação.

Werpehowski, William. Ad hoc apologetics. *Journal of religion* 66 (1986), pp. 282-301.

Capítulo 11
Diferenças verdadeiras favorecem o diálogo verdadeiro

VÁRIAS RELIGIÕES, VÁRIAS SALVAÇÕES

S. Mark Heim é um teólogo que, talvez se possa dizer, põe as próprias palavras ali mesmo onde está seu coração. Criado no cristianismo evangélico, ele é profundamente comprometido com a Boa-Nova de Jesus; porém, de modo especial por causa do tempo que passou no Sul da Ásia, onde não somente estudou os ensinamentos mas também percebeu as poderosas profundezas das religiões asiáticas, seu coração entusiasmou-se com a bondade e o valor de outros caminhos. Desse modo, em suas palavras e investigações teológicas, embora seus compromissos pessoais e fundamentais sejam com Jesus e o Evangelho, Heim procura dar direitos iguais e respeito igual não só a Cristo mas também a todos os demais reveladores da verdade. Ele sentou-se, por assim dizer, em ambos os lados da gangorra que vimos tentando equilibrar ao longo de todo este livro. Para ele, a possibilidade mais promissora de alcançar esse equilíbrio (ou chegar mais perto dele) é o Modelo de Aceitação — mas uma "aceitação favorável" levada até seus limites.

Finalidades diferentes, não apenas meios diferentes

Para Mark Heim, as diferenças entre as religiões de presença mundial não são simplesmente, por assim dizer, epidérmicas, ou arraigadas na linguagem. Elas atingem diretamente a alma das religiões e, salienta Heim, suas metas e "plenitudes" supremas. Se Lindbeck e companhia argumentam a partir da linguagem a realidade — as religiões são mesmo diferentes porque têm linguagens diferentes —, Heim, por assim dizer, reverte a argumentação: as religiões têm linguagens diferentes porque, em primeiro lugar, são mesmo diferentes. Em outras palavras, as religiões não apenas dizem que são diferentes; elas de fato, profundamente e para todo o sempre, são diferentes. O que Heim quer dizer está contido em uma frase calculada para fazer os cristãos adeptos do Modelo de Mutualidade interromper sua trajetória mental: "Nirvana e comunhão com Deus somente são contraditórios se admitimos que ou um ou outro deve necessariamente ser o único destino final para todos os seres humanos".[1] Enquanto os pensadores mutualistas lutam para mostrar que aquilo que, para um budista, significa iluminação em um estado impessoal de júbilo, e aquilo que, para um cristão, significa união com um Deus amoroso são de fato a mesma coisa, delicadamente Heim põe-lhes a mão no ombro e sussurra: "Parem. Deixem como está. A iluminação budista e a salvação cristã são diferentes porque são mesmo diferentes". São dois extremos diferentes, duas "plenitudes" diferentes, e por conseguinte duas realidades diferentes. É por isso que Heim empregou uma palavra bastante estranha (e que qualquer corretor ortográfico fica sempre apontando) para título de seu livro pioneiro: "salvações". Os teólogos cristãos, em todos os diferentes modelos que vimos recapitulando, debatem-se com essa escorregadia pergunta: como conseguem encontrar salvação os não-cristãos que nunca ouviram falar do único Salvador? Heim sugere que há uma resposta que elimina a pergunta: basta acrescentar um *s*, pôr a palavra "salvação" no plural. Todas as diferentes religiões do mundo prefiguram e alcançam "salvações", não salvação. Todas se movimentam rumo a diferentes destinações, e, pode-

---

[1] HEIM, S. Mark. *Salvations*; truth and difference in religions. Maryknoll: Orbis Books, 1995. p. 149.

mos presumir, alcançam-nas. Desse modo, não há um "*destino* único" para todos os seres humanos". Os budistas chegam ao Nirvana. Os cristãos chegam à união com Deus. E ambos ficam felizes.

A palavra "destino" indica que Heim está sendo absolutamente sério — isto é, escatologicamente sério — a respeito do que propõe. Ele não diz somente que cada família religiosa sustenta e alcança diferentes metas nesta vida. Para ele, "meta" significa meta "final". "Há igualmente boas razões para crer que essa diversidade [de metas] perdura nas plenitudes escatológicas". A diversidade de metas nesta vida vai subsistir até transformar-se em uma diversidade eterna de metas. Assim como ela foi no princípio e é agora, assim a vida haverá de ser "para todo o sempre": as religiões hão de permanecer diferentes. E isso significa que após a morte as pessoas serão "felizes" e "plenas" de maneiras muito diferentes. Estaria Heim propondo aquilo que, em termos cristãos, talvez se pudesse chamar de "novos céus"? Na verdade não, porque ele crê que essas diferentes plenitudes podem ser "explicadas" e "ordenadas". E uma só religião talvez pudesse oferecer a "melhor representação aproximada", ou a previsão mais rigorosa do que é de fato a plenitude após a morte, e de como as diversas concretizações dessa plenitude, por assim dizer, se alinham. Talvez. No momento, não sabemos. Desse modo, Heim nos aconselha: "É então conveniente que cada uma apresente argumentos a favor de sua própria visão universal e a partir dela, na medida em que sejam reconhecidas a diversidade e realidade das metas religiosas". Na medida em que cada religião admite diferenças efetivas nas metas finais, que cada uma então proponha sua própria perspectiva de como compreender essas diferenças.[2]

Porém, Heim também reconhece que essas diferenças efetivas nas metas finais podem estender-se ainda mais — até transformare-se em diferenças no próprio Supremo, em diferenças em Deus. Tentar perscrutar a natureza e ser interiores de Deus é, reconhecidamente, não só arriscado como também nebuloso. Onde pode alguém ficar em pé para dar uma olhada nisso? Procurando olhar na qualidade de filósofo, Heim dispõe logicamente três possibilidades:

---

[2] Cf. ibid., p. 215.

1. Há somente um Supremo, que ou exclui ou inclui os supremos de todas as outras religiões. Isso reflete a posição do que chamamos de Modelo de Substituição e Modelo de Complementação referentes a uma teologia das religiões.
2. Há somente um Supremo, que está presente igualmente em todos os diferentes alvos e finalidades religiosas. Temos aqui o fundamento do Modelo de Mutualidade.
3. Há uma multiplicidade de Supremos. Essa possibilidade abala e surpreende a maioria dos filósofos e cristãos do Ocidente. Porém, aquilo que abala e surpreende pode escancarar a porta para a entrada de novos *insights* da questão. Essa concepção dá a entender que, quando lidamos com o que é "supremo", "muito fundamental" ou "transcendente", ficamos em melhor situação se empregarmos o plural em vez do singular. Essa última alternativa daria suporte mais firme ainda às reivindicações do Modelo de Aceitação.[3]

Essas possibilidades filosóficas têm de ser avaliadas dentro da moldura cultural-lingüística de cada religião. Heim não quer impor nenhum modelo único de Supremo a todas as religiões. Porém, em um livro que escreveu depois dessa obra pioneira que foi *Salvations*, ele procura mostrar aos companheiros cristãos que, ao contrário das expectativas destes, o cristianismo possui recursos surpreendentemente proveitosos com os quais compreender a variedade de finalidades supremas e mesmo a variedade do Supremo Divino. Apropriadamente, deu ao livro o título *The depth of riches* [A profundeza de riquezas].[4]

Diferenças de religiões por causa de diferenças em Deus

Heim admite que dar a entender que a meta — ou o céu — final talvez possa ser diferente para pessoas diferentes e que há mais do que simplesmente um Ser Divino ou um Deus seguramente soa para a maioria dos cristãos como algo que é não apenas novo, mas algo fran-

---

[3] Cf. ibid., pp. 153-155.
[4] Cf. HEIM, S. Mark. *The depth of riches*; a Trinitarian theology of religious ends. Grand Rapids: Eerdmans, 2001.

camente herético. Não é isso que nos disse o catecismo. Heim admite: "A perspectiva que deixo entrever não se ajusta facilmente nas estruturas teológicas cristãs tradicionais. Ela exige um pensamento novo e imaginativo". Em *The depth of riches*, mostra-nos exatamente o quanto de novo e de imaginativo — mas também de cuidadoso e claro — ele consegue ser ao expor seu pensamento teológico. O tema recorrente do que propõe é não somente simples, mas também demolidor: os cristãos de fato crêem que Deus não é simplesmente uno mas também vário. E as reais diferenças entre as religiões são não somente uma reflexão como também uma percepção dessa variedade divina. Há uma pluralidade entre as religiões porque há uma pluralidade em Deus mesmo.[5]

É evidente que aquilo de que nos fala Heim, e que ele toma por base, é a crença (e a experiência ou vivência interior) cristã em Deus como sendo Trinitário. Mediante a revelação de Cristo Jesus e na própria experiência de Jesus como sendo divino, os cristãos perceberam — e depois procuraram explicar essa percepção — que o Divino não é simples e nitidamente uma única realidade. Em certo sentido nunca plenamente claro, mas não obstante poderoso, o Divino é também vário — vário na maneira pela qual Deus relaciona-se com o mundo, mas vário, também, na maneira pela qual Deus relaciona-se com o eu interior, o si mesmo de Deus.

Para mostrar que não está simplesmente jogando com palavras ou com conceitos filosóficos, Heim segue adiante e explicita precisamente por que têm os cristãos de falar de Deus tanto no singular como no plural. Quando os cristãos anunciam para si próprios e para o mundo que Deus é plural, reconhecem que aquilo que Jesus ensinou a respeito da "natureza humana" é também verdadeiro a respeito da "natureza divina" (de fato, é verdadeiro a respeito da humanidade *porque* é verdadeiro a respeito de Deus): ser é ser em relacionamento. Não se pode simplesmente existir; é preciso existir com. E isso significa que *cada um* necessita de *outro um*. E onde há relacionamentos, há pessoas. Por conseguinte, dito de maneira mais filosófica: pessoalidade e relacionamento definem quem somos e quem Deus é. Nas palavras de Heim: "Ser não

---
[5] Cf. ibid., Parte 3.

precede a pessoalidade em Deus [...]. Não há fonte mais fundamental do ser divino que pessoa e comunhão". "Comunhão" é uma outra palavra para relacionamento. Desse modo, Heim tira a conclusão de que o que é verdadeiro de Deus é verdadeiro do mundo que Deus criou: afirmar que o ser de Deus deve necessariamente ser Trinitário — isto é, uma comunidade de diferenças em relacionamento — é também afirmar que todos os seres devem necessariamente extrair a própria existência e vida das diferenças que dão origem a relacionamento. "Não há ser sem diferença e comunhão". Não consigo viver realmente, a não ser que esteja em relacionamento; e não consigo estar em relacionamento a não ser que haja *outros*, muitos outros.[6]

Tendo traçado esse quadro Trinitário do sentido do vário em Deus, Heim segue adiante para mostrar como o modo vário de existir das religiões nele encaixa-se de modo justo e até mesmo necessário. Assim como há uma variedade de relações dentro mesmo de Deus, assim também há "a possibilidade de uma variedade de relações distintas com Deus". Podemos esperar, em outras palavras, que haverá maneiras múltiplas, de fato diferentes (assim como as pessoas da Trindade são realmente diferentes), pelas quais as criaturas vão relacionar-se com Deus e nele encontrar cada uma a própria plenitude. Deus quer relacionar-se com a criação de maneiras de fato diferentes, assim como Deus se relaciona com o eu interior, com o si mesmo de Deus de maneiras realmente diferentes, e podemos muito bem esperar que essas diferentes maneiras de relacionar-se hão de assumir forma concreta, viva nas religiões do mundo.

Heim dá um largo passo que vai da probabilidade para a necessidade, e dá a entender que um cristão não pode verdadeiramente crer na Trindade, se ele não crê nas diferenças efetivas, dispostas para Deus, que há entre as religiões: "Se a Trindade é autêntica, então muitas das afirmações e finalidades religiosas *específicas* devem necessariamente ser autênticas. Se todas forem falsas, então o cristianismo não seria verdadeiro". Negar a validade das outras religiões é negar a validade do cristianismo! Heim afastou-se para longe do tradicional Modelo

---

[6] Cf. HEIM, *The depth of riches*, p. 175; cf. também pp. 168-174.

de Substituição de muitos de seus irmãos e irmãs evangélicos. Com efeito, ele sustenta que um dos ingredientes que torna distinto o cristianismo e que dá uma "qualidade universal" a essa confissão é seu reconhecimento de que há e deve haver "verdades permanentemente coexistentes" em outras tradições religiosas. "A Trindade é um mapa que encontra espaço para a verdade concreta em outras religiões e realmente assim o exige".[7]

Reparem, mais uma vez, que ele disse "verdades *permanentemente coexistentes*". Ainda trabalhando com seus cálculos Trinitários, Heim continua até a sustentar que as maneiras de fato diferentes pelas quais as diversas religiões encontram salvação ou plenitude continuam atuando desde este mundo até o outro, desde a experiência terrena até a plenitude celestial. Porém, partindo dessa perspectiva Trinitária, ele propõe uma compreensão cristã acerca de como, exatamente, é possível haver maneiras diferentes de estar no céu de cada um. Ele começa por relacionar três possibilidades muito gerais referentes ao que pode acontecer a um ser humano após a morte:

1. Na parte inferior do espectro, por assim dizer, está a possibilidade de *estar perdido*. É a conseqüência da livre escolha. Porém, Heim a compreende mais no sentido de aniquilação do que de sofrimento eterno no inferno.
2. Na extremidade oposta, está a compreensão de salvação — "comunhão verdadeira com o Deus trino" —, um relacionamento pessoal autêntico com o Deus pessoal uno-ainda-que-vário.
3. E, no entremeio, há o que Heim denomina "penúltima plenitude religiosa". Essa categoria abrange a variedade de maneiras pelas quais os peregrinos de outros caminhos religiosos realmente alcançam, e de fato, a felicidade e plenitude no Divino, porém de maneiras surpreendentemente diferentes da comunhão cristã com a Trindade.[8]

---
[7] Ibid., p. 167.
[8] Cf. HEIM, *Salvations*, p. 165. Em *The depth of riches*, Heim acrescenta uma quarta categoria, por demais complexa para ser mencionada aqui: algumas pessoas podem acabar indo para a vida após a morte mantendo-se ainda fiéis a uma "fixação em uma virtude criada" e, assim, passarem a eternidade em uma espécie de felicidade natural (cf. pp. 272-273).

Será que a palavra "penúltima" deixa subentendido que Heim está, afinal, classificando salvações, designando uma "melhor" que a outra? Em certo sentido, sim. Embora ele fale de "perfeições paralelas" nas diferentes maneiras de encontrar a plenitude, ele fala também de uma "hierarquia" desses limites finais. Porém, isso é não só inevitável mas também honesto, uma vez que ele fala como cristão. E, para os cristãos, "a comunhão com o Deus trino é pensada no sentido de abranger dimensões de outras plenitudes, no sentido de ser melhor porque é mais consistente com a natureza do supremo e, dessa maneira, mais inclusiva". De fato, certamente, "há uma 'hierarquia' entre a plena comunhão com o Deus trino e as participações menores, restritas". Porém, em seguida Heim propõe que aquilo que é "menor" talvez possa ser mais uma questão da maneira pela qual assim o *parece* aos cristãos, do que o *é* para Deus: "Porém, todos os tipos de relação com Deus são fundadas em Deus, nas relações coexistentes da própria natureza de Deus". Ademais, uma forma de felicidade final em Deus que parece "menor" aos cristãos talvez não possa ser de modo algum vivenciada e assumida como tal por aqueles que a desfrutam. "Há perda ou deficiência nessas circunstâncias somente quando alguns extremos são comparados com a salvação [cristã]." Se não houver comparações, se todos simplesmente se deliciarem no caloroso prazer de sua própria plenitude, "não há experiência de perda. Não há nenhum mal em tal plenitude".[9]

Isso é algo que a mente cristã tradicional pode talvez ter dificuldade de apreender: que os outros e muitos diferentes lugares no céu podem lhes parecer inferiores àquele que os cristãos têm em sua experiência de Deus entendido como sendo pessoal e trino, mas que não é de modo algum dessa maneira que parece aos outros — e é percebida por eles. E ainda, Heim conclui, pode muito bem ser essa a maneira que Deus (como ele é compreendido pelos cristãos) quer que seja. É a maneira divina de levar mesmo a sério a liberdade humana. Deus respeita e afirma a diversidade de finalidades que os seres humanos escolhem; e, muito embora essas escolhas talvez possam não ser a plenitude daquilo que Deus oferece, elas ainda assim acabam por ser "plenas" para aqueles que

---

[9] HEIM, *Salvations*, p. 165; *The depth of riches*, pp. 179, 264.

as escolhem. Heim propõe-nos uma reflexão profunda e paradoxal acerca do amor de Deus pela liberdade e diversidade; é "vontade de Deus tornar possível o que Deus não tem vontade [...] e [...] essas escolhas [feitas por aqueles seguidores das demais religiões] podem elas próprias conter em si mesmas elementos verdadeiros do desígnio de Deus, inclusive relações profundas com Deus. Quando os seres humanos escolhem menos do que tudo o que Deus oferece não significa que não escolhem nada daquilo que Deus deseja. É esse o extraordinário mistério e a maravilha da divina providência".[10] Novamente, Heim convoca os cristãos para deixarem livre e acolherem o mistério de um Deus que acolhe zelosamente a diversidade.

Várias salvações favorecem um melhor diálogo

Heim dá um passo além em seu arrazoado a favor da diversidade de religiões nesta vida e na outra. Por reconhecermos que as diferenças de religiões são tão indeléveis quanto as diferenças de cor da pele, criamos possibilidades de um diálogo muitíssimo mais rico do que os teólogos mutualistas jamais poderiam imaginar. Os proponentes do Modelo de Mutualidade enfaticamente alegavam, seja de maneira sutil ou direta, que todas as religiões precisam abandonar suas pretensões de absoluto de modo a conseguirem de fato ouvir uma à outra. Heim defende que são precisamente tais pretensões de absoluto que proporcionam a substância e a energia do diálogo. É isso que os mutualistas não conseguem compreender ou reconhecer. Para eles, segundo Heim, há na verdade somente duas possibilidades cada vez que se sentam para dialogar com uma pessoa de tradição religiosa diferente: ou os mutualistas acabam por discordar com ela e, por conseguinte, declarar que ela está errada; ou concordam e cooperam com ela porque descobriram o modo pelo qual ela de fato reflete alguma coisa do mesmo Supremo universal que eles, mutualistas, conheceram em sua própria tradição. Do ponto de vista de seu Modelo de Aceitação, Heim oferece uma terceira possibilidade: as outras pessoas de fé são tão diferentes que não se pode nem discordar

---

[10] HEIM, *The depth of riches*, p. 269; cf. também, pp. 256-269.

nem concordar com elas. Pode não haver uma maneira fácil nem de rechaçá-las, nem de acolhê-las em nossas fileiras com boas-vindas. Então — quando encaramos alguém que é totalmente diferente de nós — e somente então, é que também encaramos outra verdade religiosa que é não apenas "verdadeira" mas também "alternativa"; somente então é que conseguimos nos abrir para a possibilidade de aprender algo novo.[11]

Em outras palavras, Heim é muito comprometido com o diálogo. Está bem cônscio dos perigos do Modelo de Aceitação e das críticas que esse recebeu; que este conduz a um relativismo no qual aquilo que é verdadeiro em meu edifício religioso talvez possa ser falso no seu, ou a um solipsismo no qual jamais conseguimos de fato enxergar nada mais além do que está em nosso próprio edifício. Desse modo, muito embora insista em que temos de aceitar uma "irredutível pluralidade de religiões" que são incorrigivelmente diferentes, ele também insiste em que é possível e necessário que essas religiões diferenciadas conversem umas com as outras e aprendam umas com as outras. Porém, como podem diferenças *incorrigíveis* ser também diferenças *dialogais*? A moldura para semelhante diálogo de diferenças incorrigíveis apóia-se no que Heims denomina "pluralismo de orientações".[12] Tal perspectiva aceita um fato que os mutualistas parecem não observar: que cada religião não somente vê o mundo a partir de sua própria orientação lingüístico-cultural, mas também reivindica de modo bastante ruidoso, se não sempre de modo bastante claro, que a perspectiva que adota é superior a qualquer outra. Como ouvimos Lindbeck e Griffiths dizer no capítulo anterior, ser religioso é estar comprometido com uma verdade que a pessoa percebe que há de corrigir ou de conter qualquer outra perspectiva: "A convicção de que se está seguindo a religião verdadeira e a mais inclusiva, a religião verdadeira superior, depositária de uma plenitude que lhe é característica, é não somente defensável mas também inevitável". Dessa maneira, toda vez que nos deparamos com outra religião somos, quer queiramos ou não, inclusivistas: "Um mover-se 'para além do inclusivismo' é impossível e sua tentativa contraproducente". É im-

---

[11] Cf. HEIM, *Salvations*, pp. 175-176, 195.
[12] Que ele extrai do filósofo Nicolas Reshcher, em seu livro: *The strife of systems*. Pittsburgh: University of Pittsburgh Press, 1985.

possível porque "não conseguimos agir em duas diferentes orientações a uma só vez, mesmo se compreendemos que ambas são defensáveis". É contraproducente porque "somente conseguimos perseguir *a* verdade cultivando *nossa* verdade".[13]

Tudo isso pode soar como uma versão requentada do Modelo de Complementação. Não o é — principalmente porque segundo a perspectiva do pluralismo de orientações, Heim reconhece não somente o *fato* de que outras religiões têm igualmente suas pretensões de possuir a verdade "superior" ou inclusiva; mas ele também reconhece a *validade* de semelhantes pretensões. Está bem, elas são válidas dentro de um outro contexto religioso-cultural e a partir dele. Porém, se alguém aceita a validade de várias orientações culturais diferentes, deve necessariamente também aceitar a validade de suas pretensões de superioridade. Neste ponto, mergulhamos em um paradoxo: alguém sustenta que sua própria pretensão é verdadeiramente superior, e não obstante também aceita a validade de outras pretensões semelhantes. E *aceitar* significa levar a sério, abrir-se para tais pretensões, para a possível verdade delas. Agora podemos melhor captar o que Heim quer dizer quando insiste em que somente podemos ser desafiados por outra religião quando aceitamos que ela é *de fato* diferente da nossa.

E podemos aceitar a validade de outras pretensões "superiores" porque todas as religiões, ao fazerem as próprias asserções, também com efeito reconhecem, ou podem reconhecer, que ao mesmo tempo em que sua verdade é "universal" e "superior" ela também é apenas "*parcialmente apreendida*". Desse modo, muito embora as religiões estejam convencidas de que aquilo que contemplam pode incluir ou preencher outros pontos de vista religiosos, elas também reconhecem que contemplam "obscuramente, através de um vidro". E, por conseguinte, precisam estar abertas à possibilidade de tornar esse vidro um pouquinho mais transparente, empenhando-se na convivência e diálogo coletivo com as demais. De fato, para Heim, semelhante convivência e diálogo coletivo com seguidores de outras religiões parece tão importante quanto a dedicação de cada um à sua própria religião. Ele insiste com veemência em

---

[13] HEIM, *Salvations*, pp. 137-138, 222, 227.

um "compromisso de aprender com aqueles que interpretam o mundo diferentemente, tanto quanto de divergir deles [...]. O exame e o debate entre as perspectivas [isto é, o diálogo] constituem a própria força vital de cada uma delas".[14] Desse modo, a força vital de toda religião advém não somente de dentro, mas também de fora.

Semelhante intercâmbio vai reforçar os dois efetivos poderes de diálogo — dar testemunho e receber testemunho. No âmago de toda tradição religiosa, na medida em que nela palpita a convicção de possuir a verdade superior, há o desejo e a necessidade de não somente manifestar aos outros essa verdade, mas de também convencê-los de que ela é superior. Todas as religiões, em outras palavras, são de uma forma ou de outra missionárias. Querem pôr-se a caminho e pregar cada uma sua "Boa-Nova" a todo o mundo. Essa realidade, Heim insiste, não precisa conduzir ao conflito ou ao orgulho religioso, desde que cada religião missionária permita às outras religiões serem igualmente missionárias — e não somente permita mas também aceite esses outros missionários quando eles vêm bater à sua própria porta. Heim é claro a esse respeito — não podemos nós mesmos ser missionários para os outros, a não ser que lhes permitamos sê-lo para nós: "O testemunho dado aos outros e a atenta abertura dada ao testemunho deles acabam por estar intimamente relacionados. A possibilidade do primeiro está intrinsecamente vinculada à possibilidade da segunda". Ele explicita em detalhe o que significa semelhante abertura ao testemunho de outra religião: ela exige que o cristão seja "aprendiz diante de uma sabedoria superior. Essa sabedoria estende-se não somente até o conhecimento histórico da outra tradição religiosa e de suas práticas, mas também até os aspectos da vida divina, até as verdades ocultas ou nunca expressadas ao cristianismo".[15]

Dessa maneira, o diálogo pode resultar, para cada religião, não simplesmente em um conhecimento realmente novo acerca de outras religiões, mas em uma mudança realmente nova nela mesma. Quer dizer que Heim admite a possibilidade de mudança para uma outra religião? Ele não o diz explicitamente, porém com efeito emprega a imagem de "mudança de linha de ação" entre as muitas diferentes cor-

---

[14] Ibid., pp. 143, 139.
[15] HEIM, *The depth of riches*, pp. 294-295; *Salvations*, p. 222.

rentes que fluem dentro da própria religião de cada um. Ao mesmo tempo que cada um cresce dentro de sua própria tradição, esse crescimento pode produzir alguns espantosos e novos deslocamentos ou "mudanças de linha de ação" por meio do diálogo com seguidores de outras religiões. A pessoa pode talvez acabar chegando a uma posição ou visão referente à salvação final e a Deus que jamais teria sido possível, se ela não tivesse entabulado o convívio e o diálogo coletivo com os outros. Dessa maneira, ao mesmo tempo em que cada religião tem "sua própria finalidade religiosa característica", ela pode também incluir "os meios pelos quais as pessoas podem 'mudar de linha de ação', com vistas a atingir uma finalidade substancialmente diferente". A pessoa consegue ser "substancialmente diferente" por meio do diálogo inter-religioso, muito embora permaneça dentro de sua própria tradição. Isso é dizer muito mais do que ouvimos falar no Modelo de Substituição ou Modelo de Complementação.[16]

Mais notadamente, talvez, do que produzir "mudanças substanciais" nas pessoas de fé religiosa, um diálogo baseado no Modelo de Aceitação pode também produzir mudanças sociais e éticas em um mundo que sofre. Mais uma vez, Heim mostra por que os seguidores do Modelo de Aceitação podem gerar melhores frutos para o bem-estar de todas as criaturas do que os defensores do Modelo de Mutualidade, que mostram a responsabilidade global como ponte ético-prática para o diálogo. A razão para essa promessa de melhores frutos é simples e evidente: o Modelo de Aceitação dá ensejo a muito mais sementes de bem-estar social e ecológico a serem plantadas. O perigo no Modelo de Mutualidade está em que seus proponentes buscam aquela antiga quimera do fundamento comum. Querem que todas as religiões reúnam-se em torno de alguns "pontos éticos em comum" de onde todos partam com um determinado entendimento de responsabilidade global ou de justiça. Eis o problema: um ponto de partida comum, ou um entendimento comum da justiça. Heim contrapõe-se a isso com uma afirmação direta, ponderada: "Fazer da 'justiça' o assunto compulsório do diálogo é [...] injusto".

---

[16] Cf. HEIM, *Salvations*, pp. 226-229.

Por quê? Porque, como ouvimos dizer no capítulo 9, começar com algo como "justiça" como fundamento comum é começar com uma determinada compreensão de justiça. "Eu afirmaria que, se somos sérios a respeito de um diálogo inclusivo, devemos necessariamente reconhecer que 'justiça' já é uma maneira significativamente exclusivista de enquadrar a questão". Porém, Heim tem suas próprias razões para fazer essa advertência: se nossas metas supremas são mesmo diferentes, do mesmo modo hão ser mesmo diferentes nossos entendimentos daquilo que favorece a felicidade humana na terra. Por conseguinte, não há uma única maneira de entender a justiça. Haverá sempre várias "justiças". Desse modo, a recomendação geral de Heim sobre como promover um diálogo proveitoso também vale para a área do diálogo sobre ética ou bem-estar humano: cada religião exibe sua concepção de justiça ou de bem-estar como "a melhor". Porém, cada religião também reconhece que há outras "melhores concepções" igualmente válidas, à luz das quais sua própria "melhor concepção" talvez possa ter de ser esclarecida ou modificada. Nenhuma "justiça" única, porque nenhuma "melhor concepção" única![17]

Semelhante compreensão do diálogo como sendo o acolhimento zeloso e o embate entre pontos de vista "superiores" de fato diferentes há sempre de preservar o caráter de "competição" ou de "apologética" — cada religião, ao mesmo tempo em que aceita a validade das demais, vai buscar mostrar que sua concepção é, por assim dizer, mais superior. Porém, Heim compreende essa superioridade final não no mesmo sentido daquele garoto mais valentão do quarteirão que consegue dominar todos os outros, mas como aquele garoto que mais sensivelmente reage ao próximo e que consegue demonstrar melhor como todos podem estar em harmonia: "O desafio inter-religioso primordial é admitir as opções humanas autênticas que são verdadeiramente distintas e, não obstante, buscar alcançar a compreensão mais integrada possível das relações entre elas, uma compreensão que deve, ela mesma, ser francamente particularista". Heim está tão interessado na futura *integração* das religiões, quanto nas incorrigíveis *distinções* entre estas. Porém, ele percebe, a concepção da futura integração, se encontrada, vai provir de

---

[17] Cf. ibid., pp. 195-198, 205-208.

um ponto de vista determinado. Nisto as religiões podem competir: a "inevitável, mas possível, forma frutuosa de 'concorrência' entre as crenças" consistirá em "perceber qual delas consegue, de maneira mais adequada, levar em consideração o testemunho distinto das demais [...]. A crença que provar ser capaz de fazer isso com a maior amplitude possível de elementos fortemente persuasivos oriundos das outras tradições vai não somente enriquecer a si mesma mas também oferecer sólidos fundamentos à sua própria verdade". Se tiver de haver algum prêmio final em tal competição, ele irá para a religião que melhor conseguir convocar e reunir as demais religiões.[18]

O lugar de Cristo

Como era de esperar, Heim percebe que semelhante prêmio irá provavelmente para aquelas pessoas de fé que vêem o mundo a partir da "orientação" especial de Jesus Cristo. Muito embora Heim faça uso da crença cristã na Trindade como alicerce e plano esquemático para sua teologia das religiões, ele também admite que esse seu quadro de Deus entendido como sendo trino é "inevitavelmente cristocêntrico". Dessa maneira, se a Trindade é o fundamento, é Cristo quem possibilita aos cristãos assentar esse fundamento e depois sobre ele construir. Heim esclarece que ele mesmo é centrado em Cristo por dois motivos: primeiro, é somente por meio de Cristo que os cristãos chegaram a vivenciar, assumir e a compreender Deus entendido como sendo trino — isto é, como inerente e profundamente relacional tanto ao eu interior, ao si mesmo de Deus, como a todas as criaturas; porém, em segundo lugar, Cristo esclarece (ou deveria esclarecer) para seus seguidores que, precisamente porque Deus é tão pessoal e relacional, Deus floresce com base na *particularidade e na diversidade* da maneira pela qual Deus se relaciona. Uma vez que as criaturas de Deus são tão diferentes, os relacionamentos de Deus com elas — as revelações de Deus para elas — vão ser mesmo diferentes.[19]

---

[18] Cf. ibid., p. 209; *The depth of riches*, p. 128.
[19] Cf. HEIM, *The depth of riches*, p. 134.

Semelhante cristocentrismo é de todo diferente da centralidade em Cristo com que nos deparamos no Modelo de Substituição e no Modelo de Complementação, uma vez que possibilita a Heim afirmar verdadeiramente tanto a singularidade de Jesus como a singularidade de outras personalidades religiosas. Mais praticamente, ele possibilita aos cristãos equilibrar aquela gangorra que oscila entre um *comprometimento pleno* com Jesus e uma *plena abertura* para outras religiões. Eis por que, para Heim, Jesus Cristo afirma a necessidade e a validade da particularidade: Deus salva — isto é, Deus toca e transforma as vidas — não em geral, mas sempre de um modo particular. Dessa maneira, quando os cristãos elevam Jesus como sendo o Salvador universal, afirmam também a integridade e a validade das pretensões budistas de que Buda é um salvador universal. Parece ser isso o que Heim quer expressar quando diz: "A significação decisiva e universal de Cristo é para os cristãos *não somente* o fundamento necessário ao seu testemunho particularista *mas também* a base para o reconhecimento em outras tradições religiosas da própria integridade particularista dos cristãos". Destarte, quando os cristãos decidem seguir a Cristo com todo o seu entendimento e todo o seu coração, precisam também manter esse mesmo entendimento e esse mesmo coração abertos àquilo que talvez constitua a intenção de Deus agindo em Buda ou Maomé ou Krishna. Cristo diz-lhes que Deus ama particularidades, muitas delas.[20]

A partir desse entendimento de Cristo como o revelador da diversidade, Heims tira uma conclusão cristológica que faz eco ao que ouvimos dizer no Modelo de Mutualidade: "A Trindade ensina-nos que Jesus Cristo não pode ser uma fonte exaustiva ou exclusiva de conhecimento de Deus, nem o exaustivo e exclusivo ato de Deus para salvar-nos". Um revelador ou Salvador que não é nem exaustivo nem exclusivo! Nesse ponto, Heim dá um passo adiante em relação a Lindbeck e outros companheiros do Modelo de Aceitação que, como vimos, enfatizam que toda salvação dá-se "só por meio de Cristo". Desse modo, quando Heim afirma o valor da diversidade, assim o faz não somente na qualidade de um filósofo que reconhece o fato dos vários sistemas lin-

---

[20] Cf. HEIM, *Salvations*, p. 226.

güístico-culturais; ele também assim o faz na qualidade de um cristão que, por causa de sua crença na Trindade, acredita que Deus se utiliza daqueles outros sistemas para revelar e salvar. Ademais, Heim previne-se contra qualquer tentativa furtiva de descrever esses outros sistemas e religiões como "cristãos anônimos" reivindicando que, na verdade, é Cristo quem está salvando por intermédio deles ou que a destinação de todos eles está inerentemente voltada para Cristo. A "função normal" de cada religião, lembra-nos Heim, "é alcançar sua finalidade religiosa própria, não a cristã". Na terminologia com que nos deparamos em outros modelos, Heim afirma claramente Jesus como a *causa constitutiva* de salvação para os cristãos, mas ele parece deixar em aberto a possibilidade de outros mediadores ou causas muito diferentes, para as muito diferentes espécies de salvação encontrada em outras crenças.[21]

Porém, para Heim e todos os cristãos, Jesus é a mais clara e mais eficaz expressão de quem Deus é (pessoal e trino) e daquilo que Deus pretende para todas as criaturas (comunhão pessoal com a Trindade e dentro dela). Essa, então, deverá ser a reivindicação que os cristãos fazem quando convivem e debatem coletivamente com outras pessoas de fé — e que vai constituir sua esperança do que acham que vai ser ou pode ser o resultado do diálogo. Nesse ponto, Heim é cuidadoso, porém claro: "O fato de essa unidade [do plano de Deus] ter-se manifestado para nós em Cristo [...] significa que os cristãos irão buscar uma semelhante convergência" — uma convergência de todas as religiões em Cristo e em comunhão com o Deus trino. Porém, Heim imediatamente acrescenta: "Mas de maneira alguma ela assim o exige". Tal convergência ou conversão plena pode talvez não acontecer nem nesta vida nem na outra.[22]

Como percebemos no esboço que Heim traçou da vida após a morte, ele reconhece a possibilidade, se não a probabilidade, de muitas moradas no reino celestial — várias maneiras realmente diferentes de encontrar a plenitude e a felicidade eternas. Para tentar especificar o lugar da morada cristã, ele troca as imagens e fala de várias montanhas

---

[21] Cf. HEIM, *The depth of riches*, pp. 134, 269.
[22] Cf. ibid., p. 269.

que se estendem pelo terreno celestial. Heim deixa claro que a montanha cristã não será mais elevada do que qualquer uma das outras, porquanto cada uma será alta o suficiente para que aqueles que nela habitam estejam plenamente satisfeitos ali. Porém, do posto de observação da montanha cristã, a pessoa conseguirá ver e compreender exatamente como os diversos picos dessa celestial linha de horizonte dão expressão à diversidade da vida divina e à diversidade das relações de Deus com as criaturas de Deus. Desse modo, embora as demais montanhas não serão mais baixas que a montanha cristã, "todos os cumes acham-se interligados por essas serranias à montanha cristã", na medida em que todos eles refletem e constituem a diversidade do Divino, plenamente manifestada em Cristo. Tais são os esforços feitos por Heim para representar, sempre de forma inadequada, a singularidade de Cristo dentro da singularidade dos outros.[23]

TEOLOGIA COMPARADA

Admitindo-se isso que ouvimos de George Lindbeck e S. Mark Heim, está claro que o lema do Modelo de Aceitação poderia ser: "*Vive la différence!*" — que as diferenças floresçam! Se assim o for, deveríamos esperar encontrar diversidade dentro do próprio modelo. E a encontramos. No que se chama "teologia comparada", ouvimos a mesma preocupação central de acalentar o caráter distintivo de todas as religiões sem macular o caráter distintivo de Cristo e do cristianismo, mas essa preocupação é enfocada e fomentada de maneira inteiramente diferente daquela que vimos em teólogos como Lindbeck e Heim.

Uma moratória para as teologias das religiões!

Apelos em favor de uma teologia comparada chegam especialmente dos teólogos católicos romanos que não são simplesmente teólogos mergulhados no estudo da tradição cristã, mas também adeptos de uma teologia comparada, ou comparativistas, que caminharam muitos

---

[23] Cf. ibid., pp. 277-290.

quilômetros examinando os ensinamentos de outras tradições e conhecendo seus seguidores. Exemplos básicos são Francis X. Clooney, sj, que como parte de sua longa formação de jesuíta passou anos na Índia e no Nepal experimentando os frutos do hinduísmo, e que é hoje reconhecido tanto como proeminente indólogo como teólogo cristão inovador; ou James Fredericks, que depois da formação que recebeu para tornar-se sacerdote passou anos no Japão formando-se a si mesmo para tornar-se um especialista nos ensinamentos e na prática do budismo. Evidentemente, foram suas formações e suas experiências em pista dupla que despertaram neles perguntas acerca de como seria arrumar essas pistas de maneira diferente. O que aconteceria se os cristãos, em seus esforços por desenvolver uma teologia das religiões, partissem não do que as Escrituras e a tradição cristã têm a dizer, mas daquilo que se ouve dizer nos livros sagrados e ensinamentos de outras religiões? Em outras palavras, poderiam ser encontrados os fundamentos referentes a uma teologia das religiões no *diálogo*, em vez de na *teologia*? Em falar antes de avaliar? A suas próprias experiências recomendavam-lhes com insistência respostas afirmativas a essas perguntas.

Dessa maneira, os adeptos da teologia comparada como Clooney e Fredericks querem inverter inteiramente o processo de todos os modelos que examinamos. Querem iniciar por onde todos os outros teólogos esperavam terminar. Os arquitetos teológicos de todos os modelos que examinamos até agora (inclusive as versões de Lindbeck e de Heim referentes ao Modelo de Aceitação) iniciaram com a tradição cristã — a Bíblia e os ensinamentos das Igrejas — e a partir dessa tradição construíram uma teologia voltada para servir de base para um autêntico encontro de debate, para um diálogo com pessoas de outras tradições. Os adeptos da teologia comparada, ou comparativistas, querem trabalhar às avessas. Qualquer teologia cristã das religiões que talvez possam propor há de ser um fruto do diálogo com outras religiões, não um prelúdio a este. É esse o significado do nome que dão a si mesmos: uma teologia *cristã* das religiões deve necessariamente ser uma teologia *comparada* das religiões.

Os incentivos para tais propostas arrojadas são variados. O primeiro poderia talvez resumir-se na advertência pragmática: "Se algo não está funcionando, pare de fazê-lo!". É essa a conclusão a que alguém poderia talvez chegar depois de rever os atuais modelos referentes a uma teologia cristã (ou depois de ler um livro como este aqui): nenhum deles parece alcançar aonde quer chegar. Ou gastam tempo demais apregoando e argumentando que seu modelo é o melhor. Dessa maneira, os proponentes de uma teologia comparada recomendam com insistência que "é tempo de algo inteiramente diferente": vamos ver o que acontece quando os cristãos esquecem (ou temporariamente deixam na prateleira) aquilo que acham que a tradição e a teologia lhes dizem acerca das outras religiões, e simplesmente vão em frente e examinam o que as outras religiões dizem acerca de si mesmas. Quantas vezes nossas pressuposições acerca de estranhos — ou daquilo que outros nos contaram acerca deles — foram postas totalmente de cabeça para baixo quando de fato chegamos a conhecê-los? Ou, pior, quantas vezes tivemos de admitir que eram precisamente nossas pressuposições que nos atrapalhavam o caminho de começar de fato um relacionamento com alguém que jamais havíamos encontrado antes?

Para Clooney e Fredericks, os teólogos dos tempos atuais que elaboram suas grandiosas teorias e teologias das religiões poderiam ser comparados a antropólogos de gabinete que propõem majestosos projetos de como outras culturas funcionam sem jamais tê-las visitado. Os dados — o material de construção — referentes a uma teologia das religiões precisam vir não somente, e não inicialmente, da teologia, mas das religiões. É tão simples, mas também tão revolucionário, assim. A teologia é algo como um microscópio com o qual os cristãos examinam e buscam compreender as outras religiões. Porém, é o estudo concreto das outras religiões e o diálogo com elas que vão reunir o material a ser colocado sob o microscópio. Sem abandonar nossos confortáveis gabinetes teológicos e ir de fato visitar as terras estranhas e as perturbadoras crenças das outras religiões em si mesmas, nossas teorias e teologias serão tecidas com fios de ar — com os fios de nosso próprio tecido teológico. Ou, pior, se ao elaborarmos uma teologia das religiões começamos por nossa própria tradição, em vez de pelas religiões em si mesmas, nossa própria tradição pode muito bem transformar-se em obstáculos que limitam realmente a percepção daquilo que a outra tradição faz e diz. Protegemo-nos, por assim dizer, contra ter de encarar as efetivas diferenças e os desafios perturbadores que poderiam provir da alteridade religiosa. Domesticamos o outro antes que ele(a) possa abrir a boca. É essa a implacável avaliação que Frederick faz dos modelos que estudamos nos capítulos anteriores: "Todas as três opções referentes a uma teologia das religiões [que denominamos Modelo de Substituição, Modelo de Complementação e Modelo de Mutualidade] inoculam os cristãos contra o poder e a novidade das outras tradições religiosas".[24]

Desse modo, os defensores de uma teologia comparada das religiões tiram suas conclusões: porque os cristãos não dispõem ainda de dados suficientes para, por assim dizer, pô-los sob seus microscópios teológicos, e porque teologia sem dados pode facilmente transformar-se em obstáculos ou em imunidade contra o que outras tradições religiosas propõem, vamos convocar uma moratória temporária em toda a nossa atividade teológica sobre as outras crenças, de modo a realmente permitir-nos conversar e aprender com elas. Os fatos parecem mostrar que "uma teologia plenamente sistematizada das religiões não cristãs não é possível hoje". Os diferentes modelos referentes a uma teologia cristã das religiões parecem estar paralisados; desse modo, vamos deixá-los no acostamento da rodovia e procurar socorro em outro lugar — no estudo concreto das outras crenças. Isso pode ser difícil: "Embora o abandono das tentativas de construir uma teologia sistemática das religiões possa ser difícil de ser aceito pelos teólogos cristãos, a honestidade para com nossa situação atual assim de nós o exige".[25]

Talvez a palavra "abandono" seja um pouco forte demais. Os comparativistas não pedem a seus companheiros cristãos que abandonem uma coisa (a teologia) por outra (o diálogo). Mais exatamente, querem que a teologia decorra do diálogo, não que o preceda. Ou, na expressão de Michael Barnes, sj: querem "uma teologia *de* diálogo", não uma teo-

---

[24] FREDERICKS, James L. *Faith among faiths*; Christian theology and non-Christian religions. New York: Paulist Press, 1999; cf. também CLOONEY, Francis X. *Theology after Vedanta*; an experiment in comparative theology. Albany: State University of New York Press, 1993. pp. 193-194.
[25] FREDERICKS, James L. A universal religious experience?; comparative theology as an alternative to a theology of religions. *Horizons* 22 (1995), pp. 83-84.

logia *para* o diálogo".²⁶ Uma teologia comparada inicia-se pela comparação, mas definitivamente conduz ao exercício de teologizar.

Entendendo a si mesmo por comparação com os outros

Porém, seria enganoso apresentar o projeto e as propostas da teologia comparada como sendo tão-somente uma maneira de melhor elaborar uma teologia das religiões. Seus proponentes também a vislumbram como uma maneira de desempenhar um melhor serviço na tarefa total da teologia — uma maneira mais eficaz de interpretar a totalidade da tradição cristã. É esse, de fato, o ponto de maior interesse na definição prática que Frederick utiliza para a teologia comparada: ela é "a tentativa de compreender o significado da fé cristã examinando-a à luz dos ensinamentos de outras tradições religiosas". De maneira ainda mais clara: "A meta efetiva do exercício [da teologia comparada] é a de obter um melhor conhecimento do significado do cristianismo". Reparem: o melhor entendimento de *si mesmo* vem mediante o melhor conhecimento dos *outros*.

Com tais propostas, os teólogos comparativistas mais uma vez viram de cabeça para baixo as metas e processos de todos os modelos referentes a uma teologia cristã das religiões aqui recapitulados, porém agora de maneira mais drástica, fundamental. Os teólogos que trabalham com os outros modelos (mais uma vez, inclusive pessoas como Lindbeck e Heim) reconheceram que nossa nova experiência de pluralismo religioso desafia todos os cristãos a moldar novas maneiras de compreender esses outros caminhos. Os adeptos da teologia comparada giram tudo isso ao contrário: a realidade de tantas outras religiões e a nova consciência que temos delas convocam e desafiam os cristãos a moldar novas maneiras de compreender o cristianismo. De fato, acrescentam os comparativistas, os teólogos cristãos teriam mais sucesso (e satisfação) na tarefa teológica que desempenham se iniciassem o trabalho buscando compreender sua própria tradição à luz das demais, em vez do procedimento usual

---

²⁶ BARNES, Michael. Theology of religions in a post-modern world. *The month* 28 (1994), pp. 270-274, 325-330.

de compreender os outros com base nos ensinamentos cristãos. Para inverter a imagem que anteriormente empregamos, para os adeptos da teologia comparada, portanto, as outras religiões não constituem apenas novos "dados" a serem colocados sob o microscópio cristão; constituiriam também materiais com os quais podemos construir novos microscópios. As outras religiões podem tornar-se microscópios com os quais os cristãos olham os "dados" do cristianismo.[27]

Isso quer dizer que a teologia comparada não é simplesmente um "cômodo adicional" construído no casarão da teologia cristã. Os comparativistas não propõem que além dos tradicionais cômodos de que dispõem a teologia bíblica, a histórica, a sistemática e a moral, teríamos agora esse "puxado" da teologia comparada. Antes de mais nada, a "comparação" ou "diálogo" com outros pontos de vista religiosos tem que tornar-se uma maneira de viver em todos os cômodos da casa. De certo modo, as outras tradições religiosas tornam-se nossas companheiras de quarto enquanto perscrutamos os diferentes níveis da casa cristã. Freqüentemente falamos com elas ao mesmo tempo em que falamos conosco e com os textos e testemunhos de nossa própria tradição. Por conseguinte, a teologia comparada acolhe com exigente seriedade as percepções peculiares e afirmações de que ouvimos falar no primeiro capítulo a respeito de a convivência e o debate coletivo com os outros constituírem um degrau necessário para a verdade. Para responder às perguntas: quem sou eu? e quem é meu Deus?, temos de indagar: quem é você? e quem/o que é seu Deus? É precisamente isso que os teólogos comparativistas buscam fazer. Para Clooney, teologia *é* uma convivência e um debate coletivo entre os textos da religião dele e os textos da religião do outro — no caso, os textos do hinduísmo.[28]

Tanto Clooney como Fredericks dão surpreendente testemunho do que pode acontecer com os teólogos cristãos quando adotam essa maneira de fazer teologia pela convivência em diálogo. Clooney admite: "Eu 'aprendi' a ser incapaz de ler qualquer coisa como lera antes de me deparar com os textos indianos". Dá a entender que a Bíblia tornou-se,

---

[27] Cf. FREDERICKS, *Faith among faiths*, pp. 139, 169.
[28] Cf. CLOONEY, *Theology after Vedanta*, pp. 201-207.

por assim dizer, um novo livro depois que ele começou a lê-la lado a lado com os livros do hinduísmo. Os textos hindus tornaram-se os óculos com os quais descobriu tesouros e "novos significados" nos textos bíblicos que ele jamais pudera "perceber" antes. Para ele, sua compreensão do cristianismo foi não somente "ampliada" por meio da convivência e diálogo com o hinduísmo; ela foi até mesmo "transformada". Fredericks concorda quando reconhece o quanto essa convivência e comparação com os outros acendeu *nele mesmo* mudanças (quaisquer que tenham sido as mudanças que possam ter ocorrido em seu parceiro de convivência e diálogo). A teologia comparada busca primeiro efetuar mudança no cristão *antes* de ela pensar sobre mudanças nos outros. E Fredericks declara que essas mudanças podem ser vivificantes, e que, "fazendo uso dos *insights* às religiões não cristãs como um recurso", ele tornou-se capaz de acolher com muito zelo suas "mais valorizadas crenças, de novas maneiras [...], em um nível mais profundo".[29]

Claramente, nessa oportunidade, Clooney, Fredericks e outros propõem e imaginam mais do que estão de fato exprimindo. Se se espera que a teologia cristã seja teologia comparada, então temos de admitir que tal teologia está somente em sua infância. O processo apenas começou. Para essa criança crescer, muito terá de mudar nas estruturas e métodos de educação teológica em escolas, universidades e seminários. Os teólogos terão de estudar pelo menos uma outra tradição religiosa ao mesmo tempo em que empreendem esforços por aprender a tradição cristã. "Outras religiões" terão de tornar-se componentes e "requisitos" padrões dos currículos acadêmicos religiosos, e não apenas certas matérias "eletivas" que possam ser acrescentadas no final da educação religiosa ou teológica. Reconhecidamente, há um longo caminho à frente até chegar a tal estado de coisas. Porém o sonho está tomando forma. Notadamente, há um número crescente de sonhadores entre cristãos e teólogos cristãos que foram, por assim dizer, sensibilizados pela teologia comparada. Cada um deles percebe, em sua própria vocação espiritual e pensamento teológico, que diferença notável e fecunda

---

[29] CLOONEY, Francis X. Reading the world in Christ. In: D'COSTA, Gavin (ed.).*Christian uniqueness reconsidered*; the myth of a pluralistic theology of religions. Maryknoll: Orbis Books, 1990. pp. 66, 70, 72; cf. FREDERICKS, *Faith among faiths*, pp. 162, 178.

pode fazer se a pessoa "conversa" com a própria tradição ao mesmo tempo em que "conversa" com outra.

Como fazê-lo?

Embora o livro sobre "o método da teologia comparada" ainda esteja sendo escrito, teólogos como Clooney e Fredericks nos fornecem "anotações" suficientes para formar um quadro geral de como exatamente empreendem a tarefa de semelhante teologia por meio da comparação. Antes de mais nada, eles recomendam que se tenha modéstia, ou que se dêem pequenos passos. Em vez de modelar comparações grandiosas, abrangentes entre, por exemplo, o hinduísmo e o cristianismo na medida em que estes se desenvolveram ao longo dos tempos, ou entre temas amplos, abstratos tais como o Supremo, a natureza humana ou a finalidade da história, os teólogos comparativistas preferem dar pequenos passos. Geralmente procuram limitar-se a comparar textos específicos, rituais concretos, crenças com enfoque definido, teólogos específicos, contextos limitados ou períodos históricos. Buscam ou farejam áreas limitadas dentro dos ensinamentos cristãos ou hindus que parecem destacar-se em suas aparentes semelhanças ou em seus instigantes contrastes — e então escavam em profundidade nessas áreas determinadas. Limitando sua amplitude de visão, aumentam sua profundidade de compreensão. Examinando questões concretas referentes a credo, código, ou cerimonial, talvez consigam mais prontamente descobrir a própria aptidão para alcançar *insights* no *Geist* ("espírito", "consciência") ou no *élan* das duas tradições. Limitando o tema da convivência e do debate coletivo com a alteridade religiosa, vão mais provavelmente perceber o impacto dessa convivência e debate sobre sua própria espiritualidade.

Porém, ao mesmo tempo em que examinam o terreno de outras religiões em busca de possíveis pormenores que possam ser comparados com o cristianismo, os teólogos comparativistas também procuram lembrar a si mesmos de que há talvez algumas — ou várias — áreas de outra tradição que são tão diferentes, ou tão difíceis de enfocar, que não admitem comparações, pelo menos no momento.

Os teólogos comparativistas têm de ser não somente modestos: têm também de ser humildes.[30]

E, não obstante, onde a investigação comparativa é possível, ela é feita com absoluta seriedade e pleno envolvimento pessoal. Muito interesse está em jogo. Clooney e Fredericks insistem em que a teologia comparada não é uma forma de estudo da religião. É teologia. E isso significa que a meta do empreendimento não é simplesmente o *significado*; é também, e fundamentalmente, a *verdade*. Os teólogos comparativistas buscam não somente esclarecer e compreender acuradamente o que uma determinada crença significa para os muçulmanos ou os budistas; querem também indagar se essa crença é verdadeira — isto é, se seu significado não é meramente interessante, mas válido, se ela reivindica merecimento não somente para o muçulmano mas também para o cristão. Aquilo que o teólogo comparativista aprende acerca de outra religião não há de ser somente algo sobre o que ele (ou ela) poderá escrever livros; poderá ser algo que o teólogo tenha de vivenciar e integrar em sua própria vida. Isso significa que aquilo que é verdadeiro para toda teologia (e que contribui para a diferença entre teologia e estudos de religião) é também verdadeiro para a teologia comparada: está em jogo a fé — a de cada um e a de cada comunidade.

Clooney descreve a experiência de um teólogo comparativista (na verdade, deveríamos dizer "cristão comparativista") como um processo prolongado e laborioso, mas também comprometedor e instigante, de cada um pessoalmente passar para o mundo de uma outra religião, de investigar esse mundo, de permitir que seus símbolos e relatos lhe penetrem a imaginação, e depois voltar para sua própria religião para ver o que talvez possa acontecer. Não é um empreendimento cujos passos se possam planejar ou cujos frutos se possam conhecer de antemão. Ele exige tempo; também exige suor e confiança paciente. É preciso deixar os frutos amadurecerem. Ao mesmo tempo em que estes de fato amadurecem, os cristãos começam a perceber que o tempo gasto no mundo daquele texto do outro ou daquele relato do outro possibilitou-lhes retornar a seu próprio mundo e percebê-lo de maneira diferente.

---

[30] Cf. FREDERICKS, A universal religious experience?, p. 86.

O cristão volta para casa com novas perguntas, com nova consciência, novas sensibilidades, novos *insights* e realmente podendo extrair novas riquezas de antigos tesouros.[31]

Porém, somos também alertados para não pensarmos que esse processo da teologia comparada sempre funcionará suavemente ou tão naturalmente quanto uma maçã amadurece no galho. O galho, talvez a árvore inteira, vai muitas vezes se sacudir ao longo do processo. Há uma inevitável tensão, Clooney e Fredericks dizem-nos, quando alguém retorna à sua morada cristã tendo visitado e mesmo se sentido na morada hindu ou budista como se estivesse em seu próprio lar. Essa tensão se percebe nos empurrões entre as verdades — a instigante verdade que se descobre em outra religião e a verdade provada que a pessoa sempre percebeu em sua própria. Como juntar essas verdades? As diferenças que elas apresentam são contraditórias ou complementares? Se são complementares, como podem reconciliar-se? O quanto de ajustamento ou de mudança se exige nas antigas maneiras de crer ou de agir? Mais uma vez, porque estamos lidando com teologia e não meramente com estudos de religião, as diferenças que o comparativista observa são um assunto não só de compreensão mas de comprometimento. A vida de alguém está sendo tocada e possivelmente transformada.

Desse modo, para Fredericks, há geralmente um pouco de conflito no processo da teologia comparada, um conflito entre, de um lado, estar de fato aberto para os outros e pronto a mudar, e, de outro, um profundo e duradouro repouso em sua própria família religiosa. Alguém pode sentir-se invadido — talvez com satisfação, porém com desconforto. Em suas próprias palavras: "O teólogo comparativista é uma pessoa de fé em conflito de entendimento fomentado pela presença intrusiva do Outro. Isso significa que o teólogo comparativista opera dentro de uma tensão definida pela 1) vulnerabilidade ao poder transformador do Outro e pela 2) lealdade à tradição cristã". Vulnerabilidade e lealdade — eis a vivificante e frutífera tensão em teologia comparada, tanto feliz quanto aflitiva. Porém, para os cristãos comparativistas, é uma tensão

---

[31] Cf. CLOONEY, *Theology after Vedanta*, pp. 4-10, 33-35, 153.

que a pessoa precisa ou deseja acolher com muito zelo. Porquanto, para ser *leal* a Cristo, ela precisa ser *vulnerável* aos outros.³²

Cada um teria de ler e perceber os relatos e descrições dos frutos que tais investigações e tensões comparativistas geram a fim de chegar a um quadro mais nítido de como o processo funciona e do quanto seus resultados são promissores. Os exemplos já são abundantes, e crescem ao mesmo tempo em que aumentam as fileiras e escritos dos teólogos comparativistas. Clooney foi um dos primeiros, com seu *Theology after Vedanta* [Teologia segundo o Vedanta], que não somente falou a respeito do que é teologia comparada, mas também guiou o percurso de seus leitores mediante um relato descritivo e depois um exemplo do que ela é. Nesse livro, Clooney primeiro conduz seus leitores em cuidadoso passo a passo pela leitura de um texto hindu (Advaita Vedanta) e possibilita-lhes enxergar e perceber a verdade que emerge daquele texto. Em seguida, conduz os leitores de volta para o mundo de um texto cristão específico — extraído da *Summa theologica* de Tomás de Aquino — e revela de que maneira, munido da lanterna elétrica do Vedanta, a pessoa descobre novas perguntas, novos *insights*, está bem, novas verdades nesse pensador cristão clássico.

Em seu livro *Faith among faiths* [A fé em meio às fés], Fredericks segue o mesmo processo (de forma mais abreviada) quando compara os relatos de Krishna e as ordenhadoras com a parábola de Jesus acerca do filho Pródigo, ou investiga a relação entre morte e vida, primeiramente segundo a perspectiva de determinados textos zen-budistas e depois segundo passagens do Novo Testamento sobre a ressurreição. Em ambos os casos, ele revela de que maneira, primeiro permitindo que nossa mente e nossa imaginação se deixem provocar e aguçar por relatos externos à religião que seguimos, nós retornamos aos nossos próprios relatos e imagens com novos olhos e ouvidos.³³

Esforços semelhantes da parte de outros teólogos por descobrir em primeiro lugar "novos olhos e novos ouvidos" mediante a contemplação e a escuta do mundo de outras religiões crescem na América do Norte

---

³² Cf. FREDERICKS, A universal religious experience?, p. 87; cf. também seu Faith among faiths, pp. 169ss; CLOONEY, *Theology after Vedanta*, p. 5.
³³ Cf. FREDERICKS, *Faith among faiths*, capítulo 7.

e na Europa, mas especialmente na Ásia. A equipe de teólogos comparativistas cristãos pode ser relativamente pequena, mas suas vozes ativas se fazem ouvir.[34]

Porém, pode-se perguntar: teologia comparada é de fato diálogo inter-religioso? A partir das explicações e exemplos que ouvimos até agora, poderia parecer que toda a ação dialogal ocorre somente de um lado. São somente os parceiros cristãos que escutam, os que aplicam aquilo que ouviram à sua própria tradição, que estão prontos a permitir que a visão profética de outros mundos religiosos operem mudanças em seu próprio. Um tanto desigual, assim o parece. Os comparativistas costumam admitir isso. Porém, porque operam dentro do recinto geral do Modelo de Aceitação, isto, diriam eles, é tudo o que conseguem, ou desejam, fazer: querem *aceitar* as outras tradições religiosas ou pessoas de fé assim como são, sem de maneira alguma dizer-lhes o que tem de fazer. Os seguidores do Modelo de Aceitação são inflexíveis em sua resolução de não recair na abordagem deixem-que-eu-lhes-diga-do-que-necessitam que o Modelo de Mutualidade adota, quando os teólogos mutualistas informam a todas as religiões que elas têm de abrir mão de suas pretensões de verdade se querem verdadeiramente empenhar-se no jogo do diálogo. Os teólogos comparativistas são cristãos que falam a cristãos, insistindo com veemência que seus irmãos e irmãs adotem essa nova maneira de compreender sua própria fé. Se outras tradições religiosas vão seguir as mesmas recomendações, isso vai ser determinado por essas outras religiões. Ainda assim, embora os comparativistas não queiram impor essa espécie de abordagem aos demais, querem de fato encorajá-la — principalmente pelo poder do exemplo. Se esse método da teologia comparada continuar a gerar frutos valiosos e evidentes ao renovar e reenergizar os cristãos, é apenas natural que aquilo que é bom dentro de uma religião vá ser percebido como sendo bom pelas outras. E ter várias religiões praticando a teologia comparada no interior de suas próprias comunidades é ter várias religiões praticando o diálogo entre suas comunidades.

---

[34] Entre os teólogos asiáticos, destacam-se Sebastian Painadath, Aloysius Pieris, Francis Veneeth, Joseph Pathrapankal. Vozes ativas no Ocidente: Leo Lefebure, John Keenan, David Burrell, John Berthrong.

A importância da amizade

Fredericks apresenta uma observação adicional que demonstra como a teologia comparada conduz naturalmente à teologia dialógica. A partir de sua própria experiência, ele descreve como o processo de fazer teologia comparada conduz o cristão não simplesmente a uma familiaridade mais profunda com os textos das outras religiões; ele conduz a amizades mais profundas com pessoas de outras religiões. Os comparativistas querem que as pessoas evitem trabalhar somente com livros. É impossível, dizem eles, dar início a uma comparação profunda com outra tradição sem começar a conhecer, valorizar e, talvez, querer bem a alguns dos seguidores daquela tradição. Nesse ponto, Fredericks faz uma distinção notável que nos impulsiona para além das limitações de nossa língua vernácula: o amor que um teólogo comparativista sente pelas pessoas das religiões com que dialoga e que estuda não é o amor *agápe*, mas o *philía*. *Agápe* seria o tipo de solicitude e amor que nós, na qualidade de seres humanos e, em especial, na qualidade de seguidores de Jesus, temos de ter por todas as pessoas, inclusive pelos nossos inimigos. Por outro lado, *philía* é um amor preferencial, um amor que surge e nos preenche por causa das qualidades específicas que percebemos e vivenciamos na outra pessoa. É um amor "que estima muito os não-cristãos não por causa da exigência de amar feita por Jesus, mas por causa da bondade e da virtude inatas de nosso amigo".[35]

E por causa da amizade e do amor que brotam do solo da teologia comparada, os cristãos vão descobrir sua própria aptidão para acolher com desvelo os amigos seguidores de outras crenças, e não simplesmente deles aprender, mas também partilhar com eles e valorizá-los. Tudo que esses amigos queiram ouvir a respeito de possíveis comparações que *eles* talvez possam querer aprender de Jesus e de seu Evangelho, seus amigos cristãos ali estarão para auxiliá-los nesse aprendizado e intercâmbio. Amigos fazem isso. Porém, amigos são também suscetíveis de discordarem — e de tornarem possível que sua amizade até mesmo se alimente de tais discordâncias. De fato, é somente com base na amizade que pessoas de formações diferentes conseguem não só aprender a partir

---

[35] FREDRICKS, *Faith among faiths*, pp. 173-177.

de suas diferenças, mas também conviver com as diferenças que não podem ser aprendidas. "Poder divergir honestamente de outro ser humano em questões de importância máxima é algo que deve necessariamente ser levado em conta como uma conquista. A amizade torna essa conquista ainda mais notável. Para fazer teologia dessa maneira comparada, os cristãos farão bem em desenvolver amizades profundas e permanentes com cada não-cristão que lhe é próximo, como uma maneira proveitosa de discordar honesta e profundamente." Amigos que aprendem uns com os outros podem também discordar uns dos outros.[36]

O papel de Jesus?

Até aqui não dissemos muito acerca do lugar que Jesus ocupa na teologia comparada. Onde se situam os comparativistas nas questões que nos provocaram e afrontaram ao longo deste livro? Como podem os cristãos compreender as tradicionais pretensões de que Jesus é o único filho de Deus e o único Salvador, de tal modo a possibilitar um relacionamento honesto com pessoas de outras crenças, em vez de suprimi-lo? Ouvimos dizer que os cristãos comparativistas reconhecem e acolhem com zelo a tensão entre seu compromisso com Jesus e sua vulnerabilidade diante dos outros. Uma exige a outra. Porém, quando escavamos mais fundo na maneira pela qual essa tensão funciona e em até que ponto ambos esses ingredientes podem estender-se, percebemos que o compromisso com Jesus não somente é anterior à vulnerabilidade, mas também parece estabelecer os limites da vulnerabilidade. Esse "parece" é traiçoeiro, uma vez que os próprios teólogos comparativistas reconhecem que a precisão nesse ponto acerca do compromisso com Jesus e da vulnerabilidade diante dos outros é não só difícil mas talvez seja também perigosa.

Ao longo de todos os seus escritos, Fredericks supõe que as convicções e pretensões cristãs acerca de Jesus como sendo a singular, autêntica e histórica encarnação de Deus na história humana fazem parte da *identidade* que os cristãos trazem à tarefa da teologia comparada

---

[36] Ibid.

e do diálogo com os demais. De fato, ele persistentemente adverte os teólogos da mutualidade, ou mutualistas, de que eles, por considerarem Jesus como sendo um entre muitos salvadores ou encarnações, diluem e deformam a tal ponto a identidade cristã que se torna difícil perceber como eles de fato levam adiante um diálogo *cristão* com outras tradições. E essa não é uma mera opinião sua, ele ressalta, mas é também o veredicto de muitos budistas e muçulmanos, que lhe disseram querer discutir com cristãos que falam francamente da tradição a que pertencem, em vez de com aqueles que procuram remover tudo quanto nela talvez possa ser ofensivo aos parceiros de diálogo. Fredericks é explícito em suas advertências de que quando teólogos como John Hicks insistem em uma reinterpretação mitológica ou simbólica da divindade de Jesus que situa Jesus lado a lado com outros símbolos ou encarnações, eles acabam tendo uma religião que não só cristãos mas também budistas e hindus talvez não consigam reconhecer como cristã. Por conseguinte, para Fredericks, estar comprometido com Jesus como sendo ele o Filho inigualável de Deus não reduz a vulnerabilidade dos cristãos às outras religiões ou a facilidade de eles serem despertados e transformados por outros textos e símbolos.[37]

Clooney procura esclarecer por que assim o é. Antes de mais nada, ele francamente reconhece que a abordagem da teologia comparada, se posta em fila junto com a de todos os modelos que investigamos neste livro, guarda a maior semelhança com o modelo "inclusivista", ou com o que chamamos de Modelo de Complementação. Por quê? Porque os teólogos comparativistas, assim como os teólogos adeptos do Modelo de Complementação, "afirmam a presença salvífica de Deus em religiões não cristãs, ao mesmo tempo em que reconhecem que Cristo é a definitiva e legítima revelação de Deus".[38] Os comparativistas, explica-nos Clooney, exatamente como os teólogos que atuam a partir do Modelo de Complementação, convivem com a tensão, a desconcertante e evidentemente incoerente "dupla afirmação" de que "Deus quer salvar todas as pessoas", mas que "Deus salva somente por meio de Jesus".

---

[37] Cf. ibid., pp. 120-127.
[38] CLOONEY, Reading the world in Christ, p. 73. Ele aqui cita Gavin D'Costa.

Porém, Clooney acrescenta que aquilo que parece "desconcertante" e "incoerente" é, para os teólogos comparativistas, algo pleno de "vitalidade" e até mesmo de contentamento. Traduzindo isso naquela imagem que já nos é familiar, os teólogos comparativistas não buscam equilibrar o alto e o baixo da gangorra entre o amor universal de Deus e a particularidade de Jesus e do cristianismo; eles na verdade deleitam-se em nela subir e descer e valem-se disso para suscitar vida. O porquê de assim sê-lo está formulado de modo conciso, porém intenso, na seguinte frase: "O inclusivista [leia-se o teólogo que atua a partir do Modelo de Complementação] insiste tanto na salvação em Cristo somente, como na verdadeira universalidade da salvação, exatamente como o teólogo comparativista insiste em ler para trás e para frente (em ler para cima e para baixo, na gangorra) a partir do Texto para o contexto".[39] Temos de abrir o pacote dessa afirmação para saborear-lhe a riqueza.

Por "Texto", Clooney quer dizer as Escrituras e a tradição cristãs; por "contexto", ele chama a atenção para o mundo dos vários outros textos e tradições religiosas dentro das quais, segundo a teologia comparada, o Texto cristão precisa ser compreendido. O que ele salienta aqui é que, precisamente assim como os teólogos do Modelo de Complementação começam pela *afirmação doutrinal* de que Jesus é a plena e final verdade de Deus, assim também os teólogos comparativistas começam pela *etapa prática* de estudar e acolher com desvelo os outros textos (o que ele chama de "contexto") a partir do ponto de observação de seu próprio Texto. Isso significa que os teólogos comparativistas começam por Jesus como seu único salvador e critério para toda verdade não porque eles têm de assim fazê-lo — não porque o Papa ou a Bíblia deles o exigem —, mas porque essa é a maneira pela qual qualquer teologia comparada funciona. Sempre se olha para o outro através das lentes do próprio telescópio cultural, religioso, de cada um. Não se pode evitá-lo. Muito embora o que se vê no Outro talvez possa desafiar aquilo em que tradicionalmente se acreditava, sempre se há de perceber e julgar o outro segundo o ponto de partida do próprio Texto ou telescópio de cada um.[40]

---

[39] Ibid., p. 73.
[40] Cf. ibid., pp. 66, 64.

A essa altura, podemos perceber com precisão até que ponto esse método de teologia comparada está profundamente encravado nos fundamentos daquilo que neste capítulo chamamos de Modelo de Aceitação. Clooney e Fredericks fazem eco ao entendimento que esse modelo tem de religião como expressão "cultural-lingüística" que não apenas anuncia, porém, antes de mais nada, determina nossa experiência e visão de mundo religiosas. Todo mundo, como ouvimos dizer, é religioso dentro de uma determinada cultura e religião e como parte dela. Não se pode separar o "ser religioso" do "ser de uma determinada religião". Não se consegue olhar para outra religião sem olhá-la através das próprias lentes religiosas que se possui; não se consegue retirar as próprias lentes a fim de observar a outra religião "como ela é". Se julgamos poder fazê-lo, estamos enganando a nós mesmos. Mesmo se o que percebemos em outra religião é mais do que percebemos na nossa própria religião, isso sempre vai ser compreendido por meio da nossa religião e nela incorporado.

É por isso que Clooney insiste em que, muito embora a verdade ou o Divino que o cristão experimenta e vivencia por meio de Cristo e da Bíblia vá além de Cristo e da Bíblia, eles são, "não obstante, [...] constitutivamente moldados pela Bíblia e por Cristo". Também é por isso que ele sustenta que para o cristão não há um "lado de fora" da visão bíblica da realidade, exatamente como para o hindu não há "lado de fora" da visão védica do mundo. Tudo com que nos deparamos e que buscamos compreender fora de Cristo e dos textos cristãos vai sempre ser captado e avaliado a partir do lado de dentro. Isso significa, ademais, que, embora o teólogo comparativista cristão vá ter muito o que aprender a partir do que ele (ou ela) descobre, por exemplo, no hinduísmo, ainda assim, por causa da "função estruturante do mundo desempenhada pela Bíblia", fica de todo claro que ele ou ela não há de adotar um ponto de vista hindu — em última análise, não há de perceber o mundo como se este fosse concebido por um texto hindu —, não há de tornar um texto [hindu] [...] principal e a Bíblia secundária". O cristão não o fará não porque "não é permitido", mas porque é impossível — porque é nesse nível de profundidade que somos moldados, mantidos e, está bem, limitados por nossa própria cultura e linguagem.[41]

---

[41] CLOONEY, Reading the world in Christ, pp. 74-75.

Porém, os teólogos comparativistas também insistem — muito mais claramente do que ouvimos Lindbeck nos dizer — em que, embora nossa posição religioso-cultural sempre nos limite, ela não nos confina. Há muito que aprender a partir da comparação de nossa posição com a de outros. Porém, o que então acontece quando a convicção cristã de que a salvação vem por meio de Jesus choca-se de frente com convicções semelhantes em outras religiões? Clooney encara esse problema de modo honesto na própria comparação que faz entre textos cristãos e hindus. Do lado cristão: toda salvação vem por meio da paixão, morte e ressurreição de Jesus. Do lado hindu: "O conhecimento de Brama é tudo que se exige para a salvação". Assim, qual é a verdadeira: a salvação por meio de Jesus ou pelo conhecimento de Brama? Clooney nos alerta contra qualquer resposta rápida, fácil, para essa pergunta. Por quê? Porque a *verdade* contida em ambas as asserções não pode, por assim dizer, ser retirada do texto ou da forma de linguagem e do contexto religioso-cultural em que é proferida. "Verdades teológicas ocorrem apenas por meio de suas formas textuais, e não há outro caminho de acesso a elas." Trocando de imagem, isso significa que a verdade não é proferida de modo nu. Está sempre vestida com seu traje lingüístico. Tentar retirar a verdade da afirmação cristã e deixá-la fora de sua forma de linguagem cristã e depois compará-la ou julgá-la em comparação com a verdade da afirmação hindu também despojada de seu contexto cultural é como tentar comparar dois fantasmas que realmente não podemos compreender porque não podemos vê-los.

A verdade do que diz o cristão e a verdade do que diz o hindu só podem ser compreendidas e então avaliadas dentro de suas próprias culturas e sistemas. E uma vez que um teólogo dá-se conta de que essa é a situação, uma vez que ele ou ela realmente percebe até que ponto a verdade está de maneira inextricável encravada em textos, então, Clooney admite a partir de sua própria experiência, as diferenças entre as duas afirmações — sobre Cristo e sobre Brama — "aparentemente tão opostas" serão "diminuídas, ainda que não eliminadas". Embora ainda haja tensão, agora parece ao teólogo ser "improvável [que haja] contradição alguma entre textos sobre a Paixão e os textos teológicos sobre o conhecimento de Brama". Com referência à maneira pela qual exatamente as duas afirmações podem ser reconciliadas — isto é, se uma delas é, por assim dizer, "mais verdadeira" do que a outra e que, por conseguinte, inclui essa outra —, Clooney exorta os teólogos cristãos a manterem-se distantes de tais questões. Antes ainda, ele defende "o paciente adiamento de questões referentes à verdade". Porque não avaliamos e compreendemos o suficiente até que ponto a verdade da reivindicação cristã acerca de Jesus e a da reivindicação hindu acerca de Brama estão profunda e intricadamente encravadas e vinculadas a seus próprios textos e formas de linguagem, temos de admitir que os dados para comparar uma com a outra são "inconclusivos".

Àqueles que talvez possam julgar que semelhante posição camufla a verdade ou evita o choque entre verdades, Clooney replica que, pelo contrário, semelhante adiamento paciente que leva em conta um exame e uma convivência dialogal mais detida talvez possa indicar o único caminho que conduzirá à verdade. Ele sugere que o caminho mais longo para fazer um exame mais amplo e uma comparação mais detida "pode também ser encarado como um reconhecimento realista da natureza incorporada e textual das reivindicações [isto é, da cristã e da hindu], e como uma contribuição para a necessária fundamentação de qualquer progresso que se venha a fazer na avaliação de verdades teológicas em um contexto comparativista". Qualquer avaliação de afirmações ou pretensões de verdade somente vai acontecer se de algum modo ela acontecer, depois de um esforço longo, paciente por compreender essas afirmações em sua própria forma de linguagem e contexto. E é precisamente disso que mais se ocupa a teologia comparada.[42]

LEITURAS ADICIONAIS

BARNES, Michael. Theology of religions in a postmodern world. *The month* 28 (1994), pp. 270-274, 325-330.

CLOONEY, Francis X. Comparative theology; a review of recent books (1989-1995). *Theological studies* 56 (1995), pp. 521-550.

---

[42] CLOONEY, *Theology after Vedanta*, pp. 187-193.

CLOONEY, Francis X. Reading the world in Christ. In: D'COSTA, Gavin (ed.). *Christian uniqueness reconsidered*; the myth of pluralistic theologies of religions. Maryknoll: Orbis Books, 1990. pp. 63-80.

____. *Theology after the Vedanta*; an experiment in comparative theology. Albany: State University of New York Press, 1993. pp. 1-13, 153-208.

____. When the religions become context. *Theology today* 47 (1990), pp. 30-38.

DUFFY, Stephen J. A theology of religions and/or a comparative theology? *Horizons* 26 (1999), pp. 105-115.

FREDERICKS, James. *Faith among faiths*; Christian theology and non-Christian religions. New York: Paulist Press, 1999. caps. 7 e 8.

____. A universal religious experience?; comparative theology as an alternative to a theology of religions. *Horizons* 22 (1995), pp. 67-87.

HEIM, S. Mark. *The depth of riches*; a Trinitarian theology of religious ends. Grand Rapids: Eerdmans, 2001. caps. 2-3, ou 4-6, ou 7-8.

____. God's diversity; a Trinitarian view of religious pluralism. *Christian century* (January 24, 2001), pp. 14-18.

____. Salvations; a more pluralistic hypothesis. *Modern theology* 10 (1994), pp. 341-360.

____. *Salvations*; truth and difference in religions. Maryknoll: Orbis Books, 1995. pp. 129-157, 211-230.

RENARD, John. Comparative theology; definition and method. *Religious studies and theology* 17 (1998), pp. 3-18.

Capítulo 12
O Modelo de Aceitação: *insights* e questões

Um dos perigos para um livro que examina as teologias cristãs da diversidade de religiões segundo modelos é o de que se tem de pô-los em fila ou em algum tipo de ordem. Isso significa que um deles vem por último. O perigo está em que o leitor talvez possa pensar que o modelo que vem por último *é* o último. Talvez se possa pressupor, em outras palavras, que o Modelo de Aceitação, por ter sido colocado por último, representa o fim de nossas investigações. Tal impressão, como vimos, é reforçada com a maneira pela qual esse modelo surgiu historicamente, como um esforço para consertar os pontos de vazamento ou redirecionar o fluxo dos outros modelos; também, ele exprime os sentimentos e fala a linguagem de nosso mundo contemporâneo pós-moderno. Desse modo, o leitor poderia concluir: "Uma vez que chegamos ao final do livro, estamos no final da busca que ele empreende. É até aqui que o autor vem tentando nos conduzir".

De modo nenhum! Decerto não foi esse meu intento. Embora claramente eu tenha minhas próprias concepções, e ainda que tais concepções, tenho certeza, vazassem pelas fissuras das exposições e análises de cada uma desses modelos, meu ideal foi o de apresentar cada modelo da maneira mais justa e transparente possível, para que não só sua beleza, mas também seus borrões ficassem evidentes. Sempre procurei montar a cena de tal modo que o leitor ou leitora pudesse tomar suas próprias decisões quanto aos méritos ou deméritos de cada modelo. E isso vale igualmente para o Modelo de Aceitação.

Desse modo, não estamos no fim do caminho. E se estamos chegando perto do final do livro, não é o final da busca. No que se segue, vamos mais uma vez tentar pôr em linha as percepções espontâneas e peculiares ao Modelo de Aceitação, assim como as perguntas que ele suscita. Ao assim fazê-lo, espero que os leitores consigam chegar às suas próprias conclusões. Tais conclusões podem levá-los a considerar essa perspectiva da aceitação como seu modelo escolhido. Ou então essas avaliações finais poderiam talvez fazer os leitores retornar aos outros modelos para obter ajuda na formulação de suas próprias atitudes para com as pessoas de fé seguidoras de outras crenças. Todavia, para muitos, talvez nenhum dos modelos conduza a um ajuste perfeito. Dessa maneira a investigação — a própria de cada um e, talvez, a das Igrejas cristãs — vai continuar.

INSIGHTS

Somos todos inclusivistas

Poderia parecer que qualquer pessoa desejosa de comprometer-se com o diálogo inter-religioso da maneira mais honesta e aberta possível teria de aceitar uma das plataformas fundamentais do Modelo de Aceitação: somos todos inclusivistas. Não importa o quanto busquemos agir de maneira diferente, haveremos sempre — incorrigível e incuravelmente — de conceber, ouvir e compreender as outras pessoas religiosas com base em nossa própria perspectiva religiosa. É simplesmente assim que as coisas funcionam no modo pelo qual os seres humanos realizam o processo de conhecer. Estamos sempre situados em algum lugar quando nos encontramos com alguém. Sempre partimos de um local quando tentamos nos deslocar para outro. Santo Tomás de Aquino disse isso de modo conciso e poderoso séculos atrás: "As coisas conhecidas estão no conhecedor segundo o modo do conhecedor".[1] Como ouvimos dizer com bastante freqüência nestas páginas, é simplesmente impossível escapulir daquilo que Tomás de Aquino chama de "o modo do conhecedor". Ou não conseguimos escapulir de nossa própria pele cultural, religiosa e, por assim dizer, revestir-nos da pele de algum outro. Dessa maneira, o ideal de "transpor-se" para outra religião, ou de caminhar com os sapatos de outra pessoa religiosa, é precisamente isto, um ideal — algo por que podemos, e devemos, lutar, porém somente com a percepção de que jamais conseguiremos levar isso a cabo completamente. Um dos sapatos continua sendo aquele nosso velho sapato. Ao fazermos a passagem, parte de nós fica para trás. Ou assim o parece.

Mas isso nos torna inclusivistas? "Inclusivismo" é um substantivo que normalmente está rotulado dentro do que antes chamamos de Modelo de Complementação. Era aquela abordagem que afirma a verdade e a beleza das outras religiões, mas que avalia essa verdade/beleza delas segundo seus próprios critérios e, depois, procura promover o valor das outras religiões para uma realização ainda maior convidando-as a "incluírem-se" ou "completarem-se" na sua própria. Os proponentes do Modelo de Aceitação informam-nos que, por mais imparciais ou liberais que talvez consigamos ser, é isso que — pelo menos até certo ponto — fazemos sempre. E parece que eles têm razão. Isso também se aplica àqueles que adotam o Modelo de Mutualidade. Quando um teólogo mutualista identifica algo em outra religião como sendo "desafiador" ou como sendo "um *insight* vigorosamente novo", qual a base para ele chegar a tal conclusão? É porque aquilo que o teólogo descobre na outra tradição se relaciona ou adapta ao que ele(a) já conhece e afirma em sua própria religião. Ou, quando esse mesmo teólogo conclui que certas formas de religião são "inautênticas" ou 'intoleráveis", é porque essa nova perspectiva ou prática não consegue encontrar nenhum fundamento naquilo que o teólogo já defende como sendo autêntico ou moral, nenhum ponto de conexão com aquilo.

Desse modo, sempre *incluímos* o outro no que sustentamos ser verdadeiro e valioso, no que já somos. Não meramente olhamos os outros

---

[1] "Cognita sunt in cognoscenti secundum modum cognoscentis" (*Summa theologica*, II-II, q. 1, a. 2).

de onde nos situamos; também os compreendemos e avaliamos de onde nos situamos. Talvez não gostemos disso, mas não há mesmo nada que se possa fazer a respeito. Não incluir os outros onde nos situamos nos exigiria de alguma maneira nos situarmos em algum lugar neutro, que assim não nos "induziria". Porém, nesse caso, "neutro" significaria "livre de cultura", "anistórico" ou livre de religião. Na verdade, significaria "além deste mundo". Significaria encontrar aquele muito citado lugar de observação arquimediano, no espaço, fora de qualquer ponto de vista limitador ou preconcebido. Salvo se formos anjos, tal local de observação simplesmente não existe. Destarte, todos nós somos, sempre, inclusivistas. Seria isso uma má notícia? Na verdade não. É simplesmente a realidade. A má notícia, qualquer bom psicólogo nos diria, é não aceitar a realidade ou não tomar consciência dela. E é nesse ponto que os proponentes do Modelo de Aceitação talvez possam oferecer algum aconselhamento psicológico, em especial a seus companheiros cristãos que apóiam o Modelo de Mutualidade: por não se darem conta do quanto conhecem o "outro" segundo seu próprio "modo de conhecer" ou por não tomarem consciência do quanto pintam a imagem do outro com suas próprias cores cristãs, os cristãos mutualistas, ao contrário do que pretendem, acabam por não permitirem que o outro seja outro. Distorcem a alteridade das outras pessoas de fé. Na verdade, não deixam que aquela alteridade a eles se revele, porque já *incluíram* o outro em seu próprio mundo de percepção e compreensão. Por não estarmos cônscios do quanto todos nós somos, sempre, *inclusivistas*, tornamo-nos inevitavelmente *imperialistas*. Talvez estas palavras sejam fortes demais, porém elas alcançam deveras seu importante intento ou fazem ouvir um importante aviso, porquanto toda vez que os cristãos esquecem que são sempre inclusivistas em sua abordagem das demais pessoas de fé, eles na realidade prejudicam ambos os lados do encontro de debate que fazem com elas. Como se declarou há pouco, eles ferem a outra pessoa religiosa por não permitir-lhe ser mesmo outra. Porém, tais cristãos também se ferem a si próprios por negarem a si mesmos a oportunidade de, na verdade, prestarem ouvidos e serem provocados por alguém ou algo que é tão diferente, tão "outro", que se torna para os cristãos literalmente inconcebível — isto é, algo absolutamente além de todas as categorias e maneiras cristãs de encarar Deus e o mundo. Por sempre *incluirmos* os outros em nossos pontos de vista, distorcemos quem eles são e nos mantemos trancados em quem somos.

Porém, o que se pode fazer acerca desse inclusivismo inevitável, inextricável na maneira pela qual nos deparamos com as outras pessoas de fé? Como conseguir transpor nosso condicionamento inclusivista e de fato ver, ouvir e ser provocado pelo outro? Os proponentes do Modelo de Aceitação não oferecem nenhuma instrução bem delineada, infalível. Nesse ponto, estamos no âmago sensível e complexo daquilo com que o diálogo inter-religioso mais se preocupa. O principal conselho que nos dão seria: se não haveremos de jamais enxergar além de nosso inclusivismo, temos de primeiro ter dele consciência e admiti-lo. E depois esperar e ver o que acontece. Sim, espere, seja paciente, retroceda, perca o controle do que acontece no diálogo. Ao permitirmos que o outro seja inconcebível, totalmente outro, ao reconhecermos nossas defesas inclusivistas, ao simplesmente estarmos com o outro no desejo de respeitá-lo e aprender com ele — talvez, apenas talvez, o que é totalmente diferente e para além de nós possa tornar-se para nós uma nova possibilidade, um novo *insight*, um novo desafio a nosso próprio "modo de conhecer". Somente por admitir que estamos capturados no inclusivismo, somente por aceitá-lo, há alguma possibilidade de ultrapassá-lo.

Isso significa que, se houver alguma possibilidade de "fundamento comum" entre duas religiões diferentes — qualquer possibilidade de dois outros absolutamente diferentes ligarem-se um ao outro —, tal fundamento comum somente pode ser descoberto *no* próprio diálogo e *por meio* dele. Ou, talvez, em vez de "descoberto", devêssemos dizer "criado". É impossível antes do diálogo saber o que duas tradições religiosas rigidamente diferentes talvez possam ter em comum. O motivo disso é simplesmente porque antes do diálogo sempre identificamos "o comum" a partir de nosso próprio "modo de conhecer". Somente depois de sermos atingidos no rosto, por assim dizer, pelo outro modo de conhecer absolutamente diferente vindo de nosso parceiro de diálogo, somente depois de termos esperado com paciência e permitido que aquele modo de conhecer totalmente diferente penetre nosso próprio modo de conhecer e nele influa — somente então temos como dizer, juntamente com nosso parceiro, que temos algo em comum. O fundamento comum não pode nunca ser predeterminado antes do diálogo. Seja o que for que possa constituir fundamento comum entre religiões diferentes, será criado a partir das diferenças entre essas mesmas religiões diferentes.

E terá de ser criado mais que uma vez! Esse é também um *insight*, e uma lição do Modelo de Aceitação. Qualquer que seja o fundamento comum que se poderia estabelecer ou criar a partir do interior do diálogo, ele será, como disse um autor, um fundamento comum *instável*.[2] Ele vai modificar-se à medida que novas diferenças oriundas de outras religiões forem descobertas ou à medida que as limitações da perspectiva cristã tornarem-se evidentes. Ademais, o que hoje é fundamento comum talvez possa não ser tão comum amanhã, porquanto há sempre novas situações e perguntas que as religiões têm de enfrentar, e há sempre algo ainda mais diferente e surpreendente naquele absolutamente diferente parceiro religioso que nos envolve no diálogo. Se o fundamento comum for possível, nunca será um fundamento comum "único-e-exclusivo".

Dessa maneira, uma vez que somos todos inclusivistas, temos condição de aprender uns com os outros e de determinar se poderíamos talvez ter algo em comum somente por primeiro reconhecer que somos todos inclusivistas e, depois, por permitir-nos ser incluídos pelo inclusivismo de nossos parceiros. Inclusivistas incluindo inclusivistas — essa é, talvez, uma outra maneira de explicar o diálogo.

O valor das diferenças

No começo desta parte, empregamos uma única frase para explicar o Modelo de Aceitação: "As tradições religiosas que o mundo apresenta são *mesmo* diferentes, e temos de *aceitar* essas diferenças". Temos nesse ponto, pode-se dizer, não apenas a mais notável mas também a

---

[2] Cf. TAYLOR, Mark Kline. In praise of shaky ground; the liminal Christ and cultural pluralism. *Theology today* 43 (1986), pp. 36-51.

mais atuante diferença no entendimento da relação entre o Modelo de Aceitação e todos os demais modelos que temos investigado. O Modelo de Aceitação difere dos outros na maneira pela qual considera as diferenças. Para os outros modelos, as diferenças são algo que eles querem ultrapassar; para o Modelo de Aceitação, as diferenças são não somente algo com que ele consegue conviver temporariamente, mas algo com que ele quer viver permanentemente. O Modelo de Substituição procura respeitar as diferenças com que se depara nas outras religiões, mas sua meta é remover e substituir essas diferenças e, assim, conduzir os seguidores das outras religiões até a recém-descoberta unidade da família cristã. Para o Modelo de Complementação e o Modelo de Mutualidade, as diferenças que os cristãos conhecem nas outras religiões têm de ser valorizadas, respeitadas e eles devem aprender com elas; porém, mais importantes para esses modelos são as semelhanças que os cristãos conseguem encontrar entre si mesmos e os seguidores de outros caminhos religiosos. Essas semelhanças — quer na noção de Deus, quer na de eu verdadeiro, quer na da solicitude pelos pobres — tornam-se então a base para o diálogo e para uma maior unidade entre cristãos e outras pessoas de fé. A ênfase está na descoberta de semelhanças e na superação de diferenças.

Para o Modelo de Aceitação, é o contrário. As diferenças são exatamente tão valiosas quanto as semelhanças. De fato, pode-se dizer que para a maioria dos defensores do Modelo de Aceitação com que travamos conhecimento neste capítulo, as diferenças são *mais valiosas*. As diferenças hão de ser mais vivificantes e mais reveladoras de Deus do que as semelhanças. Os cristãos vão decerto tornar-se melhores cristãos e aprender mais sobre o Divino não meramente por reconhecerem as diferenças em outras religiões, mas por afirmá-las e deixá-las em paz. A meta do diálogo inter-religioso, diz-nos o Modelo de Aceitação, não é a de alcançar uma maior unidade entre as religiões, mas a de manter-lhes a diversidade e com ela aprender. Essa é certamente uma mensagem difícil para a maioria dos cristãos.

Em tantas crenças e práticas dos cristãos a unidade domina o proscênio ou constitui a meta principal. Há somente *um único Deus*, de modo que para os cristãos é natural que todos os povos sejam não somente acolhidos por esse Deus único mas até chamados a juntar-se em unidade sob esse único Divino. Essa conclusão decorre de maneira ainda mais tensa e exigente a partir da crença cristã em Jesus como sendo o *único Salvador*; todo o propósito da vinda de Jesus é trazer todos os povos para a unidade de vida nele e por meio dele. E é por isso que há *apenas uma Igreja* santa e apostólica que, embora possa talvez assumir formas denominacionais diferentes, é de fato o destino final de todos os povos (se não na terra, então pelo menos no céu!). O impulso básico da crença cristã é começar com a diversidade e trazê-la para a unidade. A diversidade entre as religiões é maravilhosa, desafiante, surpreendente — porém, para a maioria dos cristãos sua finalidade fundamental é a de servir de argila, por assim dizer, a partir da qual uma maior unidade pode ser moldada. E a "sempre maior unidade" destina-se a conduzir a uma unidade final.

Os defensores do Modelo de Aceitação — todos falando também na qualidade de cristãos — advertem seus companheiros de fé de que esse ímpeto rumo à unidade, ou essa realização definitiva da unicidade sobre a variedade, pode ser perigosa. Talvez possa ameaçar, se não contradizer, outras convicções e crenças cristãs básicas. Um dos ingredientes mais fundamentais na experiência e na doutrina cristã é que, por mais próximo de nós e mais amoroso conosco que seja Deus, sempre continua *outro*. O Divino jamais pode ser reduzido ao humano, ser por ele contido, com ele identificado. Até mesmo em Jesus, no qual há uma união "hipostática" entre o divino e o humano, a diferença concreta entre humanidade e divindade não é apagada. Por mais perto que Deus chegue de nós, por mais seguros que estejamos de termos sido alcançados por esse Deus e, portanto, de conhecermos esse Deus — Deus mantém-se e deve manter-se outro. Pois bem, os proponentes do Modelo de Aceitação propõem a seus companheiros cristãos que é precisamente na alteridade das outras religiões que se expressa e preserva a alteridade de Deus. As outras religiões servem, talvez se poderia dizer, como representantes e defensoras do Deus que é sempre outro. Como diz um teólogo, "a dilacerante alteridade de Deus" e "a irredutível alteridade do próximo" estão muito relacionadas. Assim como o Divino jamais pode ser capturado em nossas doutrinas ou definições, assim também as outras religiões jamais podem ser reduzidas à "consoladora qualidade comunal da 'religião'".³

Nas outras religiões (mas não somente nelas), Deus continua lembrando-nos da alteridade divina, do divino "a mais" que é sempre mais do que jamais conseguimos saber, mais ainda do que jamais conseguimos imaginar ou esperar. Desse modo, é precisamente no finito outro que o Transcendente Outro de Deus continua a penetrar nossas vidas, continua a mostrar-se a nós no ato mesmo em que se esquiva de nós. Para o Modelo de Aceitação, é isso que acontece no diálogo com as outras religiões. Deus é outro na alteridade das religiões. Por conseguinte, reduzir a alteridade — que significa a efetiva diversidade — das religiões a algum tipo de unidade mais elevada ou final é reduzir a alteridade de Deus àquilo que conseguimos conhecer e possuir. Mas isso é um outro nome para idolatria.⁴

Dessa maneira, com base no conceito de Deus como outro, os defensores do Modelo de Aceitação propõem a seus companheiros cristãos o desafio de aceitarem a alteridade e a diversidade das religiões. Porém, também vimos como S. Mark Heim propõe o mesmo desafio, com base na crença cristã ainda mais característica, de Deus como sendo trino. Assim como, para os cristãos, o "modo triplo de ser" ou o modo vário do ser de Deus jamais pode ser absorvido na unidade ou na unicidade, assim também a diversidade e a pluralidade das religiões jamais podem reduzir-se a uma unidade e uma similaridade finais. A religião, já ouvimos Heim nos dizer, sempre nos vai advir no plural. E assim também as salvações que elas pregam e pelas quais se empenham. Essa é a realidade "agora e para todo o sempre". Não importa o que se pense sobre a interpretação teológica da Trindade apresentada por Heim, os cristãos, assim nos parece, têm de verdadeiramente abrir-se à possibilidade daquilo que ele propõe. Heim e outros seguidores do Modelo de Aceitação

---

³ TRACY, David. Theology and the many faces of postmodernism. *Theology today* 51 (1994), p. 108.
⁴ Esse *insight* sobre a alteridade religiosa como sendo mediadora da Alteridade Divina vale-se muito do pensamento de E. Levinas. Para uma retrospectiva bem delineada do pensamento de Levinas e de suas implicações para a teologia cristã das religiões, cf. BENDLE, Mervyn Frederick. The postmetaphysics of religious difference. *Pacifica* 11 (1998), pp. 1-26.

insistem com ênfase em que seus coirmãos cristãos reconheçam a possibilidade, se não a necessidade, de que as salvações, ou metas finais, das várias religiões jamais podem, e jamais poderão, reconciliar-se. Não só agora no diálogo inter-religioso, mas também no que quer que seja que nos espera na eternidade, as diferenças terão a palavra final. Temos de concordar discordando — e então aprender com nossas discordâncias. Se não aceitamos a possibilidade de discordâncias incorrigíveis, porém vivificantes, corremos um duplo perigo: ficaremos expostos à tentação de impingir uma concordância forçada (que sempre será em nossos termos), e estaremos nós mesmos matando a possibilidade de encontrar a verdadeira alteridade de Deus que a si mesmo se nos revela no rosto "discordante" da alteridade religiosa. A misteriosa alteridade de Deus revela-se mais nitidamente, talvez, naquilo que é obscuro e desagradável do que naquilo que conseguimos compreender e afirmar.

O diálogo "está na preferencial" quanto à teologia

É, de modo especial, para que os cristãos se abram verdadeiramente à alteridade das outras religiões que eles precisam seguir as advertências dos teólogos comparativistas — dar ao diálogo com as outras religiões a "preferencial", a precedência, na teologia das religiões. Os comparativistas parecem estar certos: nós, cristãos, porque buscamos ter todas as nossas peças teológicas no lugar antes de nos aproximar das outras religiões, porque buscamos entender se o relacionamento dos cristãos com outras pessoas de fé é "de substituição", "de complementação" ou de "mutualidade" antes de realmente estudar os livros sagrados das outras tradições ou de conversar com aqueles que seguem outros caminhos — por "teologizar" dessa maneira antes de dialogar, nós, cristãos, como adverte Fredericks, corremos o risco efetivo de nos inocularmos contra "o poder e a novidade das outras tradições religiosas".[5] Esse perigo de teorizar antes de agir, ou de mapear o território antes de explorar o território, aplica-se também aos defensores do Modelo de Mutualidade,

---

[5] FREDERICKS, James L. *Faith among faiths*; Christian theology and non-Christian religions. New York: Paulist Press, 1999. p. 167.

que querem instituir as regras ou o fundamento comum para o diálogo antes de realmente entrar no diálogo. Se mapa não é território, podemos talvez perder muito do território se o mapa não for bastante detalhado! Em especial, é esse o caso de quando o território é tão novo, tão estranho, tão inteiramente outro como são as comunidades religiosas do mundo. É melhor explorar antes de mapear. Melhor observar antes de avaliar.

Dessa maneira, concluem os comparativistas, todos os esforços por elaborar uma teologia das religiões têm necessariamente de começar com um diálogo com as próprias religiões. Mais incisivamente: qualquer teólogo cristão que propõe uma teologia das religiões, mas que não conhece muito acerca de qualquer outra religião que não sua própria, deve ser considerado como altamente suspeito, se não perigoso.

Também as diretrizes gerais que os teólogos comparativistas oferecem acerca de como alguém deve ocupar-se do diálogo com outras pessoas de fé fazem bastante sentido. Em vez de começar estudando questões amplas, não raro complexas como "a idéia cristã e a budista de Realidade Suprema" ou "o Eu verdadeiro no hinduísmo e no cristianismo", os comparativistas propõem que devemos nos aproximar de e concentrar o foco em textos, movimentos ou imagens específicas. Em outras palavras, limitar o território e explorá-lo cuidadosamente. O que se descobre à guisa de semelhanças ou diferenças em um pequeno entrecho de diálogo vai constituir placas de sinalização para outras rotas de convivência, diálogo e investigação. Ao assim nos recomendar com insistência que, de certo modo, temos de "dar pequeninos passos" no caminho do diálogo, os teólogos comparativistas estão sendo fiéis a uma convicção geral do Modelo de Aceitação: a verdade (não o demônio) encontra-se nos detalhes. Chegaremos a conhecer a alteridade religiosa não por meio de vastas generalidades ("o hinduísmo crê em reencarnação", ou "o budismo não crê em Deus"), mas mediante particularidades concretas — um texto característico, um movimento histórico preciso, uma prática devocional concreta. Esse é um método de diálogo que começa pelos pormenores e que descobre o que faz fazendo. Em se tratando de tal forma de encontro e debate com outras religiões, acrescentam os comparativistas, há que se ter muita paciência e confiança. Tal diálogo move-se com lentidão, em seu próprio ritmo. E cada um tem de confiar no processo, especialmente quando seu movimento reduz a marcha e se arrasta.

Um conselho adicional dos teólogos comparativistas é igualmente importante para esse processo de cada um descobrir o próprio caminho em um território religioso totalmente novo: fazer amigos que vão guiar a pessoa ao longo do caminho. O conselho que James Fredericks dá — e que provém de sua própria experiência — deve ser ouvido e acolhido com solicitude por qualquer cristão que perceba não só a necessidade mas também as dificuldades de adentrar um novo mundo religioso: podemos aprender mais de um amigo budista do que jamais conseguiremos aprender de um texto budista. Ou, mais exatamente, o amigo vai possibilitar-nos ver e ouvir o que está no texto de maneira mais clara e atraente do que jamais aconteceria se o texto fosse apenas algo que se acha sobre nossa escrivaninha. Isso porque um amigo nos possibilita não somente compreender mas até perceber o budismo; um amigo não é meramente alguém que nos causa impressão mas também alguém que nos enternece, alguém de quem nós gostamos de maneira simples e sincera. Não é tão-somente o conhecimento que o amigo ou a amiga possui, mas é também sua virtude, bondade e a qualidade da vida que ele ou ela leva que despertam nossa solicitude por aquela pessoa, talvez até mesmo nosso amor por ela. Tal pessoa-que-se-quer-amiga vai dizer-nos mais acerca da outra religião do que jamais conseguiremos compreender se somente estudássemos aquela religião.

Com amigos de verdade em outras religiões — hindus, budistas, muçulmanos, judeus com quem gostamos de conversar, comer, assistir a um filme — seremos também capazes de levar a termo outra exigência do diálogo inter-religioso conforme ele é compreendido no Modelo de Aceitação. Como ouvimos dizer antes, talvez possa haver momentos na convivência e no diálogo em que temos de concordar ou discordar — e depois, possivelmente e assim se espera, aprender a partir dessas discordâncias. Isso não é fácil. Quando de fato nos deparamos com uma crença ou prática, em outras religiões, que de todo parece contradizer o que defendemos ser verdadeiro e urgente, é praticamente impossível não se envolver com isso, aceitar o fato como verdade para eles, muito embora seja para nós uma inverdade. No nível intelectual, ou talvez até mesmo no ético, parece impossível de assim o fazer. Porém, quando tal "contradição" é incorporada em um amigo, em alguém que respeitamos e a quem damos importância, então de algum modo fica mais fácil aceitá-la e conviver com ela. Por mais desconcertante que possa parecer a nosso entendimento, nós a percebemos como parte daquilo que alimenta e vivifica nosso amigo. E ficamos mais dispostos a caminhar pacientemente como aquele nosso amigo, para ver e aprender mais sobre como o que é "falso" para nós é verdadeiro para ele — e como, possivelmente, sua "falsidade" pode somar-se à nossa verdade, ou corrigi-la. A amizade pode ensinar-nos coisas que não podem ser ensinadas de outra maneira.

Há uma importante lição adicional que os cristãos poderiam aprender com a alegação insistente da teologia comparada de que o diálogo "está na preferencial" quanto à teologia. Isso diz respeito talvez à pergunta mais delicada, ou explosiva, que veio à tona em cada capítulo deste livro: de que maneira devemos compreender o papel singular de Jesus em um mundo com tantas outras religiões? Francis Clooney acertou em cheio o problema quando percebeu a tensão — não a contradição — entre a convicção cristã de que a salvação é por meio de Jesus e as convicções hindus de que o conhecimento de Brama é que nos salva. Qual sua solução? "O paciente adiamento de questões referentes a verdade!"[6] A questão que nos importunou e provocou ao longo de todo este livro, anunciam os teólogos comparativistas, não pode ser resolvida *teologicamente*; somente pode ser resolvida *dialogicamente*. Não vamos decerto conseguir concebê-la por meio de distinções intelectuais adicionais (por exemplo, entre "verdadeiramente" e "não somente"), ou mediante mais estudos históricos dirigidos à linguagem do Novo Testamento (é "linguagem de amor", não linguagem filosófica). Antes ainda, sabemos, graças à insistência do Modelo de Aceitação, que, exatamente como a flor, que só pode ser apreciada e compreendida no solo em que cresce, assim também pretensões de verdade como "Jesus salva" ou "o

---

[6] CLOONEY, Francis X. *Theology after Vedanta*; an experiment in comparative theology. Albany: State University of New York Press, 1993. pp. 187-193.

conhecimento de Brama salva" só podem ser avaliadas dentro de seu próprio solo lingüístico-cultural. Por conseguinte, continuaremos com nossos esforços por adentrarmos esses dois mundos muito diferentes e por nos movermos de um lado para outro entre eles. Vamos comparar; vamos continuar o diálogo. E, por meio de nosso estudo contínuo, convivência dialogal e amizades, talvez venhamos a nos dar conta da maneira pela qual duas afirmações contraditórias entre a singularidade de Jesus e a singularidade do conhecimento de Brama talvez possa ser resolvida. Para os cristãos e os teólogos que se viram frustrados e fustigados pela questão da singularidade de Jesus, isso pode soar como uma notícia muito boa.

QUESTÕES

A linguagem é um prisma ou uma prisão?

Se "diversidade" é a palavra que mais freqüentemente se fez ouvir ao longo destes capítulos sobre o Modelo de Aceitação, é porque uma outra palavra segue-a bem de perto, em segundo lugar: "linguagem". Porque há diferentes linguagens/culturas, há religiões diferentes. Essa é uma percepção pós-moderna que o Modelo de Aceitação assume com corajosa seriedade: não temos primeiro a experiência ou vivência interior e depois buscamos as palavras; é o contrário — as palavras que nos foram dadas por nossa cultura e comunidade determinam a experiência ou vivência interior que temos. Essa mensagem ressoou ao longo destes três últimos capítulos. Suas implicações seguem-se claramente, ainda que dolorosamente (para alguns): porque as diferenças entre nossas linguagens e culturas são tão rígidas e irredutíveis, assim também serão as diferenças entre nossas religiões.

Porém, podemos perguntar: se os seguidores do Modelo de Aceitação corretamente reconheceram que a religião, como toda linguagem, é um *prisma* para tudo que vemos e fazemos, eles também transformaram-no em uma *prisão*? Uma coisa é identificar a linguagem como sendo aquilo que influencia e empresta cor a tudo que vemos e conhecemos; coisa inteiramente outra é explicar a linguagem como sendo aquilo que *determina* tudo que vemos e conhecemos e nos impede de vê-los diferentemente. Uma coisa é perceber a religião como a perspectiva a partir da qual sempre consideramos tudo o mais; outra inteiramente diferente é declarar que nos encontramos presos àquela perspectiva ou que a perspectiva jamais pode mudar, menos ainda mudar profundamente. Essa possibilidade de estar preso a uma religião pode ser identificada em três perigos, contra os quais nos advertem os críticos do Modelo de Aceitação:

    1. Isolacionismo. Se levamos a sério a "intraduzibilidade" de um texto religioso para outro, se defendemos a impossibilidade de aprender a falar uma outra linguagem religiosa, se insistimos na "incomensurabilidade", então parece que, na verdade, cada pessoa religiosa está confinada apenas em seu próprio texto, linguagem ou comunidade religiosa. Isso parece uma prisão. O que Lindbeck chama de *intratextualidade* — a insistência em que cada um pode apenas perceber o mundo e viver sua vida dentro de um texto ou ponto de vista determinado — parece nos trancafiar nesse mundo. Torna-se impossível conversar verdadeiramente com uma pessoa de outra linguagem ou tradição, pois só se consegue perceber o que aparece na própria tela de radar de cada um. Cada tela só consegue apreender esse tanto. O que está para além de suas faculdades técnicas está além de seu entendimento e consideração. Isso significa que tudo quanto aparece na tela é a verdade para aquela tela e não pode ser questionado por outra tela pelo simples fato de não ser registrado por aquela tela. Isso conduz ao segundo perigo.

    2. Relativismo. Ouvimos falar dessa advertência antes. Ela foi lançada contra os proponentes do Modelo de Mutualidade devido à tendência destes de reconhecer a presença e a verdade divinas em toda parte. O mesmo perigo de relativismo resulta da determinação do Modelo de Aceitação em manter a verdade divina, de certo modo, firmemente empacotada em múltiplas tradições. A verdade de cada religião é auto-suficiente na linguagem e nos textos de sua própria tradição. Tudo faz sentido dentro da linguagem e da visão de mundo de cada religião; e nada faz sentido fora delas. É esse o significado da incomensurabilidade e da intraduzibilidade. Está bem, isso parece implicar que cada religião está isolada e, por conseguinte, protegida das críticas da outra. Você não pode me dizer o que está errado com meu mundo porque você sempre me olha a partir de seu próprio mundo. Isso parece implicar, ademais, que tudo quanto for declarado como verdade em meu mundo é verdadeiro porque foi assim declarado. Não pode ser criticado a partir do lado de fora. A verdade é tudo quanto é verdade para uma cultura ou religião determinada (ou talvez até mesmo para um indivíduo determinado!). Isso soa-nos como relativismo, no qual "qualquer coisa vale" à medida que valha para meu mundo, minha tradição, minha vivência.

3. *Fideísmo*. Tudo isso também nos soa parecido com o que os teólogos chamam de "fideísmo". Esse termo técnico descreve situações em que as pessoas religiosas são, por assim dizer, incapazes de exprimir, tanto para outros como para si mesmas, *por que* sustentam que determinadas coisas são certas ou reveladas por Deus. A razão pela qual não conseguem dar uma explicação a outros é que elas vão sempre assim o fazer em sua própria linguagem religiosa — que os outros não podem falar ou compreender. E quando elas perguntam-se por que sua própria linguagem religiosa diz-lhes a verdade, a única razão que conseguem dar é que se trata de linguagem religiosa que lhes é própria! Se são mais pressionadas a responder por que essa linguagem é sua própria linguagem, parece que somente duas respostas são possíveis. Primeiro, elas poderiam talvez admitir que essa é a linguagem que sempre tiveram, o mundo religioso em que nasceram e cresceram. Porém, isso tornaria sua identidade religiosa ou fortuita ou fatalística — resultado do acaso ou do destino. Desse modo, a outra reação faz mais sentido: sua identidade religiosa é o resultado não simplesmente do destino mas sim da decisão delas mesmas. E, não obstante, quando lhes é perguntada a razão para tal decisão, tudo o que conseguem fornecer são razões tiradas de dentro de sua própria linguagem religiosa. Em outras palavras, escolhem essa religião porque ela é essa religião. Isso soa-nos semelhante ao que algumas pessoas

acaso poderiam chamar de "fé cega". A questão religiosa de cada um é uma questão de meramente "pular" ou "mergulhar" na água fria e depois descobrir que consegue nadar e acostumar-se com a temperatura. Porém, por que a pessoa mergulha em uma piscina em vez de em outra não pode ser explicado.[7]

O próprio Lindbeck reconhece semelhantes perigos. Ele explicitamente admite que "a intratextualidade parece inteiramente relativista", tornando "as religiões [...] guetos intelectuais, fechados em si mesmos e incomensuráveis". Ele igualmente reconhece "o dilema fideísta: parece que a escolha entre religiões torna-se puramente arbitrária, uma questão de fé cega".[8] Para evitar tais armadilhas, Lindbeck admite que tem de haver algumas "normas universais de razoabilidade" — algo pelo qual pessoas em comunidades religiosas diferentes consigam ligar-se umas às outras e não ficar confinadas em suas próprias prisões. Porém, o problema de Lindbeck é como chegar até essas normas de razoabilidade. A razão, diz-nos ele, não vai funcionar. Nem uma linguagem em comum. Ele sugere que os esforços por fazer uma ponte entre as religiões são mais uma questão de "estética" do que de lógica, uma tarefa mais para artistas do que para teólogos.[9] Ótimo! Porém, ele poderia dizer mais sobre onde semelhantes artistas religiosos podem começar, com que têm de trabalhar, como podem começar a comunicar suas imagens e valores. A arte pode ser muito diferente de cultura para cultura. O que é belo e instigante em uma cultura pode talvez ser ininteligível ou mesmo repulsivo em outra.

Talvez seja nessas circunstâncias que alguns dos cristãos adeptos do Modelo de Mutualidade consigam entrar em diálogo com o Modelo de Aceitação e prestar alguma ajuda. Se, como Lindbeck e companhia insistem, o vínculo ou fundamento comum entre as religiões não pode ser uma questão de doutrina ou palavras, talvez o fundamento comum ou as "normas universais de razoabilidade" possam ser encontradas na

---

[7] Muitas dessas considerações referentes ao Modelo de Aceitação estão expostas no simpósio retrospectivo sobre o livro de Lindbeck, *The nature of doctrine*, em *The thomist* 49 (1985), pp. 392-472.
[8] LINDBECK, George. *The nature of doctrine*; religion and theology in a postliberal age. Philadelphia: Westminster Press, 1984. p. 128.
[9] Cf. ibid., pp. 130-131.

área *ética*, justamente nos problemas efetivos de violência, fome e degradação ambiental com que se defrontam todos os povos da terra inteira. Talvez seja nesse ponto que os artistas religiosos a quem Lindbeck pede ajuda consigam compartilhar suas imagens e respostas, e criar um meio de comunicação que todos possam compartilhar. Talvez.

Porém, mais fundamentalmente, se quaisquer desses esforços por cobrir as brechas entre religiões vão mesmo funcionar, se as religiões vão decerto ser reconhecidas como prismas, sem que sejam transformadas em prisões, então parece que os adeptos do Modelo de Aceitação vão ter de fazer modificações em seu entendimento da linguagem. O Modelo de Aceitação de fato prestou um notável serviço à teologia cristã das religiões, lembrando-nos o quanto a linguagem influi na experiência. Porém, parece que eles não reconheceram suficientemente que a experiência influi na linguagem. Há uma rua de mão dupla entre linguagem e experiência — muito embora o tráfego comece a fluir pelo lado da estrada pertencente à linguagem. Assim, está bem, Lindbeck e outros estão certamente corretos ao insistirem em que toda a nossa experiência ou vivência inicia-se na linguagem, por ela torna-se possível, nela sempre se exprime. Porém, eles não percebem suficientemente que a experiência possibilitada pela linguagem pode começar movendo-se na direção oposta e ter efeitos sobre a própria linguagem que lhe deu origem. A experiência a que a linguagem dá origem e facilita pode ir além da linguagem. Trocando de imagem: os telescópios que sempre temos de utilizar a fim de olhar o universo da verdade pode também trazer-nos até a consciência de que há mais universo do que *nossos* telescópios conseguem detectar. Ao percebermos o que percebemos, sabemos que há mais para perceber. É especialmente esse o caso quando lidamos com "telescópios" religiosos e com linguagem e experiência religiosas.

Por essa razão, podemos perguntar aos defensores do Modelo de Aceitação se eles fizeram uma distinção demasiado nítida ou marcada demais entre linguagem e experiência. Em termos técnicos, eles parecem ter criado um *dualismo* entre as duas, como se primeiro houvesse a linguagem e depois a experiência, como se uma fosse sempre a causa e a outra o efeito. Em vez disso, o relacionamento entre linguagem e experiência ou vivência interior é semelhante àquele entre matéria e espírito nos seres humanos (ou em todos os seres vivos): os dois necessitam um do outro para ser o que são — matéria é sempre "in-spirada" e o espírito é sempre "en-carnado". Dessa maneira, como destacou um comentador de Lindbeck, ao mesmo tempo em que Lindbeck corretamente salienta que toda experiência "dá-se em linguagem", ele esquece-se de que toda linguagem "dá-se em experiência ou vivência interior".[10] Dessa maneira, exatamente como a linguagem tem influência sobre o que experimentamos ou vivenciamos interiormente, assim também o que experimentamos pode voltar em ricochete e ter uma influência formativa sobre nossa linguagem. Se a linguagem é sempre pai e mãe da experiência, então a experiência, como filha da linguagem, pode crescer e, por assim dizer, "retrucar" a seu pai ou mãe.

Destarte, de modo especial quando lidamos com religião, há sempre um excedente na experiência possibilitada pela linguagem — algo que, embora se faça possível pela linguagem, vai além dela. Ainda que a linguagem defina nossa experiência, ela não a confina. E, nesse ponto, temos a base para compreender outras linguagens religiosas — isto é, não apenas para sermos aptos a aprendê-las, mas até mesmo para necessitarmos fazê-lo. Porque a experiência religiosa que temos, sempre mediada por nossa própria linguagem, diz-nos haver tanta coisa ainda não dita em nossa própria linguagem, passamos a querer aprender outras linguagens. O desejo de aprender outra linguagem advirá daquilo que percebemos ao falarmos nossa própria. Porém, ademais — e aqui estendemos a analogia de linguagem —, esse excedente, ou algo a mais, que sentimos em nossa própria linguagem vai ser o guia, o mestre, o propulsor enquanto estudamos uma linguagem religiosa estrangeira. Por conseguinte, temos de questionar — cautelosa mas decididamente — a insistência, por parte de alguns defensores do Modelo de Aceitação, no fato de que é impossível ser religiosamente bilíngüe.

O exemplo de alguém como Thomas Merton talvez poderia ajudar: quanto mais ele aumentava a proficiência em sua própria linguagem cristã, mais dava-se conta de que havia coisas a dizer sobre o Divino que somente podiam ser ditas em outras linguagens religiosas. O que ele

---

[10] STELL, Stephen L. Hermeneutics in theology and the theology of hermeneutics; beyond Lindbeck and Tracy. *Journal of the American Academy of Religion* 56 (1993), pp. 679-703.

aprendeu em sua própria linguagem cristã capacitou-o a ser um "veloz aprendiz" de outras linguagens; porém, o que ele aprendia destas também lhe enriquecia o próprio vocabulário cristão.[11] Atualmente, o número de religiosos bilíngües que seguem o exemplo de Merton parece estar crescendo. Há muita discussão acerca da chamada "participação dupla" ou "participação múltipla" — viver e assumir mais de uma prática religiosa. À insistência de que não se consegue falar duas linguagens religiosas diferentes, muitas pessoas respondem: "Mas acho que estou fazendo isso. E parece dar certo".

Se dá certo, então outra alegação do Modelo de Aceitação precisa ser questionada: que toda linguagem religiosa, por sua própria natureza, é e precisa ser "totalmente *abrangente*", isto é, "que inclui ou explica tudo mas que não pode se incluída ou ultrapassada por nada mais".[12] Cada religião, disse-nos esse modelo, faz reivindicações absolutas. E requerer, ou exigir, que as religiões abram mão de semelhantes reivindicações (como enfaticamente alegou o Modelo de Mutualidade) é pedir-lhes que façam algo que elas simplesmente não podem fazer; tal exigência é uma imposição imperialista. Porém, é precisamente isso que agora pedimos: É mesmo? Certamente, no decurso da história religiosa, as religiões fizeram reivindicações absolutas. Porém, precisamos indagar se semelhantes convicções de possuir a verdade "única", "final" ou "plena" vieram do âmago mesmo da experiência ou vivência religiosa de cada uma delas.

Se o que propomos é válido — que a experiência religiosa origina-se na linguagem religiosa mas que sempre a ultrapassa —, então todas as religiões têm de ser muito cuidadosas, não porque alguém do lado de fora diz-lhes para assim o fazer, mas por causa daquilo que sua própria linguagem torna-lhes conhecido. Nesse ponto, poderíamos talvez lembrar aos defensores do Modelo de Aceitação que dentro de todas as tradições religiosas encontramos não somente reivindicações absolutas

---

[11] Cf. *The Asian journal of Thomas Merton*. New York: New Directions Books, 1975. Em especial, pp. 305-319; e também MERTON, Thomas. *Thoughts on the East*. New York: New Directions Books, 1995.
[12] GRIFFITHS, Paul J. The properly Christian response to religious plurality. *Anglican Theological Review* 79 (1997), p. 19.

mas também o nítido reconhecimento de que Deus, o Divino ou Nirvana está para além de tudo o que os seres humanos conseguem compreender ou exprimir. E se há sempre um excedente, um "algo mais", com relação ao que nossa tradição religiosa nos diz, então nenhuma linguagem consegue de fato ser "totalmente abrangente".

Estamos em uma etapa da história religiosa da humanidade em que todas as religiões conseguem reconhecer isso? Em que todas as religiões podem fazer afirmações universais sem fazer afirmações absolutas? Em que, está bem, haverá necessidade de *apologética* (isto é, de discordâncias, de esforços por convencer e persuadir umas às outras); porém, haverá também espaço — um espaço muito maior — para a *dialógica* (isto é, para ampliar, esclarecer ou corrigir a própria compreensão de cada um mediante o diálogo com os demais)?

Várias salvações podem salvar nosso mundo?

No capítulo anterior, vimos que S. Mark Heim era o porta-voz mais forte e claro entre os defensores do Modelo de Aceitação, ao ressaltar as diferenças concretas e permanentes das religiões. Com sua idéia de várias salvações, não só neste mundo, mas também no outro, Heim em certo sentido absolutizou a diversidade. A diversidade domina. O *vário* terá sempre a última palavra sobre o *uno*. Porém, ele insiste em que é precisamente a partir de semelhante diversidade que o diálogo verdadeiro pode tomar forma.

Decerto, precisamos levar a sério as admoestações, de Heim e de outros, de que os cristãos do Modelo de Mutualidade aparam com demasiada facilidade as diferenças concretas entre as religiões, a fim de plantá-las todas em uma espécie de terreno comum predeterminado. Porém, surgem perguntas adicionais: será que essa insistência na diversidade — "opção preferencial pelas diferenças" — de fato favorece o toma-lá-dá-cá do diálogo autêntico? Ela facilita aquela espécie de intercâmbio em que as pessoas oriundas de um determinado mundo são capazes de adentrar um outro mundo, não só compreendê-lo, mas também dele aprender e, talvez, desafiá-lo? E, mais ainda, será que o Modelo de Aceitação incentiva ou favorece aquela espécie de cooperação ética que um mundo torturado pelo sofrimento humano e ecológico parece exigir de todas as religiões?

De modo claro e notável, a mensagem principal desse modelo é urgente: as religiões de presença mundial têm de *aceitarem-se* umas às outras. Que mundo diferente não teríamos, se tanto assim se pudesse realizar — se as várias guerras religiosas que no presente causam derramamento de sangue por todo o mundo cessassem, e as comunidades religiosas aceitassem, tolerassem e deixassem em paz umas às outras. Esse é definitivamente o primeiro passo no encontro entre religiões — tolerância, aceitação. Porém, se queremos materializar um diálogo entre religiões, não bastam aceitação e tolerância. Elas preparam o terreno e arrancam-lhe as ervas daninhas, mas se há de ser um encontro de religiões que também se torne um *relacionamento* entre elas, algo a mais tem de acontecer. Se é para isso ser não meramente uma escuta respeitosa entre elas mas também uma compreensão do que a outra diz, uma compreensão que capacita cada uma tanto a aprender algo novo da outra quanto a dela discordar, então tem de haver linhas de comunicação mais profundas do que a mera aceitação. A comunicação vai mais além do que a aceitação, mas para "chegar mais longe" tem de haver, assim parece, alguma espécie de caminho ou de direção compartilhada, ao longo do qual as pessoas religiosas possam dar esses próximos passos.

Tais dificuldades ganham maior vulto quando teólogos como Heim vão ainda mais adiante na solidificação das diferenças religiosas, afirmando que as religiões de presença mundial caminham mesmo em direções diferentes, até opostas. Com essa sua idéia de *salvações* — salvação no plural — Heim disse-nos que as religiões diferem não só nos meios que empregam mas também nos fins que perseguem. Porém, se duas pessoas têm metas diferentes, se o impulso, a motivação e as esperanças da vida de cada uma delas movem-se em direções diferentes, como jamais vão conseguir compreender uma à outra, ajudar uma à outra a alcançar seu objetivo, ou talvez se confrontarem acerca do valor daquilo que buscam? Heim salientou que é somente com base na aceitação de tais diferenças totais, não apenas nos meios, mas também nos fins, que teremos a possibilidade de aprender algo novo. Porém, se o "algo novo" encontra-se em uma meta que não é de meu interesse, porque vou para algum outro lugar, o que há ali para aprender? Como honestamente reconhece Joseph DiNoia, quando se defrontou com as reivindicações budistas: "Não quero alcançar o Nirvana".[13] A meta cristã é o Reino de Deus, não o Nirvana — duas metas diferentes. Quando as comunidades religiosas do mundo percorrem caminhos de fé que têm destinos divergentes, então tudo o que podem fazer é acenar umas para as outras à medida que passam; juntar uma e outra em seus respectivos caminhos simplesmente não parece possível.

Dessa maneira, mais uma vez lutamos de perto com uma questão que nos importunou ao longo de todo este livro: além das diferenças efetivas entre as religiões — ou melhor, por causa das diferenças efetivas —, tem também de haver algo que as religiões possuem em comum, se é para haver um diálogo efetivo entre elas. Tem de haver algo que vai ajudar a estabelecer linhas de comunicação entre tais diferenças efetivas, manifestamente esmagadoras. Convocando todos os cristãos a levar a sério e aceitar as diferenças entre as religiões, os proponentes do Modelo de Aceitação, como vimos, reconheceram também a necessidade de diálogo entre as religiões. Porém, se levam mesmo a sério essa necessidade de diálogo, então eles têm de dizer mais acerca de como unir essas diferenças ou estabelecer relações entre elas. Todavia, parece que tanto insistem em que essas diferenças são "incomensuráveis" ou que seguem direções diferentes, que eles perdem a possibilidade de estabelecer relações. Mais no início, ouvimos dizer que, segundo o Modelo de Aceitação, se há alguma esperança de um fundamento comum entre as religiões, este tem de ser criado *no diálogo*. Porém, parece que teria de ser uma "criação a partir do nada". Parece não haver coisa alguma nas religiões a partir do que logramos entrever ou configurar o que elas podem ter em comum. Quando se viaja em diferentes direções, o que se compartilha?

Isso conduz a uma outra questão referente ao Modelo de Aceitação: ao insistir assim nas diferenças entre as religiões, mesmo em diferenças de metas finais, acaso esses teólogos não estão deixando passar

---

[13] DiNoia, Joseph. Christian universalism; the nonexclusive particularity of salvation in Christ. In: Braaten, Carl E.; Jenson, Robert W. (eds.). *Either/or*; the Gospel or neopaganism. Grand Rapids: Eerdmans, 1993. p. 46.

despercebido, talvez suprimindo, algo que *é* comum a todas as religiões? Estamos nos referindo a algo que parece termos ouvido falar na maioria das tradições religiosas, se não em todas: elas fazem afirmações *universais*. O que elas proclamam ser verdadeiro é verdadeiro não simplesmente para elas, mas para toda gente. E isso significa que a proclamação é, ou pode ser, comum a todas as pessoas. Em cada religião, assim parece, há a crença ou esperança de haver Algo — um potencial mais profundo, mais elevado, no interior, à frente, oculto — que pode contribuir para o bem-estar de *toda* gente. "Deus", "Alá", "Brama", "Nirvana" — por diferentes que sejam — são compreendidos pelas religiões como sendo a incorporação da meta não só de cada comunidade própria mas também de todas as pessoas. Em outras palavras, parece fazer parte da experiência e das convicções de cada religião que há Algo que pode ser significativo para pessoas de todas as religiões — Algo que, em outras palavras, pode ser fundamento de conexões e relacionamentos entre as religiões (quer esse relacionamento seja compreendido como substituição, completude ou mutualidade).

Por conseguinte, assim como os seguidores do Modelo de Mutualidade podem ser acusados de imperialismo quando impõem sua reivindicação de que todas as religiões na verdade têm em vista a mesma meta, assim também o Modelo de Aceitação estaria talvez caindo em um imperialismo semelhante quando insiste em que as metas de todas as religiões são totalmente diferentes. Em sua maioria, as religiões concordariam entre si que há somente uma meta para toda a humanidade, muito embora possam discordar sobre a maneira de alcançá-la. Pedir às religiões que aceitem a existência de múltiplas salvações, múltiplas e muito diferentes metas supremas para os seres humanos e suas religiões seria, para a maioria das religiões, uma crença estranha, se não herética.

Isso é certamente verdadeiro quanto ao cristianismo. Quando Heim reconhece que há tensões entre sua proposta em defesa de várias salvações diferentes e a crença cristã tradicional, talvez ele possa estar, como se diz, "usando meias palavras". Os cristãos sempre deram como certo, e ainda dão, que por haver um Deus único há uma destinação final única. Os esforços de Heim por extrair da doutrina cristã da Trindade a possibilidade de várias salvações cobrem somente um semicírculo. Está bem, a crença cristã em três pessoas divinas decerto significa que a diversidade está viva, em boa situação e faz parte permanente da própria natureza de Deus; e isso bem poderia significar, como conclui Heim, que a diversidade está viva, em boa situação e que perdura entre as religiões. Porém, essa é somente a primeira metade do semicírculo que a fé cristã em Deus entendido como sendo trino constitui; a outra metade gira de volta para a unidade: as três pessoas divinas, também afirmam os cristãos, têm algo em comum que lhes permite relacionar-se umas com as outras, promover umas às outras, alcançar uma unidade ainda maior entre si. Heim não parece aplicar essa parte do círculo Trinitário ao mundo das religiões: tão diversas quanto elas sejam, tão incomensuráveis quanto possam parecer suas diferenças, elas também, como as pessoas da Trindade, têm algo em comum que lhes possibilita transcender as próprias diferenças sem suprimi-las. A crença na Trindade, por conseguinte, pareceria convocar os cristãos a afirmar não só, como Heim recomenda com insistência, a efetiva diversidade entre as religiões mas também a efetiva possibilidade de um fundamento comum — um fundamento comum que reconheça caminhos diferentes, mas não metas finais diferentes.

Todavia, se todas as religiões acreditam que há algum fundamento comum — pelo menos potencial — entre elas, ainda temos de perguntar: onde encontrá-lo? Ou, como poderiam as religiões, juntas, levar isso a efeito? A resposta que sugerimos é uma pergunta adicional aos seguidores do Modelo de Aceitação: descobrir ou criar aquilo que as famílias religiosas do mundo poderiam talvez ter em comum *entre* elas, seria isso proveitoso para fazê-las olhar *para além* delas? Estamos falando do mundo real que cerca todas as religiões, um mundo cheio de injustiça, violência e devastação ecológica — realidades que impõem ameaças e conflitos graves a toda a humanidade, a todas as nações, a todas as tradições religiosas. Se as religiões não possuem qualquer fundamento comum determinado, não têm elas problemas em comum? E todos esses problemas se concentram e realimentam, pode-se dizer assim, em uma realidade: *o sofrimento*. No mundo de hoje, há uma quantidade tremenda, horrível, ameaçadora, de sofrimento, não só humano mas também ecológico, que clama em alta voz e que consegue ser ouvido — e o está sendo — por pessoas em *todas* as religiões.

Por conseguinte, pode o sofrimento ser o material, por assim dizer, a partir do qual as diferentes religiões consigam modelar ou descobrir o fundamento comum onde se situar e agir umas com as outras, falar umas com as outras? Com certeza, os problemas em comum e as perguntas de índole geral que surgem a partir do sofrimento não conduzem automaticamente a respostas aplicáveis a todas elas. Porém, eles com efeito proporcionam um ponto de partida comum onde respostas de âmbito geral consigam ser elaboradas — ou melhor, onde diferentes respostas tenham como ser coordenadas e compartilhadas. Estamos falando de algo com que nos deparamos na "ponte ética" do Modelo de Mutualidade: um diálogo em escala global em que cada parte mostra-se sensível às demais, e que busca elaborar uma ética em escala global. Semelhante diálogo ético, para muitos, tem de ser mais do que uma oportunidade *ad hoc* ou provisória, uma possibilidade que *talvez possamos* considerar. De preferência, ela traz a urgência de um imperativo ético. Se os proponentes do Modelo de Aceitação quisessem reconhecer essa urgência, talvez pudessem perceber que as religiões têm mais em comum do que os professores universitários conseguem ver.

Vários absolutos = nenhum absoluto?

Há uma outra maneira pela qual o Modelo de Aceitação talvez possa erguer barricadas contra o próprio diálogo que deseja promover. Vimos que os representantes do Modelo de Aceitação faziam malabarismo com duas bolas, ambas as quais tentavam manter suspensas no ar simultaneamente: a diversidade efetiva de todas as religiões e a pretensão que cada religião tem de ser detentora da verdade final, da mais plena. Há duas razões por que esse modelo insiste em que a diversidade de religiões deve necessariamente incluir a pretensão que cada religião tem de ser detentora da verdade absoluta. Primeiro, religiosamente, é isso que todas as religiões sempre fizeram — reivindicar ser a melhor; dessa maneira, precisamos respeitar tais pretensões. Segundo, filosoficamente, é inevitável; naturalmente pensamos que nossa perspectiva religiosa é a melhor porque é a única perspectiva que temos; é aquela com base na qual observamos, quer dizer, avaliamos todos os demais.

Porém, podemos perguntar: É preciso ser assim? A pergunta que fizemos mais no início deste capítulo encontra eco aqui: está bem, é verdade que a maioria das religiões de presença mundial teve pretensões de deter a forma absoluta, final, ou mais elevada de verdade. Porém, no mundo tal como o vivenciamos e conhecemos, um mundo terrivelmente necessitado não simplesmente de aceitação favorável mas também de cooperação e diálogo, deve cada religião continuar a insistir em ser "a melhor" ou em ter a "palavra final"? Se dou início a uma convivência dialogal com alguém mais partindo da convicção de que "tenho a palavra final", será que a convivência e o debate coletivos conseguem mesmo tornar-se diálogo, uma troca em que todas as partes estão prontas e aptas para aprender? Como uma pessoa consegue verdadeiramente abrir-se para escutar e aprender se acredita que Deus concedeu-lhe a revelação destinada a substituir (Modelo de Substituição), a completar (Modelo de Complementação) ou a compreender melhor (Modelo de Aceitação) todas as demais? Desse modo, encaramos a difícil pergunta — difícil para os cristãos decerto, mas também para muitas outras religiões igualmente: É possível para as tradições religiosas abrir mão, ou modificar, as reivindicações de absoluto que fizeram no passado?

Abrir mão do que chamamos de pretensões *absolutas* de verdade não significaria abandonar tanto as pretensões particulares, determinadas, de verdade, como as universais, inerentes a ambas as experiências religiosas e aos ensinamentos da maioria das religiões. Cada religião, assim o parece, crê e assevera que em uma determinada pessoa ou acontecimento — Jesus, Buda, Maomé, o Êxodo — Deus ou o Supremo fez, ou revelou-se como sendo, algo incomparável: isto é, algo distintivo, especial, irrepetível. Ademais, as religiões sustentam que o valor, o significado ou o poder desse determinado acontecimento ou pessoa é universalmente significativo; é destinado a estender-se a todas as pessoas de todos os tempos, a ajudá-las ("salvá-las" ou "iluminá-las"). Tais pretensões determinadas e universais não são de modo nenhum negadas quando se pede às religiões que puxem as rédeas de suas pretensões de absoluto. Cada religião continua a anunciar que aquilo que ela contém é de fato verdadeiro e importante para todas as pessoas. Porém, ao abandonar suas pretensões de absoluto, cada religião estaria também aberta à possibilidade (se não à probabilidade) de que outras figuras ou acontecimentos religiosos possam também gerar frutos — muito diferentes talvez — que sejam também verdadeira e universalmente importantes.

Embora tais perguntas e sugestões soem-nos parecidas com as do Modelo de Mutualidade, perguntaríamos se elas não podem muito bem provir do Modelo de Aceitação, especialmente na versão que Heim dá a este. Heim retomou o interesse geral do Modelo de Aceitação de que devemos respeitar e preservar a diversidade e impulsionou-o para ainda mais adiante, quando argumentou que a diversidade de religiões é uma questão não meramente de meios mas também de fins. Não meramente várias religiões, alegou enfaticamente, mas várias salvações! Pois bem, alguém poderia perguntar: por que não dar um passo adiante: não meramente várias salvações, mas também vários *absolutos*? Para nós, "vários absolutos" quer dizer que há várias revelações singulares e poderosamente universais da verdade ou do Divino; para nós, é isso que queremos dizer com absoluto. "Absoluto" designa uma verdade particular ou determinada que é universalmente significativa. Porém, nenhum desses absolutos teria a palavra final ou constituiria a meta suprema para todos os outros; eis por que há *vários* absolutos. Nenhum deles seria, em outras palavras, "mais absoluto" do que qualquer outro. Em certo sentido, Heim foi nessa direção quando recomendou com insistência que os cristãos aceitassem e se abrissem para as pretensões de verdade "absolutas" que podem ser encontradas em outras religiões; até mais arrojadamente, ele chegou mesmo a apresentar seus argumentos, defendendo que esses diferentes absolutos, ou diferentes salvações, vão permanecer por toda a eternidade. Porém, ele também acrescentou que uma dessas verdades absolutas — isto é, a revelação cristã — vai no final provar ser mais absoluta do que todas as demais, porquanto somente de cima da montanha cristã é que poderemos entender a natureza Trinitária de Deus e perceber a maneira pela qual todas as outras religiões podem ser compreendidas e classificadas.

Porém, perguntamos por que tem de ser desse modo — tanto filosófica como teologicamente. Está bem, filosoficamente o Modelo de

Aceitação é correto, sempre consideramos as demais pretensões de verdade a partir da nossa; e nos convencemos de que nossa verdade é de fato importante para os outros. Porém, isso não elimina a possibilidade — a qual podemos reconhecer exatamente desde o início de nosso diálogo com outras verdades — de que aquilo com que nos defrontamos em outras religiões talvez possa ampliar, esclarecer ou mesmo corrigir a verdade com que iniciamos. Teologicamente, por que é preciso haver entre as religiões uma expressão *absoluta* da verdade absoluta? Como sugerimos antes, visto que todas as religiões, ao proferirem pretensões de verdade, também admitem que o Divino é mais do que qualquer ser humano consegue conhecer ou enunciar, todas as religiões podem também reconhecer que o absoluto jamais pode ser absolutamente conhecido. Isso quer dizer que, se uma religião quer proferir pretensões de absoluto, ela tem de estar aberta a outras semelhantes pretensões absolutas.

Isso parece compatível com a maneira pela qual Heims utiliza a Trindade para fundamentar sua teologia das religiões: exatamente assim como nenhuma das três pessoas divinas é "melhor", "mais plena" ou "mais absoluta" do que qualquer outra, assim também nenhuma das diversas religiões pode ser tida como "mais absoluta" do que qualquer outra. Na Igreja primitiva, esse esforço por tornar uma das pessoas divinas da Trindade mais importante do que as outras era chamado de heresia do "subordinacionismo". Os primeiros cristãos insistiam em que "as três pessoas divinas", embora muito diferentes, eram de todo iguais. Nem o Pai (Pai/Mãe), nem o Filho (Criança), nem o Espírito podem proferir uma "palavra final" aos outros. Cada um é, por assim dizer, "absoluto". Será que Heim, juntamente com outros cristãos, não pode dizer o mesmo das religiões?

Porém, temos de esclarecer o que estamos perguntando ou propondo. Antes de mais nada, insinuar que *várias* religiões podem ser consideradas como absolutas visto que proferem uma mensagem salvífica para todas as pessoas não é dizer que *todas* as religiões fazem assim. Como já ouvimos dizer, "vários" não quer dizer "qualquer um". Discernimento, avaliação e um olhar cuidadoso permanecem importantes, pois, como a história indubitavelmente demonstra, sob o manto da religião esconde-se muito de malícia e egoísmo.

Ademais, e talvez notadamente, temos de tentar aclarar a imprecisão e as limitações da linguagem que empregamos. Falar de "vários absolutos", naturalmente, é uma contradição em termos. "Absolutos" não se fazem em linha de montagem. Um absoluto é produzido em um único ato. Por conseguinte, propor que há várias expressões absolutas da verdade é deixar subentendido que não há expressões absolutas de verdade. Nesse ponto, estamos lidando com um paradoxo: "vários absolutos" é igual a "nenhum absoluto". Essa é a finalidade e o valor de empregar tal linguagem provocadora, paradoxal. Ela nos convida a avaliar a maneira como *há* várias expressões absolutas da verdade divina — as pessoas religiosas com efeito adentram o diálogo convencidas daquilo em que crêem, ávidas por compartilhá-lo, prontas mesmo a morrer por isso. Porém, ao mesmo tempo, nenhuma dessas expressões absolutas de verdade é absoluta, porque cada pessoa religiosa deve necessariamente não só respeitar as pretensões de absoluto das outras mas também prontificar-se a aprender com elas, talvez mesmo ser mudada por elas. Desse modo, talvez, em vez de concluir que "vários absolutos" é igual a "nenhum absoluto", melhor seria dizer que os "vários absolutos" entre as religiões mundiais têm necessidade uns dos outros e têm de relacionar-se em diálogo uns com os outros. Há — ou deveria haver — uma *complementaridade de absolutos*.

Se isso faz sentido, então talvez o Modelo de Mutualidade e o Modelo de Aceitação não estão assim tão distantemente separados um do outro. Talvez um diálogo frutuoso (ou mesmo uma fusão?) entre eles seja possível. Os cristãos adeptos da mutualidade podem aprender a partir da perspectiva da aceitação favorável que as religiões mundiais são mesmo diferentes — muito mais diferentes do que a maioria dos proponentes do Modelo de Mutualidade parece dar-se conta — e que essas diferenças não poderão jamais reduzir-se a uma experiência interior, meta ou fundamento único comum a todas elas. Porém, os cristãos que endossam o Modelo de Aceitação podem também aprender a partir do Modelo de Mutualidade que, em meio à ampla variedade de religiões, nenhuma delas tem de necessariamente sobressair-se ou de terminar como a expressão final, mais clara, ou absoluta da verdade e revelação divinas. As religiões poderiam talvez ser comparadas às galáxias do universo: embora se possa considerar o universo (o Divino) absoluto, nenhuma das galáxias ocupa-lhe o centro. Ou, há vários centros.

A teologia comparada pode ficar "isenta de teologia"?

Certamente, como salientamos na seção "*insights*" deste capítulo, há muito que os cristãos podem, e precisam, aprender a partir da teologia comparada. A lição básica tem a ver com o perigo de tentar elaborar uma teologia das religiões antes de realmente se comprometer em diálogo com elas. Temos de primeiro conversar com um estranho ou desconhecido antes de efetivamente compreendê-lo. Porém, ao mesmo tempo em que sem dúvida isso é verdadeiro, uma espécie de resposta-bumerangue pode de fato nos atingir de volta, quando buscamos levar adiante uma convivência e debate coletivo com quem nos é desconhecido: não há também certos perigos em buscar empenhar-se em diálogo com as religiões *antes* de pensarmos sobre nossa teologia das religiões? Não será que trazemos sempre certas atitudes, perspectivas e convicções para qualquer convivência e debate com alguém com quem não nos encontramos antes? E não será que essas predisposições influenciam a maneira pela qual levamos essa convivência dialogal adiante?

Por conseguinte, o que pedimos aos defensores da teologia comparada não é que desistam de insistir em que o diálogo com outras religiões deve necessariamente fornecer os apetrechos a partir dos quais se constrói uma teologia das religiões; antes ainda, nossa pergunta é um convite para que os comparativistas equilibrem seu programa e reconheçam que a teologia de cada um já está presente na maneira pela qual escolhe os apetrechos, ou na maneira pela qual começa o diálogo. Desse modo, uma outra imagem referente ao relacionamento talvez pudesse ser mais apropriada. Em vez de o diálogo e a teologia encontrarem-se em um cruzamento onde o diálogo está sempre na via preferencial, podemos imaginar um sinal de trânsito neste cruzamento: às vezes a luz verde acende para o diálogo, às vezes para a teologia. Em outras palavras, o relacionamento entre teoria e prática — entre uma teologia das religiões e um diálogo com elas — não é "primeiro isto, depois aquilo", primeiro a prática do diálogo, depois a teoria da teologia. Antes ainda, é *não só, mas também*. Para de fato nos comprometermos com uma teologia comparada, às vezes precisamos nos dirigir para um compromisso com as outras religiões no qual não temos certeza de para onde estamos indo. Porém, outras vezes, temos de também olhar para como nossa própria tradição religiosa e nossas próprias convicções pessoais estão nos orientando e influenciando, à medida que tentamos investigar a nova estrada. A teologia orienta o diálogo; porém, o diálogo vai também orientar, até mesmo transformar, a teologia. Como se refere um crítico da teologia comparada, os dois movimentos — os dados da teologia e os dados do diálogo — "são dois momentos essenciais e inter-relacionados de uma única tarefa".[14]

A importância de às vezes começarmos pela teologia antes de adentrarmos o diálogo fundamenta-se naquilo que ouvimos dizer ao longo dessa seção sobre o Modelo de Aceitação: sempre olhamos os outros a partir de nossa própria perspectiva, por meio de nossos próprios óculos. Se, como ouvimos dizer, não existe por exemplo um *fato puro*, mas só fatos interpretados, isso significa que não há por exemplo um "diálogo puro" — isto é, um diálogo que seja "isento de teologia", um diálogo em que deixamos nossos óculos religiosos de lado e olhamos a outra religião assim como ela "verdadeiramente é". E se sempre a vemos por meio de nossos próprios óculos, é muito importante estarmos cônscios disso e nos perguntarmos como nossos óculos podem influenciar, talvez distorcer, o que vemos. É verdadeiro, o que vemos na outra religião pode talvez nos auxiliar, por assim dizer, a obter uma outra receita para nossos próprios óculos. Porém, sempre começamos com nossos óculos.

Dessa maneira, em certo sentido, a convocação que alguns teólogos comparativistas fazem para que seja proclamada uma moratória para a teologia das religiões é uma convocação para o impossível. É por isso que não podemos de todo abandonar as perspectivas já dadas que temos, ou tirar nossos óculos teológicos. Porém, isso não significa que não devemos avançar quando o diálogo ganha sinal verde e continuar dirigindo até entrar no território para o qual nossos mapas teológicos não fornecem uma orientação bem definida. É nisso que os comparati-

---

[14] Duffy, Stephen J. A theology of religions and/or a comparative theology? *Horizons* 26 (1999), p. 106.

vistas insistem e que os cristãos precisam ouvir: mergulhar no diálogo sem saber ao certo o que vai acontecer. Confie em seus amigos de outras religiões e deixe-se por eles conduzir a critérios de entendimento ou a sentimentos que vão iluminar ou talvez ameaçar suas próprias perspectivas cristãs, teológicas. Embora tenhamos consciência de trazer nossa própria bagagem teológica para a caminhada de diálogo que fazemos, isso não quer dizer que durante a viagem não possamos talvez ter de rearrumar algumas dessas bagagens ou mesmo de desfazermo-nos delas.

Em certo sentido, foi isso que de fato aconteceu com os cristãos que utilizam o Modelo de Complementação e o Modelo de Mutualidade. Não é que estejam tentando elaborar suas teologia das religiões antes de defrontarem-se com as pessoas que seguem outras crenças, como se afigura aos teólogos comparativistas. Para muitos cristãos, é exatamente por já estarem comprometidos com o diálogo, por já terem sido abalados por seus amigos de outras religiões, que eles tentam rearrumar a bagagem teológica que trouxeram e elaborar novos modelos de entendimento das outras religiões. Aquilo que os comparativistas exigem está se realizando. Os cristãos obedeceram ao sinal verde para o diálogo; e, por causa disso que descobriram, ficam aguardando, por assim dizer, no próximo cruzamento, pelo sinal verde para a teologia. O que eles perceberam no diálogo não se ajusta completamente ao que a teologia lhes vem dizendo. Antes de terem condição de explorar mais o diálogo, têm de reajustar seus mapas teológicos.

E talvez semelhante reajuste tenha de estender-se até mais além do que os teólogos comparativistas pensam que ele pode chegar. Ou talvez haja certos prejulgamentos (talvez inconscientes) que impedem os teólogos comparativistas de ouvirem e de serem contestados pelo que as outras religiões de fato dizem. Essa é uma questão decisiva para os teólogos comparativistas. Não é de surpreender que essa questão tenha a ver com o entendimento que eles têm de Jesus. Como vimos, os dois porta-vozes da teologia comparada que ouvimos nesta parte — James Fredericks e Francis Clooney — mantêm-se firmemente fiéis a seu já dado entendimento de Jesus como a única fonte de salvação para toda a humanidade. Quando Clooney percebeu o choque e a contradição entre sua própria crença em Jesus como único Salvador e a crença hindu na experiência interior de Brama como portador de salvação, tudo que conseguiu fazer foi "pacientemente adiar" a complexidade dessa contradição. É uma questão que não pode ser resolvida agora, se é que algum dia poderá ser.

Ainda assim, pode-se perguntar: a questão do papel de Jesus como único Salvador pode de fato ser evitada? Ou o adiamento tem de seguir seu curso? O motivo de fazer essa pergunta provém da própria teologia comparada: essa teologia convoca os cristãos a mergulhar diálogo adentro com as outras religiões e a com ele comprometer-se com coração e mente de todo abertos. Porém, é mesmo possível isso quando os cristãos, consciente ou inconscientemente, aproximam-se das outras pessoas de fé com o pressuposto de que toda a salvação e a plenitude da revelação encontram-se exclusivamente na vida, morte e ressurreição de Jesus? Ao longo destas páginas, com freqüência sentimos a pressão dessa pergunta. Novamente ela é percebida quando se acompanha Fredericks e Clooney em suas excursões pelas outras religiões.

Fredericks propõe belos *insights*, do que os cristãos podem aprender com o amor dos hindus por Krishna, ou com a compreensão zen da não-dualidade da vida e da morte. Porém, afinal, Krishna oferece aos cristãos a oportunidade "de abrir o conhecido relato do Filho Pródigo para que os cristãos o leiam de novas maneiras". E o zen recomenda com insistência que os cristãos "explorem o sentido pleno da ressurreição".[15] Parece que esse diálogo somente fornece aos cristãos maneiras novas de chegar a uma compreensão mais profunda do que eles já têm e implicitamente conhecem. Porém, haveria a possibilidade de os cristãos aprenderem algo que eles na verdade não conheciam, algo que não está contido na revelação de Jesus? Todavia, como seria isso possível se a revelação cristã é plena e final?

Talvez seja por isso que Fredericks rejeite de maneira inflexível qualquer cogitação de que Krishna e Jesus possam desempenhar papéis semelhantes ou igualmente importantes ao encarnarem uma presença salvífica do Divino na história. Ou melhor, tal semelhança ou igualdade não parecem estar registradas em seu horizonte de possibilidade.

---

[15] FREDERICKS, *Faith among faiths*, p. 160.

O mesmo parece ser verdade com referência a Clooney. Ele não parece alimentar a possibilidade de que a salvação poderia ser proporcionada *tanto* por Jesus *como* pela experiência ou vivência interior de Brama, de maneiras igualmente satisfatórias e "finais" tanto para cristãos como para hindus (como S. Mark Heim recomendaria com insistência). Parece que o tipo de diálogo ousado, imparcial, que os teólogos comparativistas tanto recomendam que seus companheiros cristãos acolham com solicitude também recomenda com insistência a estes mesmos teólogos que eles examinem mais de perto e com mais arrojo a questão da singularidade de Jesus.

Uma conclusão inconclusiva

Em certo sentido, este livro termina por onde começou — com pluralismo. Na introdução, principiamos com a perturbadora realidade do pluralismo *religioso* — a multiplicidade e variedade de religiões. E, nesta conclusão, olhamos para trás, para a perturbadora realidade do pluralismo *cristão* — a multiplicidade e variedade de teologias das religiões. Naquela introdução, mostramos o desafio que a variedade de religiões lança na soleira da porta do cristianismo — como atribuir sentido a esses outros caminhos religiosos e como atribuir sentido ao próprio cristianismo à luz desses vários Caminhos. Porém, tendo investigado como os cristãos buscam reagir a esse desafio, acabamos diante de uma pluralidade de pontos de vista e modelos que, para alguns, talvez possa ser ainda mais perturbadora do que a pluralidade de religiões.

Nesta conclusão, quero fazer uma pergunta e tentar respondê-la: podemos dizer do pluralismo de teologias cristãs a mesma coisa que dissemos do pluralismo de religiões — que é *um problema que é também uma promessa*? A variedade de modelos cristãos que recapitulamos nestas páginas é igualmente tanto uma bênção quanto um embaraço? A multiplicidade de abordagens cristãs das demais religiões acaso poderia ser tão proveitosa para as Igrejas quanto é frustrante? O pluralismo cristão acaso poderia ser, como dissemos do pluralismo religioso, não meramente uma trivial "questão de fato" (resultante de decisões humanas e, assim esperamos, temporário), mas uma "questão de princípio" (resultante da vontade de Deus e, assim, segundo a maneira que as coisas devem ser)?

Essas perguntas não são fáceis. E não há respostas claras, seguras. Eis por que chamei essa conclusão de *inconclusiva*. As respostas que apresento são somente sugestões. Terão de ser submetidas à prova perante o tribunal do debate participativo e teológico. Porém, quero realmente expor os motivos pelos quais acredito — ou melhor, pelos quais espero — que os modelos diferenciados, não raro discordantes, referentes a uma teologia cristã das religiões que investigamos podem ser exatamente tanto uma promessa como um problema. As diferentes receitas referentes a uma teologia cristã das religiões podem ser oportunidades, se forem mesmo degustadas, para realçar umas às outras. Porém, para que isso aconteça, para que o problema torne-se também uma promessa, proponho e recomendo com insistência que todos nós cristãos façamos duas coisas: *conversemos* uns com os outros e *cooperemos* com adeptos de outras crenças religiosas.

A NECESSIDADE DE DIÁLOGO INTERCRISTÃO

O esforço por expor uma conclusão para este livro ajudou-me a esclarecer aquilo que, na verdade, eu queria fazer no livro desde o início. Está bem, minha intenção, como a de tantos outros teólogos, foi a de convocar meus companheiros cristãos para um diálogo mais sério, mais frutuoso com pessoas de outras religiões. Porém, para fazê-lo, venho procurando nestas páginas ajudar os cristãos a comprometerem-se em um diálogo mais sério e frutuoso uns com os outros. Eis o que de fato pretendi, ao menos implicitamente, na maneira pela qual busquei apresentar cada um dos modelos referentes a uma teologia das religiões. Do princípio ao fim, tentei com todo o vigor manter nos bastidores as minhas próprias opiniões e preferências — embora em tentativas como estas ninguém possa ter um êxito perfeito. Não queria que o fluxo do livro se construísse na direção de meu próprio modelo preferido. Por isso, procurei explicar os ingredientes, as motivações, os ideais de cada uma dessas abordagens de maneira tão cuidadosa quanto possível. Não quis apenas explicar, mas também defender. Quis que você, leitor, não só compreendesse cada um desses modelos teológicos, mas que também sentisse e se deixasse atrair pelos *insights* de cada um, pelo poder que eles têm. Quis que os nomes que lhes dei não só refletissem aquilo de que se ocupam, mas também fossem tão neutros, ou não judicativos, quanto possível. Novamente, uma vez que nomes sempre estão contextual e subjetivamente carregados, desconfio que a nomenclatura adotada não logrou tanto êxito quanto eu esperava. (Eu deveria talvez ter, conforme o conselho de um amigo, chamado meus modelos de *A*, *B*, *C* e *D* em vez de Modelo de Substituição, Modelo de Complementação, Modelo de Mutualidade e Modelo de Aceitação.)

Em todo caso, minha esperança era de que as explicações de cada um desses modelos lhe oferecessem dados suficientes e estimulantes, a fim de você se sentir inspirado e capaz de por si mesmo navegar em caminho próprio por essas várias possibilidades e de chegar às suas conclusões — e talvez ao "modelo de sua maior preferência". Na caminhada que fizemos por entre esses diferentes modelos, espero que as perguntas e pontos de interesse apresentados tenham-se tornado igualmente seus também, e que agora você busque encontrar respostas próprias, fale sobre elas com outras pessoas, procure entender onde está situado. Se agora, depois de trilhar seu caminho e participar dos debates por todo esse livro, você possui um quadro mais nítido da posição onde se encontra em relação às outras religiões (ou pelo menos da posição onde não se encontra), acho que o livro funcionou.

Porém, seja qual for o local onde você está, espero que o livro tenha-o igualmente convencido de que é melhor não construir nenhuma cerca em torno dele. Para ser sincero com você, ao tentar escrever este livro da maneira como o escrevi, foi isso que vim a concluir com relação a mim mesmo. Ao buscar descrever cada modelo da maneira mais correta, mais convincente e mais crítica que podia, acabei por perceber com maior nitidez e desconforto tanto as vantagens de outras perspectivas como as impropriedades e perigos das minhas próprias. Está bem, ainda tenho o meu modelo de maior preferência, e, tendo escrito o livro, sinto-me comprometido com ele tanto quanto o era antes; porém, mais do que nunca estou também convencido de que, se é mesmo para eu evitar os excessos encravados em minha própria abordagem das demais religiões, tenho de dar ouvidos às opiniões e *insights*, dos cristãos que escolheram outras perspectivas. A imagem que parece comportar o que, assim espero, você pode perceber por si mesmo, é a de uma rede que funciona por verificação e compensação. Os diferentes modelos que identificamos dentro das Igrejas cristãs podem servir para uma interação dinâmica de aferições e compensações uns para os outros. Cada um direciona seu projetor de luz para determinados ingredientes ou convicções que são essenciais para qualquer abordagem cristã de outras religiões. Porém, ao concentrarem o projetor de luz para uma determinada porção do Evangelho, cada modelo corre o risco de deixar as demais em segundo plano. Daí a necessidade de os diferentes modelos resplandecerem e mostrarem-se uns para os outros, e de buscarem fazer aferições e compensações mútuas.

Neste ponto, ao término de nossa caminhada, permitam-me olhar para trás e tentar concentrar a atenção naquelas peculiares pedras preciosas do Evangelho que brilham no âmago de cada um dos modelos estudados.

1. O Modelo de Substituição. Esse modelo vibra com sua experiência e vivência interior, com sua convicção de que, quando a mensagem de Jesus é de fato compreendida e aceita, ela *transtorna*. Ela muda as coisas, ou ao menos muda as coisas de posição. O modo de ser de cada um na vida, ou na religião, depois de conhecer Jesus, não será o mesmo de antes. As coisas — pelo menos algumas delas — vão mesmo ser substituídas. É esse o resultado natural de algo que diz respeito ao Evangelho de Jesus e que todos os cristãos reconhecem: Jesus quer mudar as coisas, a fim de melhorá-las (o que pressupõe que nossas vidas e nosso mundo sempre podem tornar-se melhores). Além de todas as coisas maravilhosas que Jesus traz consigo, ele também exige aquilo que pode ser uma conversão dolorosa — isso talvez em diferentes graus para pessoas diferentes, porém, para todas elas alguma espécie de reviravolta na situação de cada uma. Desse modo, quando as pessoas ouvem a Boa-Nova e sentem a presença do Espírito vivo de Cristo, ele não vai somente deleitá-las, mas assustá-las. Ele fará exigências. E as exigências vão habitualmente significar que as pessoas têm de abrir mão ou afastar-se de algumas das práticas ou atitudes que antes não questionavam. Em outras palavras, haverá alguma forma, ou algum grau, de *substituição*.

Desse modo, o Modelo de Substituição relembra a todos os cristãos que, em seus encontros, convivências e debates coletivos com outras religiões, muitas vezes terá de haver aquilo que popularmente se conhece como "repreender por amor". Ao quererem achegar-se aos outros dessa maneira compassiva, os cristãos terão de muitas vezes tomar posições firmes em favor do que Jesus está exigindo. Assim, nem sempre o diálogo será confortável; haverá discordâncias, oposição — está bem, haverá aquilo que um de nossos teólogos chamou de "polêmicas". Embora tais polêmicas ou confrontações hão de ser sempre feitas com amor, respeito, humildade, sem violência, também serão elas claras e firmes. Com o Modelo de Substituição, todos os cristãos podem e devem aprender que, se nosso diálogo com adeptos de outras crenças é sempre sem obstáculos e agradável, algo pode talvez estar errado. Quem sabe, estamos diluindo ou esquecendo aquelas palavras "duras" que estão igualmente contidas no Evangelho de amor pregado por Jesus.

2. *O Modelo de Complementação.* Esse modelo não contradiz, mas de fato traz um equilíbrio necessário às preocupações que estão no âmago do Modelo de Substituição: o Evangelho não só transtorna mas também *confirma*. O Deus que Jesus anuncia é um Deus que já está posto, que já ama as pessoas, que busca estar presente na vida de cada uma delas, que as chama à paz umas com as outras. Porém, a esse sentido de ligação, de confirmação, de esclarecimento da presença de Deus como já existente em outras tradições religiosas, o Evangelho vai também *acrescentar* algo. Por intermédio de um encontro com Jesus, durante o diálogo com cristãos, os seguidores de outras crenças devem descobrir que isso lhes é fecundo. Jesus há de acrescentar-lhes algo, e, embora esse algo talvez não esteja em contradição com o que eles já conhecem ou fazem, ele há de ser um realce, uma revelação mais plena da que já conhecem. Ao fazê-los capazes de reconhecer e de regozijar-se com as riquezas que já possuem, Jesus vai acrescentar-se a essas riquezas. Se as pessoas de alguma maneira não estão satisfeitas com o que ouvem os cristãos dizerem durante o diálogo, algo está errado. De alguma maneira, esse modelo enfatiza que Jesus vem para completar, acrescentar e, assim, trazer plenitude às outras religiões.

Devemos acrescentar que, ao tornarem-se mais plenas, as demais pessoas de fé não vão necessariamente tornar-se cristãs, no sentido de aderirem à Igreja cristã. Porém, se elas de fato tiveram um encontro com Jesus durante o diálogo com os cristãos, elas serão diferentes. Como viemos a saber, serão "melhores hindus, melhores muçulmanos, melhores budistas". Segundo o Modelo de Complementação, se os cristãos não buscam promover o aprimoramento — a completude — dos outros no diálogo, negligenciam o poder e a significação de quem Jesus é.

3. O Modelo de Mutualidade. O lembrete-chave que essa abordagem oferece aos cristãos que seguem os dois modelos anteriores pode ser resumido de maneira simples: "Ele funciona em ambas as direções!". O diálogo inter-religioso propõe-se a ser um diálogo de fato *recíproco*. Tudo que os cristãos acreditam que pode acontecer aos adeptos de outras crenças religiosas durante o diálogo pode igualmente acontecer com os próprios cristãos. Quando os cristãos abrem-se para os outros em convivência e debate coletivo, também eles têm de estar prontos para serem "transtornados", serem talvez revirados, desafiados a substituir algumas crenças ou hábitos que jamais questionaram. Igualmente, devem estar prontos para descobrir que o que viram e ouviram de um budista ou de um muçulmano pode talvez confirmar, e mesmo acrescentar-se, ao que já receberam de Jesus mas que na verdade jamais entenderam. Mediante o diálogo, os cristãos podem vir a compreender Jesus de maneiras que nunca teriam sido possíveis sem o diálogo. Pode ser que a convivência e a discussão com os outros vá até mesmo revelar-lhes verdades acerca de Deus e da humanidade que parecem não estar contidas na revelação de Jesus, mas que se encaixam e, desse modo, dão realce, ao que Jesus tinha a dizer. Nessas diferentes maneiras, salientam os cristãos adeptos da mutualidade, os cristãos têm meios de tornarem-se melhores cristãos porque conversaram com hindus, judeus ou budistas, e aprenderam com eles. Isso quer dizer que eles podem *completar-se* por meio de semelhante convivência e debate coletivo.

E o motivo pelo qual os próprios cristãos precisam abrir-se à completude mediante o diálogo, continua a teologia mutualista a destacar, é porque o Deus que Jesus nos revela é um Mistério e um Amor que há de ser sempre mais do que jamais podemos abranger. O amor e o desejo de Deus de acolher a criação com desvelo é *universal* e funciona de maneiras cuja natureza nunca conseguiremos explicar rigorosamente. Os cristãos mutualistas lembram a seus coirmãos de fé que qualquer teologia das religiões que pretenda chamar-se a si mesma de cristã tem de equilibrar a universalidade do amor de Deus com a particularidade da encarnação desse amor em Jesus. É verdade que muitos (poder-se-ia dizer todos) os teólogos mutualistas que estudamos talvez não façam um bom trabalho para pôr esse equilíbrio em prática. Porém, o esforço por alcançar um pouco desse equilíbrio entre a universalidade e a particularidade do modo de proceder de Deus com o mundo tem de ser parte essencial de toda teologia cristã das religiões.

4. *O Modelo de Aceitação.* A pedra preciosa que brilha no âmago do Modelo de Aceitação é parte da lei que todos os cristãos encontram no âmago do Evangelho: o mandamento de amar, de amar deveras, ao próximo. Os defensores desse modelo lembram aos demais cristãos de algo de que estes facilmente se esquecem: não se consegue de fato amar ao próximo a não ser que se aceite, que de fato se aceite, a alteridade do próximo. Se os cristãos sempre devem "deixar Deus ser Deus", sempre devem também "deixar o próximo ser outro". Positivamente, isso significa tolerar e, tanto quanto possível, valorizar e afirmar a identidade distinta, diferente de nosso próximo. Negativamente, isso significa não controlar, não manipular, nem definir nosso próximo. Aceitar e respeitar de fato a alteridade de nosso próximo quer dizer em essência aceitar e respeitar suas diferenças.

Porém, ouvimos o Modelo de Aceitação nos dizer que é precisamente isso que os cristãos são menos capazes de fazer, e não necessariamente de modo consciente ou malicioso, mas sim por causa da linguagem. Somos incapazes de perceber o quanto sempre nos pomos a olhar, a julgar o outro e o quanto a ele sempre reagimos a partir da perspectiva de nossa linguagem cultural e religiosa. É esta uma das admoestações mais valiosas que faz esse modelo: estar cônscio e prevenido do quanto nossas próprias perspectivas impedem-nos de enxergar, e, por conseguinte, de respeitar a alteridade do outro e dela aprender. Isso significa que devemos estar cônscios do quanto nossa linguagem pode impedir-nos de amar nosso próximo.

Se aceitamos mesmo a alteridade de nosso próximo e das religiões, se reconhecemos que jamais lhes conseguiremos captar e entender a alteridade plenamente, havemos então de também aceitar a *diversidade*. Sempre haverá "vários" em se tratando de "religião" — é esse o radical lembrete do Modelo de Aceitação. Ou, de maneira mais teológica, Deus ama a diversidade. Está bem, Deus também ama a unidade, porém não a ponto de destruir a diversidade. Uma vez mais, percebemos que qualquer teologia cristã, quer ela atue com base em um Modelo de Substituição, de Complementação ou de Mutualidade, terá de adotar um outro instrumento equilibrador: dessa vez, entre a unidade e a diversidade. Jesus convoca-nos à unidade, porém nunca à custa da diversidade.

O que estou procurando fazer agora com este sucinto retrospecto dos modelos é um tanto perigoso. Selecionei algumas pedras preciosas mais específicas da vida e da fé cristãs e que parecem estar no centro de interesse de cada modelo. Há outras pedras preciosas ocupando cada um desses centros de interesse, como procurei demonstrar nos "*insights*", no final da recapitulação que fizemos para cada modelo. Meu propósito e entendimento é que cada teologia das religiões que avaliamos neste livro possui certo número de preocupações essenciais que, embora possam talvez não se encontrar no centro de interesse de outras teologias, têm de ser levadas a sério por qualquer teologia cristã. Tudo isso significa que todos os modelos têm de se conferir e compensar — de se desafiar e somar — uns aos outros.

Tudo isso deixa subentendido também que, embora possamos (devamos?) ter um "modelo de maior preferência" que vivifique e dirija nossos relacionamentos com os adeptos de outras crenças religiosas e embora possamos talvez chamar esse modelo de "o melhor para nós", ele não deveria ser considerado o modelo absoluto, o modelo único, a ser empregado. Nossa própria perspectiva, seja ela de substituição, de complementação, de mutualidade ou de aceitação, quem sabe pode fornecer-nos os melhores meios de estabilizar a gangorra de que falamos ao longo de todo este livro — o equilíbrio ou o sobe-e-desce com que todas as teologias cristãs da diversidade de religiões têm de trabalhar, entre particularidade e universalidade, diversidade e unidade, espiritualidade pessoal e comprometimento social. Não obstante, muito embora o modelo de preferência possa talvez proporcionar as melhores ferramentas de equilíbrio, não se vai mesmo conseguir fazer uso delas a não ser que haja também uma discussão com cristãos que utilizam outras ferramentas, e que a partir deles haja um aprendizado.

É essa a minha primeira conclusão inconclusiva: a necessidade de um diálogo intercristão acerca das demais religiões. Porém, como fazê-lo, como pô-lo em uma prática funcional, produtiva? Estamos falando de ecumenismo cristão — cristãos de diferentes denominações e experiências históricas buscando aproximar-se e aprender uns dos outros. Todos sabemos o quanto isso pode ser difícil. O que me conduz à segunda opinião conclusiva que elaborei.

A NECESSIDADE DE COOPERAÇÃO INTER-RELIGIOSA

Na verdade, não acho que um diálogo intercristão sobre uma determinada teologia das religiões funcionará se os cristãos fizerem somente isso. Se discutimos acerca de outras religiões apenas entre nós, não haveremos de ir muito longe. Desse modo, uma vez mais concluo o círculo que representa o fluxo deste livro: começamos, na introdução, com a necessidade de os cristãos dialogarem com outras religiões. E é aí que terminamos. O gênero dos debates teológicos intercristãos que há pouco eu dizia serem *necessários para* um diálogo cristão com outras religiões não será *possível sem* simplesmente haver um tal qual diálogo com elas mesmas. Em outras palavras, o que torna urgente e necessário o diálogo intercristão acerca das outras religiões é também o que o torna possível e frutuoso: o debate, o relacionamento, a cooperação com pessoas de outras comunidades religiosas.

Devo reconhecer que estou fazendo eco à recomendação feita no capítulo 11 pelos teólogos adeptos da teologia comparada. Eles recomendaram com insistência a seus companheiros cristãos que simplesmente mergulhassem nos encontros de debates com outras religiões, ainda que não estivessem com seu equipamento teológico de natação no devido lugar; de fato, os comparativistas declaram que uma teologia das religiões não deve preceder o diálogo, mas que vai dele nascer. Como disse mais no começo, acho que esse é o problema insolúvel do ovo ou da galinha. Não é uma questão de etapa 1 e, depois, de etapa 2. Temos de executar ambas ao mesmo tempo, movendo-nos em torno de um círculo de teologia e de diálogo, ou de um círculo de cristãos que discutem entre si e de cristãos que discutem com adeptos de outras crenças.

Assim, minha pergunta é: de que maneira podemos melhor assumir esse diálogo com as outras religiões? Ou: em que situação podemos mergulhar no diálogo com elas? Mais precisamente: como podemos nos defrontar com adeptos de outras crenças de tal maneira que não nos exija dispor nossa ação teológica conjuntamente, e que não só enriqueça mas também possivelmente corrija nossas percepções teológicas de outras religiões? A proposta que quero fazer provém de minha própria experiência recente de diálogo inter-religioso.

Desde 1996, faço parte do corpo de curadores do Conselho Inter-religioso de Paz (Interreligious Peace Council). Trata-se de um grupo — na verdade, de uma organização não-governamental — formado pouco depois do Parlamento Mundial das Religiões (World Parliament of Religions) em 1993. As manifestações de apoio que convocaram e reuniram o Conselho de Paz vieram não tanto das próprias religiões quanto daquilo que por toda parte os diferentes grupos de pessoas religiosas ouvem à sua volta — a voz da natureza sofredora e de suas sofridas criaturas. Os membros do Conselho perceberam que as comunidades religiosas gastam demasiado tempo falando sobre problemas entre as religiões e tempo insuficiente sobre problemas mais importantes que se apresentam e aterrorizam a todos nós — problemas de pobreza, violência, injustiça e degradação ambiental. Assim, o alvo do Conselho de Paz é formar um grupo de líderes religiosos de maior proeminência,[1] auxiliados por um grupo de curadores prontos para visitar, mediante convite, as áreas do mundo em que há conflito e violência; a finalidade dessas visitas é procurar oferecer uma contribuição *inter-*

---

[1] Entre os membros do conselho de paz estão Dalil Boubakeur, Elsie Boulding, Swami Chidananda Saraswati, Ir. Joan Chittister, Chung Hyun Kyung, Ir. Dhamananda (Chatsumarn Kabilsingh), Samdech Preah Maha Ghosananda, Dalai Lama, Fr. Thomas Keating, Máiread Maguire, Imã W. Deen Mohammed, Chandra Muzaffar, Bispo Samuel Ruiz García, Sandhong Rinpoche, L. M. Singhvi, Bispo Desmond Tutu e o Rabino Levi Weiman-Kelman. Para mais informações sobre o Conselho de Paz, consultar o website: *www.peacecouncil.org*.

religiosa para a solução não violenta e justa do conflito. Entre nossos locais de diálogo até o momento estão Chiapas, no México, Israel-Palestina e Irlanda do Norte.

Minha própria experiência com o Conselho de Paz reflete a de outros membros e, creio eu, serve de exemplo de como os cristãos talvez possam melhor se comprometer com seguidores de outras crenças religiosas. Unimo-nos porque todos nós ouvimos o chamado dos que sofrem no mundo e sentimos uma responsabilidade ética, como pessoas de fé religiosa, de fazer algo. Assim, agimos conjuntamente; escutamos as vozes e os modos de ver de todos aqueles envolvidos no conflito; lutamos para compreender o que está ocorrendo, em solidariedade com todos ali envolvidos, mas com especial preocupação com as vítimas ou com aqueles menos capazes de fazer alguma coisa a respeito de seu próprio sofrimento. Procuramos agir no sentido de atender às necessidades humanas imediatas onde podemos (por exemplo, levar fornos para os pobres de Chiapas) e também no de expressar a verdade solidária e compassiva aos que estão no poder (por exemplo, os militares).

Por conseguinte, as primeiras etapas na maneira pela qual os membros do Conselho de Paz (os conselheiros e os curadores) relacionam-se uns com os outros não são explicitamente religiosas. São éticas. Reunimo-nos, antes de mais nada, não para compartilharmos nossas crenças, mas para, juntos, agirmos *movidos por nossas crenças*. O que motiva a participação cristã no Conselho de Paz, por exemplo, não é o desejo de compartilhar a mensagem de Jesus com budistas e hindus, mas o desejo de aplicar a mensagem de Jesus em pessoas reais em uma situação real em que haja sofrimento e violência — e fazê-lo *com* budistas e hindus, que ali estão porque também eles querem reagir à mesma situação movidos por sua experiência ou vivência interior do Darma. Em primeiro lugar, agimos juntos. Porém, levados por essa ação compartilhada, como ficou convincentemente claro para todos nós, eis que nela crescem preciosos e profundos vínculos de *amizade*. Passamos a gostar uns dos outros, a zelar uns pelos outros, a cada um respeitar o outro. Essas amizades parecem ser mais profundas — ou, pelo menos, diferentes — dos relacionamentos que com freqüência resultam dos tipos tradicionais de encontros voltados para o diálogo. A proximidade que percebi haver entre mim e Maha Ghosananda (o líder dos budistas cambojanos) depois de termos ambos chorado ao escutar o relato da comunidade nativa de Acteal, após o terrível massacre sofrido por esse povo em dezembro de 1997, é diferente da proximidade que sentiríamos depois de discutir os ensinamentos de Jesus e de Buda, ou de meditar juntos. Agir, lutar e sofrer juntos pela causa da paz ou da justiça contribui para amizades especiais.

Porém, tais amizades, por se darem entre pessoas de fé religiosa, também trazem em si próprias os frutos religiosos e dialógicos dessas mesmas pessoas. Ao buscar analisar as causas da violência, ao tentar conseguir determinar a maneira pela qual devemos reagir e o que devemos fazer, os membros do Conselho de Paz naturalmente compartilhavam suas crenças e motivações religiosas. Normalmente, essa partilha gerava apoio e esclarecimento mútuos. Por vezes, não obstante, havia diferenças que produziam tensões. Porém, porque conversávamos uns com os outros como amigos, por causa do respeito e do amor que sentíamos uns pelos outros, e porque nossa meta não era provar quem está certo mas sim ajudar as vítimas da violência da melhor maneira que podíamos, conseguíamos aceitar essas diferenças, conviver com essas tensões e aprender com elas. Um dos "diálogos" mais difíceis e, ainda assim, mais fecundos que vivenciei deu-se no final de nosso encontro em Chiapas, depois que havíamos visitado e escutado não só a nação maia nativa mas também os representantes do governo mexicano. Cristãos, judeus e muçulmanos quiseram divulgar uma declaração denunciando as políticas governamentais adotadas; devemos apoiar os pobres sem tomar partido nenhum, disseram-nos eles! A solução conciliatória que elaboramos era de tal ordem que previa que todos os lados do conflito, de verdade, dessem ouvidos uns aos outros e aprendessem uns com os outros.

Uma vez que o agir em conjunto como pessoas de fé religiosa conduz naturalmente à partilha em conjunto como pessoas de fé religiosa — isto é, à partilha de nossas próprias crenças e experiências ou vivências —, todas as nossas reuniões do Conselho de Paz encerram-se com algum tipo de ritual inter-religioso de que não só nós participamos, mas de que participam as pessoas que nos convidaram a compartilhar seus sofrimentos. Essa necessidade de levar avante um diálogo mais explicitamente religioso que surge de maneira natural a partir de nosso agir em conjunto foi também a razão por que o Conselho de Paz decidiu, em setembro de 2000, que nos era necessário um tipo de reunião de tipo mais "desértico" no Mosteiro Trapista do Getsêmani, onde pudemos de maneira mais afável e intensa conversar uns com os outros, compartilhar juntos nossas Escrituras, orar e meditar conjuntamente. Assim parece que pessoas de fé religiosa que agem conjuntamente permanecem e oram juntas.

Desse modo, minha sugestão é que esse gênero de diálogo ético com pessoas de outras religiões e que está fundamentado na ação seja o gênero de diálogo em que os cristãos "mergulhem fundo", não obstante o modelo teológico específico que utilizam. Estou confiante em que todos os quatro modelos que recapitulamos seriam capazes de afirmar que semelhante trabalho conjunto com pessoas de outras crenças religiosas no interesse da paz, da justiça e da integridade da criação é uma forma tolerável, premente e primordial de encontro e debate inter-religioso. Afinal de contas, todos os cristãos, não obstante a família teológica ou denominacional a que pertençam, podem concordar que o Reino de Deus estava no cerne da mensagem de Jesus e que esse Reino convoca as pessoas e confere-lhes poder para zelar umas pelas outras e pelo conjunto da criação. Os cristãos não devem ter dificuldades — na verdade, devem sentir uma verdadeira obrigação — de atuar com qualquer um que também tenha o compromisso de zelar pelo sentimento de comunidade e participação entre seres humanos e o planeta, e de acabar com o sofrimento e a injustiça nessas relações. Semelhante sentido de urgência ou de obrigação somente vai ganhar intensidade quando os cristãos também ouvirem os crescentes pedidos que chegam de líderes políticos e culturais no sentido de que as religiões dêem sua importante, se não necessária, contribuição para solucionar as crises com que se defronta a comunidade das nações. "Não haverá paz entre as nações a não ser que haja paz e cooperação entre as religiões!" Se os cristãos encontram alguma verdade nessa declaração, como muitos deles encontram, então a declaração é também um chamado para um diálogo orientado no sentido da ação.

E esse gênero de diálogo em que cada parte se mostra ética e globalmente sensível pelas outras vai possibilitar aos cristãos formar novos gêneros de amizades com pessoas que trilham outros caminhos, amizades afinadas e fortalecidas na vivência compartilhada de sinceramente amar e agir em prol do bem-estar do próximo. Sob a moção de tais amizades, como tem sido a experiência do Conselho de Paz, há de manifestar-se a capacidade recém-adquirida de cada um respeitar a alteridade desses amigos de fé religiosa diferente, de com ela ser paciente e de com ela talvez aprender e se beneficiar. O diálogo religioso vai desenvolver-se levado pela ação ética. É também provável que, a partir desse diálogo, a partir do que com ele aprenderem, os cristãos conseguirão esclarecer, confirmar e mesmo corrigir as teologias que eles trazem para o diálogo. O diálogo vai alimentar e dar alento à teologia.

Esse alento e esclarecimento da teologia pode também ocorrer dentro do diálogo que os cristãos praticam entre si mesmos. Foi aonde procurei chegar quando mais acima dizia que o necessário diálogo *intercristão* necessita da ajuda do diálogo *inter-religioso*. Ou, de modo mais claro e pessoal: as amizades que os cristãos fazem com pessoas de outras religiões podem alimentar e animar as amizades que os cristãos fazem quando cruzam as próprias fronteiras interdenominacionais uns dos outros. Amigos inter-religiosos podem contribuir para fazer melhores amigos intercristãos. Porque nos tornamos amigos intercristãos pela nossa participação compartilhada em diálogo ético com nossos amigos inter-religiosos, nós, cristãos, seremos mais capazes, assim o espero, de compartilhar as diferentes teologias das religiões que adotamos. O diálogo ético que compartilhamos com os outros há de vivificar e orientar o diálogo teológico que temos conosco mesmos.

Realmente, não só em relacionamentos inter-religiosos, bem como também em relacionamentos intercristãos, diálogo e teologia vão formar um círculo revigorante, em constante rotação. Não só a teologia (o esforço por compreender a nós mesmos) mas também o diálogo (o esforço por agir com os outros e compreendê-los) hão de visitar um ao outro, de vivificar-se, desafiar-se, transformar um ao outro. Os cristãos precisam debater uns com os outros a fim de compreender as outras religiões; porém, precisam absorver as outras religiões a fim de conseguir debater uns com os outros. O círculo gira dessa maneira. Porém, venho afirmando que o lugar de entrada nesse círculo, por assim dizer, é o diálogo prático, ético em escala global, em que cada parte se mostra sensível às demais, e no qual os cristãos, entre si mesmos e juntos com adeptos de outras crenças religiosas, ajam, trabalhem, debatam e rezem conjuntamente, a fim de "salvar" a Terra e os povos e criaturas que nela habitam dos sofrimentos e violências com que agora se defrontam.

Acaso não seria isso coerente com o que Jesus queria dizer quando afirmou: "Buscai, em primeiro lugar, o Reino de Deus e sua justiça, e todas essas coisas vos serão acrescentadas" (Mateus 6,33)? Comprometei-vos, antes de mais nada, em agir conjuntamente com vossos companheiros cristãos e com os irmãos e irmãs de outras religiões na promoção do amor, da justiça e da paz do Reino de Deus — e as vossas teologias vos serão acrescentadas. E ainda que tal não aconteça, ainda que acaso não alcancemos tanto progresso teológico assim, o mundo ficará entretanto melhor.

Índice remissivo

A

Ação. Ver também boas obras 16, 20, 27, 28, 49, 57, 64, 107, 108, 109, 117, 125, 135, 149, 151, 160, 180, 207, 226, 227, 230, 247, 250, 255, 258, 289, 312, 329, 384, 385, 387, 388
Ação co-originante dependente 27
Abelardo 244
Abordagem histórico-crítica 41
Absolutos 155, 170, 193, 267, 276, 364, 366, 368
Ad Gentes 128
Advaita Vedanta 328
Agnosticismo 80
Agnosticismo cristão 80
Agnósticos otimistas 80
Agnósticos pessimistas 80
Agostinho, santo 111
Althaus, Paul 64, 65
Amizade 330, 351, 385
Anselmo 244
Anti-semitismo 127, 217
A origem das espécies (Darwin) 27
Apologética 291, 292, 293, 295, 298, 314, 359
Arte 50, 355
Assembléia Mundial da Confraternidade 78
Atitude da Igreja perante os seguidores de outras religiões, A 137
Aurobindo 27

B

Barnes, Michael, sj 143, 321, 322, 336
Barrett, C. K. 147
Baum, Gregory 268
Berry, Thomas 27, 221
Berthrong, John 329
Bíblia 21, 41, 42, 43, 44, 48, 51, 52, 54, 58, 61, 62, 63, 70, 80, 81, 87, 88, 89, 96, 97, 98, 99, 100, 101, 102, 103, 156, 179, 216, 280, 319, 323, 333, 334
Boas obras 50, 70, 98
Bohr, Niels 275
Boltzmann, Ludwig 275
Bonifácio VIII, papa 112, 128
Borg, Marcus 175, 229
Braaten, Carl 66, 67, 68, 69, 70, 74, 80, 82, 84, 143, 180, 263, 298, 361
Brama 21, 101, 335, 351, 362, 372, 373
Budismo Terra Pura 98
Budismo zen 22, 97, 328
Burrell, David 329

391

C

Calvino, João 63
Campbell, Joseph 21, 34
Céu 18, 31, 52, 63, 80, 81, 112, 113, 195, 304, 307, 308, 346
Ciência 25, 29, 41, 46, 56, 70, 192, 273, 275, 276, 277
Cipriano 111
Cobb, John B., Jr. 197, 248, 249
Colombo, Cristóvão 112
Colonialismo 76, 273
Comentário sobre a Epístola aos Romanos (Barth) 47
Comissão Teológica Internacional 136
Complementaridade 148, 368
Completude mútua 146
Comunidades Humanas de Base 159, 227
Conferência Missionária Internacional 75
Conferência Missionária Mundial (Tambaran, Índia) 75
Conferências da Federação dos Bispos Asiáticos 157
Congregação para a Evangelização dos Povos 135, 162
Consciência 15, 23, 25, 30, 62, 81, 83, 89, 108, 113, 120, 127, 170, 189, 202, 205, 222, 253, 263, 272, 277, 280, 284, 297, 322, 325, 327, 342, 343, 356, 371
Conselho Inter-religioso de Paz 384
Constantino, Imperador 110
Constituição Dogmática sobre a Igreja (*Lumen Gentium*) 127, 130
Copérnico 183
Cristocentrismo 316
Cristofania 211
Cristologia do Espírito Santo 195, 239, 245, 246, 247, 248

D

D'Sa, Francis 34, 203
Dalai Lama 21, 384
Darmaatmadja, cardeal Julius 159, 161
Darwin, Charles 27
Declaração de Baar 78
Declaração sobre as Relações da Igreja com as Religiões não Cristãs (*Nostra Aetate*) 126, 132
Decreto sobre a Atividade Missionária da Igreja (*Ad Gentes*) 128
Depth of riches, The [A profundeza das riquezas] (Heim) 304
Desconstrucionismo 277
Destino manifesto 217
Diálogo e Anúncio 135, 136, 138
Diálogo inter-religioso 20, 96, 131, 133, 160, 162, 203, 210, 222, 224, 235, 245, 256, 260, 261, 287, 289, 290, 292, 293, 313, 329, 340, 343, 345, 348, 350, 380, 384, 388
DiNoia, Joseph 143, 253, 295, 296, 297, 298, 361
Diretrizes para o diálogo (CMI) 76
Divindade 70, 185, 193
Dogmática Eclesiástica (Barth) 47

E

Ecologia 222
Einstein, Albert 27
Encarnação 192, 193, 194, 195, 197, 235, 240, 246, 331, 381
Entendimento proposicional-cognitivo da religião 280
Escândalo do particularismo 56, 92
Escritura. Ver Bíblia 18, 48, 66, 88, 103, 138, 192, 216
Espiritualidade 24, 43, 221, 224, 262, 265, 325, 383

Ética 50, 159, 179, 188, 216, 217, 218, 221, 222, 223, 225, 226, 227, 228, 230, 234, 255, 257, 259, 314, 356, 359, 364, 385, 388
Ética global, Uma 221, 255, 257
Evolução 26, 27, 41, 255, 274
Exclusivismo 156
Existencial sobrenatural 116

F

Faith among faiths [A fé em meio às fés] (Fredericks) 198, 321, 323, 324, 328, 330, 337, 348, 372
Fanatismo 32
Fé cega 55, 355
Fideísmo 354
Filho de Deus 68, 69, 92, 93, 99, 101, 144, 151, 161, 192, 193, 194, 195, 213, 231, 236, 240
Física, ... Ver também nova física 57, 109, 119, 219, 224, 275
Florença, Concílio de 112, 128
Fora da Igreja não há salvação 22, 69, 111, 112, 113, 126, 234
Foucault, Michel 31
Frei, Hans 283
Freud, Sigmund 31, 90, 95
Fulgêncio de Ruspe 111, 112

G

Gandhi, Mahatma 23
Gaudium et Spes 128
Geivett, R. Douglas 53, 55, 56, 59
Gentios/pagãos 53, 63
Graham, Billy 42
Griffiths, Paul 264, 285, 291, 292, 293, 295, 298, 299, 310, 358

H

Habermas, Jürgen 32
Haight, Roger 236, 244, 247, 248
Hall, Douglas John 184, 197, 248, 249
Hartshorne, Charles 26, 27
Hegel, G. W. F. 292
Hellwig, Monica 153, 154, 156, 157, 266
História das religiões 65, 70, 189
Holocausto 217

I

Idade Média 27, 112
Ideologia 31, 90
Idolatria 50, 71, 90, 165, 347
Igreja Católica 16, 76, 108, 112, 126, 131, 133, 135, 136, 139, 158, 166
Iluminação, Budista 101, 146, 222, 227, 302
Iluminismo 46, 254, 272, 273, 274, 279
Inclusivismo 82, 180, 310, 343, 344
Inferno 54, 78, 79, 307
Isolacionismo 32

J

Jaspers, Karl 23, 185
Jesus histórico 63, 68, 228, 229
João XXIII, papa 130
Jones, E. Stanley 59, 74
Judaísmo 19, 23, 109, 127, 192, 218
Jung, Carl 34, 281
Justino, Mártir 110

K

Küng, Hans 34, 154, 155, 162, 166, 263, 264, 265, 268

Kant, Immanuel 186, 254
Keenan, John 329
Kénosis 156, 170
Kuschel, Karl-Joseph 34, 155, 156

L

Latrão IV, Concílio de 112
Lefebure, Leo 162, 329
Levinas, E. 347
Liberalismo 46
Libertação 20, 160, 222, 223, 224, 225, 230, 231, 232
Lindsell, Harold 66, 79
Logos. Ver Verbo de Deus 207, 211, 213, 241, 246
Lógos spermátikos 110
Lúlio, Raimundo 114
Lumen Gentium 127, 130
Luteranismo 63
Lutero, Martinho 63, 98

M

Maomé 101, 243, 316, 365
Marx, Karl 31, 90, 95, 292
McDonaldização 257
Merton, Thomas 161, 203, 357, 358
Metanarrativa 277
Milbank, John 255, 256
Mística 114, 181, 201, 202, 203, 204, 205, 206, 209, 210, 220, 224, 228, 232, 259, 274
Modelo Pluralista 177
Modernidade 25, 41, 254, 272, 273, 274, 279
Moltmann, Jürgen 268

N

Nacionalismo 32
Nacional Socialismo/nazismo 268
Nazismo. Ver Nacional Socialismo/nazismo 96
Necessidade epistemológica 68
Necessidade ontológica 67
Neill, bispo Stephen 54
Netland, Harold A. 58, 59, 72, 73, 80, 81, 82, 198
Newbigin, bispo Lesslie 56, 57, 85, 252
Nicolau de Cusa 114
Nietzsche, Friedrich 31, 95
Nirvana 97, 101, 222, 302, 359, 361, 362
Noção vivencial-expressiva da religião 281
No other name? [Nenhum outro nome?] (Knitter) 17, 53, 79, 80, 81, 82, 253
Nostra Aetate 126, 132
Nova física 27, 28
Novo Testamento 195
Novo Testamento. Ver Bíblia 47, 51, 52, 53, 54, 66, 67, 68, 74, 88, 89, 92, 99, 102, 103, 109, 172, 175, 191, 192, 193, 197, 213, 214, 217, 228, 230, 241, 244, 262, 264, 265, 328, 351

P

Padres da Igreja 63, 109, 114, 128, 211
Pagãos. Ver gentios/pagãos 81, 82, 111, 112, 113, 124, 183
Painadath, Sebastian 158, 159, 162, 203, 329
Pannenberg, Wolfhart 64, 65, 68, 70, 71, 72, 73, 85, 97
Parlamento Mundial das Religiões (1993 e 1999) 26, 222, 384
Participação dupla 358
Participação múltipla 358

Particularismo 56
Pathrapankal, Joseph 329
Patriarcado 220
Paulo, são 47, 111, 117, 156, 170, 256
Paz 20, 22, 69, 96, 100, 101, 102, 116, 122, 165, 166, 171, 185, 188, 224, 225, 230, 345, 360, 379, 384, 386, 387, 389
Pentecostalismo 43
Período Axial 185, 190
Phillips, W. Gary 53, 54, 55, 56, 59, 60, 82
Pieris, Aloysius 233, 234, 235, 236, 237, 329
Pinnock, Clark 82, 83, 85
Placher, William 250, 251, 254, 275, 287, 288, 290
Pobres, ... Ver também pobreza 19, 31, 64, 160, 220, 224, 225, 230, 233, 234, 345, 385, 386
Pobreza 31, 93, 160, 219, 220, 222, 227, 267, 384
Pontifício Conselho para o Diálogo Inter-religioso 132, 162
Pós-liberalismo 279
Práxis comunicativa 32
Princípio protestante 95, 96
Protestantismo 46
Purgatório 297

Q

Quine, Willard Van Orman 275, 276

R

Raiser, Konrad 78
Rayan, Samuel 217
Razão 44, 50, 57, 62, 71, 75, 90, 118, 123, 157, 175, 179, 185, 187, 192, 193, 218, 225, 229, 245, 252, 254, 273, 276, 286, 289, 293, 313, 341, 354, 355, 356, 387
Real, o 184, 185, 186, 187, 188, 259
Realidade cosmoteândrica 205
Redemptoris Missio 16, 135, 136, 141, 150, 161
Rede mundial – Web 256
Reformadores 42, 47, 63
Relatividade 20, 25, 56
Religiões australianas aborígenes 122
Religiões nativas 102
Revelação geral 62, 64, 65, 66, 70, 79, 97
Revolução Francesa 27
Rossano, bispo Piero 129
Ruether, Rosemary Radford 218, 268
Rumo a uma teologia cristã do pluralismo religioso (Dupuis) 18, 35, 114, 130, 132, 134, 148, 149, 161, 169

S

Samartha, Stanley 76, 203, 237
Sanders, John 53, 54, 59, 79, 80, 81, 82, 83, 84, 85
Santos Padres 63, 109, 114, 128, 211
Secretariado para Religiões não Cristãs 133
Símbolos 71, 89, 112, 113, 119, 144, 165, 187, 188, 192, 224, 244, 262, 281, 326, 332
Sistema de castas 31
Smith, Huston 21
Smith, Wilfred Cantwell 21, 33
Sobrino, Jon 231, 232
Sofrimento 89, 219, 220, 221, 222, 223, 224, 226, 227, 230, 233, 260, 307, 360, 363, 364, 385, 387
Solução de último minuto 81

395

Solução de eleição 81
Solução de exceção 81
Solução de misericórdia ampliada 82, 83, 84
Solução de pós-morte 81
Solução universalista 82
Suárez, Francisco 113
Subunidade de Diálogo com Praticantes de Crenças de Hoje (CMI) 76
Summa theologica (Tomás de Aquino) 328, 341
Surin, Kenneth 257
Swimme, Brian 27

T

Teodósio, Imperador 110
Teologia negativa 97
Teologia segundo o Vedanta (Clooney) 328
Teologia sistemática 17, 321
Tertuliano 110
The nature of doctrine: religion and theology in a post-liberal age [A natureza da doutrina: religião e doutrina em uma era pós-liberal] 279
Thich Nhat Hanh 21
Tillich, Paul 62, 64, 71, 84, 85, 95
Tomás de Aquino 81, 297, 328, 340
Tradição 16, 20, 22, 24, 92, 95, 99, 100, 115, 143, 149, 158, 159, 160, 192, 196, 216, 242, 246, 251, 254, 260, 262, 273, 279, 295, 297, 309, 312, 313, 318, 319, 320, 322, 323, 324, 325, 327, 329, 330, 332, 333, 341, 353, 359, 370
Trento, Concílio de 113, 118, 127

U

Unam Sanctam 112
Unidade 25, 26, 28, 29, 57, 58, 66, 102, 112, 134, 202, 203, 204, 205, 206, 208, 209, 211, 225, 252, 261, 274, 317, 345, 346, 347, 363, 382
Universalismo 82
Unknown Christ of Hinduism, The [O Cristo desconhecido do hinduísmo] (Panikkar) 212

V

Veneeth, Francis 329
Verbo de Deus 63, 99, 110, 146, 149, 150, 151, 192, 193, 231, 244, 246, 249, 265, 266, 283
Violência 56, 57, 93, 160, 166, 219, 220, 225, 267, 356, 363, 379, 384, 385, 386
Vitimação 219
Volf, Miroslav 85, 94, 95

W

Whitehead, Alfred North 26, 27
Wildman, Wesley J. 176, 199, 240, 242
Wilfred, Felix 21, 22, 33, 202, 203, 215, 223, 237
Wittgenstein, Ludwig 276, 290

X

Xavier, são Francisco 98

Y

Yagi, Seiichi 203, 237

Sumário

Prefácio 7
Abreviações 13
Introdução
Cristianismo e outras religiões: problema e promessa 15
    As várias religiões: uma realidade vivida de modo novo 20
    Pluralidade: um fato significativo da vida religiosa e cósmica 23
    Uma comunidade de comunidades? 26
    Leituras adicionais 33
    Leituras adicionais sobre fundamentos bíblicos/
    patrísticos para uma teologia das religiões 35

PARTE 1
O Modelo de Substituição: "somente uma religião verdadeira"

Capítulo 1
Substituição total 39
    Cristãos fundamentalistas/evangélicos 40
    Substituição total: nenhum valor em outras religiões 45
    Leituras adicionais 58

Capítulo 2
Substituição parcial 61
    Deus presente em outras religiões? Sim e não 61
    As demais pessoas de fé estão perdidas? 78
    Leituras adicionais 84

Capítulo 3
O Modelo de Substituição: *insights* e questões 87
    Insights 88
    Questões 96

PARTE 2
O Modelo de Complementação:
"o Uno dá completude ao vário"

CAPÍTULO 4
O AVANÇO NO CONCÍLIO VATICANO II 107
   Olhando para trás: um retrospecto histórico 109
   Um pioneiro teológico: Karl Rahner 114
   Vaticano II: um marco importante 126
   Leituras adicionais 131

CAPÍTULO 5
MAIOR ABERTURA E DIÁLOGO 133
   Três passos adiante 135
   Um equilíbrio necessário 139
   Ampliando o diálogo 143
   Leituras adicionais 161

CAPÍTULO 6
O MODELO DE COMPLEMENTAÇÃO: *insights* e questões 163
   Insights 164
   Questões 168

PARTE 3
O Modelo de Mutualidade:
"várias religiões verdadeiras convocadas ao diálogo"

CAPÍTULO 7
A PONTE FILOSÓFICA 175
   Três questões 176
   Três pontes 180
   A ponte filosófico-histórica 182
   Leituras adicionais 197

CAPÍTULO 8
AS PONTES MÍSTICA E PROFÉTICA 201
   A ponte místico-religiosa 201
   A ponte ético-prática 215
   Leituras adicionais 236

CAPÍTULO 9
O MODELO DE MUTUALIDADE: *insights* e questões 239
   Insights 239
   Questões 250

PARTE 4
O Modelo de Aceitação:
"várias religiões verdadeiras: assim seja"

CAPÍTULO 10
FAZENDO AS PAZES COM A DIFERENÇA RADICAL 271
   O contexto: nosso mundo pós-moderno 272
   Fundamentos pós-liberais 279
   Leituras adicionais 298

CAPÍTULO 11
DIFERENÇAS VERDADEIRAS FAVORECEM O DIÁLOGO VERDADEIRO 301
   Várias religiões, várias salvações 301
   Teologia comparada 318
   Leituras adicionais 336

CAPÍTULO 12
O MODELO DE ACEITAÇÃO: *insights* e questões 339
   Insights 340
   Questões 352

UMA CONCLUSÃO INCONCLUSIVA 375
   A necessidade de diálogo intercristão 376
   A necessidade de cooperação inter-religiosa 383

ÍNDICE REMISSIVO 391

Impresso na gráfica da
Pia Sociedade Filhas de São Paulo
Via Raposo Tavares, km 19,145
05577-300 - São Paulo, SP - Brasil - 2017